农村信贷风险研究

A Research in the Rural Financial Credit Risk

高雄伟 著

经济管理出版社
ECONOMY & MANAGEMENT PUBLISHING HOUSE

图书在版编目（CIP）数据

农村信贷风险研究/高雄伟著. —北京：经济管理出版社，2014.11
ISBN 978-7-5096-3338-0

Ⅰ.①农… Ⅱ.①高… Ⅲ.①农业信贷—贷款风险—研究—中国 Ⅳ.①F832.43

中国版本图书馆CIP数据核字（2014）第201393号

组稿编辑：宋　娜
责任编辑：宋　娜　刘广钦
责任印制：黄章平
责任校对：超　凡

出版发行：经济管理出版社
　　　　（北京市海淀区北蜂窝8号中雅大厦A座11层　100038）
网　　址：www.E-mp.com.cn
电　　话：（010）51915602
印　　刷：北京晨旭印刷厂
经　　销：新华书店
开　　本：720mm×1000mm/16
印　　张：21
字　　数：344千字
版　　次：2014年11月第1版　2014年11月第1次印刷
书　　号：ISBN 978-7-5096-3338-0
定　　价：110.00元

·版权所有　翻印必究·

凡购本社图书，如有印装错误，由本社读者服务部负责调换。
联系地址：北京阜外月坛北小街2号
电话：（010）68022974　邮编：100836

编委会及编辑部成员名单

(一) 编委会

主 任：李 扬　王晓初

副主任：晋保平　张冠梓　孙建立　夏文峰

秘书长：朝 克　吴剑英　邱春雷　胡 滨（执行）

成 员（按姓氏笔划排序）：

卜宪群　王 巍　王利明　王灵桂　王国刚　王建朗　厉 声
朱光磊　刘 伟　杨 光　杨 忠　李 平　李 林　李 周
李 薇　李汉林　李向阳　李培林　吴玉章　吴振武　吴恩远
张世贤　张宇燕　张伯里　张昌东　张顺洪　陆建德　陈众议
陈泽宪　陈春声　卓新平　罗卫东　金 碚　周 弘　周五一
郑秉文　房 宁　赵天晓　赵剑英　高培勇　黄 平　曹卫东
朝戈金　程恩富　谢地坤　谢红星　谢寿光　谢维和　蔡 昉
蔡文兰　裴长洪　潘家华

(二) 编辑部

主 任：张国春　刘连军　薛增朝　李晓琳

副主任：宋 娜　卢小生　姚冬梅

成 员（按姓氏笔划排序）：

王 宇　吕志成　刘丹华　孙大伟　曲建君　陈 颖　曹 靖
薛万里

序 一

博士后制度是19世纪下半叶首先在若干发达国家逐渐形成的一种培养高级优秀专业人才的制度,至今已有一百多年历史。

20世纪80年代初,由著名物理学家李政道先生积极倡导,在邓小平同志大力支持下,中国开始酝酿实施博士后制度。1985年,首批博士后研究人员进站。

中国的博士后制度最初仅覆盖了自然科学诸领域。经过若干年实践,为了适应国家加快改革开放和建设社会主义市场经济制度的需要,全国博士后管理委员会决定,将设站领域拓展至社会科学。1992年,首批社会科学博士后人员进站,至今已整整20年。

20世纪90年代初期,正是中国经济社会发展和改革开放突飞猛进之时。理论突破和实践跨越的双重需求,使中国的社会科学工作者们获得了前所未有的发展空间。毋庸讳言,与发达国家相比,中国的社会科学在理论体系、研究方法乃至研究手段上均存在较大的差距。正是这种差距,激励中国的社会科学界正视国外,大量引进,兼收并蓄,同时,不忘植根本土,深究国情,开拓创新,从而开创了中国社会科学发展历史上最为繁荣的时期。在短短20余年内,随着学术交流渠道的拓宽、交流方式的创新和交流频率的提高,中国的社会科学不仅基本完成了理论上从传统体制向社会主义市场经济体制的转换,而且在中国丰富实践的基础上展开了自己的伟大创造。中国的社会科学和社会科学工作者们在改革开放和现代化建设事业中发挥了不可替代的重要作用。在这个波澜壮阔的历史进程中,中国社会科学博士后制度功不可没。

值此中国实施社会科学博士后制度20周年之际,为了充分展示中国社会科学博士后的研究成果,推动中国社会科学博士后制度进一步发展,全国博士后管理委员会和中国社会科学院经反复磋商,并征求了多家设站单位的意见,决定推出《中国社会科学博士后文库》(以下简称《文库》)。作为一个集中、系统、全面展示社会科学领域博士后优秀成果的学术平台,《文库》将成为展示中国社会科学博士后学术风采、扩大博士后群体的学术影响力和社会影响力的园地,成为调动广大博士后科研人员的积极性和创造力的加速器,成为培养中国社会科学领域各学科领军人才的孵化器。

创新、影响和规范,是《文库》的基本追求。

我们提倡创新,首先就是要求,入选的著作应能提供经过严密论证的新结论,或者提供有助于对所述论题进一步深入研究的新材料、新方法和新思路。与当前社会上一些机构对学术成果的要求不同,我们不提倡在一部著作中提出多少观点,一般地,我们甚至也不追求观点之"新"。我们需要的是有翔实的资料支撑,经过科学论证,而且能够被证实或证伪的论点。对于那些缺少严格的前提设定,没有充分的资料支撑,缺乏合乎逻辑的推理过程,仅仅凭借少数来路模糊的资料和数据,便一下子导出几个很"强"的结论的论著,我们概不收录。因为,在我们看来,提出一种观点和论证一种观点相比较,后者可能更为重要:观点未经论证,至多只是天才的猜测;经过论证的观点,才能成为科学。

我们提倡创新,还表现在研究方法之新上。这里所说的方法,显然不是指那种在时下的课题论证书中常见的老调重弹,诸如"历史与逻辑并重"、"演绎与归纳统一"之类;也不是我们在很多论文中见到的那种敷衍塞责的表述,诸如"理论研究与实证分析的统一"等等。我们所说的方法,就理论研究而论,指的是在某一研究领域中确定或建立基本事实以及这些事实之间关系的假设、模型、推论及其检验;就应用研究而言,则指的是根据某一理论假设,为了完成一个既定目标,所使用的具体模型、技术、工具或程序。众所周知,在方法上求新如同在理论上创新一样,殊非易事。因此,我们亦不强求提出全新的理论方法,我们的最低要求,是要按照现代社会科学的研究规范来展开研究并构造论著。

我们支持那些有影响力的著述入选。这里说的影响力,既包括学术影响力,也包括社会影响力和国际影响力。就学术影响力而言,入选的成果应达到公认的学科高水平,要在本学科领域得到学术界的普遍认可,还要经得起历史和时间的检验,若干年后仍然能够为学者引用或参考。就社会影响力而言,入选的成果应能向正在进行着的社会经济进程转化。哲学社会科学与自然科学一样,也有一个转化问题。其研究成果要向现实生产力转化,要向现实政策转化,要向和谐社会建设转化,要向文化产业转化,要向人才培养转化。就国际影响力而言,中国哲学社会科学要想发挥巨大影响,就要瞄准国际一流水平,站在学术高峰,为世界文明的发展作出贡献。

我们尊奉严谨治学、实事求是的学风。我们强调恪守学术规范,尊重知识产权,坚决抵制各种学术不端之风,自觉维护哲学社会科学工作者的良好形象。当此学术界世风日下之时,我们希望本《文库》能通过自己良好的学术形象,为整肃不良学风贡献力量。

中国社会科学院副院长

中国社会科学院博士后管理委员会主任

2012 年 9 月

序 二

在21世纪的全球化时代,人才已成为国家的核心竞争力之一。从人才培养和学科发展的历史来看,哲学社会科学的发展水平体现着一个国家或民族的思维能力、精神状况和文明素质。

培养优秀的哲学社会科学人才,是我国可持续发展战略的重要内容之一。哲学社会科学的人才队伍、科研能力和研究成果作为国家的"软实力",在综合国力体系中占据越来越重要的地位。在全面建设小康社会、加快推进社会主义现代化、实现中华民族伟大复兴的历史进程中,哲学社会科学具有不可替代的重大作用。胡锦涛同志强调,一定要从党和国家事业发展全局的战略高度,把繁荣发展哲学社会科学作为一项重大而紧迫的战略任务切实抓紧抓好,推动我国哲学社会科学新的更大的发展,为中国特色社会主义事业提供强有力的思想保证、精神动力和智力支持。因此,国家与社会要实现可持续健康发展,必须切实重视哲学社会科学,"努力建设具有中国特色、中国风格、中国气派的哲学社会科学",充分展示当代中国哲学社会科学的本土情怀与世界眼光,力争在当代世界思想与学术的舞台上赢得应有的尊严与地位。

在培养和造就哲学社会科学人才的战略与实践上,博士后制度发挥了重要作用。我国的博士后制度是在世界著名物理学家、诺贝尔奖获得者李政道先生的建议下，由邓小平同志亲自决策，经国务院批准于1985年开始实施的。这也是我国有计划、有目的地培养高层次青年人才的一项重要制度。二十多年来，在党中央、国务院的领导下，经过各方共同努力，我国已建立了科学、完备的博士后制度体系，同时，形成了培养和使用相结合，产学研相结合，政府调控和社会参与相结合，服务物质文明与精神文明建设的鲜明特色。通过实施博士后制度，我国培养了一支优秀的高素质哲学社会科学人才队伍。他们在科研机构或高等院校依托自身优势和兴趣，自主从事开拓性、创新性研究工作，从而具有宽广的学术视野、突出的研究能力和强烈的探索精神。其中，一些出站博士后已成为哲学社会科学领域的科研骨干和学术带头人，在"长江学者"、"新世纪百千万人才工程"等国家重大科研人才梯队中占据越来越大的比重。可以说，博士后制度已成为国家培养哲学社会科学拔尖人才的重要途径，而且为哲学社会科学的发展造就了一支新的生力军。

哲学社会科学领域部分博士后的优秀研究成果不仅具有重要的学术价值，而且具有解决当前社会问题的现实意义，但往往因为一些客观因素，这些成果不能尽快问世，不能发挥其应有的现实作用，着实令人痛惜。

可喜的是，今天我们在支持哲学社会科学领域博士后研究成果出版方面迈出了坚实的一步。全国博士后管理委员会与中国社会科学院共同设立了《中国社会科学博士后文库》，每年在全国范围内择优出版哲学社会科学博士后的科研成果，并为其提供出版资助。这一举措不仅在建立以质量为导向的人才培养机制上具有积极的示范作用，而且有益于提升博士后青年科研人才的学术地位，扩大其学术影响力和社会影响力，更有益于人才强国战略的实施。

今天，借《中国社会科学博士后文库》出版之际，我衷心地希望更多的人、更多的部门与机构能够了解和关心哲学社会科学领域博士后及其研究成果，积极支持博士后工作。可以预见，我国的博士后事业也将取得新的更大的发展。让我们携起手来，共同努力，推动实现社会主义现代化事业的可持续发展与中华民族的伟大复兴。

人力资源和社会保障部副部长
全国博士后管理委员会主任
2012年9月

摘　要

本书以我国金融业的全面对外开放、全球信贷环境恶化、农村信贷利益矛盾和十八届三中全会对农村工作的新要求为背景，以国内外信贷风险理论成果为基础，用利益分析、社会调查、动态研究、案例实证、定量分析等方法，从马克思主义哲学的视角，对农村信贷利益矛盾问题和农村信贷风险的根源、防范、化解进行了深入研究，构建农村信贷利益公平、合理、有效、可持续的管理系统。

本书从农村信贷概念入手，系统地分析了农村信贷资金的运动特点，信贷风险的特征、利益群体、主要矛盾和利益的分配关系，农村信贷主要风险源和风险点等，认为农村信贷资金运动与一般信贷资金运动有着明显的差异。农村信贷风险存在着普遍性高风险、静态窒息性风险和动态震荡性风险3个基本特征。农村信贷分为一次分配和二次分配，农业信贷风险源是农村信贷风险的核心。农村信贷风险集中体现在农民贷款、农村小微企业贷款和农村公共产品贷款3个风险点。

借鉴国内外信贷风险识别和农村信贷的具体特征，提出我国农村信贷风险的主要类型是政策风险、环境风险、信用风险、操作风险、市场风险和法律风险6个类型，通过对风险生成机理的综合分析和实证研究，认为金融生态的劣质性是导致农村信贷风险产生的土壤。农村信贷风险存在着行政制度、信贷制度、法律制度和信用制度4个方面的缺陷。信贷风险的根本动因是物质利益的驱使。

根据国内外风险管理原理和乡村银行经验，以事前防范为第一手段,从借款人信用估测、贷款前对贷款风险度的计量、主要风险管理环节的监测与处置等方面分析防范。从农民贷款、农村小企业贷款、农村公共产品贷款3个方面重点探讨和设计风险防范的具体有效方案。

引用定量贷后分析方法,从已发生风险进行控制的角度出发,建立贷后风险数据模型,通过量化数据识别贷后风险。用Zeta分析、复审模型、分类和回归树、信贷风险模糊综合评价和个别信用跟踪、整体信用预警等方法对农村信贷风险进行定量实证分析,提出分散贷款、合理定价和政策适用等风险控制的基本方法。从法人治理、人力素质、内控体系、企业文化等方面塑造农村金融生态的内优化环境。

在汲取国内外先进信贷风险管理经验的基础上,从事后风险化解的角度出发,探讨资本充足率和呆账贷款准备金制度的建设,增强农村金融自身化解信贷风险的能力;系统地总结整理了国内外具体化解风险的各种方法,在资产清收保全、资产盘活激活、资产抵债补偿、资产打包出售等方面进行理论探讨和方法创新,从而突破传统的化解信贷风险方法,提高农村金融化解信贷风险效率。

结合新农村建设的现实要求,以主要风险点为依据,从财政补贴、农地抵押、信用担保、保险创新、体系再造和信贷利益向农村倾斜等方面进行深入细致的研究,寻找解决农村信贷风险的配套政策和宏观措施。通过增加财政补贴、增强货币政策稳定性、东西融资互动、金融生态建设等途径解决政策风险问题;以国内外农地金融制度成功的经验为依据,分析我国农地金融制度改革过程中出现的问题,解决农民贷款难、抵押担保方式不足等信用风险问题;构造县域小企业担保体系,解决农村小企业法律风险问题;从农业保险创新方面解决客观环境风险问题;通过农村金融体系的再造,构造信贷主体及多元化格局,解决结构不平衡及操作风险问题;论证信贷利益分配向农村倾斜等政策建议,探讨农村信贷有效增加投放、信贷利益分配与区域经济持续协调发展等相关配套互动问题,解决市场风险及农村信贷辩证发展的长效机制，为农村信贷全过程有效管理和信贷利益公平合理分配提供保障。

关键词： 农村金融　信贷风险　风险管理　利益保

Abstract

This paper takes the comprehensive opening of China's financial industry, interest contradiction in rural financial credit, and the new requirements for rural issues of the Third Plenary Session of the Eighteen Committee of the Communist Party of China as the background. And it is based on the domestic and international financial credit risk management theory and practices. China's rural financial credit risk management system is systematically studied from the current situation of rural financial credit risk management according to the combinations of questionnaire surveys and typical investigations, empirical analysis and normative analysis, qualitative analysis and quantitative analysis. So the prevention, control, resolving and long-term mechanism for county financial credit risk management are identified and entire process for our county financial credit risk management system was constructed. The basic viewpoints are as follows:

Firstly, this paper systematically analyzes the movement characteristics of the rural financial credit funds, content and features of credit risk, and discusses the main risk source of county financial credit and measurement of risk value. It is thought that the rural financial credit capital movement is obviously different from that of general financial credit funds. The rural financial credit risk has three basic characteristics of universality of high-risk, static suffocation risk and dynamic tremor risk. Agriculture credit risk source is the core of county financial credit risk. The rural financial credit risk management focuses on the three risk points of farmer's loans, rural small and middle corporation loan, and rural public products loans.

Secondly, the major categories of our county financial credit risks are sorted as the following six: policy risks, environmental risks, credit risks, operational risks, market risks and legal risks, totally, by taking advantages of the latest international credit risk classification. Comprehensive analysis and empirical research of the factors of our county financial credit risk formation mechanism are studies on this basis. It is thought that the poor financial ecosystem is the soil and potential hotbed for county financial credit risks germination, and county financial credit risk exists non-standardized administrative systems, non-standardized credit system, and non-standardized legal systems and non-standardized credit systems, and several other system-related defects. A scientific basis is provided for prevention, control and resolving for county financial credit risk through the research of formation mechanism of county financial credit risk. The ultimate cause of credit risk is a material interest.

Third, according to the principles of domestic and international risk management and experience of rural banks, this paper puts pre-prevention in the first place and analyses the general prevention methods from the borrower's credit estimation, the risk measurement before the loan, the monitoring and disposal of main risk management, and discusses the specific and effective prevention program from farmer loan credit risk prevention, rural small and middle corporation lending credit risk prevention, and rural public goods credit.

Fourth, the county financial credit risk control is essential in the county financial credit risk management. In the viewpoint of risk control point, and with the introduction of quantitative credit risk analysis and establishment of credit risk data model after the loan, high-risk loans are identified through accurate quantitative data. The county financial credit risk is empirically analyzed by Zeta analysis, review model, classification and regression trees, and credit risk fuzzy comprehensive evaluation. Through individual credit tracking analysis and overall credit warning analysis, scattered loans, county financial credit risk control methods of reasonable pricing, and scientific and applicable lending policies, are brought forward. To control credit risk of our county financial institutions from the aspects of corporate governance, human resources, inner-control system, financial culture, the financial optimal ecological mechanisms can be constructed.

Fifth, with the basis of from taking the domestic and international advanced research experience, the construction of capital adequacy ratio and bad loan provisioning system and strengthening their capabilities of resolving county financial credit risk are emphasized discussed, and the various methods of domestic banking are systematically summed up, from the perspective of defusing risk. With the basis of the actuality of county finance, theory discussion and methodology innovation are conducted on clearing the asset protection, asset invigorated activation, repossessed assets compensation, packing sale of assets, etc. So the traditional methods to resolve credit risk are broke through and county financial efficiency of resolving credit risk was improved. Lastly, focusing discussion on the inherent characteristics of loan verification system, formation mechanism, and learning from the advanced experiences of other countries, and constructing China's county financial loan verification system.

Sixth, with the actuality of county finance and based on the county financial main risk points, studies focus on solving farmers loans, and rural small and middle corporation loans and rural public products loans and other related to credit risk measures and macro strategies are made from financial subsidy policy, farmland pledge system, rural small and middle corporation credit guarantee system, agricultural insurance innovation and the rural financial system recycling, etc. First, county financial risks are eliminated through increasing financial subsidies and strengthening stability in monetary policy, financing interactive things, financial ecological construction, etc.; Second, solving the credit risk arising from peasants' collateral for a loan through the successful experience of domestic and international financial system, analysis of the problems China's agricultural land financial system reforms; Third, construction of county small and middle corporation guarantee system and solving rural credit risk of small and middle corporation loans; Forth, solving county financial environmental risks through innovation research on county agricultural insurance system; Fifth, solving county financial structural problems through recycling of the rural financial system and constructing diversified financial optimization pattern, and providing the guarantee for our county financial credit risk control of the whole process of security.

Key Words: Rural Finance; Credit Risk; Risk Management; Interests Guarantee

目 录

第一章 导 论 … 1
  第一节 研究的背景 … 1
    一、全球信用环境的恶化使信贷风险管理成为世界范围内的挑战性课题 … 1
    二、我国金融体制的全面改革和对外开放对农村金融提出了严峻的挑战 … 2
    三、党的十八届三中全会的"中国要强，农业必须强"对农村信贷提出了新的要求 … 5
    四、以不良资产为代表的信贷利益风险成为经济金融发展一切矛盾问题爆发的焦点 … 7
  第二节 研究的目的和意义 … 9
    一、研究的目的 … 9
    二、研究的意义 … 9
  第三节 国内外研究动态 … 11
    一、国外研究动态 … 11
    二、国内研究动态 … 20
    三、国内外研究的简要评价 … 26
  第四节 研究的思路和方法 … 31
    一、研究的思路 … 31
    二、研究的方法 … 32
  第五节 本书的主要观点 … 34

第二章 农村信贷风险及其利益关系 …………………… 37

第一节 农村金融发展概述 …………………………………… 37
一、农村金融的内涵 …………………………………………… 37
二、农村金融的发展历程 ……………………………………… 38
三、农村金融存在的主要问题 ………………………………… 47

第二节 农村信贷风险相关概念的界定 …………………… 60
一、农村信贷的含义及其特殊性 ……………………………… 60
二、农村信贷资金的运动特点及其客观要求 ………………… 62
三、农村信贷风险的内涵及主要特点 ………………………… 65

第三节 农村信贷资金运行过程中利益的分配关系 …… 68
一、农村信贷利益群体划分 …………………………………… 68
二、农村信贷利益的主要矛盾 ………………………………… 70
三、农村信贷利益的初次分配 ………………………………… 71
四、农村信贷利益的再分配 …………………………………… 71

第四节 农村信贷风险的主要风险源和风险点 ………… 75
一、农村信贷风险的主要风险源 ……………………………… 75
二、农村信贷风险主要风险源的风险量化估值说明 ………… 78
三、农村信贷风险主要风险源风险值的区域估值 …………… 81
四、农村信贷风险主要风险点的综合量化估值 ……………… 83
五、结论 ………………………………………………………… 84

第三章 农村信贷风险类别及生成机理 …………………… 85

第一节 农村信贷风险的类别 ……………………………… 85
一、《巴塞尔资本协议》对金融风险的理性整合 …………… 85
二、农村信贷风险的类型识别 ………………………………… 91

第二节 农村信贷风险生成机理的综合分析 …………… 96
一、政策风险的生成机理 ……………………………………… 96
二、环境风险的生成机理 ……………………………………… 99
三、信用风险的生成机理 ……………………………………… 101
四、操作风险的生成机理 ……………………………………… 103

第三节 农村信贷风险生成机理的实证分析 …………… 114

　　　　一、金融生态的悲哀：一个基于破产金融机构信贷风险的
　　　　　　实例 ………………………………………………………… 114
　　　　二、金融生态的劣质性：导致农村信贷风险产生的土壤和
　　　　　　温床 ………………………………………………………… 116
　第四节　结　论 …………………………………………………………… 120
　　　　一、利益群体矛盾：信贷风险的地核和辐射源 ………………… 120
　　　　二、物质利益的诱因，社会主义价值观的丧失：信贷
　　　　　　风险的根本动因 ………………………………………… 120

第四章　农村信贷风险有效防范模式 ……………………………… 123

　第一节　国外信贷风险防范模式 ………………………………………… 123
　　　　一、荷兰银行信贷风险防范模式 ………………………………… 123
　　　　二、法国农业信贷银行信贷风险控制模式 ……………………… 127
　第二节　我国农村信贷风险防范的传统方法 …………………………… 129
　　　　一、借款人信用分析 ……………………………………………… 129
　　　　二、贷款前对贷款风险度的计量 ………………………………… 136
　　　　三、主要风险管理环节的评价、监测与处置 …………………… 139
　第三节　农民贷款信贷风险防范 ………………………………………… 140
　　　　一、农民贷款信贷风险机理的特殊性研究 ……………………… 140
　　　　二、农民贷款信贷风险的微观因素分析 ………………………… 146
　　　　三、农民贷款信贷风险的防范模式 ……………………………… 149
　第四节　农村中小微企业贷款信贷风险防范 …………………………… 158
　　　　一、农村中小微企业发展中的几个制约因素分析 ……………… 158
　　　　二、农村金融对农村中小微企业信贷风险防范的策略 ………… 159
　第五节　基层农村公共产品贷款信贷风险防范 ………………………… 160
　　　　一、基层农村公共产品信贷风险的内在特征 …………………… 161
　　　　二、基层农村公共产品信贷风险的体制缺陷 …………………… 167
　　　　三、基层农村公共产品信贷风险防范模式 ……………………… 170

第五章　农村信贷风险公平控制方法 ……………………………… 175

　第一节　农村金融贷后风险的计量 ……………………………………… 175
　　　　一、农村金融贷后风险的传统计量方法 ………………………… 175

二、Zeta 分析法 ……………………………………… 179
　　三、复审模型 ………………………………………… 181
　　四、分类和回归树 …………………………………… 183
　　五、信贷风险模糊综合评价 ………………………… 185
第二节　农村信贷风险公平控制的方法 ……………… 189
　　一、个体信用跟踪分析 ……………………………… 189
　　二、整体信用预警分析 ……………………………… 190
　　三、农村信贷风险公平控制的策略选择 …………… 195
第三节　农村信贷风险公平控制的金融生态内优化 …… 200
　　一、规范法人治理结构 ……………………………… 200
　　二、优化人力资源组合 ……………………………… 201
　　三、完善内控机制 …………………………………… 204
　　四、塑造金融文化 …………………………………… 207

第六章　农村信贷风险合理化解机制 …………………… 209
　第一节　创新农村信贷资产清收保全机制 …………… 209
　　一、农村信贷资产清收保全的制度设计 …………… 209
　　二、农村信贷资产清收保全的策略和方法 ………… 211
　　三、案例分析 ………………………………………… 213
　第二节　营造农村信贷资产盘活激活机制 …………… 214
　　一、农村信贷资产盘活激活的策略和方法 ………… 214
　　二、农村信贷资产盘活激活的主要误区 …………… 215
　　三、案例分析 ………………………………………… 217
　第三节　健全农村信贷资产抵债补偿机制 …………… 218
　　一、农村金融抵债资产管理中存在的问题 ………… 219
　　二、农村金融抵债资产管理方法 …………………… 220
　　三、案例分析 ………………………………………… 221
　第四节　构造农村信贷资产打包出售机制 …………… 223
　　一、农村信贷资产打包出售的制度设计 …………… 223
　　二、农村信贷资产打包出售的采用方式 …………… 225
　　三、案例分析 ………………………………………… 226
　第五节　构建合理完善的贷款核销机制 ……………… 228

一、贷款核销制度的内在特征 …………………………………… 228
　　二、《巴塞尔新资本协议》对贷款损失准备金制度的
　　　　要求 ……………………………………………………………… 229
　　三、我国农村金融贷款损失准备金制度存在的问题 ………… 230
　　四、我国农村金融贷款核销制度的合理构建 ………………… 233
第六节　提高资本充足率的补充机制 ……………………………… 235
　　一、《巴塞尔新资本协议》对资本充足率的要求 ……………… 235
　　二、我国农村金融资本充足率的现状 ………………………… 238
　　三、农村金融机构提高资本充足率的途径 …………………… 239

第七章　农村信贷风险持续管理政策及对策建议 ………… 241

第一节　实施财政金融和谐支持政策 ……………………………… 241
　　一、实施切实可行的财政扶持政策 …………………………… 242
　　二、实施积极稳健的金融支持政策 …………………………… 244
第二节　深化农地金融制度改革 …………………………………… 246
　　一、我国农地金融制度的局限性 ……………………………… 246
　　二、我国农地金融制度的实践与探索 ………………………… 247
　　三、构建我国农地金融制度的有效途径 ……………………… 249
第三节　构建县域中小微企业信用担保体系 ……………………… 256
　　一、我国中小微企业信用担保体系的发展现状 ……………… 256
　　二、当前中小微企业信用担保体系的主要问题 ……………… 257
　　三、县域中小微企业信用担保体系的构建 …………………… 258
第四节　推进县域农业保险发展 …………………………………… 261
　　一、我国农业保险的发展历程和存在的问题 ………………… 261
　　二、我国农业保险可持续发展的路径选择 …………………… 263
　　三、农户贷款理赔案例 ………………………………………… 267
第五节　重塑农村金融体系 ………………………………………… 268
　　一、塑造实力强大、功能完善、形式多样的农村金融
　　　　组织体系 ……………………………………………………… 268
　　二、塑造制度合理、信誉良好的基层社会信用体系 ………… 272
第六节　推行信贷利益分配向农村倾斜政策 ……………………… 274

一、倾斜农村信贷利益分配，是新时期遏制行业风险源
　　问题的客观需要 ································ 275
二、倾斜农村信贷利益分配，是新时期遏制机构风险源
　　问题的客观需要 ································ 276
三、倾斜农村信贷利益分配，是新时期遏制地区风险源
　　问题的客观需要 ································ 277
四、倾斜农村信贷利益分配，是新时期解决信贷利益分配
　　不公平的客观需要 ······························ 278

参考文献 ·· 283
索　引 ·· 295
后　记 ·· 299

Contents

1 Introduction ··· 1
   1.1 The Background of the Research ································ 1
      1.1.1 Environmental Deterioration in the Global Credit Makes Credit Risk Management a Worldwide Challenging Issue ··· 1
      1.1.2 The Comprehensive Reform of Our Country's Financial System and Financial Industry Comprehensive Opening Make Challenges for Rural Finance ························ 2
      1.1.3 The Emphasis on Rural Economy of the Third Plenary Session of the Eighteen Committee of the Communist Party of China Puts Forward New Requirements for the Development of Rural Finance ································ 5
      1.1.4 Credit Interest Risk Characterized by Bad Assets Has Become the Focus of all Problems in Economic and Financial Development ··································· 7
   1.2 The Research Purpose and Meaning ······························ 9
      1.2.1 The Purpose of the Study ································ 9
      1.2.2 The Meaning of the Research ··························· 9
   1.3 Domestic and Foreign Research Trends ························ 11
      1.3.1 Foreign Research Trends ································ 11
      1.3.2 Domestic Research Trends ······························ 20
      1.3.3 Brief Evaluation of Research at Home and Abroad ······ 26
   1.4 Train of Thoughts and Methods of the Research ············· 31

　　　　1.4.1　Train of Thoughts of the Research ·················· 31
　　　　1.4.2　The Research Methods ························· 32
　　1.5　The Innovation of the Research ························· 34
2　**Rural Financial Credit Risk and Its Interests** ················ 37
　　2.1　The Rural Financial Development Overview ············· 37
　　　　2.1.1　The Connotation of Rural Finance ················ 37
　　　　2.1.2　The Development of Rural Finance ··············· 38
　　　　2.1.3　The Main Problems of Rural Finance ·············· 47
　　2.2　Definition of Concepts Related to the Rural Finance Credit
　　　　Risk ··· 60
　　　　2.2.1　The Meaning of the Rural Financial Credit and Its
　　　　　　　Particularity ···································· 60
　　　　2.2.2　The Movement Characteristics and Objective Requirements
　　　　　　　of the Rural Financial Credit Funds ·············· 62
　　　　2.2.3　The Connotation and Main Characteristics of the Rural
　　　　　　　Financial Credit Risk ···························· 65
　　2.3　Interests Distribution in the Movement of the Rural Financial
　　　　Credit Funds ··· 68
　　　　2.3.1　The Rural Financial Credit Interest Groups ········ 68
　　　　2.3.2　Principal Contradiction among the Interests of the Rural
　　　　　　　Financial Credit ································· 70
　　　　2.3.3　Primary Distribution of the Interests of the Rural Financial
　　　　　　　Credit ·· 71
　　　　2.3.4　Redistribution of the Interests of the Rural Financial
　　　　　　　Credit ·· 71
　　2.4　The Main Risk Source and Risk Points in the Rural
　　　　Financial Credit Risk ···································· 75
　　　　2.4.1　Rural Financial Credit Risk of the Main Risk Source ······ 75
　　　　2.4.2　The Rural Financial Credit Risk is the Main Risk Source
　　　　　　　of Risk Quantitative Valuation ···················· 78

Contents

      2.4.3 The Rural Finance Main Risk Source of Credit Risk Valuation Risk Value of the Area ·············· 81

      2.4.4 The Main Risk Points of the Rural Financial Credit Risk Quantitative Valuation ·············· 83

      2.4.5 Conclusion ·············· 84

3 Category and Generating Mechanism of Rural Financial Credit Risk ·············· 85

  3.1 the Rural Finance Credit Risk Category ·············· 85

      3.1.1 Rational Integration of Financial Risk in the Basel Capital Accord ·············· 85

      3.1.2 The Type of Rural Financial Credit Risk Identification ·············· 91

  3.2 A Comprehensive Analysis of the Generating Mechanism of Rural Financial Credit Risk ·············· 96

      3.2.1 The Generating Mechanism of the Policy Risk ·············· 96

      3.2.2 The Generating Mechanism of the Environmental Risk ·············· 99

      3.2.3 The Generating Mechanism of Credit Risk ·············· 101

      3.2.4 The Generating Mechanism of the Operational Risk ·············· 103

  3.3 An Empirical Analysis of the Rural Credit Risk Generating Mechanism ·············· 114

      3.3.1 The Financial Ecological Sorrow: An Example Based on Bankruptcy of Financial Institutions to Credit Risk ·············· 114

      3.3.2 The Financial Ecological Inferiority: Soil and Hotbed of Rural Finance Credit Risk Produced by ·············· 116

  3.4 Conclusion ·············· 120

      3.4.1 The Interests Contradictions: The Credit Risk of the Core and the Radiation Source ·············· 120

      3.4.2 The Material Benefits of Incentive, the Loss of Socialist Values: The Basic Reason of Credit Risk ·············· 120

4 Effective Prevention Model of Rural Financial Credit Risk ·········· 123

4.1 Prevention Model of Foreign Credit Risk ······················· 123
4.1.1 Credit Risk Prevention Model of the Dutch Bank ········ 123
4.1.2 Credit Risk Control Model of Agriculture Credit Bank ··· 127

4.2 China's Traditional Method in Rural Financial Credit Risk Prevention ··· 129
4.2.1 The Borrower Credit Analysis ······························ 129
4.2.2 Before the Loan for the Measurement of the Degree of Loan Risk ·· 136
4.2.3 The Main Risk Management Evaluation, Monitoring and Disposal ·· 139

4.3 Farmers Loans Credit Risk Prevention ····························· 140
4.3.1 The Particularity of Farmers Loan Credit Risk Mechanism Research ·· 140
4.3.2 The Farmers Loans Credit Risk Analysis of the Micro Factors ··· 146
4.3.3 The Farmers Loans Credit Risk Prevention Model ······ 149

4.4 Prevention Against Credit Risk of Rural Small and Medium-sized Enterprise ··· 158
4.4.1 Rural Micro, Small and Medium Enterprises in the Development of Several Restriction Factor Analysis ······ 158
4.4.2 The Rural Finance of Rural Micro, Small and Medium Enterprises Credit Risk Prevention Strategy ················ 159

4.5 The Basic-level Countryside Public Product Loan Credit Risk Prevention ·· 160
4.5.1 Credit Risk the Inherent Characteristics of the Rural Public Products at the Local Level ······························ 161
4.5.2 The System of Rural Public Products at the Grass-roots Level of Credit Risk Defects ······································ 167

        4.5.3 Rural Public Products at the Grass-roots Level of Credit Risk Prevention Model ········ 170

5 Fair Control Methods of Rural Financial Credit Risk ········ 175

    5.1 Rural Finance Credit Risk Measurement ········ 175
        5.1.1 The Rural Financial Credit Risk of the Traditional Measuring Method ········ 175
        5.1.2 Review Model ········ 179
        5.1.3 The Classification and Regression Tree ········ 181
        5.1.4 The Fuzzy Comprehensive Evaluation of Credit Risk ········ 183
        5.1.5 Fuzzy Comprehensive Evaluation of Credit Risk ········ 185
    5.2 Fair Control Methods of Rural Financial Credit Risk ········ 189
        5.2.1 The Individual Credit Tracking Analysis ········ 189
        5.2.2 The Overall Credit Warning Analysis ········ 190
        5.2.3 Strategy Choice in the Fair Control of Rural Financial Credit Risk ········ 195
    5.3 Financial Ecological Optimization of the Fair Control of Rural Financial Credit Risk ········ 200
        5.3.1 The Standard Corporate Governance Structure ········ 200
        5.3.2 Optimize the Human Resource Combination ········ 201
        5.3.3 Improve the Internal Control Mechanism ········ 204
        5.3.4 Shape the Financial Culture ········ 207

6 Reasonable Resolution Mechanism of Rural Financial Credit Risk ········ 209

    6.1 Innovative Rural Financial Credit Assets Security Mechanism ········ 209
        6.1.1 The Rural Financial System Design Collection Preservation of Credit Assets ········ 209
        6.1.2 The Rural Financial Credit Assets Collection Preservation Strategies and Methods ········ 211
        6.1.3 The Case Analysis ········ 213

6.2 Build Rural Financial Revitalize the Activation Mechanism of Credit Assets ……………………………………………… 214
　6.2.1 The Rural Financial Credit Assets to Revitalize the Strategies and Methods of the Activation …………… 214
　6.2.2 The Rural Financial Credit Assets to Revitalize the Main Error of the Activation …………………………… 215
　6.2.3 The Case Analysis ……………………………………… 217
6.3 Improve the Rural Financial Debt Compensation Mechanism of Credit Assets ……………………………………… 218
　6.3.1 The Problems Existing in the Rural Financial Debt Asset Management …………………………………… 219
　6.3.2 Rural Financial Debt Asset Management Methods …… 220
　6.3.3 The Case Analysis ……………………………………… 221
6.4 Constructing Rural Financial Credit Assets …………………… 223
　6.4.1 The System of Rural Financial Credit Assets Sale Packaging Design ………………………………………… 223
　6.4.2 Rural Financial Package Sold by Way of Credit Assets ……………………………………………………… 225
　6.4.3 Case Study ……………………………………………… 226
6.5 Build Reasonable and Excellent Loan Write-off Mechanism …………………………………………………… 228
　6.5.1 The Inherent Characteristics of the Loan Write-off Mechanism ……………………………………………… 228
　6.5.2 The New Basel Capital Accord to the Loan Loss Reserve System …………………………………………………… 229
　6.5.3 The Problem of Rural Financial System of Loan Loss Provisions in Our Country ……………………………… 230
　6.5.4 The Reasonable Building of System of the Rural Financial Loan Write-off Mechanism ………………… 233
6.6 Improve the Capital Adequacy Ratio …………………………… 235
　6.6.1 The Basel Capital Accord to the Requirement of Capital Adequacy Ratio ………………………………………… 235

Contents

    6.6.2 The Present Situation of Our Rural Financial Capital Adequacy Ratio ········ 238

    6.6.3 The Way of Rural Financial Institutions to Improve Capital Adequacy Ratio ········ 239

7 The Ongoing Management and Policy of Rural Financial Credit Risk ········ 241

  7.1 The Implementation of Fiscal and Monetary Policy ········ 241

    7.1.1 Implement Feasible Fiscal Support Policy ········ 242

    7.1.2 Implement Positive Sound Financial Support Policies ········ 244

  7.2 Deepen the Reform of the Farmland Financial System ········ 246

    7.2.1 The Limitation of the Farmland Financial System in Our Country ········ 246

    7.2.2 The Farmland Financial System of Exploration and Practice in Our Country ········ 247

    7.2.3 The Effective Way of Constructing the Farmland Financial System ········ 249

  7.3 Build Micro, Small and Medium Enterprises Credit Guarantee System of the County ········ 256

    7.3.1 The Current Situation of the Development of Micro, Small and Medium Enterprises Credit Guarantee in Our Country ········ 256

    7.3.2 The Main Problem of Micro, Small and Medium Enterprises Credit Guarantee System ········ 257

    7.3.3 Micro, Small and Medium Enterprises Credit Guarantee System Construction of the County ········ 258

  7.4 Promote the Development of the County Agricultural Insurance ········ 261

    7.4.1 The Development of Agricultural Insurance in Our Country and the Existing Problems ········ 261

    7.4.2 The Path Choice for the Sustainable Development of Agricultural Insurance in Our Country ········ 263

       7.4.3　The Peasant Household Loans Claim Case ⋯⋯⋯⋯⋯⋯ 267
　7.5　Reshape the Restructuring Rural Financial System ⋯⋯⋯⋯⋯ 268
       7.5.1　Build Powerful Functional Forms of Rural Financial
             Organization System ⋯⋯⋯⋯⋯⋯⋯⋯⋯⋯⋯⋯⋯⋯ 268
       7.5.2　The Shaping System Reasonable Reputable Grassroots
             Social Credit System ⋯⋯⋯⋯⋯⋯⋯⋯⋯⋯⋯⋯⋯⋯ 272
　7.6　To Implement Credit Interest Allocation Policy Support to
      Rural Areas ⋯⋯⋯⋯⋯⋯⋯⋯⋯⋯⋯⋯⋯⋯⋯⋯⋯⋯⋯⋯⋯⋯ 274
       7.6.1　Supporting Rural Credit Interest Allocation, is the
             Objective Demand of the Containment Industry Risk
             Source Problem in the New Period ⋯⋯⋯⋯⋯⋯⋯⋯⋯ 275
       7.6.2　Supporting Rural Credit Interest Allocation, is the
             Objective Demand of the Curb Institutions Risk Source
             Problem in the New Period ⋯⋯⋯⋯⋯⋯⋯⋯⋯⋯⋯⋯ 276
       7.6.3　Supporting Rural Credit Interest Allocation, is the
             ObjectiveDemand of the Containment Area Risk Source
             Problem in the New Period ⋯⋯⋯⋯⋯⋯⋯⋯⋯⋯⋯⋯ 277
       7.6.4　Supporting Rural Credit Interest Allocation, is to Solve
             the Credit Interest in the New Period of the Objective
             Need of Unfair Distribution ⋯⋯⋯⋯⋯⋯⋯⋯⋯⋯⋯⋯ 278

References ⋯⋯⋯⋯⋯⋯⋯⋯⋯⋯⋯⋯⋯⋯⋯⋯⋯⋯⋯⋯⋯⋯⋯⋯⋯⋯ 283

Index ⋯⋯⋯⋯⋯⋯⋯⋯⋯⋯⋯⋯⋯⋯⋯⋯⋯⋯⋯⋯⋯⋯⋯⋯⋯⋯⋯⋯ 295

Acknowledgements ⋯⋯⋯⋯⋯⋯⋯⋯⋯⋯⋯⋯⋯⋯⋯⋯⋯⋯⋯⋯⋯⋯ 299

第一章 导 论

第一节 研究的背景

一、全球信用环境的恶化使信贷风险管理成为世界范围内的挑战性课题

信贷风险管理的研究方法在过去的几十年里，由于受到社会环境的变迁和各种经济因素的影响而发生了显著的变化。20世纪90年代以来，在全球范围内，所有金融机构都面临着不断增加的信贷风险，特别是其间发生的两次大的金融危机使信贷风险管理的研究成为风险研究领域最具挑战性的课题。1997年7月，亚洲金融风暴在泰国爆发，横扫马来西亚、新加坡、日本和韩国等地，打破了快速发展的亚洲经济格局，致使亚洲一些国家经济萧条，政局动荡。2007年8月，美国爆发的次贷危机引发全球金融风暴，席卷美国、欧盟和日本等世界主要金融市场，迅速向实体经济蔓延，经济减速从发达国家向新兴经济体与发展中国家迅速传导。金融危机也极大地影响到了我国经济的发展。在县域中的省驻县企业、规模企业、中小企业都不同程度地受到了冲击。县域工业产值急剧下滑，与外贸出口有关的企业，包括果品农业产业化企业，产值降到了冰点，县域财政收入和城乡居民收入锐减。

金融风暴产生了两个后果：一方面，国际银行业的结构和监管已产生了根本性变化，对信贷风险有效管理起到了极其重要的作用。20世纪末发生的亚洲金融风暴在一定程度上促进了商业银行信贷风险度量和管理技

术方法的革命性变革。2004年6月，巴塞尔委员会（Basel Committee on Banking Supervision）出台的《巴塞尔新资本协议》侧重于银行评级体系，并向银行内部信用风险度量模型的方向发展。要求商业银行信用风险资本计算使用"两层法"（Two-tier Approach），即在要求大多数金融机构服从其协议规定的简单标准法（Standard Approach）的同时，允许一些高级国际商业银行使用自己研究开发的内部模型（Internal Model）。Grohy（2001）等研究认为[①]，商业银行根据标准法产生的监管资本（Regulatory Capital）远远超出应用内部模型产生的经济资本（Economic Capital），这使得使用标准法的银行在与使用内部模型的银行在竞争过程中很不公平。另一方面，银行为了自身的利益和安全，缩短战线，贷款谨小慎微，出现了"一朝被蛇咬，十年怕井绳"的悲观局面。在我国，网点业务城市化畸变，"惜贷"、"嫌贫爱富"思想更趋严重，那些弱势产业，特别是广大农村的微小企业，贷款更是形成了"真空"。21世纪初发生的全球金融风暴使得风险监管在全球引起新一轮争议。自2009年以来，巴塞尔委员会对于资本监管制度进行了改革，发表了《巴塞尔资本协议Ⅲ》，通过全球对新监管规则的讨论，认为严厉的资本金标准会抑制信贷业务的发展，阻碍经济复苏。2010年12月16日，巴塞尔委员会公布了《巴塞尔资本协议Ⅲ》的修订本，计划2013年引入金融机构，2019年完全生效。就我国商业银行而言，信贷资产占总资产的比重远远高于同等资产规模的国外先进商业银行，如果按标准法计算信用风险资本，我国银行无疑将在竞争中处于劣势。这显然增加了我国银行界建立包括内部模型在内的高级信贷风险管理体系的紧迫性。对于我国金融业来说，开发和应用内部模型不能简单地成为降低风险资本要求的途径，而是要通过科学的度量和管理信贷风险达到合理配置稀缺资本的目的，如何辩证地研究我国银行业信贷风险的控制和管理显得越来越迫切。

二、我国金融体制的全面改革和对外开放对农村金融提出了严峻的挑战

2013年11月12日，《中共中央关于全面深化改革若干重大问题的决

[①] 梁琪：《商业银行信贷风险度量研究》，中国金融出版社2005年版，第20—21页。

定》指出,"加快完善现代市场体系","扩大金融业对内对外开放"①,对我国新时期的金融市场提出了更高要求。同时,深化银行业对外开放,放宽机构、业务、准入等"一揽子"政策措施,对农村金融提出了严峻挑战②。

现代市场经济下金融已成为经济的核心。从生产到消费,从积累到流通,货币、银行、股票、债券等已经成为现代社会的生活必需品,成为经济腾飞和社会进步的重要因素。特别是20世纪90年代以来,随着电子信息的飞速发展,全球金融资产1980年为12万亿美元,20世纪末增加到80万亿美元③,2005年达140万亿美元。2012年我国金融资产总额超过133万亿元。随着世界经济一体化的加速推进,21世纪以来表现出的世界金融一体化趋向已经越来越明显。国际活跃银行正在将分支机构和金融服务向世界各个国家的各个角落延伸,加强国际金融竞争已成为锐不可当的时代潮流。

21世纪以来,我国经济获得了举世瞩目的高增长,金融体制改革也不断深化。近几年来,我国着力推进国有商业银行股份制改革,建立现代金融企业制度,推进汇率形成机制改革和农村金融体制改革,一些酝酿多年、难度很大的重点领域和关键环节的改革取得了重要进展。特别是国有商业银行股份制改革迈出了重要步伐。2003年12月,国家向中国银行、中国建设银行分别注资225亿美元,2004年8月和9月,中国银行和中国建设银行先后整体改制为股份有限公司。2005年4月,国家向中国工商银行注资150亿美元。2005年10月,中国工商银行整体改制为股份有限公司,中国建设银行在香港成功上市。以2006年6月和7月中国银行先后在香港H股市场和内地A股市场两个资本市场发行上市、2006年10月中国工商银行在内地和香港实现A+H股同步上市为标志,我国国有商业银行股份制改造和上市取得了历史性的重大飞跃。农村信用社改革取得阶段性成果。2003年以来的新一轮农村金融体制改革,让省级政府承担了历史性使命,到2006年末放宽农村地区金融机构准入政策,农村金融作为解决"三农"问题的核心问题之一,终于走出了一条突破性的道路。2006年12月31日,经国务院同意,中国银行业监督管理委员会(以下简称银

---

① 新华社:《中共中央关于全面深化改革若干重大问题的决定》,《人民日报》2013年11月16日第1—2版。
② 中国银行业监督管理委员会:《银监会贯彻落实中央经济工作会议精神》,陕西信合—《监管之窗》2013年12月18日。
③ 周战地:《金融信息参考》,中国金融出版社2001年版,第10页。

监会）正式批准中国邮政储蓄银行开业，我国诞生了第五大国有商业银行。这一切标志着我国金融体制改革迈上了前所未有的新台阶①。

2006年12月11日，中国履行加入世界贸易组织（以下简称世贸组织）时金融业全面对外开放的承诺，向外资银行全面开放了中国境内公民的人民币业务，取消开展人民币业务的地域限制和其他非审慎性限制，并对外资银行实行国民待遇，中外金融机构开始从真正意义上进入中国金融市场的同台竞技、合作发展和开放创新的新的历史时期。外资银行纷纷开始突破地域和数量限制在我国设立分支机构，其充足的资金实力、先进的管理经验及服务技术、高水平的服务效率和卓越的商业信誉，给我国的金融业造成了巨大的竞争压力。目前，外资银行主要集中在发达地区的大中城市，它的触角还不愿涉及内陆和广大欠发达地区特别是县级领域，而五大国有商业银行为了甩包袱也普遍从农村领域撤军，中行、建行、工行相继在多数县域全面停办了信贷业务进而撤销了农村金融机构，而以往专门服务于农村的农业银行也几乎撤销了所有的乡镇营业所，大大收缩了网点战线。新兴的股份制商业银行更是选择在经济发达的有利地段进行发展。农村信用社则随着商业化改革的深入对摆脱农村业务蠢蠢欲动。为"做优做强地方金融机构"，全国农村信用社加速改革，以培育具有影响力的区域性商业银行，争取实现上市目标。以陕西为例，省政府制定全省农村信用社改革总体方案，推进县级联社、农合行改制重组为农村商业银行，到"十二五"末实现全省80%的农村信用社改制为农商行。积极推进西安城区6家农村信用社的整合工作，筹建"秦农银行"②。2009年1月，中国农业银行整体改制为股份有限公司，完成了从国有独资银行向现代化股份制商业银行的历史性跨越。2010年7月，中国农业银行股份有限公司在上海、香港两地面向全球挂牌上市，成功创造了截至2010年全球资本市场最大规模的IPO，募集资金达221亿美元。这标志着农业银行改革发展进入了新时期，标志着国有大型商业银行改革上市战役收官。

农业银行上市和国际化，像其他三大国有商业银行一样，事实上宣告了在基层，特别是在乡村的完全退出。在这种严峻的形势下，原来在计划

---

① 周萃：《主要商业银行控制不良贷款实现历史突破》，《金融时报》2006年1月2日第1版。
② 陕西省人民政府：《陕西省人民政府关于进一步促进金融业发展改革的意见》（陕政发［2012］43号），陕西省人民政府门户网站，http://www.shaanxi.gov.cn，2012年10月8日。

经济时代形成的遍布全国各县的国有商业银行分支机构网络格局被彻底打破，导致了农村金融机构的严重不足和农村金融的畸形发展。那种农民朋友喜闻乐见、欣欣向荣的美好金融环境似乎已一去不返，农村金融面临着极为严峻的挑战。

三、党的十八届三中全会的"中国要强，农业必须强"对农村信贷提出了新的要求

2013年11月9~12日，党的十八届三中全会提出"为全面建成小康社会、不断夺取中国特色社会主义新胜利、实现中华民族伟大复兴的中国梦而奋斗"的号召[①]。"实现中华民族伟大复兴的中国梦，就是要实现国家富强、民族振兴、人民幸福"[②]。"人民对美好生活的向往，就是我们的奋斗目标"[③]。2013年12月25日，中央农村工作会议提出，"小康不小康，关键看老乡"。一定要看到，农业还是"四化同步"的短板，农村还是全面建成小康社会的短板。中国要强，农业必须强；中国要美，农村必须美；中国要富，农民必须富。农业基础稳固，农村和谐稳定，农民安居乐业，整个大局就有保障，各项工作都会比较主动。我们必须坚持把解决好"三农"问题作为全党工作重中之重，坚持工业反哺农业、城市支持农村和"多予少取放活"方针，不断加大强农、惠农、富农政策力度，始终把"三农"工作牢牢抓住、紧紧抓好[④]。我国是个农业大国，也是个农业弱国，农民在全国人口总数中占有绝大的比例，农民的平均生活水平在全国处于最低阶层。1982~1986年，中共中央连续5年发布以农业、农村和农民为主题的"中央一号文件"[⑤]，对农村改革和农业发展做出具体部署。这一时期，农村金融非常活跃，信用社、邮政储蓄遍布乡镇，各专业银行也纷纷把触角伸向农村，农村经济呈现繁荣景象。此后，关于农村的"中央

[①] 新华社：《中共十八届三中全会在京举行》，《人民日报》2013年11月13日第1版。
[②] 习近平：《习近平在十二届全国人大一次会议闭幕会上的讲话》，《人民日报》2013年3月17日第1版。
[③] 新华社：《人民对美好生活的向往，就是我们的奋斗目标——习近平在十八届中央政治局常委同中外记者见面时的讲话》，《人民日报》2012年11月16日第4版。
[④] 新华社：《中央农村工作会议在北京举行》，《人民日报》2013年12月25日第1版。
[⑤] "中央一号文件"原指中共中央每年发布的第一份文件，现在已经成为中共中央重视农村问题的专有名词。

一号文件"中断了18年，期间，基层金融市场也几经凋落。2004年1月，针对全国农民人均纯收入持续增长缓慢的情况，中央下发了《中共中央、国务院关于促进农民增加收入若干政策的意见》，成为21世纪以来第一个关于"三农"问题的"中央一号文件"，指出农业依然是国民经济发展的薄弱环节，投入不足、基础脆弱的状况并没有改变，粮食增产、农民增收的长效机制并没有建立，制约农业和农村发展的深层次矛盾并没有消除，农村经济社会发展明显滞后的局面并没有根本改观，农村改革和发展仍然处在艰难的爬坡和攻坚阶段，保持农村发展好势头的任务非常艰巨。此后，事关"三农"的"中央一号文件"连续发布10年，农村经济迎来了前所未有的发展机遇。2005年强调提高农业综合生产能力，坚持"多予少取放活"的方针。2006年提出推进社会主义新农村建设的若干意见。2007年指出农业丰则基础强，农民富则国家盛，农村稳则社会安，强调发展现代农业是社会主义新农村建设的首要任务，要用现代物质条件装备农业，用现代科学技术改造农业，用现代产业体系提升农业，用现代经营形式推进农业，用现代发展理念引领农业，用培养新型农民发展农业，提高农业水利化、机械化和信息化水平，提高土地产出率、资源利用率和农业劳动生产率，提高农业素质、效益和竞争力。2008年提出加强农业基础建设，进一步促进农业发展、农民增收的若干意见。2009年提出农业稳定发展、农民持续增收的若干意见，指出扩大国内需求，最大潜力在农村；实现经济平稳较快发展，基础支撑在农业；保障和改善民生，重点难点在农民，进一步强化惠农政策，为经济社会又好又快发展继续提供有力保障。2010年提出统筹城乡发展力度，进一步夯实农业农村发展基础的若干意见，首次提出要在3年内消除基础金融服务空白乡镇，拓展农业发展银行支农领域，政策性资金将有更大的"三农"舞台。2011年提出加快水利改革发展的决定，也是新中国成立62年来中央文件首次对水利工作进行全面部署。2012年提出加快推进农业科技创新，持续增强农产品供给保障能力的若干意见，突出强调部署农业科技创新。2013年提出加快发展现代农业，进一步增强农村发展活力的若干意见，"始终把解决好农业、农村和农民问题作为全党工作重中之重，把城乡发展一体化作为解决'三农'问题的根本途径；必须统筹协调，促进工业化、信息化、城镇化、农业现代化同步发展，着力强化现代农业基础支撑，深入推进社会主义新农村建设。加强国家对农村金融改革发展的扶持和引导，切实加大商业性金融支农力度,充分发挥政策性金融和合作性金融作用,确保持续加大涉农信贷投放。创新金融产品和服务,优先满足农户信贷需求,加大新型生产经营主体信贷支持力度。"①

连年发布的"中央一号文件",拉开了建设社会主义和谐社会的大幕,但是对农村金融的政策性支持指导还远远不够。农村金融市场软弱无力,农村金融供给严重不足的局面没有从根本上改变,金融对农村的支持与财政对农村的支持相比,异常的不协调。建设新农村的强势政策与建设新农村金融的空白政策形成鲜明反差,财政对农业的积极性支持与金融对农业的消极性支持形成鲜明反差。我们还有 1.28 亿人生活在贫困线以下,其中绝大部分就在农村。没有农村的小康,就没有全国的小康②。如何深入持久地变革和推进农村金融改革,切实提高农村信贷利益,已成为一个新的历史性的重要课题。

四、以不良资产为代表的信贷利益风险成为经济金融发展一切矛盾问题爆发的焦点

1997 年的亚洲金融风暴有多方面的原因,一般认为可以分为直接触发因素、内在基础因素和世界经济因素等几个方面,但透支性经济高增长和不良资产的膨胀应当是直接的主要原因。盲目地、片面地追求经济高增长,只能导致不良资产的大量产生。东南亚国家,房地产吹起的泡沫换来的只是银行贷款的坏账和呆账,而韩国由于大企业从银行获得资金过于容易,造成一旦企业状况不佳,不良资产立即膨胀的状况。不良资产的大量存在,又反过来影响了投资者的信心,使得银行等金融机构在发放贷款上"防微杜渐"。然而 2007 年的美国次贷(对信用程度较差和收入不高的借款人提供的高利息贷款)危机,是由于贪婪的华尔街投机者钻制度的空子,弄虚作假、欺骗大众的结果,是美国执行以高消费带动高增长的试图引导世界的、不理智的新自由主义经济政策的结果。在美国利率上升和住房市场持续降温的情况下,问题极端脆弱地、全面地暴露了出来:由于利

---

① 新华社:《中共中央、国务院关于加快发展现代农业进一步增强农村发展活力的若干意见》,《人民日报》2013 年 1 月 31 日第 1 版。
② 本报评论员:《小康不小康,关键看老乡——一论始终把"三农"工作牢牢抓住紧紧抓好》,《人民日报》2013 年 12 月 26 日第 1 版。

息上升,导致还款压力增大,很多本来信用不好的用户感觉还款压力大,出现违约的行为,致使银行贷款无法收回;同时,随着美国住房市场的降温,尤其是短期利率的提高,次贷还款利率也大幅上升,购房者的还贷负担大为加重,持续降温也使购房者出售住房或者通过抵押住房再融资变得困难,大批借款人不能按期偿还贷款,形成银行不良资产的剧烈膨胀而导致破产,进而导致连锁反应引发全球金融风暴。

在我国,自 20 世纪末不良资产剥离后,金融体系一直存在着一个非常奇怪的现象:一方面,银行体系流动性大量过剩,储蓄通过外汇储备运用的方式大量流出;另一方面,实体部门中的大量科技企业、民营企业,特别是县域经济和"三农"领域中却存在着严重的货币可得性或金融服务不足的问题。实质上,这是一种最严重的资源浪费。面对这种浪费,金融当局始终找不到一个好的办法来提高金融资源的运转效率。思考金融机构背离农村金融市场和县域经济的原因,其根本就是信贷利益风险问题,即不良资产的剥而又生,生而又膨。

我国商业银行的资产质量普遍较差,不良贷款比率较高。亚洲金融风暴之后,我国出台了一系列新的金融法规和政策,加强了对金融风险的防范与管理,但存在的问题仍然相当严重。商业银行是经营货币的特殊企业,只有获得了最大限度的利润,才能更好地支持经济的发展。我国商业银行的利润主要来源于各种生息资产的收益与各种存款负债的利息支出及银行管理费用之间的差额。看商业银行盈利如何,就是看这个差额有多大,这就涉及贷款本利能否最大限度地收回的问题。与发达国家商业银行的坏账比例相比,我国银行业的坏账比例明显偏高。1999 年,国家针对四大国有商业银行专门组建了四大资产管理公司,剥离了 14000 亿元不良贷款。以主要负责收购中国农业银行不良资产的长城公司来说,收购的 3458 亿元不良资产中,一半资产分布在县以下区域,1/3 以上的资产是零资产。而四大国有商业银行在不良资产陆续剥离之后,不良贷款仍高达 15000 亿元之巨[1]。2012 年底,我国银行业金融机构不良贷款余额为 1.07 万亿元,比年初增加 234 亿元[2]。

---

[1] 杨凯生:《银行风险防范和危机化解国际比较研究》,中国金融出版社 2000 年版,第 20 页。
[2] 中国银行业监督管理委员会办公厅:《中国银行业监督管理委员会 2012 年报》,中国银行业监督管理委员会网站—《银监会年报》2013 年 6 月 14 日。

然而，虽经多方防范、控制和化解，近年来我国银行体系的隐性不良贷款继续呈上升趋势。新的不良资产基本上是商业银行退出农村金融市场而产生的。这说明，金融业背离我国县域经济，退出农村落后经济环境的做法是不可取的，农村金融的进入和风险防范必须重新审视和辩证地观察。

第二节　研究的目的和意义

一、研究的目的

从马克思主义哲学的视角研究我国农村信贷风险处置及其利益问题的目的，在于运用马克思主义唯物论和历史论方法，站在马克思主义哲学的高度来审视关乎我国国计民生的农村信贷利益的深层次问题，认识我国农村信贷风险问题的实质，提高我国农村信贷风险管理效率，构造农村金融制度与金融体系的和谐运行机制，优化农村经济金融资本的公平合理组合，促进农村金融和农村经济和谐、健康、可持续地科学发展。

（1）从实践上探讨我国农村信贷利益的不公平，解决对农村信贷利益分配认识不足的问题。

（2）从实证上分析导致农村信贷风险的主客观因素，解决农村信贷风险控制与农村经济增长的矛盾问题。

（3）从方法上探讨农村信贷风险的有效防范、公平控制与合理化解，解决农村信贷利益风险管理的办法与策略问题。

（4）从政策上探讨农村金融发展、信贷利益分配与农村经济发展的相关配套问题，解决农村金融和谐发展的长效机制。

二、研究的意义

研究农村信贷风险处置及其利益问题的意义主要在于两个方面：

1. 理论意义

农村信贷利益风险问题是马克思主义利益论的重要组成部分。长期以来，理论界习惯于从纯粹的管理学和经济学角度来研究金融危机和信贷风险，站在马克思主义利益理论的高度，从马克思主义哲学的视角系统地研究金融危机特别是我国基层金融信贷风险问题的著述较少。当前，研究金融和金融危机，特别是研究我国金融在农村经济发展过程中表现出来的突出矛盾和问题，对提高我国综合国力，实现国民经济的持续、快速和健康发展具有极其重要的意义。以马克思主义哲学的视角来研究我国目前农村经济发展中遇到的信贷利益风险问题，无论从宏观还是微观上来说，都应该具有十分重要的意义。

在信贷风险理论探讨和创新方面，我国与发达国家相比还有很大的差距。发达国家无论从理论上还是实践上都远远走在时代的前列。对于信贷风险管理方面的理论，我国只是在20世纪90年代才逐渐引入并开始零星讨论。随着对外开放和金融体制改革的不断深入，信贷风险控制方面的理论探讨逐步走向规范化和前沿。根据我国金融改革和发展的具体实践，具有指导意义的信贷风险管理理论在理论界和业界日渐丰富起来。但我国信贷风险管理理论，大多建立在对国外发达国家商业银行信贷风险控制理论研究的基础上，一方面，侧重于宏观风险控制研究，存在着适应性及实用性方面的诸多不足，而对于中国这样的农业大国来说，研究专门针对农村金融市场信贷风险管理方面的理论，特别是基层金融信贷风险理论的科学研究尤其严重不足；另一方面，我国信贷风险理论研究基本停留在实践操作水平上，基本上都从管理的角度和操作运用的技术角度分析和探讨风险管理的内因和外因，而没有从指导我国社会主义建设理论方针的角度用马克思主义哲学的观点来深入系统地探讨。通过马克思主义哲学深刻透析，我们会惊讶地发现，信贷风险产生的根本动因，并不是操作问题和管理问题，而是马克思主义所说的利益问题。利益问题是信贷风险也是一切金融危机产生的根本原因。因此，探讨农村信贷风险处置及其利益问题，对丰富我国金融业信贷风险管理宝库和金融风险的全面管理理论具有重要的理论意义。

2. 实践意义

农村信贷利益风险问题实际上是马克思主义利益关系中个别利益和共同利益以及个别利益之间的矛盾。我国农村金融发展过程中，经济主体间的矛盾冲突随着改革的进展利益格局不断演变，利益矛盾问题日趋突出，更加复杂多变。在计划经济时代，农村信贷风险利益格局主要是国家、银行和集体，风险的最后承担者是国家，国家利益和个体利益没有根本性冲突。随着市场经济的运作，农村信贷风险的利益格局发生了深刻的变化，无论是国有政策性银行、国有商业银行、股份制商业银行还是农村信用合作社及新兴的村镇银行，利润最大化成为经营的行为准则，银行已不仅仅是国家的银行，损失也不仅仅是国家的损失，信贷利益问题成为国家利益、银行利益、集体利益和个人利益的矛盾冲突与激烈争夺的焦点，这实际上是马克思主义集体主义价值观中个人利益和集体利益的关系。随着金融全球化的趋势，信贷风险利益格局将会进一步扩展到民族利益和国外利益问题。我国现有2861个县（市），面积占国土面积的93%。一方面是县域金融的存款过剩，另一方面是县域经济的发展特别是小微企业和广大农户的生产经营得不到有效的金融支持。因此，用马克思主义利益理论来研究我国农村信贷利益风险问题具有十分重要的现实意义。

第三节　国内外研究动态

一、国外研究动态

信贷风险管理理论建立在金融风险全面管理理论的基础之上。关于金融风险管理理论，西方商业银行在300多年的实践中一直在不断探索，经历了资产风险管理理论、负债风险管理理论、资产负债风险管理理论和风险资产管理理论的不同阶段，形成了一系列风险管理理论。在此基础上，国外学者对商业银行信贷风险管理的研究取得了丰硕的成果。

1. 信贷风险管理的传统方法理论

信贷风险伴随着信贷的出现而产生，可以追溯到公元前1800年两河流域的巴比伦时代。从14世纪初在意大利佛罗伦萨首次出现现代意义上的商业银行以来，银行就成为社会经济中最主要的借贷机构。在以后700余年的时间里，对信用风险的度量和管理成为商业银行的核心业务。但对实际运用具有指导意义的传统方法理论主要有专家制度法和违约预测模型比较典型。专家制度法是西方国家学界和业界根据商业银行信贷风险管理不断积累的大量经验建立的诸如侧重于对客户的"5C"，即品质

(Character)、能力（Capacity）、资本实力（Capital）、是否提供担保（Collateral）和经营环境（Condition）等因素进行信用风险考核的方法，实质上是结合企业金融比率的主观分析法，它的核心是利用企业财务报表并借助优秀分析师的经验和判断，对某一经济实体或金融产品的信用质量做出评估，从而保证信用风险度量和管理的准确性，但这种主观分析法及参考数据的不真实性削弱了贷款评级的可信度。违约预测模型又被称为破产预测模型，它包括 Zeta 模型、Probit/Logit 模型和神经网络模型（Neural Network）等。这类模型对于违约发生的假设属于"黑盒子"（Black Box）类型（任何社会和经济因素都可能导致借款人违约，大多采用经验分析）。违约预测模型的典型代表是建立在多变量判别式分析法（Multiple Discriminant Analysis）基础上的模型，这类模型可以有效地确认借款人信贷违约风险的大小。

2. 信贷风险的度量管理理论

从国外的研究状况来看，金融管理研究成果为更高级别的风险度量打下坚实的基础，成为现代风险管理理论的正能量。这些理论包括 Markowitz（1952）创立的现代资产组合理论（Modern Portfolio Theory，MPT），Sharpe（1964）创立的资本资产定价模型（Capital Asset Pricing Model，CAPM），Black、Scholes 和 Merton（1973）创立的期权定价理论（Option Pricing Theory，OPT），Modigliani 和 Miller（1958）提出的 MM 理论，等等。特别是马科维茨（Markowitz）和夏普（Sharpe）创立的现代资产组合理论（Modern Portfolio Theory），获得了诺贝尔经济学奖。1959 年，马科维茨发表了经典论文《资产选择》，研究了资产的风险与收益问题，提出了能够达到最优投资方式的所谓"有效边界"（Efficient Frontier）概念，创建了早期的资产组合理论。马科维茨坚持认为通过分散持有资产就可以在保持收益率不变的情况下低组合风险。到了 20 世纪 70 年代，马科维茨综合了夏普（Sharpe，1970）、法玛和米勒（Fama 和 Miller，1972）的理论研究成果逐渐形成了现代资产组合理论。现代资产组合理论认为投资者不仅需要关心其投资的预期收益，而且还应该重视分析与预期收益相关的各种不确定因素。一个最优组合（Optimal Portfolio）是指在预期收益率给定的情况下风险最小的组合，或在总风险水平给定的情况下收益达到最大的组合。西方国家度量商业银行个体信贷风险的方法理论主要有估计违约概率的多元判别分析法、Logistic 回归分析法和期权推理分析法等，主要以数据模型计算个体贷款在一定期限内的预期损失和非预期损失。以这些理论为出发点，学术界和银行界开发了一系列的技术以试图能够比较准确地度量和管理信贷风险，这其中包括对若干风险预测能力较强和风险管理效果较佳的传统方法的补充和修正，例如 Altman 和 Narayanan（1997）对使用多变量判别分析（Multiple Discriminant Analysis，MDA）的企业破产分类模型（Failure Classification Model）的回顾与展望、Coates 和 Fant（1993）使用的神经中枢网络系统（Neural Network）以及最早由信孚银行开发的可以对经营绩效进行风险评估的 RAROC（Risk-adjusded Rate on Capital）等。更多的方法则是建立在技术性很强的数学模型的基础上，例如以 Merton（1974）模型期权推理法为基础的由 J.P.Morgan（1997）建立的信用度量术（Credit Metrics）、KMV 公司建立的预期违约频率（Expected Default Frequency，EDF）和信用监控（Credit Monitor），以及借用保险精算算法的由 Credit Suisse Financial Products（现在为 Credit Suisse First Boston 或 CSFB，1996）建立的信用风险附加法（Credit-Risk）等。这些模型的数据来源是财务报表或资本市场，计算方法是统计推断或模型推导，度量和管理的对象是个体风险（Stand-alone Risk）或组合风险（Portfolio Risk）。个体风险方法和组合风险方法理论可以更加理性和有说服力地度量贷款的风险程度，是一种量化的分析方法，量化分析的结果使信用违约、信用损失等重要参数具备了数学含义，可以直接作为模型的解释变量来度量个体资产和组合资产的信用风险，从而增强预测风险的准确性和可靠性。

个体风险方法和组合风险方法主要是通过模型进行实证分析的，这些模型的数据来源主要是财务报表或资本市场，计算方法是统计推断或模型推导，度量和管理的对象是个体风险（Stand-alone Risk）或组合风险（Portfolio Risk）。但由于信用风险自身存在着诸如分布不对称以及数据匮乏等理论和实际问题，因此以上这些模型在诸多方面还有待于进一步的完善，例如，假设分布与实际分布的取舍、相关参数的设定、返回测试（Back-testing）和压力测试（Stress-testing）的应用等。此外，在运用这些模型度量和管理信贷风险时，尽管方法可行，但会遇到贷款的不可交易以及缺乏足够的贷款违约时间序列数据等难题，这引起了对于它们能否作为内部模型取代外部监管模型的争论。还有，对于贷款资产损失相关的研究尚处于起步阶段，这严重制约了信用组合风险分散技术的发展和应用。信用风险度量与管理模型目前仍处于起步阶段，无论在国内还是在国外都属于前沿课题，但由于这一研究具有重要的理论价值和广阔的应用前景，它越来越成为金融领域研究的一个焦点，备受学术界和银行界的关注。

3. 信贷风险的规避管理理论

在信贷风险规避理论方面，国外学者做了大量的研究，其中具有代表性的有：Mark J. Flannery（1985）的商业银行贷款资产的分散多样化对组合风险（Portfolio Risk）或"系统性风险"的有效遏制方法。Joseph F., Sinkey Jr.（1989）通过运用资信评分模型来衡量贷款风险的大小，认为在其他条件不变的情况下，贷款定价与其风险大小成正比例关系，在暂不考虑运营成本和其他影响因素时，贷款的合理定价可以弥补信贷资金的时间价值、违约风险和资产组合风险。新凯恩斯主义的代表人物 Joseph E. Stiglitz 和 Andrew Weiss（1981）研究了商业银行贷款的预期收益与贷款合同利率之间的关系。Anthony Saunders（1987）研究了信贷配给的技术方法，等等。

4. 信贷风险的监管理论

（1）信贷风险监管的理论基础。信贷风险监管理论具有漫长的演变历史，其源头可追溯到古典经济学。亚当·斯密《国富论》（1776）认为政府仅仅应该作为市场经济的"守夜人"，而不应该直接介入和干预经济运行，因为政府对于市场秩序的创建与维护既无必要也无可能。"看不见的手"从此成为市场经济的准则。斯密的"真实票据"理论认为发行短期商业票据只需市场调节而不需要中央银行专门管理货币。凯恩斯《就业、利息和货币通论》（1936）立足于市场不完全，主张国家干预政策，成为政府干预和自由放任的第一次大较量。到 20 世纪 80 年代后，双方的分歧缩小为政府干预的范围、方式和有效性等方面。以此为背景，在 20 世纪末之前，金融监管理论一直围绕完全自由的银行制度、政府直接管制和放松金融监管而讨论。亨利·桑顿在 1797~1825 年的"金块论战"中认为发行银行券应该受到集中的管制。在随后的半个多世纪，桑顿的观点得到实践的支持，统一货币发行的中央银行纷纷建立。密勒德·让和蒂米奇·威塔斯《变化中的游戏规则》认为"二战"以后压制性的金融监管政策尽管满足了政府的一些目标，但无法开创强有力的金融体制。罗纳德·I.麦金农的"金融压抑"和"金融深化"理论主张放松对金融机构的过度严格管制，恢复金融业的竞争，以提高金融业的活力和效率，这一理论被称为"第一代金融发展理论"。弗赖伊把 20 世纪 80 年代以来的新制度经济学、信息经济学及博弈论运用于金融领域产生了大量的研究成果，被称为"第二代金融发展理论"。20世纪90年代,斯蒂格利茨和青木昌彦提出的金融约束论,提倡安全与效率并重,成为金融监管理论进一步发展的标志性文献。在新的金融监管理论中,道格拉斯和蒂伯维格(Diamond Douglas and Phillip Dybvig,1991)提出的银行挤兑模型对金融危机和金融脆弱性的研究提供了有效的研究工具,对实现有效的金融监管非常有益。罗伯特·默顿提出的功能性金融监管理论认为,金融监管最重要的目标是保证金融因素在经济发展中起到良好、稳定、持续的促进作用和最优化地实现资源的跨地域和时间的配置,是实现金融监管效率体现的根本所在。

(2)《巴塞尔资本协议》的理论精髓。《巴塞尔资本协议》是国际清算银行成员国的中央银行在瑞士的巴塞尔达成的若干重要协议的统称。《巴塞尔资本协议》形成了基本的银行风险管理理念和框架,虽然不是国际法意义上的正式条约,不是硬性要求,但所阐发和确立的基本原则却具有国际惯例的性质,被视为国际银行业的"基本法"。其实质是为了完善与补充单个国家对商业银行监管体制的不足,减轻银行倒闭的风险与代价,是对国际商业银行联合监管的最主要形式,并且具有很强的约束力。通常讲的《巴塞尔资本协议》是指1988年巴塞尔委员会通过的《关于统一国际银行的资本计量和资本标准的协议》,这是巴塞尔委员会(全称是巴塞尔银行监管委员会,Basel Committee on Banking Supervision)文件中最重要、最具影响力的协议。其核心是资本分类,主要从资本标准、资产风险两方面约束银行,进行强化监管。通过对资本充足率的规定,加强对商业银行资本及风险资产的监管。基本内容由4个方面组成:资本的组成、资产风险加权制、最低资本充足率比率、过渡期和实施安排。规定国际银行的资本构成分为核心资本和附属资本两部分。国际银行的资本充足率应达到8%,核心资本充足率应达到4%。核心资本包括银行的实收资本、公开储备、股票溢价;附属资本包括资产重估储备、普通准备金或呆账准备金以及次级长期债务等。核心资本构成计算公式分子的50%。1988年协议关注的焦点是银行业务的信用风险,即债务人不能偿还的风险。协议出台后得到世界各国的响应,成为银行监管的标准。但随着实践的不断发展,金融界和学术界提出了许多质疑,提出以资本充足率、监管部门监督检查和市场纪律为三大要素。2004年6月,10国集团的中央银行行长和银行监管当局负责人举行会议,一致同意并公布了《资本计量和资本标准的国际协议:修订框架》,即新资本充足率框架,也称《巴塞尔新资本协议》(Basel 2)。

新协议的核心监管思想是3个支柱：最低资本要求（仍为8%）、外部监管（强化了各国金融监管当局的职责）和市场纪律（以市场的力量来约束银行，全面信息披露）。《巴塞尔新资本协议》首次将市场风险、操作风险与信用风险一起纳入最低资本的监管要求，强调事前主动预防，而不是事后补救，强调数据分析防范未来风险，并从中稳妥地获取风险收益。在风险管理体系中，事前管理比损失管理、危机管理及成本管理要困难得多。《巴塞尔新资本协议》对内部风险评估、信息披露及外部监管等提出了严格要求，确立了风险管理的重要地位。2008年国际金融危机的巨大冲击暴露了金融监管的制度缺陷，因此，2009年以来，巴塞尔委员会对资本监管制度又进行了改革，发表了《巴塞尔资本协议Ⅲ》（Basel 3），2010年，巴塞尔委员会进一步修订了《巴塞尔资本协议Ⅲ》（Basel 3）。

巴塞尔委员会对国际银行信贷风险监管的主要方面是贷款风险集中程度和大额贷款的风险、关联贷款的风险、国家风险及利率风险的监管。所谓贷款风险集中程度和大额贷款的风险，是指对同一借款人贷款数额的限制和贷款可能过于集中于风险较高的领域的限制。关联贷款的风险是指借款人与银行在投资或股权方面有间接或直接关系的贷款，例如附属公司贷款。国家风险是指借款人所在国家的政治与社会经济发生巨大变化带来的风险。巴塞尔委员会对于信用风险的监管体系主要建立于"加强国际间信用风险预警系统"的基础之上。国际信用风险预警系统要求国际银行的总部所在地国家与其分支机构所在地国家之间、政府银行监管机构之间要建立信息交换渠道，加强国家之间监管机构的沟通，建立海外分支机构向总部报告信息，总部向所在地国家监管机构报告信息的机制。同时，也要建立总部所在地国家监管机构与分支机构所在地国家监管机构互通信息的机制。巴塞尔委员会还要求建立一套信用风险管理原则，其中包括信用审批标准与监测程序原则、资产质量监管与呆账准备金充足评估原则、防止风险过于集中和大额贷款披露原则、限制关联贷款原则和控制国家风险原则。《巴塞尔资本协议Ⅲ》的内容主要包括：①提高核心资本充足率。将普通股权益/风险资产比率的要求由原来的2%提高到4.5%，核心资本充足率的要求也由原来的4%提高到6%，要求银行增加2.5%的防护缓冲资本。总资本充足率的要求仍然维持8%不变。要求银行提取0~2.5%的反周期缓冲资本，对抗过度放贷所带来的风险，这个比率主要是针对贷款增长过快的国家提出的。②引进杠杆系数。此项要求银行的最低杠杆率为3%，在计算杠杆率时,所有的表外资产必须通过一定的系数转化计算,同时衍生金融资产也需要计入。③引入新的流动性指标——流动性覆盖率和净稳定资金比率。此两项分别用来衡量银行所持有的高质量的流动性资产用于支付短期不利情况发生时现金流出的能力和银行所拥有的稳定的长期资金来源的数量。④过渡期安排。为避免新规定对银行乃至经济的影响,巴塞尔委员会制定了一个较长的过渡期。大多数规定从2013年开始实施,至2019年才能基本完成。《巴塞尔资本协议Ⅲ》成为了世界商业银行新的标杆和游戏规则。

5. 农户理性与非理性行为理论

历史上关于农户行为的理性化与非理性化问题,争论由来已久,其主要观点是:

(1) 理性说。19世纪末的一些学者从所谓"古典主义"的传统,即当时西方流行的自亚当·斯密以来的经济理论中的自由主义、理性主义传统出发,认为经济行为的准则就是追求合理化与最高经济效益。他们把资本主义经济中自由竞争、自由分化规律支配下的"经济人"形象外推至历史上的一切经济行为主体,包括农户。这种观点后来发展为第二次世界大战前的"新古典学派",农民学家 R.菲尔斯、S.塔克斯等的"便士资本家"论和战后 T.舒尔茨、S.波普金等人的"理性的小农"论。在这些人看来,自然经济下的农户是冷静而理智的人,他们的行为方式像一个小企业家或资本家(尽管"资本"只有几个便士),思维活动富于计量性与逻辑性①。

(2) 非理性说。最早对这种"理性的小农"论持批评态度的是俄国的新民粹主义农民学家,如 A.佛图那托夫、A.切林采夫、H.马卡罗夫与 A.恰亚诺夫等。他们从农民文化的"非资本主义"性质、农民生活方式的道德价值、小农经济稳固论与"村社社会主义"精神等民粹派立场出发,在20世纪头十年里发起了一场对"古典主义"农户观的批判。他们把农户描绘为经济浪漫主义者,而不是经济理性主义者,认为研究西方农场主的一套理论、方法、范畴与概念不适用于"劳动农民的人民制度",农户经济行为的目的并不是追求效益,而是为了生活。他们的劳动不能以货币来度量,更不能抽象出"投入"、"产出"之类的概念并据以进行效益分析。在这些学者看来,农户与资本主义时代的经济人毫无共同之处,他们不是冷冰冰的"理性动物",而是代表着"一种新的人类文化,一种新的

---

① 宋圭武:《农户行为研究若干问题述评》,《农业技术经济》2002年第4期。

人类自觉"。与俄国的新民粹主义者同时代的一批荷兰学者则成为"农民理性"说在西方的主要论敌。这些学者以其对荷属东印度农村,尤其是爪哇农村的系统研究在当时西方不发达社会农民学中具有开拓与领先地位。其代表人物是J.波耶克,他从1911年以来的一系列著作中提出了"二元社会"理论,认为东印度的农民社会与殖民者社会是格格不入的二元社会,农民热诚地捍卫着自己特有的价值、生活方式与思维方式,他们的经济行为是基于道德而不是理性的。这一理论在20世纪40年代又由J.弗尼沃尔等发展为"多元社会"论,并将其应用范围扩大到缅甸及东南亚其他地区。20世纪50年代后,美国农民学界的"道德经济"论与"道德文化"论也明显受到俄国与荷兰农民学者上述传统的影响。

6. 乡村银行经验样本

（1）美国波特切斯特乡村银行。波特切斯特乡村银行是一家1865年成立的储蓄银行,现拥有近50亿美元的资产。1989年2月,经过成功的证券交易之后,由互助银行转型为以证券业务为主的银行。其目标主要定位于中小型企业对40万~170万美元范围内的私人商业抵押贷款。它的成功在于7个保证业务发展的基本条件和7个降低风险的基本措施[①]。保证业务发展的7个基本条件:①一个有利于潜在目标市场的经济环境,将客户定位为中小企业、当地家庭和农户;②拥有从整体上把握机会和圆满完成工作所必需的实力、规模及各类资源;③拥有一个负责为从事零售业务和一般业务的客户提供基本财务服务的部门;④拥有完善、高效且富于产出性的内部操作规程和准则;⑤一个有效的分支系统,它能够胜任拓展市场的工作;⑥拥有出色的公众形象、较好的声誉和资信度;⑦管理人员应能周到、果断地处理客户和业务方面的各类问题。降低风险的7个基本措施:①招聘有丰富经验的高级专门人才,选用在大银行中受过专门训练并且才华出众的工作人员;②实行差别利率定价,个性化服务;③高层管理人员与贷款风险直接挂钩,强调效率、效益与惩戒机制;④贷款后与客户保持不断的接触,保持持续良好的服务,注重维护一种健康且富于创造性的人缘关系;⑤只将贷款投向本地经济的发展,注重培育地缘关系;⑥不超过经调查研究确定的授信额度,不冒风险;⑦在全体员工中培植具有促销取向、竞争意识及重视整体利益等特征和协作精神的企业文化。

---

① 陈支农:《美国乡村银行的成功经验》,《金融信息参考》2004年第5期。

（2）孟加拉格莱珉乡村银行。孟加拉格莱珉乡村银行是孟加拉国吉大港大学经济学教授穆罕默德·尤努斯（Muhammad Yunus）1976年在孟加拉的Jobra村创办的一种民间扶贫模式，其实质上为非政府组织。1983年经当局允许注册为银行。①乡村银行具有典型的层级组织结构，包括乡村银行自身组织结构和借款人组织结构两个相互连接的部分。设在首都的GB总行构成自身组织的第一个层次，分布在各地的分行构成第二个层次，每个分行下有10个左右的支行，支行是GB的基层组织。每个支行有6~7名工作人员、2~3名培训人员、1名会计和1名经理。每个支行管理120~150个乡村中心，支行在财务上自负盈亏。支行之下设有营业所，直接面向贷款小组开展业务。GB在全国有15个分行、123个支行和1176个营业所。借款人组织由"会员—联保小组—乡村中心"组成，这些组织是GB运行的基础。村庄中每5个人自愿组成一个借款小组，而每6个小组成一个乡村中心。每个小组选出组长，小组长选举乡村中心主席，GB要对小组组长和乡村中心主席进行特别培训。②农户以小组为基础。同一社区内社会经济地位相近的贫困者在自愿的基础上组成贷款小组，相互帮助选择项目，相互监督项目实施，相互承担还贷责任；小组中心作为进行贷款交易和技术培训的场所，要求农户定期参加中心活动。对于遵守银行纪律、在项目成功的基础上按时还款的农户，实行连续放款政策。实行商业化管理，实行以工作量核定为中心的成本核算。传统模式实行团体贷款（Group Lending）制度，小组成员之间负有连带担保责任。小组贷款一般采用"2+2+1"的贷款次序，即优先贷款给5人小组中最贫穷的2人，然后贷给另外2人，最后贷给小组长。小组每星期要和同属本中心的其他小组一起召开一次"中心会议"。小组成员之间互相帮助和监督，如果有一个成员发生违约，整个小组就失去了借款资格。成员每周存入1个"达卡"的存款作为小组基金，作为小组风险准备金；贷款整借零还，对象主要为贫困农民和妇女，方式为短期的小额信用贷款，连年扶持，不用抵押担保；在经营上恪守"既不赚钱，也不亏本"的原则；借款人自主选择适合自身特点的创收项目，自主开展生产经营活动；通过乡村中心的定期会议保持业务过程的透明度。乡村中心在会议上集中进行放款、还贷和集体培训，营造团队精神。在过去的30多年里，乡村银行逐渐发展成为组织遍及全国的金融机构，成为服务于全国64个地区68000个村的"乡村银行"系统，拥有639万名借款人，还款率达到97%以上。到2006年，孟加拉乡村银行累计放贷高达53亿美元,帮助孟加拉国400多万名贫困的农民改变了生产和生活状况,尤努斯由此荣获2006年诺贝尔和平奖①。

二、国内研究动态

信贷风险一直是我国商业银行面临的最大和最重要的金融风险,但由于长期处于计划经济体制下,我国银行缺乏风险意识,因此在很长的一段时间内忽视了对信贷风险的度量和管理。20世纪90年代以来,随着市场经济体制在我国的确立和发展,我国股份制商业银行迅猛发展,同时,四大国有专业银行向商业银行转型。在这种背景下,金融研究工作逐步走向正规,研究成果硕果累累。进入21世纪以来,金融体制改革的步伐日益加快,金融研究日臻完善,各种金融理论著作及翻译著作不断出版,在国内外研究成果的基础上进行了有益的概括、总结和创新。关于金融信贷风险,国内学者从不同角度进行了大量的富有成效的研究,这些成果为我们研究农村信贷风险提供了重要的理论依据。国内关于信贷风险的研究主要集中于6个方面。

1. 信贷风险相关概念界定的分析研究

杨力《商业银行风险管理》(1998)认为,在商业银行早期的业务中,常常将信贷风险等同于信用风险。信用风险包括贷款的信用风险、投资的信用风险和商业银行自身的信贷风险(即流动性风险)3部分。信贷风险是指银行贷款的信用风险,是商业银行信用风险的一种主要形式,是一种狭义的信用风险,认为信贷风险是借款人不能按期归还贷款本息或逾期不归还而引起商业银行收益变动的可能性,并引用西方商业银行的公式表示为:信贷风险=F(外部因素,内部因素),即信贷风险是外部因素与内部因素的函数。其中外部因素是指由外界力量决定、商业银行无法控制的因素,诸如国家经济状况的改变、社会政治因素的变动以及自然灾害等不可抗拒因素的产生等。内部因素是指商业银行对待信贷风险的态度,它直接决定了信贷资产质量的高低和信贷风险的大小,这种因素渗透到商业银行的贷款政策、信用分析、贷款监管的质量以及信贷管理人员的工作实践中。赵晓菊《银行风险管理理论与实践》(1999)认为,广义的信用风险

---

① 田甜、万江红:《孟加拉乡村银行小额信贷模式及其启示》,《时代经贸》(理论版)2007年第2期。

指所有因客户违约（不守信用）所引起的风险。如资产业务中的借款人不按时还本付息引起的资产质量恶化；负债业务中的存款人大量提前取款形成挤兑而加剧支付困难；表外业务中的交易对手违约导致或有负债转化为表内负债等。狭义的信用风险指信贷风险。信贷风险由银行资产质量、贷款违约比率及不良债权清偿等决定。曹龙驭《金融学》(2003)认为，从银行的角度来说，信用即授予信用，也就是信贷。信用风险又称违约风险，是指受信人不能履行还本付息的责任而使授信人的预期收益与实际收益发生偏离的可能性。它是金融风险的主要类型，是经济风险的集中体现。由于授信主体与受信主体之间的信息不对称，会引发信用过程的逆向选择和道德风险问题。所谓信息不对称，是指授信主体与受信主体所掌握的信息量不同，一般受信主体比授信主体更了解自己的经营状况、偿债能力和信誉程度，即受信主体拥有私人信息（Private Information）或隐藏信息（Hidden Information）。所谓逆向选择，即授信主体因私人信息的存在而无法甄别受信主体的真实类型。所谓道德风险，是指受信主体做出有害于授信主体的行为。随着逆向选择和道德风险的加剧，信用关系将出现紊乱，信用主体丧失信心，导致信用链条的中断，引发信用危机。于研《信用风险的测定与管理》(2003)认为，现代意义上的信贷风险是指从贷款的审批、贷款使用过程中的监测至贷款的最后收回的整个信贷过程中，由于借款人的信用评级的变动和履约能力变化导致债务的市场价值变动而引起损失的可能性。信贷风险不同于信贷损失，在一笔贷款从发放到收回这段时间内，风险总是存在的，但并不存在现实的损失，只有确信贷款无法收回时，才能认为是发生了贷款的损失。信贷风险作用于银行信贷经营的全过程，只有及时、准确地发现信贷风险的诱导因素并系统、连续地掌握信贷风险的特征、大小、属性及变动趋势，才能防范和化解风险。梁琪《商业银行风险研究》(2005)认为，信贷风险是一种狭义的信用风险，广义的信用风险还包括银行进行证券投资时面临的信用风险以及银行自身的信用风险等。信贷风险是商业银行的传统风险，它是指银行贷款头寸的价值随其客户信用质量的变化而遭受损失的风险。银行信贷风险基本上包括信用违约风险（Default Risk）和信用息差风险（Spread Risk）两大类。信用违约风险是指在商业交易中由于交易一方的违约，使交易另一方应得的预期现金流量的现值减少而遭受损失的风险。信用息差风险是指在商业交易中，交易一方信用质量的恶化（包括违约）使交易另一方应得的预期现金流量的现值面临不确定的变化而带来的风险，等等。

2. 信贷风险度量测评的分析研究

杨力（1998）研究了 Zeta 分析法、资信评分模型（Credit-Scoring Models）以及分类和回归树（Classification and Regression Trees）等信贷风险估测的技术方法，对我国商业银行贷款进行风险估测。刘金章（1998）、赵晓菊（1999）、于研（2003）等则分别从企业主管人因素、资金用途因素、还款财源因素、债权保障因素、借款人前景因素和财务比率、现金流量分析、财务预测等定性分析的角度，采用比例分析法和综合评估法等方法对信贷风险进行分析评估。潘金生、安贺新、李志强等《中国信用制度建设》（2003）介绍了西方基于统计判别方法的预测评估模型，自由现金流估价法，EVA、MVA 模型，信用风险评估一体化技术 KMV 模型，KPMG 贷款分析模型等，对此前新出现的风险管理技术和理念做了较为详细的介绍。梁琪（2005）用定性和定量相结合的方法分别采用判别分析、Logistic 回归分析、期权推理分析、贷款赔付率估计及历史数据法、资产相关法等对银行个体信贷风险和组合信贷风险进行度量。

3. 信贷风险产生原因的分析研究

王伟光《运用马克思主义立场、观点和方法，科学认识美国金融危机的本质和原因——重读〈资本论〉和〈帝国主义论〉》（2009），首次站在马克思主义哲学的高度，提出我国社会主义市场经济是与公有制制度相联系的市场经济，它既有一般商品生产的特性，又有一般商品生产所具有的内在矛盾，因而它也有一般市场经济内在矛盾引发的金融危机和经济危机的可能性。资本主义私有制是形成金融危机的深层制度原因，金融资本的独立性、逐利性和贪婪性是形成金融危机的直接原因，市场经济中商品内在二重性矛盾潜伏危机产生的可能性，资本主义生产资料私人占有制度使危机爆发成为必然现实[①]。余力等《商业银行风险的防范与规避》（1996）认为我国商业银行风险成因主要有负债经营、市场变幻莫测、竞争激烈、三性之间的矛盾和经营管理水平限制 5 个方面。信贷风险主要来源于企业方面，包括 5 个指标：信用风险率、贷款损失率、逾期贷款率、呆账率和存放款比率。赵晓菊（1999）认为引起我国商业银行信贷风险的主要因素有政府不适当干预、体制不健全、风险管理薄弱和信息不对称 4 个方面。

[①] 王伟光：《利益论》，中国社会科学出版社 2010 年版，第 510 页。

刘立峰《宏观金融风险》(2000)认为,产生我国金融风险的因素包括国内因素与国外因素。国内因素主要表现为银行体系的脆弱性和证券市场的不完善;国外因素主要有经济开放过程风险因素、资本流入过程风险因素、资本外逃风险因素、国际金融危机影响因素等。杨凯生《银行风险防范和危机化解国际比较研究》(2000)认为,资产负债业务期限的不对称、宏观经济政策、内控和外部监管机制不健全等是导致风险的直接或间接原因。于研(2003)认为,在商业银行的信贷活动中,商业银行与企业之间、商业银行内部的信息不对称是信贷风险产生的根本原因。孙可娜《中国金融风险的内生因素与制度创新》(2003)认为,我国金融风险的成因包括经济环境、道德风险、治理结构和体制转轨4个方面,从内生因素的角度看,行政控制、约束软化、粗放经营和产权模糊是导致风险的主要原因。徐滇庆《危机意识与金融改革》(2003)认为,政企不分是造成银行业巨额不良贷款的重要原因,体制缺陷和国企亏损使国有银行不良贷款与日俱增。章和杰《中国金融制度的风险机理及改革路径研究》(2004)认为,经营机制不健全、管理松懈、服务水平和创新能力差、社会信用观念淡薄及资本充足率较低等是导致风险的主要原因。

4. 信贷风险管理体系的分析研究

罗剑朝《中国农地金融制度研究》(2007)认为,以农地使用权抵押贷款来支持农业可持续发展的制度就是农地金融制度。在中国,农地金融制度的构建是必要的,并提出了中国农地金融制度构建的框架。农地金融制度的引入,是土地所有者、承包人、金融机构利益关系重新调整的过程,通过使土地使用权的商品属性得以发挥,上述三方主体利益得到体现。使农户形成长期稳定的预期,金融机构对农业中长期投资预期看好,使农业发展有一个长期观念,促进农业可持续发展,从而避免信贷风险,同时,国家要对农村金融进行脱胎换骨的改造[①]。赵晓菊(1999)提出信贷风险管理创新理论,强调必须在信贷风险管理的理论及理念管理的技术、管理的工具和管理的方式上进行创新。杨凯生(2000)对发达国家、发展中国家银行风险控制和危机化解的理论研究与实践经验进行了比较,提出银行重组的观点,包括财务重组和经营重组,主张明确重组人、损失分担、提高资本充足率、加强不良资产管理,并认为组建资产管理公司是

[①] 张士明:《批量处置不良贷款的成功与实践》,中国金融出版社2005年版,第50页。

化解商业银行不良资产的典型形式。于研（2003）对我国商业银行信贷风险传统的分析与管理方法做出了较为系统的总结。从传统的信用分析方法、信用风险评估方法、银行内部评级系统、信用评级与信贷风险管理的关系层面出发，论述了传统方法的可行性和局限性，提出完善我国金融机构信用风险管理的策略是加强信用制度建设，内外部评级并举，建立和完善信贷退出机制，依照《巴塞尔资本协议》健全银行信用风险管理。徐滇庆（2003）认为国有银行改革的难点是不良贷款，而对不良贷款的处置则"一动不如一静"，提出解决不良贷款的关键是通过千方百计制止不良贷款的增长趋势、维持一定的经济增长率和一定程度的通货膨胀率的观点。杨洋《贷款风险分类原理与实务》（2000）、郑杰《贷款风险分类的管理与应用》（2002）分别以贷款分类的管理为主线，强调了贷款分类对信贷风险管理的重要性。裴清、许燕等（2002）对构筑我国商业银行现代化信贷风险管理体系进行了研究。潘金生、安贺新、李志强等《中国信用制度建设》（2003）从信贷风险管理流程控制、组织结构和文化、行政制度和法制等方面强化信用制度建设。郭田勇、郭修瑞等《农村合作银行信贷风险管理》（2004）对贷款风险从农业贷款、固定资产贷款、房地产贷款、消费贷款等方面进行了细化分析，并通过对风险分散、贷款合理定价、合理配给和贷款政策的合理化制定等系列化论证，提出信贷风险管理的策略。梁琪（2005）认为新型信贷风险管理体系是指对商业银行面临的信贷风险进行识别、度量和控制，并以此为基础进行风险管理绩效评估，其最终目的是实现对商业银行信贷资产的组合管理。构建新型管理体系的关键在于建立适合我国银行的高级量化信贷风险内部度量模型。王伟光《运用马克思主义立场、观点和方法，科学认识美国金融危机的本质和原因——重读〈资本论〉和〈帝国主义论〉》（2009）认为，社会主义生产资料公有制决定了社会主义市场经济对经济危机可以规避、可以防范，我国需要从制度和体制两个方面规避防范金融危机，强调既要治标，又要治本。刘文璞《小额信贷管理》（2011）结合我国农村发展的实际和小额贷款的实践，对小额贷款机构的信贷风险管理——内部控制和欺诈防范、小额信贷拖欠管理做了系统论述，对我国当前农村金融创新发展的具体实务具有重要的指导作用[1]，等等。

---

[1] 刘文璞：《小额信贷管理》，社会科学文献出版社2011年版，第184-213页。

5. 信贷风险控制理论的分析研究

钮晓鸣（1997），陈蔓生、张正堂（1991），王宗军、陈守煜、张海波、魏巍贤、张灵莹、张颖（1998），李根长、王自果、薛华成（1999）分别对模糊综合评价理论与应用及定性指标评价的定量化、新技术在信贷风险管理中的应用进行了研究。阳洁、胡静、卢世春、欧阳植（1999）分别对金融风险预警系统评价和信用风险跟踪预警监测模型进行了研究。施兵超、杨文泽、娄祖勤、吴腾华、吕福来、李建中、张华强、陈文峰、腾耀雄、姜维俊、敖惠诚等（1999），沈沛龙、詹向阳、张兴胜、王春峰等（2001）分别对商业银行信贷风险控制的制度与方法进行了研究。梅兴保（2000），郭田勇、郭修瑞（2004）等分别从不同角度研究了农村信贷风险的控制方法。卢松、许成磊、丁巧仁、褚红军等（2000）分别研究了金融犯罪的惩治与防范及金融纠纷案件审理实务。章彰（2002、2005）研究了《巴塞尔新资本协议》与我国商业银行风险管理。巴曙松、詹向阳、张兴胜、史东明、郑利国、赵志宏、李志强、武剑、刘明华等（2003）对商业银行信贷控制理论，特别是《巴塞尔新资本协议》在我国的应用以及市场约束、内部评级法策略、信息披露、风险化解等不同侧面与层次进行了研究。徐杰、陈小宪、许多、蒋正军、刘泽华、陈云、姜建清、李亚新、李大伟等（2004）对商业银行信贷风险因素、风险管理的认识与实践、控制集团客户风险、风险管理与内部控制、银行信贷退出理论和实践、不良贷款再处置的制度与技术创新、信用风险定价模型等方面进行了研究。孔艳杰《中国商业银行信贷风险全过程控制研究》（2006）对全面风险控制模式进行了研究，等等。

6. 信贷风险监管理论的分析研究

袁管华《监管框架的再设计》（2001）认为，国有商业银行人员最多、分支机构最多、成本最高、人均收入最低，受体制的制约、监管难度最大。监管的重点是不良资产比率、盈利状况、资本充足率、内控的有效性、高级管理人员的激励与约束、监管信息的集中与透明度等。焦瑾璞《中国银行业竞争力比较》（2002）对中国金融监管体制的主要问题及有效性进行了分析，认为我国金融监管存在的主要问题在于：地方政府和部门的干预；信息不透明、公开性差；有关法规不健全；中央银行利益关联和金融机构承担政策性业务；金融机构治理结构、内部风险管理和外部监管不配合；处理有问题金融机构中存在缺陷。因此，要以提高监管的有效性为前提，改变以行政单位为基础的监管体制，变成以法人单位为基础的系统监管；改变对金融机构合规性监管多、对统一法人实行集中监管不够的状况，以金融机构法人为原则，集中力量依法对金融机构法人实行以风险为核心的统一监管，把面广量大的合规性监管改为主要防范和化解金融企业法人的风险，实行多元监管；通过强化监管促进金融机构内控体系建设，建立一套健全有效的内控机制；建立金融机构信息披露制度，提高信息透明度，恰当地利用市场力量约束金融机构行为。丁邦开、周仲飞《金融监管学原理》(2004)认为商业银行监管包括市场准入监管、业务运营监管和市场退出监管3个方面。对银行业务运营的监管主要是对银行经营中的资本充足率、信贷风险和流动性3个方面的监管。对信贷风险的监管主要表现在4个方面：保证信贷和投资职能建立在稳健原则的基础上，保持在贷款政策、贷款审批以及贷款管理程序方面的审慎文件规定；对银行有关单项信贷、资产分类和提取呆账准备金进行定期检查和评估；限制对单一借款人和相关借款人的贷款，防止风险集中；对关联贷款的限制。

三、国内外研究的简要评价

1. 国外研究的简要评价

西方金融信贷管理理论是根据不同时期的历史现状和经济特点而得出的重要文献，对国际金融的健康发展作出了杰出的贡献，具有普遍的指导意义，同时也具有不可避免的局限性。如果说20世纪30~70年代金融监管理论的核心是金融体系的安全优先的话，那么70年代以后的金融自由化理论则尊崇效率优先的原则。在这种情况下，信贷风险管理理论开始转向如何协调安全稳定与效率方面。与以往信贷风险管理理论不同的是，现在的信贷风险管理理论除了继续以市场不完全为出发点研究金融风险问题之外，越来越注重金融业自身的独特性对信贷风险管理的要求和影响，如道格拉斯和蒂伯维格的银行挤兑模型等。这些新理论的出现和发展推动了信贷风险管理理论向管理金融活动和金融体系中的风险方向演变，着眼于寻找安全稳定优先和效率优先的平衡点。20世纪90年代以来，金融自由化理论也因一系列金融危机而受到普遍的批评，但在一些市场化较高的国家，金融机构效率的提高和金融业的繁荣却提供了相反的证据。因此，信贷风险管理理论在其普遍有效性方面还有待进一步的完善和发展。特别是

第一章 导 论

20 世纪 90 年代以来的经济全球化进程的加快，带动了金融的全球化发展趋势，在金融活动和金融体系运转越来越多地受到国际风险影响的情况下，信贷风险管理理论必将面临新的挑战。

在新的形势下，西方传统的对信用风险测评、度量和管理的理论方法越来越受到日益发展的活跃银行管理活动的限制。从最初侧重于资产业务的风险管理，强调资产的流动性，到 20 世纪 60 年代以后的负债风险管理，强调使用借入资金增加资产规模和收益。20 世纪 70 年代末，在国际金融市场利率剧烈波动的情况下，单一的资产风险管理或负债风险管理已难以再适用，资产负债风险管理理论应运而生，突出强调对资产业务、负债业务的协调管理，通过偿还期对称、经营目标互相替代和资产分散实现总量平衡和风险控制。20 世纪 80 年代以后，随着银行业竞争的加剧、存贷利差变窄和衍生金融工具的广泛使用，原有的资产负债风险管理理论出现了较大的局限性，表外风险管理理论、金融工程学等一系列新的理论出现并应用于商业银行信贷风险管理中，更多地应用数学、信息学、工程学等方法增强信贷风险管理的科学性。1988 年出台的《巴塞尔资本协议》标志着西方商业银行信贷风险管理理论的进一步完善和完整信贷风险管理体系的形成。但到 20 世纪 90 年代以后，随着金融领域竞争的加剧和金融创新的多样化以及银行业务的复杂化，特别是亚洲金融危机、巴林银行倒闭等一系列银行危机的出现，研究的领域由单一风险因素转向了信用风险和市场风险等多种风险因素交织的领域，最终促使 2004 年《巴塞尔新资本协议》的形成。可见，西方商业银行风险管理理论是随着金融业实践发展的推动和学术界对金融风险认识的不断深化的产物，是一个不断完善、不断丰富和不断发展的过程。从单一的资本充足约束向最低资本金的要求、监督检查和市场纪律约束 3 个方面的共同约束，由单一的信用风险管理向信用风险、市场风险和操作风险的全面风险控制，即包括风险识别、度量、评价、控制和风险文化等综合目标的信贷风险控制能力发展。但西方金融信贷风险管理理论主要是针对国际大型活跃商业银行的风险管理措施和方法，而对于弱小商业银行，特别是像我国这样的发展中国家的农村金融机构来说，则很难具有现实的指导意义，这不能不说是一个理论上的缺失。

国外乡村银行的经验则从另一个角度提供了发展我国农村金融机构的有效方法。农村金融机构要在认真调研的基础上寻找适合自身的位置，要全面评估自己的长处，反省自身的不足。美国乡村银行的成功实践，提供了一个小银行如何将其计划变为现实的出色事例。可借鉴的经验是：在经营活动中运用灵活手段进行资产管理，增加存款，控制费用以及维持获利能力；通过增加业务种类和服务措施以及扩展经过严格挑选的分支机构业务来增加市场占有的份额；强调信贷工作质量，重视借方清偿贷款的能力；在乡村银行十分熟悉的地区进行金融业务和服务的推广工作；让员工参与经营目标的制定；改善银行的投资组合；由那些有注册会计师身份的员工来建立一套内部管理控制系统，并且在实施过程中不断加以完善；要求银行全体员工在工作中表现得尽善尽美，强调员工与客户或潜在客户的每一次接触都可能成为个人和银行成功与发展的机会。孟加拉乡村银行的成功实践则表明，创立一个全新的机构，让这个新机构与传统金融机构并肩存在，并通过二者之间的竞争达到改善传统金融机构的目的。在创立新的机构的过程中，不能从任何一个方面、任何一个角度去模仿已有的传统金融机构。相反，要选择与传统金融机构相反的原则，本着"非营利、社会性和为穷人服务"的理念，以一个首次进入这个行业的全新角色出现。只有这样，新的机构才能有更多的思考空间，才能避免受到既有参照物的限制。小额信贷是满足穷人信贷需求、解决农民生产生活困难的一种很好的信贷方式①，贷款对象仅限于穷人，额度很小，无须抵押。自从创立以来，小额信贷受到了穷人的热烈欢迎，迅速推广到亚洲、非洲和拉丁美洲的许多发展中国家，成为一种非常有效的扶贫方式。各国根据本国特点逐步创新出新的小额信贷模式。孟加拉乡村银行的核心理念是凭借信任来帮助穷人，因为穷人中几乎没有人有能力满足大商业银行提出的贷款条件。其在提供贷款时，不是坐等人们找上门，而是主动去提供帮助。

2. 国内研究的简要评价

我国学术界对信贷风险管理的理论探索尚处于起步阶段。这与我国金融体制改革滞后于经济体制改革进程有很大的关系。交通银行作为改革开放以来我国第一家股份制商业银行成立于1986年7月，而我国四大国有商业银行真正实行从专业银行向商业银行的转型则是在10年之后的1996年，远远落后于市场经济的运作。随着我国加入世界贸易组织，我国金融体制改革的步伐迅速加快，但体制转换与实际运行机制之间却出现了尖锐的矛盾。理论研究的成果与金融改革运行机制的实际相去甚远。比如，我

---

① 刘文璞：《小额信贷管理》，社会科学文献出版社2011年版，第184—213页。

国在20世纪90年代初就已经开始探索改造中央银行评价银行贷款质量的方法体系，1994~1998年进行了大量的贷款风险分类方法体系的设计培训和试点工作。1998年4月，中国人民银行决定在全国范围内试行贷款质量5级分类法，2001年12月决定全面推广，但农村金融机构至今仍不能完全进入实施状态。包括国有商业银行在内，虽然已经开始注重对客户进行资信评估，并逐渐推行遵循国际惯例的银行贷款质量5级分类制度，但在部分县域的分支机构中，依然在习惯性地执行传统方法。而且，地区和地区之间的差异很大，比如，上海松江区的部分国有金融机构已经实行贷款监测的12级监测法，而在西部有些地区仍然使用四分法。参差不齐的统计口径给金融改革的整体发展和学者的研究工作造成了极大的困难。欠发达地区的农村金融机构在具体度量和管理时使用的方法也很陈旧，基本上局限于定性分析和简单的单变量财务比率分析（Financial Ratio Analysis）等一些传统的方法，目前还没有见到任何内部模型的应用，更缺乏系列化的能够为农村金融决策提供科学依据的信贷风险管理体系。当然，这与我国金融体制转型运作缓慢、农村金融机构经营管理水平滞后及金融管理者和操作人员的素质也有一定的关系。

尽管如此，客观形势的需要极大地带动了金融业界和学术界的研究热潮，信贷风险的规范化研究逐步走向深入。近年来，随着我国金融体制改革的快速发展，学术界和金融业界对于信贷风险管理方面的研究出现了良好的发展势头，对于丰富我国信贷风险管理理论宝库和指导金融操作的具体实践起到了积极的作用。各种著述对我国银行信贷风险的基本理论、成因和对策的探讨颇为深刻，认识一致，但在对策研究的深度、系统性和实用性上缺乏统一的可借鉴的标准化范本模式。从国内已发表的相关著作或论文来看，绝大多数是对现有国外研究成果的简单介绍，涉及对这些成果进行消化和吸收的研究还为数不多，直至20世纪末还很难见到如何运用一些最新的方法，如期权推理法（Option-theoretic Approach）和组合法等对我国商业银行面临的信贷风险进行度量和管理的理论和实证的系统性科学专著。虽然国内研究信贷风险的著述不断出现，但均把信贷风险或信贷风险的一个侧面作为整个金融风险或信用风险的一部分进行探讨，缺乏系统性、全面性和专业性，同时，在理论上缺乏创新性和可操作性。尤其是对如何度量商业银行面临的信贷风险以及如何构建全过程信贷风险控制的综合管理体系研究非常薄弱。国内专家学者或是研究金融风险的笼统理论，或是研究商业银行风险管理的一般理论，或者是从实施《巴塞尔新资本协议》的意义角度研究对我国商业银行风险管理的影响，对信贷风险的专门性研究著作并不多见。对商业银行信贷风险的研究，过多地集中于信用风险、市场风险和内部控制理论的探讨，而以实践的角度考察农村信贷风险的全过程系统理论和可操作方案著作尚属少见。对于我国农村信贷风险控制的研究更显不足。因此，构建全面的信贷风险管理理论体系，特别是农村信贷风险防范、控制、化解及配套改革的长效管理机制的研究有待于进一步突破。2007年，美国次贷危机爆发后，进一步推动了全球金融风险研究，国内也取得了一系列研究成果。如王伟光《运用马克思主义立场、观点和方法，科学认识美国金融危机的本质和原因——重读〈资本论〉和〈帝国主义论〉》（2009）论述的就是如何科学认识金融危机的本质和原因，这对我国金融研究特别是农村金融的理论和实践具有重要的指导性作用。

我国虽不是《巴塞尔资本协议》国，但该协议的原则事实上已成为国际银行监管的基本准则，只要在国际金融市场上从事业务活动，就受到该协议的制约。然而，我国大多数国内银行的风险管理水平都跟现行协议相去甚远，风险管理非常简单，风险管理系统就是信贷管理加授信额度管理，授信额度由上级单位分配，相关报表手工管理。《巴塞尔新资本协议》要求在处理传统信用风险的同时，也处理复杂的市场风险和操作风险。全面的风险管理是一个一体化的系统工程，并非不同来源的各种风险的简单叠加。涉及大量信息采集、整理、分析，包括关联的市场情况、行业情况、企业人事、财务实际状况等一系列内容，信息的庞杂绝不是手工评估和管理能够胜任的。现有的银行信贷系统一般都是业务运营系统，并非为决策分析应用而建立，其数据的集成性、完整性、可访问性、可分析性都难以满足信贷风险分析的需求。随着经济改革的进一步深化和金融的全面对外开放，我国银行业的国际金融业务日益增多，要想在国际市场上占有优势地位，就必须遵守国际惯例。我国国有商业银行股份制的成功改造，资本充足率陆续达到和超过了《巴塞尔资本协议》规定的标准。对照《巴塞尔资本协议》的要求，通过各种有效措施扩大资本总量，提高资本充足率，降低资本风险度，参与国际竞争，实行商业化经营，成为我国商业银行国际化的重要内容。

针对《巴塞尔资本协议Ⅲ》的监管要求，我国监管部门已提出了我国银行业包括资本充足率、拨备率、杠杆率和流动性四大工具在内的资本监管框架体系建议。监管思路和措施充分吸收了新精神，适应世界银行业监管的发展趋势，无论从指标标准还是达标时间上说都高于新要求，对核心一级资本的最低要求为5%，高于《巴塞尔资本协议Ⅲ》要求的4.5%，对杠杆率的最低要求为4%，高于《巴塞尔资本协议Ⅲ》要求的3%；两项指标的达标时间上，要求系统重要性银行于2013年底达标，非系统重要性银行2016年底达标。流动性方面，要求各银行2011年底新引入的LCR（流动性覆盖率）和NSFR（净稳定资金比例）流动性指标于2013年底达标。《巴塞尔资本协议》加速了我国金融现代化、国际化进程。我国农村金融面临着市场取向的改革问题，以资产负债管理为基础的《巴塞尔资本协议》推动了银行管理国际化以及国际银行业统一监管趋向，无疑对我国农村金融的商业化经营思想和内部管理的全面改革起到重要作用。随着金融对外开放的深化，我国的商业银行融入国际经济、国际金融的成分在不断扩大。我国金融体制改革的方向是逐步与国际金融市场接轨、参与国际金融市场竞争、遵循国际金融竞争规则，但我国的金融体制改革需要一个逐步推进的过程，这是由我国现实国情决定的，不能操之过急、盲目冒进。随着我国商业银行的不断上市，农村金融机构正逐步改变其资本结构，推行现代企业制度，实现法人结构治理，强化信贷风险的全面管理，农村金融的信贷管理水平将不断提高，综合竞争力将不断提升。

第四节 研究的思路和方法

一、研究的思路

1. 研究的基本思路

以马克思主义利益观为指导，以农村金融为视角，以信贷风险、利益主体、主要风险点为主题和基础，以风险有效防范为起点、公平控制为关键点、合理化解为终点、和谐政策为保障，从而建立起系统控制我国农村信贷风险的理论体系和可操作方案，促进农村信贷利益的有效循环。

2. 研究的内容与框架

本书由5个部分共7章组成：

第一部分（第一章）阐述了本书的研究背景、目的和意义，对国内外信贷风险管理理论的研究状况进行了梳理和评价，交代了本书的研究思路、逻辑框架、方法和创新之处。

第二部分（第二章）是对农村金融内涵、发展历程、主要现实问题的阐述，农村信贷风险相关概念的界定、利益群体、利益矛盾、利益分配的论证，农村金融主要风险源与风险点的量化，是本书研究的基础。

第三部分（第三章）是对农村信贷风险直观类别表象、直观生成机理和根本动因的研究。

第四部分（第四章、第五章、第六章）是对农村信贷风险有效防范、公平控制和合理化解（分别作为信贷风险管理的前台、中台和后台）3个顺序流程分层次进行的微观、理性、技术性探讨，是本书的核心。

第五部分（第七章）是农村信贷风险宏观协调配套政策的研究，是农村信贷利益效率、公平、和谐分配的保障。

二、研究的方法

1. 利益群体理论和利益群体分析方法

以马克思主义利益群体理论为指导，运用马克思主义利益群体分析方法，在新的历史条件下，根据新时期的新情况和新特点，从历史唯物论出发，准确划分和分析新时期农村信贷风险的利益群体及其利益矛盾，深刻剖析并指出，农村信贷风险是国家、集体、个人之间的利益矛盾，是社会主义初级阶段人民内部的利益矛盾，信贷利益矛盾是农村信贷风险产生、存在、发展、激化和解决的物质经济根源，是制约其他各类矛盾发展的主导性矛盾。

2. 数据收集和典型调查相结合的方法（见图1-1）

在收集我国农村金融发展问题基本情况的基础上，针对主要问题，选择东部、中部和西部地区有代表性的县区进行典型调查。笔者具体选择对上海的松江、吴淞，江苏的张家港、淮安，浙江的嘉兴，内蒙古的石拐、伊金霍洛旗，山西的保德、柳林，河南的濮阳，陕西的榆林、咸阳、渭南、安康、铜川、商洛，青海的海西等省市所辖的部分农村金融机构进行实地调研，重点考察了样本县域内的农业银行、农村信用社（行）、城市

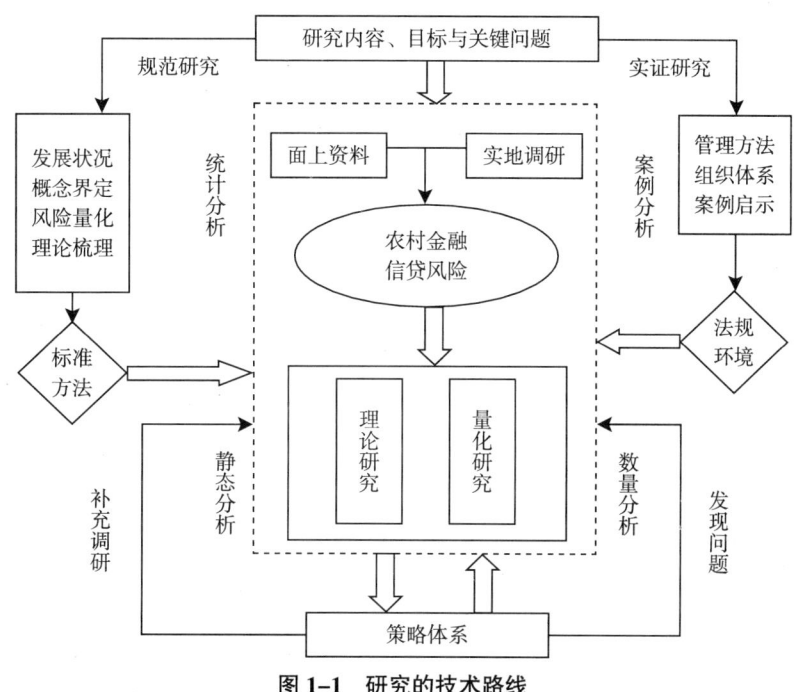

图 1-1 研究的技术路线

信用社（行）和部分其他国有商业银行县支行及农业发展银行的信贷资产质量、信贷风险管理状况以及样本县域的相关经济状况。

3. 动态分析和静态分析方法

我国农村信贷风险管理是一项复杂的系统工程，应通过时空两个方面搜集数据和信息，总结我国农村金融发展的经验与不足。不仅要对农村金融发展的必要性和可行性进行静态和动态分析，而且要在构建农村金融发展长效机制总体思路与方法的过程中始终进行静态和动态相结合的方法，力求达到结论的科学化、系统化和有效性。

4. 理论分析和实证分析相结合的方法

选择德、美、法、日、印等发达国家或发展中国家以及我国各地农村金融发展模式或先进经验进行理论分析，或将国外部分国家和我国农村金融发展实践中的教训或失败案例进行正反、成败经验的对比，并通过对经济发展好、中、差的3个不同档次县域的实地考察资料，进行农村经济金融发展的实证分析，针对我国农村金融发展中的现实问题，提出解决方案，进一步为我国农村信贷风险管理进行制度性合理安排。

5. 定性分析与定量分析相结合的方法

在农村金融发展信贷风险的理论分析中不仅运用理论上的定性分析进行政策构建和方案选择，更强调实证研究的数据总结，重视在规范分析的基础上调查实际数据来分析我国不同地区的现实情况，强调运用数学模型，使研究结论的精确化和准确性得以提高，从而充分保证结论和决策建议的可行性和可操作性。

第五节　本书的主要观点

本书在研究过程中，形成了以下几方面的主要观点：

（1）以马克思主义利益理论为主线，用辩证唯物主义和历史唯物主义的立场、观点和方法，研究农村信贷风险范畴，划分了农村金融利益群体，指出了利益矛盾，提出了利益的一次分配和二次分配的概念，指明了不良资产的最大受益者和受害者，明确了农村信贷利益的分配必须走良性循环的道路，即一次分配。

（2）对农村金融、农村信贷、农村信贷风险、农村金融体系、农村金融作用等概念做了明确界定和解释；在研究农村信贷资金的运动特征时，提出以农村金融为中心的"两重支付与两重归流"和以客户为中心的"三重支付与三重归流"两种循环；在论及农村信贷风险时，提出农村信贷风险与一般信贷风险的不同之处在于具有普遍性高风险、静态窒息性风险和动态震荡性风险3个主要特点；在分析我国农村信贷风险的基础上，提出农村信贷风险主要风险源的概念，认为农业信贷风险是农村信贷风险的核心，农村信贷风险管理应重点关注农民贷款、农村中小微企业贷款和农村公共产品贷款3个利益风险点。

（3）在探讨我国农村信贷风险的生成机制时，根据《巴塞尔新资本协议》，在传统信贷风险类别的基础上，从我国农村的实际出发，将农村信贷风险明确划分为政策风险、环境风险、信用风险、操作风险、市场风险和法律风险6个类别；结合规范分析和实证分析，深刻分析了农村金融不同类别信贷风险的生成机制；根据实证案例分析，提出金融生态的劣质性是导致农村信贷风险的土壤和温床；根据综合分析，提出利益群体矛盾是信贷风险的地核和辐射源，物质利益的诱因、社会主义价值观的丧失是信贷风险的根本动因等观点。

（4）将农村信贷风险管理划分为防范、控制、化解3个模块，从事前、事中、事后3个风险阶段入手，对农村信贷风险进行全过程管理；针对不同风险层面的特点，提出农村信贷风险管理有效防范、公平控制和合理化解的具体方案。在论及有效防范时，对农民贷款信贷风险的特殊机理进行了分析，将农民贷款划分为7个类别，进一步构建村庄金融组织框架体系，提出信用组、信用员、信用户的信用制度设计方案；在论及风险控制时，将金融理论的成果具体运用到农村金融的3个主要风险点上；在论及风险化解时，对传统化解方法进行了整合和发展。

（5）从财政补贴、农地抵押、信用担保、农业保险和体系再造等方面研究解决农村信贷风险的政策配套，特别是在农村金融低迷的现状下，提出举起农业发展银行的领军大旗及整合成立土地银行和信贷利益向农村倾斜等观点，具有一定的现实思路，对构建新型农业经营体系、赋予农民更多财产权利、推进城乡要素平等交换和公共资源均衡配置、完善城镇化健康发展机制、健全城乡发展一体化体制具有启发借鉴作用。

（6）提出了基层金融、基层经济、信贷利益风险等概念和重塑中国农业发展银行等建议，以及用马克思主义哲学研究信贷风险利益问题的有效性和科学性等研究设想。把马克思主义与当代农村现实问题结合起来，明确了马克思主义哲学在领航全面深化改革中的重要作用，为马克思主义理论工作者提供了展现才智的极大平台和创新空间，也是推动马克思主义研究的新动力。

第二章 农村信贷风险及其利益关系

第一节 农村金融发展概述

一、农村金融的内涵

农村金融是立足于城乡,为农村经济服务的金融机构及其一切金融业务活动的总称。广义的农村金融既包括农村金融的组织机构,也包括农村金融组织机构的业务活动;既包括正规金融组织机构及其金融业务,也包括非正规金融组织机构及其金融业务;既包括金融机构、金融工具、金融市场,也包括与之配套的管理体制。狭义的农村金融仅指在县域内对农业、农村、农民发挥作用的正规金融组织及其金融业务活动。本书所论述的农村金融主要是指狭义的农村金融。

1. 我国农村金融的体系构成

我国农村金融没有独立的自有体系,它是根据农村金融市场的需要和国家金融政策形成的,与农村经济发展状况相匹配的一种金融资源。经过20多年的农村金融体制改革,我国已形成了包括商业银行金融机构、政策性金融机构、合作性金融机构在内的,以正规金融机构为主导、以农村信用社为核心、以民间非正规金融为补充的农村金融组合体系(见图2-1)。

(1)中国人民银行县域支行和中国银行业监督管理委员会县域监管机构。中国人民银行县域支行是中央银行的组成部分,是调节县域货币流通、代理国家掌管财政金库、代表政府从事农村金融管理活动的行政性金融机构;中国银行业监督管理委员会县域监管机构是代表国家监管当局监

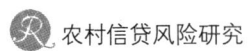

管农村金融机构经营活动的事业性金融机构。

（2）国有独资商业银行县域支行。国有独资商业银行县域支行是国有独资商业银行在县域设立的系统性分支机构，受各国有独资商业银行的垂直管理。

（3）地方商业银行县域支行。地方商业银行县域支行主要是地方城市信用社或农村信用社改制组建的城市商业银行和农村商业银行，是具有独立法人资格的股份制金融机构，但同时受制于本系统的管理和节制。

（4）政策性银行县域支行。政策性银行县域支行主要是中国农业发展银行县域支行，是中国农业发展银行的分支机构，受中国农业发展银行的垂直领导。

（5）非银行金融机构县域机构。非银行金融机构县域机构主要有农村信用社、邮政储蓄机构、信托投资公司、小额贷款公司、租赁公司、证券公司、保险公司等。

（6）部分发达县域或村镇驻有的外资金融机构。

（7）非正规金融部门。非正规金融部门包括民间私人借贷组织、农民互助储金会、农村扶贫社、地方非政府组织等[①]。

（8）国外非政府组织、国际组织和国际金融组织的扶助性活动。

2. 农村金融在农村金融市场的主要作用

我国农村金融在不同的历史发展时期，为我国农村经济发展和农村经济建设做出了重要的贡献，是增加农民收入、改善农村面貌、繁荣城乡经济、促进我国国民经济综合发展水平的支柱性支撑要素（见表2-1）。进一步规范和发展农村金融，对于建设社会主义新农村和推进农村经济的持续健康发展具有极其重要的意义。

二、农村金融的发展历程

新中国成立以来，随着农村经济的发展和增长，我国农村金融在支持农村经济，促进农村经济规模化、产业化和增加农民收入等方面发挥着重要的作用。以农村信用社的发展为主线，结合农业银行、其他国有商业银行乃至后来建立的政策性银行进入和退出的演变历史，以及城市信用社、

---

① 周天芸：《中国农村二元金融结构》，中山大学出版社2004年版，第50页。

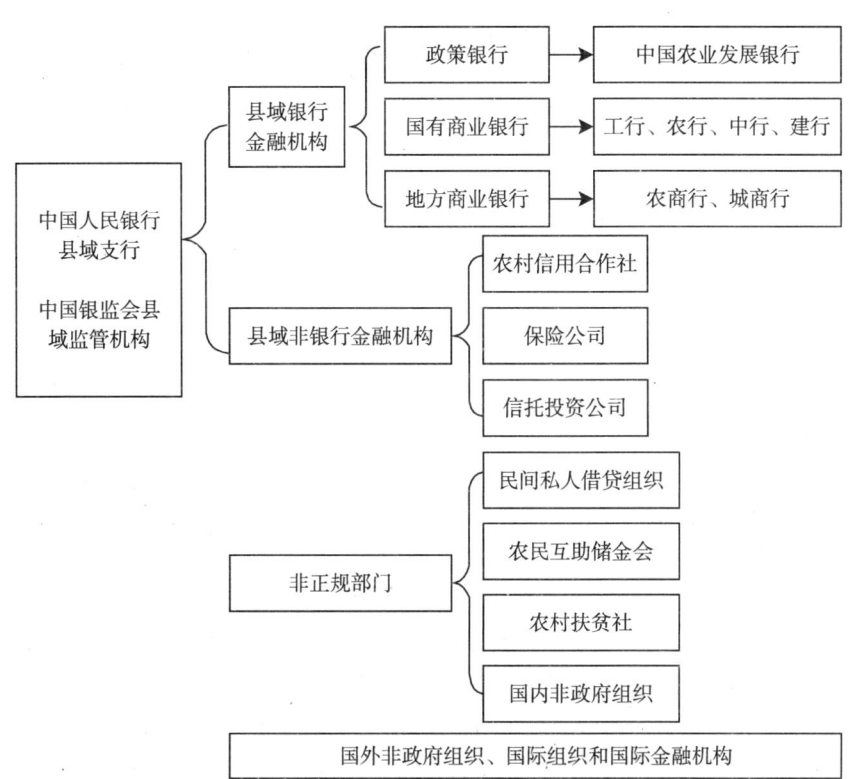

图 2-1 农村金融体系构成

表 2-1 农村金融在农村金融市场的主要作用

组织机构	主要业务	主要客户群体
人民银行、银监局	维持农村金融市场秩序、监管农村金融业务活动	正规金融机构
商业银行	县域存贷款及其他业务	农村中小微企业、农户、工商业等
农业发展银行	农村政策性金融业务	粮食营销企业、政府有关部门、加工企业等
信用社	吸收存款、农户小额贷款、小型农村工商业贷款	农户、农村中小微企业
信托投资公司	农村信托投资	县域中小微企业、农户
农村扶贫社	农户小额贷款	农户
农民互助储金会	农户储蓄和农户小额贷款	农户
民间私人借贷组织	农户间、农村企业间、农户与农村企业间的小额贷款	农户、农村中小微企业等
国际组织及小额贷款公司	农户小额贷款等	农户
保险公司	县域财产保险、人寿保险	县域中小微企业、农户、城镇居民等

农村基金合作会、非正规金融机构等积极参与的过程，农村金融的发展经历了6个发展阶段。

1. 第一阶段（1949~1957年）：孕育和发展初期

1949年3月，毛泽东同志在中共七届二中全会的报告中指出："必须组织生产的、消费的和信用的合作社，中央、省、市、县、区的合作社的领导机关。"1949年9月通过的《中国人民政治协商会议共同纲领》中规定："关于合作社，鼓励和扶助广大劳动人民根据自愿原则，发展合作事业。"1950年3月，第一届全国金融工作会议提出"集中统一、城乡兼顾、减少层次、提高效率、力求精简"的方针创建金融机构[①]。1950年7月，全国合作社工作者第一届代表会议召开，会议决定今后农村着重发展供销合作社、农业生产合作社和信用合作社，以促进农业生产和改善农民生活，发展农村中新的借贷关系。为实现"把农民和手工业者组织起来经营与增加生产"这一农村经济工作的中心任务，1950年12月，第二届全国金融工作会议讨论并通过了《筹设农业合作银行提案》。

1951年5月，第一届全国农村金融工作会议明确提出了"深入农村，帮助农民，解决困难，发展生产"的农村金融工作方针，在全国范围内普遍试办各种信用社，把农村信用社称为"银行与广大农民群众的桥梁"。1951年7月，国家成立了"为农业和手工业合作提供必要的短期信用和长期信用"的国家专业银行——农业合作银行（被称为第一次农行），负责办理农业、林业、水利等方面的投资拨款业务，并领导农信社[②]。1951年8月，由中国人民银行总行和中华全国合作社联合总社下发的《关于农村信用合作工作注意要点的联合指示》指出，信用合作工作由人民银行负责组织领导。根据中央政府当时推行的合作化运动指示，生产、供销、信用三大合作运动在各地迅速展开。1952年底，全国拥有信用合作社2271个[③]。作为国家专业银行的农业合作银行，却于1952年7月被撤销，它没有建立分支机构和完成历史任务。1955年3月，参照苏联经验，国家再次成立中国农业银行，为发放贫农合作基金贷款、极贫户贷款、农田水利贷款、牧业生产合作社贷款、生产救灾贷款、国营农场贷款等支农贷款，组

---

① 宋宏谋：《中国农村金融发展问题研究》，山西经济出版社2003年版，第21页。
② 张世明：《农业银行的性质和任务》，《中国城乡金融报》2005年3月18日第3版。
③ 李苏等：《农村经济发展的金融抑制及其解除》，知识产权出版社2005年版，第30页。

第二章 农村信贷风险及其利益关系

织整顿指导农村信用合作事业健康发展，打击直至消灭农村高利贷斗争起到了重要作用。但由于县域农行与人行职责不清及人员经费不足，到1957年4月，农业银行被第二次撤销。直到1957年末，全国80%的乡都建立了农村信用社，达到88368个，存款20.6亿元，社员股金3.1亿元①。虽然那时的信用社是由小农经济发展起来的，规模比较小，管理水平低，但农村金融事业的发展由此起步，特别是农村信用社的合作制原则得到了充分体现，发展比较健康，对新中国农村经济的恢复和发展做出了积极的贡献②。

2. 第二阶段（1958~1977年）：探索和徘徊时期

人民公社时期，农村金融体制出现了多次反复。1958年"大跃进"时，农村信用合作社和银行营业所合并后下放给人民公社，作为公社的信用部；1959年进一步下放给生产大队，盈亏由生产大队核算。1962年恢复了农村信用社的独立地位，业务由人民银行管理。1963年，国家支援农业的资金有了很大的增长，这些资金对于巩固和发展农村人民公社集体经济、促进农业生产的恢复和发展起了重大作用。但由于在资金的使用上还缺乏通盘规划和严格的管理，也发生了一些浪费资金和挪用资金的现象。国家继续增拨支援农业的资金，大力支持农业生产。1963年10月，中共中央、国务院做出《关于建立中国农业银行、统一管理国家支援农业资金的决定》，除了建立各级农业资金管理小组外，还从上而下建立中国农业银行的各级机构，把过去由财政部门直接拨付的各项支援农业的资金和由人民银行办理的各项农业贷款，统一管理起来，统一领导农村信用合作工作。1963年11月，中国农业银行第三次成立，中央一级设总行，省、市、自治区设分行，专区设中心支行，县设支行，区或农村人民公社设营业所，作为国家设立的专业银行、国务院的一个直属机构，办理国家支援农业资金的拨付和贷放，包括农业、林业、牧业、水利的投资和经费支出，国家支援农村人民公社、生产队的拨款和贷款，盈余上缴国家财政，亏损由国家弥补，实行企业管理和经济核算，办理拨款收取手续费，发放贷款收取利息。1965年12月中国农业银行再次撤销。1966年，农村信用社再次下放人民公社、生产大队管理。"文化大革命"期间，实行贫下中农管

---

① 成思危：《改革与发展：推进中国的农村金融》，经济科学出版社2005年版，第7页。
② 何广文等：《中国农村金融发展与制度变迁》，中国财政经济出版社2005年版，第5页。

理。1977年，农村信用社被人民银行确定为兼有集体金融组织和国家银行农村县域机构的双重性质，成为农村金融也是国家银行的独家信用机构[①]。

3. 第三阶段（1978~1982年）：改革开放初期

1978年7月，国务院召开全国农田基本建设会议，"考虑恢复农业银行，以便更好地管理和运用农业贷款支援农业建设"。人民银行提议"按照农、轻、重的顺序安排信贷资金"。1978年12月，十一届三中全会决定"恢复中国农业银行，大力发展农村信贷事业"。1979年3月，中国农业银行正式恢复建立，仍然作为国务院的一个直属机构，由中国人民银行代管，实行企业化管理，"统一管理支农资金，集中办理农村信贷，领导农村信用合作社，发展农村金融事业[②]"。其在县域再次设县支行，农村营业所、信用社一律划归农业银行领导。农村金融的中心任务明确为支持农村商品经济的发展，规定"农村信用合作社是人民公社集体经济组织的金融部门，同时在业务上受上级农业银行领导"。1981年3月，农行试行所社联营，合署办公，农业银行只管信用社的信贷计划，把贷款审批权限下放给信用社，增设信用网点，发扬背包下乡、走村串户的传统，积极筹措资金。为了更好地为农民和农村服务，1979年11月，农行推进了信用服务站建设。信用站按生产队设立，是农村金融网点的组成部分，执行国家统一的政策和制度，办理社员存放款业务，帮助社员解决生产生活困难和其他力所能及的农村金融任务。到1982年底，全国信用社和信用站达到337955个，其中信用分社30767个、大队信用站303182个、储蓄所4006个[③]。这些县域信用网点为农村社员存贷款、农民生产和生活及支援农村服务发挥了积极的作用。

4. 第四阶段（1983~1993年）：兴盛时期

1983年，农村金融体制逐步开始调整。1984年10月，中共十二届三中全会《中共中央关于经济体制改革的决定》实行有计划的商品经济，要求商业银行进入农村。从此我国商业金融体系开始迅速扩张，打破了农行在农村金融中的垄断地位。1985年中共中央《关于进一步活跃农村经济的十项政策》明确农行要实行企业化管理，提高资金的使用效率。专业银行

---

① 何广文等：《中国农村金融发展与制度变迁》，中国财政经济出版社2005年版，第6页。
② 张世明：《农业银行的性质和任务》，《中国城乡金融报》2005年3月18日第4版。
③ 宋宏谋：《中国农村金融发展问题研究》，山西经济出版社2003年版，第95页。

业务可以适当交叉，实行银行可以选择企业、企业可以选择银行的政策，鼓励专业银行之间开展适度竞争，打破银行资金供给制，并将农副产品收购归为农行的自营业务。之后，建设银行、工商银行、中国银行纷纷开始将触角伸向县域，农村金融机构空前发展，为当时正在蓬勃发展的乡镇企业提供贷款。1983年国务院105号文件明确规定，把农村信用社办成合作金融组织，恢复其合作性质，实行"三性"，即组织上的群众性、管理上的民主性、业务经营上的灵活性。在业务关系上，农业银行不给信用社下达指令性指标。1986年前后又逐渐组织了县联社，行使对信用社管理和指导的权力，农村信用社的自主权有所扩大，信用社无论在机构上还是业务上都有了较快的发展。1986年，国务院主持发布了《关于开办邮政储蓄的协议》并通过了《中华人民共和国邮政储蓄法》，使邮政储蓄遍布全国，县域各乡镇均成立了邮政所，结算汇兑方便快捷，电子化日益形成全国联网，成为在农村开展储蓄业务的一支重要力量。1990年起，又对农村信用社按照"老少边穷地区"、"以农业为主地区"、"沿海经济发达地区"、"大中城市郊区"4种类型进行了改革。这一时期，以农村合作基金会为代表的非正规金融悄然兴起，到1992年底，全国已建立的农村合作基金会在乡镇一级已达1.74万个，村一级达11.25万个，分别占乡镇总数的36.7%和村总数的15.4%，共筹集资金164.9亿元，并开始以代管金的名义吸收短期存款，向乡镇企业提供大额贷款①。1993年底，全国县域金融机构达到233650个，从业人数达到2537763人，存款余额达到26099亿元，贷款余额达到28999亿元（见表2-2）。1993年，农业银行发放扶贫专项贷款96.81亿元，创历史最高，办理农业拨款和支出业务127.9万户，2428.3笔；农行和信用社累计发放农业贷款9971143亿元；全国乡镇企业累计实现产值29219亿元②。

表2-2 1993年全国县域金融机构数、从业人数和存贷款余额

	合计	工行	农行	中行	建行	农信社，信用站	城信社	邮储	基金会
县支行社（个）	16600	2336	2226	1217	2130	3893	4798		
办事处（个）	6088	1134	635	1147	3172				
分理处（个）	39777	3987	31770	1759	2261				

---

① 何广文等：《中国农村金融发展与制度变迁》，中国财政经济出版社2005年版，第34页。
② 中国农业银行：《发展中的农村金融》（1994），中国农业银行内部文件，第10页。

续表

	合计	工行	农行	中行	建行	农信社，信用站	城信社	邮储	基金会
储蓄所（个）	70958	21831	22501	5238	21388	50865，48893			
营业所社	100227		469						
从业人数（人）	2537763	554931	536160	156476	306699	594017，266533	122947		
各项存款（亿元）	26099	8844	5184	2048	3770	4297	1340	616	
各项贷款（亿元）	28999	11128	6529	3086	4334	3144	778		

资料来源：《中国金融年鉴》（1994）[①]。

到 1985 年经历了 39 年，县域由原来 1 家银行发展到人民银行、工商银行、农业银行、建设银行、中国银行 5 家银行。中共十一届三中全会提出把工作重点转移到社会主义经济建设上来，中共中央提出全党必须十分重视银行的作用，努力学会运用银行的经济手段，促进国民经济的高速发展。从此银行工作进入了一个新的发展时期，开始由单纯按行政方法办事，转变为用经济方法管理经济；从"吃大锅饭"不讲经济效益的管理方法，转变为实现现代化的企业管理。信贷体制有所改进，破固定资产不能贷款的禁区，开办了技术改造贷款，支持地方企业和乡镇工业的发展，各项贷款贯彻执行了"区别对待，择优扶植"的信贷原则，实行以销（适销对路）定贷、以新（技术先进）定贷、以优（质量好、效益好）定贷的信贷政策，充分利用利率杠杆，对超计划占用银行贷款实行浮动利率和加息办法，促进工商企业加强管理提高效益。在城镇重点支持轻工、纺织、电子、交通、能源工业和日用消费品的生产发展；在农村重点支持"两户"（专业户、重点户）农、林、牧、副、渔的商品经济及乡办工业的发展，促进了国民经济调整，改变了市场物资供应紧张状况，国民经济得到迅速发展。在"改革、开放"方针指引下，积极开办外汇贷款，大力组织技术资金引进，发展地方经济，增加出口创汇，基本建设拨款改为贷款，变无偿为有偿，调动企业管好、用好资金的积极性和责任心，充分发挥资金的使用效益，在加强宏观控制的前提下，积极引导，开办资金调剂市场，搞活城乡经济。

20 世纪 80 年代改革的重心在工业，而金融业要为此时的改革提供配套的外部环境，这就是为什么金融改革比企业改革滞后了十几年的原因。

[①] 中国人民银行：《中国金融年鉴》，中国金融出版社 1994 年版，第 90 页。

回溯到 20 世纪 70 年代末 80 年代初,在当时的体制中,银行并不重要,所以中国只有 1 家银行——中国人民银行,发挥财政主导、代行国库的职能。改革开放后,企业具有了活力,需要有一个金融体系。因此,1984 年中国分出了中、农、工、建四大专业银行,形成了典型的走市场经济或者发达国家的双层银行体系,有了中央银行与下面金融机构的区分。但为了保证改革顺利进行,它们还只是专业机构,而不是商业机构。随着企业活力不断提高,金融资源需求的多样性出现,银行之外分出保险、证券等机构。20 世纪 90 年代开始提出监管的问题,人民银行不再仅仅是中央银行,同时还具有监管功能。随着行业越来越多,特别是证券市场的出现,监管开始分开,出现了证监会、保监会,以及 2003 年诞生的银监会,这时才形成了中国的金融体制,也就是分业监管体制。但是这只解决了体系建设的问题,核心问题即"银行是什么"的问题并没有解决。

5. 第五阶段(1993~2001 年):调整与转折时期

1993 年 11 月,十四届三中全会《中共中央关于建立社会主义市场经济体制若干问题的决定》确定了金融体制改革的总体目标:中国人民银行作为中央银行,在国务院领导下独立执行货币政策,从主要依靠信贷规模管理,转变为运用存款准备金率、中央银行贷款利率和公开市场业务等手段调控货币供应量,保持币值稳定;建立政策性银行,实行政策性业务与商业性业务分离;发展商业银行,现有专业银行逐步转变为商业银行,并根据需要有步骤地组建农村合作银行和城市合作银行,商业银行要实行资产负债比例管理和风险管理。1993 年 12 月,国务院在《关于经济体制改革的决定》中提出"组建中国农业发展银行,承担国家粮棉油储备和农副产品合同收购、农业开发等业务中的政策性贷款,代理财政支农资金的拨付及监督使用"。1994 年 6 月,中国农业发展银行正式成立,农行和工行向农发行划转了信贷资产和负债业务。1996 年,国家对农村信用社管理体制做出重大改革,信用社与农行脱离行政隶属关系,改为由农民入股、社员民主管理、主要为入股社员服务的合作性金融组织,实现了农行与信用社的分离,由人行管理。亚洲金融危机之后,1997 年 11 月,党中央、国务院召开第一次全国金融工作会议,对解决金融改革和发展中的重大问题做出部署。农业银行与其他三大银行在前期企业化改革的基础上,实施向国有商业银行的全面转轨。1997 年,农发行省地县垂直营业机构逐步健全,实现了由全面委托代理转为基本自营,初步建立了独立的业务经营和管理体系，但到1998年，农业开发性贷款重新划归农行经营管理，农发行成为专门从事粮棉油收购与储备贷款的发放和管理机构。1998年，实行农信社产权制度改革，落实农信社风险责任，提出深化农村金融改革的要求，把农信社办成联系广大农民的金融纽带，新形势下农村金融的主力军，解决农民贷款难的问题。1999年1月，国务院在全国范围内统一取缔农村合作基金会，开始对农村信用社从法人结构、经营机制、产权关系等诸多方面进行深层次的改革试点。1999年，国家成立了4家资产经营管理公司，对四大国有商业银行不良资产进行剥离，同时对试点中的农信社不良贷款中难以收回的呆滞贷款和全额呆账贷款进行剥离，由中国人民银行按剥离数额的50%安排无息专项再贷款。这一时期，国有商业银行大力撤并县支行，农村基金会被取缔，虽然放宽对农村信用合作社贷款利率浮动范围的限制、加大国家财政投入解决农村信用合作社的不良资产问题等一系列政策，客观上强化了农村信用合作社对农村金融市场的垄断，推动并深化了信用合作社改革试点工作，但农村金融整体趋于萎缩。2001年11月10日，随着中国加入WTO的成功，中国金融业的全面对外开放被提上了议事日程。由于面临跨国金融机构的强大竞争，国有商业银行通过股份制改革和上市来促进质的飞跃，县域退出更加严重，乡镇营业所社撤销殆尽，乡镇企业纷纷倒闭直至销声匿迹，农民贷款异常困难，农村经济雪上加霜，农村金融市场出现了空前的空缺挑战和融资困境。

6. 第六阶段（2002年至今）：农村金融深化改革和商业银行飞跃发展时期

2002年2月，第二次全国金融工作会议召开，这是在中国正式加入世贸组织的背景下，面对新形势、新挑战、新机遇召开的会议。会议做出了加强金融监管、推进国有商业银行改革和农村信用社改革的决定。2003年4月，中国银行业监督管理委员会成立，作为国务院直属事业单位专门行使对银行类金融机构的监督管理权力。中国银行、中国建设银行和中国工商银行总计获得高达600亿美元的注资并相继在海外成功上市。截至2006年末，国家共发行专项票据1565亿元，已兑付94.6亿元；财政还以保值补贴和税收减免的方式向农村信用社提供了187亿元资金支持[①]。农信社在管理体制、产权模式和组织形式等方面进行了全面改革：一是改革

[①] 宋炎：《农村金融改革已取得重要进展》，《金融时报》2007年4月20日第4版。

农村信用社的产权制度，明确产权关系，完善法人治理结构，转换经营机制；二是改革农村信用社的管理体制，将农村信用社的管理交由省级政府负责，明确由银监会依法行使对农村信用社的金融监管职能；三是消化农村信用社的历史包袱，国家在资金、财税、利率等多方面给予农村信用社政策扶持，使29个省（区、市）农村信用社改革试点工作取得了重要进展和阶段性成果。各省级联社、农村合作银行和县一级法人社迅速组建起来，农村信用社真正成为农村金融的主力军和联系广大农民群众的金融纽带。我国农村信用社从1999年起推广了农户小额信用贷款、联保贷款，截至2006年末，全国农村信用社农户贷款余额达到9196亿元，获得农户小额信用贷款和联保贷款服务的农户数达7072万户，占全国农户总数的31.2%，占有贷款需求、符合贷款条件农户的57.6%。2007年1月，第三次全国金融工作会议召开，这是在中国加入世贸组织过渡期已经结束，中国金融业对外开始全面开放的新形势下召开的一次非常重要的金融会议。会议指出，农村合作金融要坚持服务"三农"的方向，坚持市场化、商业化取向，争取在5~10年过渡到符合现代金融企业要求、有特色的社区性农村银行机构。中国邮政储蓄银行加速向商业银行转变，中国农业发展银行、国家开发银行加大改革力度。稳步有序地推进中国农业银行股份制改革，定位为："面向'三农'、整体改制、商业运作、择机上市"，"充分利用在县域的资金、网络和专业等方面的优势，更好地为'三农'和'县域经济'服务。"明确的政策方向是结合新农村建设，全方位对农村金融改革进行梳理、调整、深化。这次会议为完善农村金融体系，加快建立适应"三农"特点的多层次、广覆盖、可持续的农村金融体系开辟了广阔的前景。2009年1月，中国农业银行股份有限公司注册资本为2600亿元，提出公司将始终遵循客户利益第一的原则，忠实履行职责，妥善周密安排改制中与客户利益相关的各项业务事宜，继续为最广大的客户群体提供各项优质金融服务。2012年1月，第四次全国金融工作会议召开，提出坚持金融服务实体经济，加快解决农村金融服务不足、小型微型企业融资难问题。

三、农村金融存在的主要问题

尽管我国农村金融迎来了一个新的高速成长期，但进一步发展仍然面临着诸多现实问题。

1. 供求矛盾日益尖锐

农村金融供给不足是一个长期无法解决的问题,特别是在金融企业商业化以来,这一矛盾更加突出。2004年以来,中央连续的"一号文件"把县域经济和社会主义新农村建设推上了战略性地位之后,资金供给与需求的矛盾越加显示出来。这里选择实际调研中的陕西省米脂县后王家坪村2006~2010年社会主义新农村建设资金需求及实现情况的个案作为具体说明。

米脂县后王家坪村共有9个村民小组119户502人,汉族和少数民族杂居,总劳动力209人,面积2.1平方千米,可耕地2500亩。其中,林草地1220亩(经济林800亩、水保生态林草420亩),人均2.4亩,占耕地总面积的48.8%,基本农田580亩、占耕地总面积的23.2%,是典型的黄土高原农耕区,以传统耕作、农林果畜多种经营及以农为主兼营打工为经营模式,素有"春旱秋涝"、"十年九旱"之说。近年来,按照"生产发展,生活宽裕,乡风文明,村容整洁,管理民主"的指导思想,农民生活质量和生存环境不断提高。2005年农民人均纯收入达到2850元(未计入副业和劳务输出收入),成为米脂县社会主义新农村建设的示范村。按照"十一五"规划和社会主义新农村建设发展纲要,米脂县后王家坪村制定了2006~2010年社会主义新农村建设实施方案(见表2-3)。

表2-3 2006~2010年陕西省米脂县后王家坪村社会主义新农村建设资金需求概算

单位:万元

项目名称	总投资	其中				建设内容
		补助资金(国家财政)	信贷	其他项目配套	自筹	
一、基础设施	51.1	40			11.1	
1. 道路建设	22	18			4	1. 新建生产道路5.56千米,拓宽1.06千米,并硬化6处
2. 抽水站	12.4	10			2.4	2. 水源井1口,机房1座,蓄水池、分水池各1处,布管道2130米
3. 流动抽水站、推台地、砌护岸	16.7	12			4.7	3. 新建活动抽水站1座、推台地37.5亩、砌护岸260米
二、村容村貌	12	4			8	
1. 路旁硷畔砌护	6	2			4	1. 路旁硷畔砌护250米,发展庭院经济

续表

项目名称	总投资	其中				建设内容
		补助资金（国家财政）	信贷	其他项目配套	自筹	
2. 道路两侧，村庄绿化	4	1			3	2. 常绿园林树种绿化，美化村庄
3. 垃圾箱、花坛	2	1			1	3. 治理脏乱差
三、产业开发	22		10	4	8	
1. 林果业	3		2		1	1. 经济林技术改造 100 亩
2. 畜牧业	19		8	4	7	2. 养牛 20 头，养羊 300 只
四、公益事业	8	6	1	1		
1. 运动场及器材	1	1				1. 硬化场地，购买器材
2. 文体活动室	1	1				2. 维修场所，丰富文化生活
3. 科普图书资料室	2	1		1		3. 购图书，学技术
4. 信息站	2	1	1			4. 购电脑，推销农产品
5. 村级医疗保健站	2	2				5. 购医疗设备，解决就医难
合计	93.1	50	11	5	27.1	

资料来源：根据《米脂县桃镇后王家坪村社会主义新农村建设实施方案》（2006 年）整理，后王家坪村社会主义新农村建设领导小组提供。

从米脂县后王家坪村社会主义新农村建设资金预算情况来看，基础设施建设所需资金占 54.89%，村容村貌占 12.89%，产业开发占 23.63%，公益事业占 8.59%。从资金预算来源看，国家财政占 53.71%，配套资金占 5.37%，自筹占 29.11%，信贷资金占 11.82%。从期望值来看，依靠国家补助资金占 59.08%，依靠村民集资及民间借贷占 29.11%，只有 11.82% 依靠银行贷款。后王家坪村新农村建设资金需求，一方面说明了当前新农村建设资金的短缺，另一方面说明了当前农村通过正规金融渠道融资非常困难，村民对银行贷款抱的希望很小。从 2006 年以来的实际实施情况来看，几经争取，2006 年全村集体、个体农户得到的所有财政和信贷支持资金总量不到 10 万元，建设新农村资金的有效供给与有效需求形成巨大的反差。2006 年起，榆林市政府财政计划每年拿出 5000 万元，投向 100 个市级新农村试点示范村（每年轮换，不得重复享受），2007 年，米脂县有 10 个村进入，后王家坪村是 10 个村之一，得到 75 万元（分两年兑现，2008 年拿到 45 万元，2009 年拿到 30 万元）。由于得到了市财政的支持，后王家坪村新农村建设资金超出预算 93.1 万元，达到 132 万元。到 2011 年，在基本实现了预期目标之后,又建起了一座烤枣炉,建立红枣加工基地。但从2006年起,除2008年、2009年两个年度外,其他年份财政支持均为空白,行社贷款更是归于零。榆林市共有5474个行政村,按照每年100个计算,一个村子54年才能享受一次市财政支持的待遇,这种短期效应显然不具有连续性。

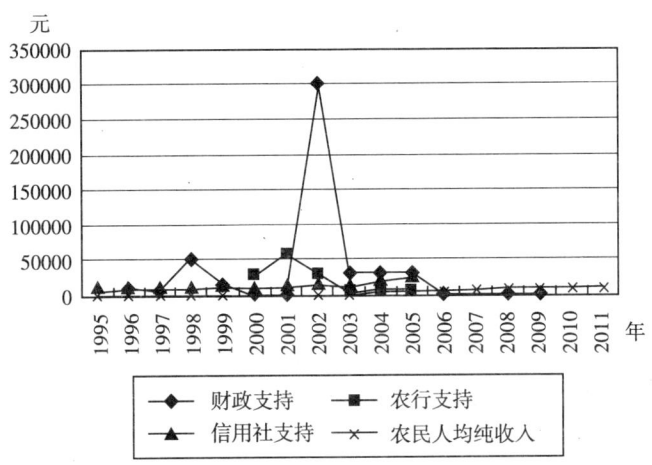

图2-2 米脂县后王家坪村1995~2011年财政金融支持状况

资料来源:陕西省米脂县桃镇后王家坪村民委员会。

从米脂县后王家坪村16年发展情况来看(见图2-2),农民人均纯收入从1995年的300元增加到2005年的2850元,增加了9.5倍,从2006年的6000元(2006年前农民人均纯收入只算农林业收入,2006年之后加入了副业和劳务输出收入:2600元+3400元=6000元,可见,劳务输出收入所占比例较大)增加到2011年的11000元,2011年比2006年增加了1.8倍,比1995年增加了36.6倍。农民人均纯收入显著提高,这与国家财政金融的支持是分不开的。16年来,财政支持资金132万元,农行支持14.1万元,信用社支持14.4万元。但国家财政支持的年份不均,起伏很大,1995年、2000年、2001年、2007年、2010年、2011年6年为零,2002年则高达30万元,2008年45万元,2009年30万元,年均为82500元;农行信贷支持力度很小,1995~1999年5年为零,2000~2005年则逐年递减,由30000元下降到8000元;农村信用社信贷支持平稳,并稳中有升,这说明农村信用社一直与农民保持着密切的联系,农民更乐于和信用社打交道。但信用社的支持金额小,年度增幅不大,年平均支持额仅为14400元,人均不到30元。2006~2011年,信用社、农行再没有支持,这与信用社商业化、农行退出机制有关,说明县域融资难度越来越大,甚至根本无法融到资金(2006年,后王家坪村争取信用社贷款未果)。从财政与金融支持力度的对比来看,16年里,财政占82.24%,信贷占17.76%,信贷远低于财政支持,这说明过去16年农村经济的发展主要依赖于国家财政的扶持,通过信贷融资远远不够。据国家权威部门统计,至2020年,社会主义新农村建设资金投入需要大约5万亿元①,"十一五"期间仅投入到农村基础设施建设的资金大约需要4万亿元②,如此庞大的资金需求,单靠国家财政的支持显然是不够的,需要在国家财政的引导下,投入大量积极深入的金融融资支持。推进社会主义新农村建设,金融对新农村建设的支持至关重要,但农村金融与农村经济的关系已不是简单的传统关系。过去那种政府强迫商业银行支持农村经济发展、促使商业银行多给农业融资,从而促进农村经济发展的观点在金融商业化的新时期显然是行不通了。二者共生共存、相互依存、相互促进。没有发达的农村经济,农村金融就失去发展和服务的动力和对象。农村金融发展水平不仅可以决定农村经济发展的速度,而且可以影响农村经济发展的方向与结构,并进而在一定程度上左右着农村经济发展的质量,只有加大信贷力度才能激活农村经济。

2. 政府政策与银行商业化的矛盾日益突出

从2004年以来,"中央一号文件"无一不与强调发展农村经济和农村金融有关。但政府发展县域经济的政策与农村金融在金融商业化改革的矛盾问题在现实当中表现得异常尖锐,愈演愈烈。国有商业银行从原始的政策性、专业性、企业化到彻底的商业化、国际化,在我国农村经济尚不发达和金融市场化演变的过程中,规避欠发达地区县域经济和弱势农业产业的行为更加严重,这虽然是金融机构商业化改革的必然选择,也是农村金融机构和农村资金在金融改革和农村经济发展过程中必然出现流失现象的一个具体过程,但政府的政策性和金融的商业化矛盾问题的加大给农村经济的发展带来了直接的后果。

---

① 江韵:《闲话"新村运动"》,《农村金融研究》2006年第8期。
② 魏秉全等:《创新:满足新农村的新金融需求》,《农村金融研究》2006年第8期。

（1）金融支农资金对农业产业的贷款由于金融机构的商业化改革和农业产业的弱势日益萎缩。由于农业产业的弱势和农产品较长的周期性，农民发展生产和农产品产业化在资金的筹措上非常困难。金融体制的商业化改革，使农村中各类金融机构的支农作用更趋于弱化。国有商业银行对农业产业化企业尤其是县域农业产业的贷款几乎"一毛不拔"。商业银行认为农副产品贷款利润低甚至无利润，因此几乎完全退出了农村市场。国家让农行代理的农业专项低息贷款不仅没有发挥它的职能作用，反而变相贷给了工矿企业去盈利，加大了农业企业与工矿企业竞争力的不均衡。农业政策性银行和农村信用社尚不能充分发挥农村金融机构的主力军作用。中国农业发展银行虽然网点遍布全国，但只为粮棉油收购服务，没有农业开发性贷款，支农功能非常狭窄与薄弱。农村信用社对农户的贷款大多为小额贷款，规模性贷款集中投向城市工商企业，与商业银行争夺城市市场的黄金客户，对农业企业起不到很大的作用；而且，随着信用社商业化改革，利润最大化的经营原则使信用社和改制后的农村商业银行在实际行动上越来越想挣脱政府为其设计的农村市场的"羁绊"。民间借贷手续简单，但利息之高使农民根本无力承受，而且，对农业产业化的大规模发展起不到根本性作用。资金的趋利性与农业投入期限长、回报低的现实矛盾，决定了在没有足够的优惠政策的前提下，信贷资金是不会背离市场规律，轻易投放到农业这一弱势产业上的。在西部地区，农业在各省经济中的份额都比较大，而金融机构信贷的"非农"偏向，更加剧了农业产业的资金缺口。研究表明，2010年末，全国农村农林牧渔业贷款余额18505.2亿元，占各项贷款余额的3.6%，当年新增额占比为3.8%；全国农户农林牧渔业贷款余额13101.9亿元，占各项贷款余额的2.6%，当年新增额占比为2.7%；全国农村各类组织农林牧渔业贷款余额903.7亿元，占各项贷款余额的0.2%，当年没有新增额占比。

（2）国家经济金融政策的间断性使农业产业化尤其是偏远地区的农业产业化欲存无力、欲罢不能。新中国成立以来，我国政府对农业、农村和农民问题一直很重视，但国家对农村的经济金融政策由于政治和经济等种种因素的影响，在支持的力度上没有连贯性和持久性，造成了农业和农业产业化时而复兴，时而衰落，不能健康、快速和持久地发展。以支农主力的中国农业银行为例，经历了4次设而复撤、撤而复设的改变。新中国成立初期，国家为了完成把农民和手工业者组织起来经营与组织生产这一恢复与发展农业经济工作的中心任务，于1951年7月成立了农业合作银行，明确地提出了"深入农村，帮助农民，解决困难，发展生产"的方针，作为专业银行加强并扩大农业和手工业合作提供必要的短期信用和长期信用[1]。但刚满1年，1952年7月即被撤销。1955年3月，国家再度成立中国农业银行，作为国家管理农业信贷工作的专业银行，在发放各项支农贷款、扶助农业生产、促进农业合作化和小农经济的社会主义改造等方面做了大量的工作。但时隔两年，1957年4月再度被撤销。1963年11月，中央第三次建立中国农业银行，作为国务院的一个直属机构办理国家支援农业资金的拨付和贷放，但时隔两年于1965年12月又被撤销[2]。1979年3月，中央恢复了中国农业银行，支持农村商品经济的发展，到1995年，全国建立了44个省分行，142个地市中心支行，2534个县支行，34989个乡镇营业所，成为全国分支机构数量最多的一个银行，几乎遍布中国的所有乡镇，与"三农"结下了无法割舍的情结。1993年11月，中共十四届三中全会确定专业银行逐步转变为商业银行，中国农业银行开始实施企业化改革。但按照"转轨不转支农方向"的政策，1996年末，农业及农业相关企业贷款仍达到5235.76亿元，占信贷总余额的79.88%[3]。随着商业化改革力度的增大，到2002年底，伴随着其他国有银行撤销县域支行的"旋风"，农业银行几乎一夜之间撤掉了33694个乡镇营业所，所有农业类及包括代理的国家农业专项贷款只占到贷款总余额的23.77%，比1996年下降了56.11个百分点。截至2011年末，全国农业银行分支机构由1995年的67092个下降到24064个，减掉了43028个分支机构，下降了64.13%；从业人员从1995年的564731人下降到447401人，减掉了117330人，下降了20.68%[4][5]。截至2011年末，中国农业银行农户贷款余额1306亿元，仅占贷款余额的4.9%。金融机构的商业化运作方式与2004年"中央一号文件"、"建立金融机构对农村社区服务的机制，明确县域内各金融机构为'三农'服务的义务"、"农业银行等商业银行要创新金融产品

---

[1] 常戈等：《以全新政策视角推进农村金融改革》，《农村金融研究》2006年第8期。
[2] 杨力：《商业银行风险管理》，上海财经大学出版社1998年版，第20页。
[3] 宋宏谋：《中国农村金融发展问题研究》，山西经济出版社2003年版，第20页。
[4] 中国人民银行：《中国金融年鉴》，中国金融出版社1997年版，第50页。
[5] 中国人民银行：《中国金融年鉴》，中国金融出版社2006年版，第60页。

和服务方式,拓宽信贷资金支农渠道"①的精神,形成事实上的背道而驰。

(3)农村贷款难的问题无法从根本上得到解决。1998年以来,各类金融机构对农业和乡镇企业的贷款合计占金融机构贷款总额的比重仅为11%左右,而且呈下降趋势。1999~2002年分别为11.7%、11%、10.8%、10.5%。2003年,我国农业增加值占GDP的比重是14.8%,但农业在整个金融机构中占用的贷款余额还不到6%。2005年末,全国累计有近6000万个农户获得过小额信用贷款,另有近1200万个农户得到联保贷款。但根据国家统计局农调队抽样调查,多数农户从正规金融机构得到贷款的难度较大,农民借贷资金的主要来源是民间借贷。2000~2003年,农民平均每人每年从金融机构借入资金65元,通过民间借贷借入190元,分别占借入资金总量的25%和75%。在经济发达地区,民间金融更加活跃。江苏和浙江两地农民借贷资金中,来自正规金融机构的仅占22.9%和16.8%,从正规金融机构贷款的农户仅占总农户数的2.9%和2.5%②。截至2011年末,农行在国定、省定贫困县累计投放贷款2644.37亿元,贷款余额4398.75亿元,占全行县域贷款余额的25.11%,仅占全行各项贷款余额56287.05亿元的7.8%,而且主要支持的是1892家各级产业化龙头企业③④。

(4)县域中小微企业融资难的问题更加突出。相对于城市金融建设,农村中小乡镇银行的发展更具有现实意义。因为从各国经验看,一国就业的7成以上是由中小微企业提供的。在中国就业矛盾突出的现实情况下,如何发展为中小微企业提供融资平台的金融机构,同样是一个迫切需要解决的问题。目前,我国中小微企业已超过800万家,占企业总数的99%。中小工业企业在全国工业总产值和实现利税中的比重分别达到60%和40%,其提供的就业岗位更占到全国城镇就业总数的75%,中小微企业在国民经济中已起到举足轻重的作用。但是,农村中小微企业融资的困难却难以解决。以农业产业化企业为例,农业产业化是我国提高农业劳动生产率、增加农民收入的一个重要方向。中共中央十五届三中全会《中共中央关于农业和农村工作若干重大问题的决定(1998)》把农业产业化提到一

---

① 张文成:《新农村建设要有计划有目的地进行试点》,《城乡建设》2005年第7期。
② 成思危:《改革与发展:推进中国的农村金融》,经济科学出版社2005年版,第13-14页。
③ 朱隽:《中国农业银行将商业化经营目标与扶贫社会效益有机统———大银行的"扶贫经"》,人民网—《人民日报》2012年3月25日。
④ 中国人民银行:《中国金融年鉴》,中国金融出版社2012年版。

个非常高的政策地位,要求强化龙头企业发展、提高社会化服务水平。"中央一号文件"一再强调,要加快农业产业化经营,较大幅度地增加对农业产业化龙头企业的投入,对新办的中小型农副产品加工企业加强创业扶持和服务。但融资困难一直制约着我国农业产业化的强劲、快速增长,特别是西部农业大省,由于种种原因,农业产业化水平还相当滞后。地处陕西省府谷县碛塄乡郝家角村的花乌枣业有限公司,是府谷县最大的红枣加工龙头企业。1999年创办以来,公司以服务果农、带动产业发展为宗旨,坚持"以人为本,科技创新"的经营理念,按照"公司+基地+农户"的经营模式,生产规模日益扩大,形成集红枣、海红果等农产品的生产、加工、销售于一体的民营企业。2004年以来,公司每年收购红枣300~400吨,收购价1.2~1.5元/斤,基本上解决了本乡农民红枣的销售问题,并解决了乡村部分劳动力的就业问题。加工红枣可达500吨,占到全县总产量的33%,实现总产值400万~500万元,年利税60万~80万元,发展带动周边30多家小型农产品加工企业。公司先后被评为府谷县"青年文明号"、"工商联文明会员"、"科技创新企业",成为榆林市19个重点农业产业化经营龙头企业之一。但由于交通不便,引进人才特别是技术和销售人才特别困难,成立了农产品产业协会,聘请专家做培训,专家却不愿停留。所有问题中最大的困难仍是资金问题,2001~2002年,在资金最困难的时候,向某国有银行申请贷款,一名曾任全国人大代表的县委副书记出面担保,但忙碌了两年,花费了15万元还没贷到1分钱。2003年准备投资80万元,构建冷库存放红枣,但缺乏资金。"花乌"虽属市划定的重点农产品加工龙头企业,但财政投资"有名无分"。国家农业专项贷款银行也不执行,而是变相贷给了工矿企业。"花乌"硬是通过民间高息融资艰难地发展,到2009年,固定资产达到2700万元,年加工能力5000吨,并通过ISO9001:2000国际质量体系认证和QS认证,开发出花乌牌"宫廷无核枣"、"相思海红果"等8个系列产品,远销全国10多个大中城市及日本、俄罗斯等国。随着经营水平的提高和规模的不断扩大,银行的橄榄枝伸了过来,从长安银行和信用社贷到800万元。

3. 金融生态问题凸显

金融生态是借用生态学的概念对金融业的形象描述,是金融业生存发展的内部环境和外部环境的总称。内部环境主要指金融机构自身的经营管理水平和业务发展状况;外部环境通常指金融运行的一系列外部基础条件,主要包括宏观经济环境、信用环境、市场环境、法制环境和人文环境等。农村金融生态的改善,直接影响农村金融机构的健康发展,对其市场竞争力的提升有着重要的促进作用。现阶段,我国农村金融生态存在的问题较为复杂。

(1) 农村金融的经营管理比较落后。农村金融机构与发达地区金融机构相比,基础差,起点低,自身存在着许多劣势。信息闭塞、内控失调、管理混乱、科技含量低、人员素质不高、资产质量差等状况较为普遍。加之长期的计划经济体制约束和陈旧文化观念的影响,农村金融生态环境还不能达到自我调节、自我优化的良性发展。拿信用社来说,尽管各地都对城乡信用社进行了合作制改造,建立了监事会、理事会、股东大会,但信用社官办思想、家长式管理、一言堂现象十分严重,"三会"形同虚设,不能发挥应有的作用,造成资产质量低下,很难实现良性循环,不能满足农村经济发展的多种金融需求。经营管理的现状不能满足农村经济发展的多种金融需求,也不能满足市场经济环境下金融业健康可持续发展的要求。

(2) 农村经济不发达,金融企业生存空间狭窄。除全国百强县以外,我国县域经济总量普遍较小,支柱产业少,产业结构不合理,社会闲散资金有限,金融生存空间狭窄。作为经济支柱之一的农业主要分布于县域,农业是经济发展的薄弱环节,投入不足、基础脆弱的状况长期存在,农村经济社会发展明显滞后;县域工业化程度低于中心城市,企业普遍规模小且分散,经营管理不规范,效益偏低,自我发展能力不足。因此,金融机构为"三农"和县域中小微企业提供服务的成本高、风险大,形成大量不良资产,影响县域经济金融的协调发展。国有商业银行县域营业网点的撤并给乡镇客户办理业务造成了很大的不便,而农村金融资金的外流从另一个角度也说明了县域优质投资点的缺乏和金融生态环境的低劣[①]。

(3) 信用状况不佳,信用体系缺失。社会信用缺失严重影响农村金融的健康发展。由于我国市场经济发育不充分,信贷信用体系和地方社会诚信体系建设都还处于起步阶段;同时,国家信用体系不完善,相关法律法规和失信惩戒机制不健全,导致社会上信用缺失行为盛行,在经济利益的驱动下,赖账、逃废债和三角债拖欠成为普遍的企业行为,信用缺失成为社会普遍现象。由于信用资料的收集和共享不足,农村金融机构对借款

---

① 陈晓安:《构建广西新型县域金融生态环境的思考》,《广西金融研究》2006年第3期。

人信用度做出合理评估存在较大困难，在日常信贷活动中，存在严重的客户违背诚信原则的行为。以河南省为例（见表2-4），2004年末，县域逃废债企业达18540户，占全省逃废债企业户数的80.12%，逃废债本金、利息合计176.97亿元，占全省企业逃废债本金、利息的47.29%。从县域逃废债企业户数上来看，私营企业和集体企业最多，2004年末，县域私营企业和集体企业逃废债企业总数达10582户和4513户，占全部县域逃废债企业户数的57.08%和24.34%，合计为81.42%。从县域企业逃废债余额上来看，国有企业最多，2004年末国有企业逃废债余额已达81.44亿元，占该年末全部县域企业逃废债余额的46.02%[①]。企业改制中的一些不规范、不合理操作，一方面使金融机构损失了大量的信贷资产，削弱了其对县域经济的支持力度，并酝酿着极大的金融风险；另一方面也使金融机构对企业贷款产生了畏惧心理，挫伤了其放款的积极性，造成了银企关系的紧张，并倒逼金融机构提高贷款门槛，人为地增大了金融交易成本，使"企业贷款难、金融机构难贷款"的二元化矛盾更加突出。另外，相当一部分人信用观念淡薄，即使有钱也不愿归还银行贷款。比如，部分农民视扶贫贷款为扶贫款或救济款，贷款到期后尽量拖着不还，造成扶贫贷款的到期回收率要比其他种类贷款的到期回收率低得多。国有商业银行剥离不良资产的现象助长了企业逃废金融债务的行为。过去一些讲信誉的企业由于觉得自己在银行核销不良资产过程中吃了亏，现在也纷纷效仿，变得不讲信誉了，这给金融机构带来了巨额不良资产，银企关系走向恶化，金融机构发放贷款变得异常谨慎。

表2-4 2003~2004年河南省县域企业逃废金融债务情况

单位：户，亿元

企业类别		国有企业	集体企业	私营企业	三资企业	其他	合计
2003年末逃废债情况	户数	1669	4136	8686	43	1231	15765
	逃废债余额 本金	52.27	28.23	18.65	0.50	9.17	108.82
	利息	18.13	13.78	9.73	0.14	6.03	47.81
	余额	70.40	42.01	28.38	0.64	15.20	156.63

---

① 骆波：《县域金融生态问题探讨——以河南为例》，《金融理论与实践》2006年第7期。

续表

	企业类别	国有企业	集体企业	私营企业	三资企业	其他	合计
2004年新发生逃废债情况	户数	303	377	1896	0	199	2775
	逃废债余额 本金	8.91	2.56	2.38	0	0.73	14.58
	逃废债余额 利息	2.13	2.02	1.29	0	0.32	5.76
	逃废债余额 余额	11.04	4.58	3.67	0	1.05	20.34
2004年末逃废债情况	户数	1972	4513	10582	43	1430	18540
	逃废债余额 本金	61.18	30.79	21.03	0.50	9.90	123.40
	逃废债余额 利息	20.26	15.80	11.02	0.14	6.35	53.57
	逃废债余额 余额	81.44	46.59	32.05	0.64	16.25	176.97

资料来源：骆波：《县域金融生态问题探讨——以河南为例》，《金融理论与实践》2006年第7期。

另外，县域经济中，资本市场与保险市场也相对欠缺，导致农业生产与生活缺乏保障，难以抵抗自然灾害对生产经营的危害与冲击。

（4）法律制度不健全。农村金融生态环境除宏观法律制度不健全外，县域中观层面的因素对农村金融生态环境的影响很大。一是地方政府的政策导向存在地方保护主义。从本质上来讲，县级政府与金融机构的共同目标都是推动县域经济的繁荣发展。但是由于我国目前实行分税制财政管理体制，地方企业税收属县级地方政府，而国有金融机构属中央管，这就使得地方政府与金融机构在某些特定的情况下产生目标错位，甚至出现背离现象，给农村金融生态带来负面影响。二是执法环境不佳。由于司法体制的不完善，司法部门执法容易受到地方干预。债权案件久拖不决、判决不公或者判决后难执行、执行周期过长，使金融债权不能及时得到有效维护，极大地损害了银行的合法权益。依法收贷成本高，赢了官司却赔了钱的现象相当普遍。三是外部监管力度有限。当前，我国金融监管体制不到位，重审批、轻监管，重合规、轻风险，重检查、轻处罚，重被监管对象利益、轻社会公众利益，出现问题不能协助银行进行补救，也不能有效打击失信行为。四是企业改制行为存在不规范现象。特别是一些企业利用《破产法》的不完善，借企业破产、改制之机，悬空、逃废银行债务。五是中介服务不健全。县域缺乏独立的信用风险评级机构，现有的会计、审计、律师事务所和评估机构的运作也不太规范，行业道德风范欠佳，容易受到政府和企业的影响，独立反映企业财务和风险信息的能力较差，有时甚至出现被买通作假、提供虚假信息的现象。缺乏风险管理技术和信息咨询服务的专业化公司,金融机构之间也相互隔离,缺乏交流和沟通。六是担保体系不健全,征信制度建设滞后。个人信贷登记咨询制度尚未向县级以下延伸。

(5) 市场机制不完善。市场经济是信用经济,金融企业是以信用为基础的企业。信用环境恶劣,会直接增加农村金融的交易成本,导致赖债盛行,造成坏账攀升,最终降低市场交易效率,形成农村金融机构不作为县域经济的现象,突出表现在两个方面:第一是存贷差距拉大,贷款少增、不增或负增长现象比较普遍。县域境内的金融机构多为线条性国有商业银行支行,受上面管理机构的垂直领导,自主性空间很小,也不受地方政府的约束,其对责任考核机制胆怯,致使存贷差日趋严重。比如,据统计,全国农户存款大于贷款的数额从1997年的7357.9亿元,扩大到2001年的9403.7亿元①。虽然农户缺乏资金,但农户在金融机构中的存款却大于贷款,这是典型的金融不作为现象。例如,陕西省兴平市(县级)位于关中平原腹地,地理位置优越,农村金融有8个经营机构,再加上人行、银监局,农村金融机构非常齐全,但金融不作为情况颇为严重。2007年2月末,贷款占存款比例的29%,也就是说每100元存款中只有29元贷款;新增存款占新增贷款的比例仅为0.2%,即每增加的100元存款中只有0.20元贷款。而且,贷款负增长普遍较为明显,其中农村信用社贷款负增长达1143万元,农业银行达292万元,农业发展银行达205万元(见表2-5)。这说明农村金融机构不作为的主要原因在于金融机构的"避农性"特征。第二是资金的大量外流。凡是上面有线条管理的金融机构,都存在着资金外流的渠道,主要是向上流动,资金被上级部门调剂到大城市或大项目集中使用,其中邮政储蓄和国有商业银行分支机构外流量最大。邮政储蓄在农村只存不贷,吸收的存款全部存入中国人民银行②。农村邮政储蓄存款余额从1997年末的1710.6亿元,增加至2002年末的4421.4亿元,到2010年末增长为28471.43亿元,还有不少农村资金通过国有商业银行流出农村。根据安徽省对61个县的统计,四大国有商业银行2003年存款增加了237亿元,而贷款却减少了35.1亿元。还有部分资金通过农信社购买债券、拆出资金、向城市客户贷款而流出农村。

---

① 黎世才:《县域金融生态建设存在的问题及对策》,《广西金融研究》2006年第2期。
② 杜晓山、刘文璞等:《中国公益性小额信贷》,社会科学文献出版社2008年版,第13—20页。

2006年初,全国信用社购买债券余额大约为2000亿元[①][②]。

表2-5　2007年2月末陕西省兴平市（县级）辖区各金融机构存贷款情况

单位：万元

金融机构	存款余额	比年初增加额	贷款余额	比年初增加额
工商银行	163057	12664	13035	-35
农业银行	39090	-6561	24500	-292
中国银行	70948	3261	16977	2117
建设银行	124644	42326	10841	-22
农业发展银行	484	-235	34170	-205
城市商业银行	16997	1954	4619	-277
农村信用社	88578	12939	54597	-1143
邮政储蓄银行	43038	1926	—	—
合计	546836	68274	158739	143

资料来源：根据中国人民银行兴平市支行《兴平市金融统计资料》（2007年2月）整理。

第二节　农村信贷风险相关概念的界定

在农村金融问题中，归根结底是信贷风险问题。围绕着这一问题，透射出一系列农村金融的恶性循环问题。从表面上看，农村金融问题表现为有效供给与有效需求的矛盾问题、政府的政策性与金融的商业化问题及农村金融生态环境问题。但是，从实质上看，农村金融的根本问题是农村金融的信贷风险问题。因此，信贷风险是农村金融问题的焦点和核心，是一切矛盾问题的根源和实质。

一、农村信贷的含义及其特殊性

农村信贷是体现县域内一定经济关系的不同所有者之间的借贷行为。

---

① 中国人民银行：《中国金融年鉴》，中国金融出版社2011年版，第60页。
② 成思危：《改革与发展：推进中国的农村金融》，经济科学出版社2005年版，第13页。

第二章 农村信贷风险及其利益关系

广义的信贷即银行信用，是以偿还为条件的价值运动特殊形式，是从属于商品货币关系的一个经济范畴，是债权人贷出货币，债务人按期偿还并支付一定利息的信用活动，它包括金融机构存款、放款、结算等各项资产负债业务；狭义的信贷仅指贷款，包括金融机构发放的各种期限的企业、个人、外汇外币等各项贷款。农村信贷是农村金融信用的一种形式，它的基本特征是偿还性和增值性。偿还性是信用活动最基本的特征，它是由资金的所有权和使用权相分离的关系所决定的，因此，其运动过程是借债和还债的统一，偿还性就是要求借款人在约定期限内偿还贷款，这是信贷本身的内在要求。增值性是指借款人在归还贷款时，要按约定的利率支付利息，并连同本金一起归还借款人。利息是信贷资金的价格，是债权人牺牲一定时间资金的使用权而索取的报酬，或者说是债务人得到一定时间资金的使用权而付出的代价，因此，增值性是信贷的本质反映。农村信贷的本质表现为自然属性和社会属性两个方面。因为任何信贷活动都是在一定的社会制度下进行的，因此信贷活动必然体现该社会的生产关系，这就是信贷的社会属性，也是区别不同社会制度下信贷特征的根本标志。信贷的自然属性实质上是在商品经济条件下的一种特殊商品的买卖过程，吸收存款是买入货币资金，发放贷款是卖出货币资金。信贷商品与其他一般商品的区别主要表现在其特殊的价值形式、使用价值和转让方式。一般商品的价格是价值的表现形式，而信贷资金的价格表现为让渡信贷资金使用权而取得的收益，即利息；一般商品的使用价值在于它以自身的属性来满足人们的某种需要，而信贷资金的使用价值在于它是创造价值和利润的手段；一般商品的所有权和使用权是统一的，转让时商品的使用权和所有权同时转移，而信贷资金的转移则是两权分离，在买卖过程中只是卖出了信贷资金在一定时间内的使用权，而所有权没有发生转移，这时的商品买卖关系不是一般意义上的买卖关系，而是演变为借贷关系。实践意义是信贷资金所隐含的价值流引导商品流达到优化社会资源的目标。农村信贷的特殊性在于它的自然属性和社会属性在县域经济的特殊环境下表现得更加复杂，它的商品性往往因为信用环境和经济环境的差异而扭曲①。

---

① 娄祖勤：《商业银行信贷管理》，广东经济出版社 1999 年版，第 1—3 页。

二、农村信贷资金的运动特点及其客观要求

信贷资金是信贷主体用于发放贷款的资金，它是通过吸收存款、发行债券、办理结算等信用方式聚集起来的。信贷资金是社会总资金的重要组成部分，是区别于财政资金、企业资金的一种独立资金形态，它既有一般社会资金预付、周转、增值的共性，又有区别于其他社会资金形态的特殊性，其基本特点主要表现为有偿使用、必须归还以及在此意义上的两权分离。

1. 农村信贷资金的运动过程

农村信贷资金的运动过程从信贷研究主体角度，可以划分为以农村金融为中心和以客户为中心两种循环。

（1）以农村金融为中心的信贷资金运动过程。以农村金融为中心表现为"两重支付与两重归流"的运动，贷款发放给客户实现第一重支付，客户购买生产要素实现第二重支付；客户销售产品实现第一重归流，借款人归还农村金融机构贷款实现第二重归流。其运动环节比单纯的商品运动复杂多变，风险因素多。农村金融是县域经济格局的主角，是各方关注的焦点。以农村金融为中心的信贷资金运动中，农村金融是作为最终债权人和债务人的代表，成为双方借贷关系的媒介，这种意义上的借贷关系从根本上体现了信贷资金两权分离、有偿使用、必须归还的特点。农村信贷资金运动应遵循信贷资金运动规律的内在要求（见图2-3）。

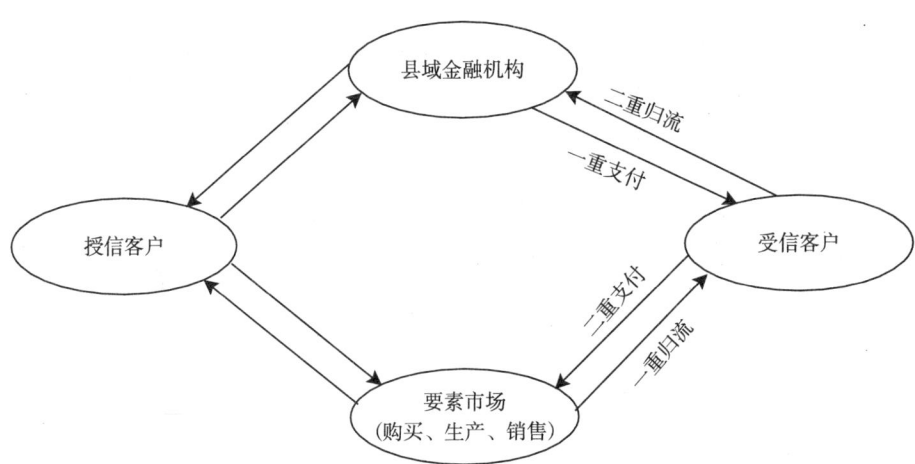

图2-3 以农村金融为中心的信贷资金循环

(2)以客户为中心的信贷资金运动过程。以客户为中心则表现为"三重支付与三重归流"的运动,经济主体(客户)的闲置货币存入银行实现第一重支付,贷款发放给客户实现第二重支付,客户购买生产要素实现第三重支付;客户销售产品实现第一重归流,借款人归还农村金融机构贷款实现第二重归流,农村金融机构顺利兑付各经济主体的存款实现第三重归流。在以客户为中心的信贷资金运动中,客户是信贷资金运动的出发点和归宿,所有权的最终回归和使用权的过程让渡,从更广泛的范围体现信贷资金两权分离、有偿使用、必须归还的特点,正是因为两权分离,农村金融机构或借款人取得的只是约定期限内的信贷资金使用权而不是所有权,所以必须有偿使用,到期归还。这里客户是县域经济格局的主角,是各方关注的焦点,特别是作为农村金融的客户更为复杂,应认真研究(见图2-4)。

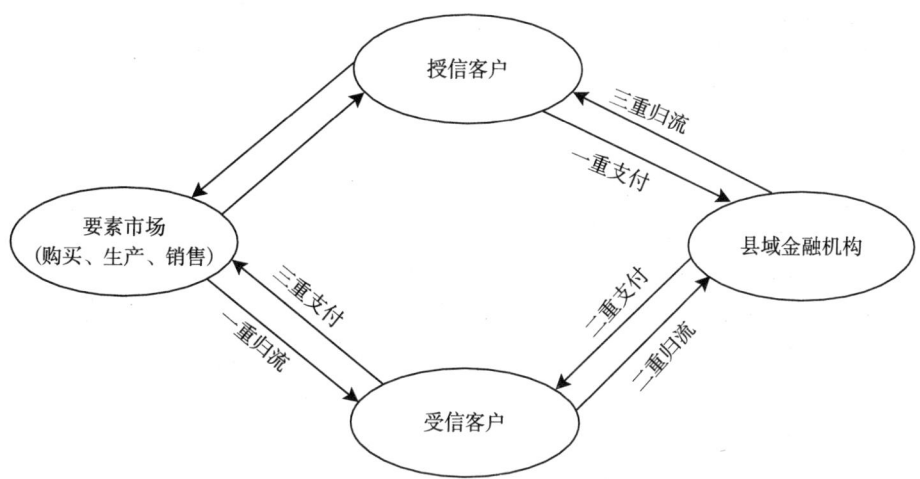

图2-4 以客户为中心的信贷资金循环

农村金融作为金融系统中最主要的信用集散地,其信贷资金运动反映金融领域的主脉搏,是研究的重心。农村金融的介入客观上促成农业经济中的双重或多重债权债务关系,正确掌握县域信贷资金运动的规律,认识在信用活动中农村金融的地位、作用和运营方式,是十分重要的。

2.农村信贷资金的运动特性

农村信贷资金运动过程应遵循信贷资金运动规律要求,因为自然经济和现代工业经济相互交错融合是目前我国农村经济的最大特点,农村信贷资金在运动中有其特殊性,主要表现为:趋利性、市场化和商品化三大特征。

（1）趋利性。农村信贷资金要求自身量的增加和利润的最大化，因此，实现价值的自行增值，便成了资金运动过程的内在因素。信贷资金作为资金的一种特殊形态，本质上要求增值。在市场经济条件下，利润最大化已成为各经济行为主体的直接追逐目标，因此信贷资金在发展市场经济的过程中追逐自身量的增加和追求利润最大化，即信贷资金运动的趋利性，是一种不可逆转的趋势，符合市场经济发展的需求，其自身内在的逐利性特征不可能因为县域经济的特殊性而消灭。

（2）市场化。农村信贷资金具有资金配置市场化的本质要求。因为信贷资金从属于市场经济范畴，因此，其筹集、分配、使用就应该按照市场经济的内在规律和要求运行。市场经济强调资源配置市场化和社会经济关系的商品化，也就是说，在现代市场经济条件下，社会经济资源的组织、流通和分配必须按市场经济的原则进行，行为主体之间的交易关系必须符合等价交换原则和市场供求规律，这些原则在信贷资金的配置中都应得到体现，作为社会资源主要价值流的农村信贷资金，必须按照市场经济等价交换原则来配置和融通。

（3）商品化。市场经济要求社会劳动产品、生产要素均采用商品的形式，并形成各自的市场，信贷资金的商品化正是这个要求的体现。信贷资金商品化包含3个方面内容：

1）资金借贷商品化。信贷资金融通以价值规律、竞争机制为基础，体现货币资金作为特殊商品的属性，按照商品运动的规律来组织。

2）资金"价格"（利息）的市场化。根据市场资金供求状况，依照竞争的要求来决定利息水平，价格随行就市，随市场变化而变化。

3）农业客户生产成果的商品化。根据各县域市场经济水平配置金融信贷资金。

农村信贷资金运动过程中的趋利性、市场化和商品化特征在现实发展不平衡的县域经济中表现得异常复杂。它的趋利性、市场化和商品化与各县域经济需求的救济性、扶持性、计划性、商品性以及信用环境各异形成很大的背离。越是贫困的县域，这种背离越大，从而表现出信贷风险的强烈度及有效金融供给与需求的巨大现实矛盾。因此，在构建农村金融系统时应考虑其多样化分支体系，既要有政策性金融也要有商业性金融，既要有大金融机构也要有小金融机构，既要有国有金融也要有民间金融等并行的立体式多元化金融结构，形成"多方协力、内外监管、自主管理、规范运营、模式适宜、机制灵活、进退自如"的农村金融新格局，在体系的构建上，可以借鉴国外土地银行、乡村银行的先进经验。

三、农村信贷风险的内涵及主要特点

从农村信贷资金的运动特点和客观要求可以看出，在商业化经营竞争的客观趋势下，农村金融机构风险管理的矛盾焦点就是对信贷风险的管理。只有保持和提高农村金融的信贷资产质量，才能够保证农村信贷资金运动的连续性和良性循环，也才能够更好地、不断地支持农村经济建设，支持社会主义新农村事业。因为农村信贷质量的高低，从微观上来说，涉及自身的安危；从宏观上来说，对国家金融体系乃至整个国民经济的正常运行都会产生巨大的影响。在我国商业银行的资产中，贷款所占比重最大，而在遍布各地的农村金融中，基本上以间接融资为主。在过去的计划经济体制条件下，农村金融机构仅仅是政府财政的出纳机构，因为不具有盈利性目标，因而也就没有所谓的风险性目标。但是，随着金融市场化，"自主经营、自负盈亏、自求平衡、自担风险、自我约束和自我发展"的经营机制的确立，农村金融机构面临着各种各样的风险，并逐步要求自己具有承担这些风险的能力，其中最具现实意义的就是信贷风险。因此，对农村信贷风险的概念必须有明确的界定。

1. 农村信贷风险

（1）信贷风险的界定。关于信贷风险的界定，理论界有所争议，到底是分散在各种风险之中，还是独立于一域，说法不一。但一般来讲，信贷风险具有广义和狭义之分颇为一致。广义的信贷风险包含损失和盈利两个方面，狭义的信贷风险仅指损失方面。传统的观点认为，信贷风险是指借款人到期不能或不愿履行借款协议，致使金融机构遭受损失的可能性，实际上就是指贷款的违约风险，即借款人未能如期偿还其债务造成违约而给金融机构经营带来的风险。随着现代风险环境的变化和风险管理技术的发展，关于信贷风险的传统定义已经不能充分地反映现代信贷风险及其管理的特点。在传统的信贷市场中，贷款的流动性差，缺乏如同有价证券那样活跃的二级市场。银行对贷款资产的价值测定通常是按照历史成本而不是按照盯市的方法来测定，只有当违约实际发生后才在其资产负债表上进行相应的调整，而在此之前，银行资产的价值与借款人还款的可能性并不存在太大的关系。现代资产估价和风险测定技术的发展使贷款等流动性差的金融产品的价值能得到更为恰当和及时的测定,投资失败、盈利下降、产品市场的变化等影响信用质量的因素对信贷资产价值的影响,可以及时在信贷资产价值的估价中得到反映。例如,在信用衍生工具交易市场上,这种纯粹信用产品的市场价格是随着借款人的还款能力而不断变化的。并且,借款人的还款能力和信用状况也会随时影响贷款人资产的价值,而不仅仅是在违约实际发生的时刻对其资产价值产生影响。因此,现代意义上的信贷风险包括了因交易对手信用水平和履约能力的变化使贷款价值下降而给贷款人造成损失的可能性。更通俗地讲,信贷风险是指从贷款的审批、贷款使用过程中的监测,直至贷款的最后收回整个信贷过程中,由于借款人的信用评级的变动和履约能力的变化导致债务的市场价值变动而引起的损失可能性。客观地说,信贷风险并不等同于信贷损失,在一笔贷款从发放到收回这段时间内,风险总是存在的,但并不存在现实的损失,只有确信贷款无法收回时,才能认为是发生了贷款的损失,但没有发生损失并不等于没有风险,也许,一笔正常的贷款隐含着巨大的损失风险[1][2]。

(2)农村信贷风险的界定。本书所讲的农村信贷不包括民间借贷。在传统的农村金融业务中,信贷风险主要来源于贷款损失。因此,农村信贷风险一般是指狭义的信贷风险,即贷款业务的信用风险,仅指贷款的损失方面,局限于贷款风险领域。借款人不能或不愿归还到期贷款本息而给金融机构造成损失的可能性,是农村金融机构最普遍、最常见和最主要的风险。因此,农村信贷风险可以定义为借款人不能按期归还贷款本息或逾期不归还而引起农村金融机构收益变动的可能性。农村信贷风险实质上就是外部因素和内部因素的函数,可以用公式表示为:

农村信贷风险 = F(外部因素,内部因素) (2-1)

外部因素是指由外界力量决定,农村金融无法控制的因素,如国家经济状况的改变、社会政治因素的变动以及自然灾害等不可抗拒因素的产生等。其中,经济体制、法律法规、国家宏观经济状况、借款人经营成败及其是否守信用等是主要外部因素。内部因素是指农村金融对待信贷风险的态度,它直接决定了其信贷资产质量的高低和信贷风险的大小,这种因素

---

[1] 韩复龄:《农村合作金融机构员工学习读本》,中国市场出版社2006年版,第10页。
[2] 赵晓菊:《银行风险管理理论与实践》,上海财经大学出版社1999年版,第114页。

渗透到农村金融的贷款政策、信用分析、贷款监管质量以及信贷人员的工作实践中，包括贷前防范、贷后控制和风险产生后的化解等各阶段的风险管理效率①。

（3）农村信贷风险的考察方式。不良贷款率是衡量贷款信用风险大小的核心指标，这在我国农村金融机构中显得最为突出。由于我国农村金融主要以间接融资为主，因此，从某种意义上说，不良贷款就是农村金融具有的信贷风险的唯一性特征，是农村信贷风险的暴露方式和显性表现。按照信贷资金的运行规则，应该说，信贷风险寓于贷款的全过程。不良贷款是相对于正常贷款而言的，正常贷款表现为贷款还没有到期或到期按时归还。虽然贷款在没有到期之前都属于正常贷款，但不等于正常贷款就不存在风险，它同样隐藏着损失的可能性。因此，对于以贷款业务为主的农村金融来说，信贷风险应该细化为3个阶段考察，即事前（贷款前）、事中（从贷出到到期）和事后（贷款到期以后）。客观地说，农村信贷风险的防范、控制和化解应当贯穿于信贷资金运动的全过程。但在贷款发放过程中，农村信贷风险的防范、控制和化解应当具有侧重点。风险的防范主要放在事前，侧重于对贷款对象的市场调查、评估、考察和制定配套措施的预备执行方案，这是前台工作，应属于风险的防范阶段；风险的控制主要应针对事中，即对正常贷款的观察、评估和控制执行方案的制定与调整，但风险的大小又主要取决于贷款的前期工作；化解则主要侧重于事后，即对既成事实的处理，力争将信贷风险化解到最低程度，达到信贷资产质量的最优化。因此，信贷风险作用于金融机构信贷经营的全过程，只有及时、准确地发现信贷风险的诱导因素并系统、连续地掌握信贷风险的特征、大小、属性及变动趋势，才能防范和化解风险。但是，对显性信贷风险，即对已经暴露出来的信贷风险或贷款损失进行系统规范的分析，可以更加直观地观察信贷风险的成因进而做出正确的信贷决策，这对于以贷款业务为主要业务的农村金融来说至关重要。

2. 农村信贷风险的主要特点

农村信贷风险与一般金融信贷风险不同，其主要特点表现为以下3个方面：

（1）普遍性高风险。普遍性高风险是由于金融机构的无序扩张和个体

---

① 杨力：《商业银行风险管理》，上海财经大学出版社1998年版，第30页。

趋利性过强而产生的。我国县域经济普遍不发达，金融机构的设置应符合经济要求，但是我国农村金融在建制上往往沿袭大城市银行的模式，机构林立，机构性质和经营目标模糊，经营行为无序、政策传导滞后、信贷决策盲目等复杂因素，致使农村金融机构产生了普遍性的信贷高风险。

（2）静态窒息性风险。静态窒息性风险是由于市场化、商品化程度低而产生的，也就是指盲目经营导致的不确定性风险。县域经济发展的水平决定县域经济的市场化、商品化程度。由于县域生产力水平普遍较低且差异大，信息不畅，技术落后，观念陈旧，经营粗放盲目，最终导致了农产品等县域经济的商品化程度低，在产品尚未进入市场之前的多个环节容易窒息而终，从而产生窒息性风险。

（3）动态震荡性风险。动态震荡性风险是由于金融生态差而产生的，具体来说，是指县域经济条件下产品的交易成本较高，阻碍了生产成果价值的实现，从而产生震荡性风险。县域经济的落后受制于很多原因，突出地表现为金融生态环境较差、自然环境恶劣、经济落后、人文氛围复杂等，这就使得农业产品等产品要素在现代商品经济大环境的边缘欲进困难、欲罢不能，导致了产品交易成本提高，产品竞争力减弱，在生产成果价值实现的过程中产生了连续性震荡，从而形成动态震荡性风险。

第三节　农村信贷资金运行过程中利益的分配关系

研究信贷资金运行过程中利益的分配关系，目的是要分析和揭示出在我国社会主义初级阶段的信贷分配中，到底谁是受益者，这是利益的归属问题。揭示这一问题，对于辩证认识、有效防范和合理化解农村信贷风险具有极其重要的意义。

一、农村信贷利益群体划分

1. 国家利益

农村经济是国民经济的重要组成部分，"三农"问题是农村经济发展的核心问题。长期以来,农村金融一直是支撑农村经济发展的重要保障,由于国家和地方财力的不足,农村金融已成为地方经济增长的主要环节。实践证明,如果一个地区农村金融状况能够适应农村经济发展的需要,金融服务到位,金融体系和金融制度健全,那么地方的经济生活就能够活跃,地方经济的实力就能够增强,信贷风险就能够减小,国家获得的信贷利益就能够增大,国家的利益就能够显著提高,综合国力就能够持续上升。

2. 银行利益

金融机构一方面受利润最大化原则的驱使,另一方面受政策上缺乏对农村金融业务保护的影响,从而有意无意地远离农村经济。银行贷款大量集中于规模以上企业,造成部分行业信贷过剩,资金闲置和浪费,过剩的银行资金隐藏着极大的信贷风险,一旦生产过剩,整个行业就有可能全面崩溃,受信客户就会乘机侵吞信贷利益;亟待需要资金支持的小微企业、个体工商企业和农户得不到有效的支撑,无法满足的银行资金集聚了越来越大的信贷风险,这些客户群一旦无力支撑下去就会放弃信用,主观上产生占有信贷利益的心理,这种不规则的经营原则最后造成农村信贷利益失衡,从而导致了银行信贷风险加大,信贷利益减小。当前,国有商业银行已撤出农村经济领域,农村信用社"非农化"越来越浓,农业政策性银行有名无实,扶贫专项贷款变相逃离,农业保险严重不足,而且,大量的农村资金被设立在区域的金融机构抽走,这与中央发展农村经济的政策大相径庭,农村经济与农村金融的矛盾非常突出。农业是弱质产业,弱质产业才需要支持,违背客观存在的实际,错误地嫌"贫"爱"富",最后使银行的自身利益丧失,不良贷款急剧上升。

3. 客户利益

客户利益即群众利益和社会利益。由于信贷资源分配不公平,弱势群体信贷不足或强势群体信贷过剩,导致了信贷风险利益的自我重新分配,即不良贷款的实际利益分别被强势客户群体和弱势客户群体自我否定和自我占据所瓜分。从短期来看,这些客户群体占有了信贷资金,瓜分了信贷利益,但实际上挥霍了有效的信贷资源,使信贷资金失去了自身使用价值的连续性、流动性和有效性特征,无论是企业客户还是个体农户,失去了银行信用,从而也丧失了自身的延续发展和壮大,失去了生命力。可见,信贷利益公平有其自身发展的规律,信贷利益公平、和谐、有效率,国家、银行和客户就会和谐发展,信贷利益不公平,就会造成无序竞争,利益格局被损坏,国家、银行和客户畸形发展。

二、农村信贷利益的主要矛盾

我国社会主义社会的利益矛盾总体上是人民内部矛盾[①],农村信贷利益矛盾在人民内部矛盾的基础上有不断激化和变质的趋向。

1. 国家利益的矛盾

国家信贷利益的矛盾表现为:

(1)国家利益与银行利益的矛盾。国家在银行信贷中既想得到最大的税收利益,又不愿看到银行在信贷过程中产生大量的不良资产。

(2)国家工作人员利益与银行利益的矛盾。近年来,国家机关工作人员利用职务便利套取银行贷款、陷入信贷利益的丑闻不断涌现。

(3)国家利益与银行工作人员利益的矛盾。银行工作人员牟取国家利益的犯罪愈演愈烈。

(4)国家工作人员与银行工作人员之间利益的矛盾。其集中表现为互相贿赂、互相升迁、互相渔利的违法犯罪行为。

(5)国家利益与国家利益的矛盾。这里表现为国际间银行利益的争夺。

2. 银行利益的矛盾

银行信贷利益的矛盾表现为:

(1)银行利益与国家利益的矛盾。银行总是把利益留给自己,把风险交给国家。

(2)银行利益与银行利益的矛盾。同一地域不同银行机构之间的无序竞争达到白热化的程度,有时为了争夺所谓的黄金客户,做出重叠贷款的幼稚决策。

(3)金融机构内部利益的矛盾。同一银行内部机构之间互挖墙脚,如省分行之间的竞争、市分行之间的竞争、县支行之间的竞争、分理处之间的竞争、储蓄所之间的竞争。

(4)银行内部人员的矛盾。第一,同一金融机构系统内总行、省行、市行、县支行、分理处、储蓄所不同级别收入待遇不同的矛盾;第二,同一级别机构内部不同级别人员利益矛盾,如支行的高官、中层、一般员工

---

① 王伟光:《社会矛盾论》,中国社会科学出版社2011年版,第26页。

收入差距很大；第三，同一级层内部人员利益矛盾，表现为正职和副职利益矛盾，中层干部中不同部门领导之间利益矛盾，一般员工之间利益矛盾。

3. 客户利益的矛盾

客户信贷利益的矛盾表现为：

（1）客户利益与国家利益的矛盾。客户为了自身的发展向国家提出过多的要求；客户为了一己之利损害国家利益。

（2）客户利益与银行利益的矛盾。骗贷，有钱不还，赖债，客观风险无力还款，客户总是希望得到更多的贷款并被核销。

（3）客户利益与客户利益的矛盾。客户之间的无序竞争和贷款争夺。

（4）客户利益与家庭利益的矛盾。收入提高，本息归还，再贷款，良性循环；赔本，没有收入，无法还本付息，失去信誉，上银行黑名单，再也得不到支持；违法犯罪，破产倒闭，锒铛入狱，家庭蒙难。

（5）客户利益与社会利益的矛盾。违反国家政策的项目将给社会效益造成极大的损害，等等。

三、农村信贷利益的初次分配

信贷利益的初次分配，叫作"一次分配"。企业（或农户）从银行得到货币（贷款），用贷款货币进行生产和经营，产品通过市场卖出去得到增值货币，一部分归还银行本金和利息，另一部分上缴国家税收，其余的留给自己，这个企业（或农户）由此得到了信贷利益；银行收回了本金，得到了收入（利息），收入的一部分上缴国家税收，另一部分留给自己，银行获得了利益；银行和企业上缴税收，国家得到了财政收入。此后，由于企业（或农户）信誉良好，银行再给其贷款，企业再次赚钱，银行再次赚钱，国家再次受益。这样多次反复，各个利益主体达到"双赢"，从而实现了信贷资金的良性循环，区域经济得到全面、协调、可持续发展（见图2-5）。

四、农村信贷利益的再分配

信贷利益的再分配，叫作"二次分配"。在信贷资金运行过程中，由于种种主客观因素，使企业（或农户）和银行之间的资金链中断，难以实现正常循环，这就形成了信贷风险（见图2-6）。"二次分配"是非良性循

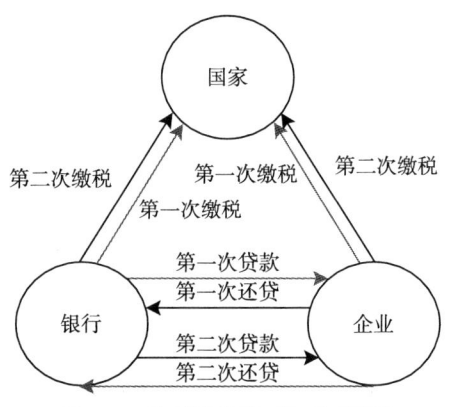

图 2-5 信贷利益的"初次分配"

环,这是信贷风险利益问题研究的重点。不良贷款损失部分的利益到底是谁拿走了,即银行损失谁是最后的受益者?银行损失到底是不是信贷资金利益的再分配?这个问题搞清楚对信贷风险的效率防范极其重要。在二次分配中,形成的利益是非正常利益,企业(或农户)得到的利益是非正常利益(或短期利益)。

银行将贷款借给企业(或农户),企业(或农户)由于销售不畅无法收回资金,经营亏本,倒闭破产或主观故意等原因,既不能按约定向银行归还本金,更不给银行偿还利息,从而成为对银行的第一次零还贷,对国家的第一次零缴税。这样,由于企业(或农户)失去了信誉,不会再得到银行的支持,第二次得到的是银行的零贷款,从而窒息了该企业(或农

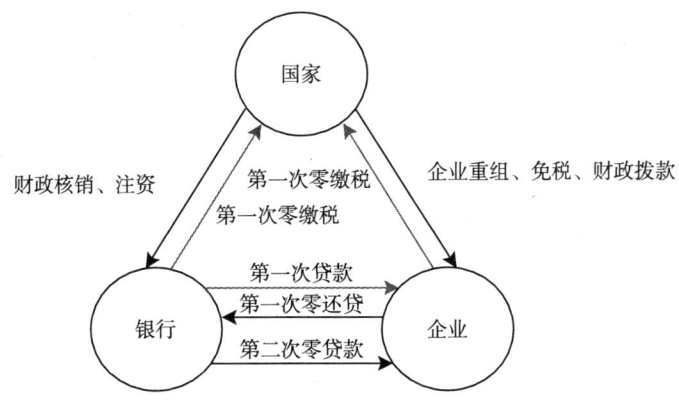

图 2-6 信贷利益的"二次分配"

户）的再生产和发展；银行不仅没得到利息收益，还损失了本金，失去了流动性，造成了损失；银行和企业由于损失，都不能给国家缴税，国家财政也未得到收益。在"二次分配"中，银行、国家、企业都没有盈利，那么，银行损失的那一部分资金到底去了哪里？

在"二次分配"过程中，有几个值得研究的问题：

1. 企业破产终止，利益去了哪里

企业破产终止，应当依照国家有关规定清算企业财产。破产财产应当按一定的顺序和比例，公平地分配给债权人。财产按下列程序清偿各种债务和费用：

（1）清算工作所需各项费用。破产财产须优先拨付破产费用。破产费用包括：破产财产的管理、变卖和分配所需要的费用，以及聘用工作人员的费用；破产案件的诉讼费用；为债权人的共同利益而在破产程序中支付的其他费用。

（2）破产企业所欠职工工资和医疗、伤残补助、抚恤费用，以及社会保险费用和补偿金。

（3）所欠税款。其中包括营业税、增值税、所得税。

（4）所欠金融机构贷款以及其他债务。

破产财产不足以清偿同一顺序的清偿要求的，按照比例进行清偿。既然银行贷款是进入企业（或农户）后消失的，那么首先受益的无疑是这个企业（或农户），然而这个企业（或农户）却走向倒闭。既然工人没有得到特殊的利益，资金去向只能停留在3个方面：

（1）成本。其中包括原材料、厂房、设备、土地、专利权等。

（2）企业老板（或高级管理人员）。

（3）老板变相投资的企业、与原企业利益密切的关联企业或合作企业。

2. 企业破产重组利益去了哪里

国家对于破产重组上给予许多优惠政策：

（1）国家财政用税收抵扣（银行给财政不缴或少缴税）部分核销不良贷款死账。

（2）国家给银行注资。

（3）企业不缴税。

（4）如资不抵债，财政兜底，国家财政给予企业拨款，如工人费用等。

（5）国家将银行不良资产打包划拨给资产管理公司专门经营，资产管理公司打包拍卖所得分配：一是工人工资、税收等费用；二是工资和缴税后，其余部分上缴国家（实际很少上缴或不上缴）。四大国有资产管理公司并没有给国家收回多少利益，作为"啃骨头"者，它们实际上是一个被划拨的"被就业"群体。

3. 结论

那么，信贷利益的"二次分配"中（即不良贷款的去向问题），究竟谁是最大、最后的受益者呢？

（1）企业的老板（企业投机钻营者）。例如，某县韩某在20世纪八九十年代创办了某钢铁公司，在农业银行贷款2000万元，20世纪末突然倒闭，而韩某摇身变为省政府要员，几年后变为身家上亿的煤老板，原来的银行贷款早已被正常剥离，实际资金则全部被韩某所侵吞。又如，某县政协委员贷了银行80万元逾期不还，当银行员工催收时，其声称为农村修了路，再催要，则破口大骂："我贷了银行的钱，没有贷银行的命。要钱没有，要命有一条！"修路是实，但大量的钱进了自己的腰包。这笔贷款银行也做了核销。

（2）银行的高管（银行投机钻营者）。20世纪末清理关闭的农村合作基金会及城市信用社，除流失的资金外，内部极端掌权人从中渔利的比比皆是。

（3）政府当权者（政府投机钻营者）。那些企业或金融机构破产前，与破产银企掌权人互相勾结渔利的政府要员，企业或金融机构破产后，与破产银企掌权人共沾利益的政府要员，充当拍卖企业资产以及评估金融机构破产处置的政府要员，从中捞取了大笔利益。

总之，从以上分析来看，无论企业破产终止或者破产重组，无论银行破产终止或者破产重组，风险的最终承担者都是国家以及把资金入股企业或存入银行的人。信贷风险的最大受益者是企业老板（老板变相投资的企业、与原企业利益密切的关联企业或合作企业）、银行高管（没有受到惩处而阴谋得逞的）、政府高官（同样没有受到惩处而获得利益的），即企业、银行、政府的投机分子，而这一过程中谁是最大、最后的受害者呢？

广大的工人、广大的农民并没有得到多少利益，相反，他们是最大的受害者。

（1）国有企业的破产，最大的受害者是工人，20世纪末直到现在，那些上访群体中最可怜的人,很大一部分就在这个阶层。

(2)农民呢?土地并没有变成黄金,大量农民放弃土地,被迫到城市去做苦力赚钱,中国农村土地的荒废成为历史的血泪史。

可见,信贷资金的"二次分配",即信贷(损失)资金利益的再分配,不仅使国家、银行蒙受损失,而且广大工人和农民也没有从中得到实惠,资金被少数人所瓜分、渔利或占有,这种情况不利于农村经济金融的健康发展,要防范和控制信贷风险,应当走良性循环的道路,即一次分配。

第四节 农村信贷风险的主要风险源和风险点

我国农村信贷风险的源头可以从多个视角考察研究,如贷款行业、贷款期限(性质)、贷款方式等。从贷款所指向行业来研究农村信贷风险源,就是瞄准贷款使用方向和贷款的行业性质来研究。以贷款行业分析农村信贷风险源,是一种既简单又直观的方法,可以一目了然地知道贷款损失在哪些方面,从而了解和掌握农村信贷风险主要的风险点。

一、农村信贷风险的主要风险源

1. 农村信贷的行业风险源

我国地域辽阔,各地县域经济发展参差不齐,根据地方经济特色,信贷风险来源的具体行业有一定的差异,如沿海与内地、牧区与耕作区等。通过对全国30个样本县域90个样本农村金融机构信贷风险的考察和调研发现,我国农村金融机构信贷风险的主要来源可以归结为贷款的10大类40多个方面(见表2-6)。

表2-6 农村信贷行业风险源

1. 农业类贷款
(1)农业贷款(包括农林牧副渔)。农户生活(生产)小额贷款(生活、生产、子女上学、医疗、农副产品市场经营商品化)

续表

(2) 扶贫（贴息）贷款
(3) 农业综合开发贷款（包括农田水利、种子苗圃、畜牧兽医、牲畜存栏、水产养殖等）
(4) 农业基本建设贷款（包括道路、电力、通信、饮水、医疗、文化等农村基础设施建设贷款）
(5) 农业技术改造贷款
(6) 蔬菜批发市场贷款
(7) 农业科技开发贷款
(8) 林业贷款
(9) 治沙贷款
(10) 人行划转的专项贷款（购买外汇额度、投资企业及其他专项）
2. 工业贷款
3. 商业贷款
(1) 农副产品收购贷款
(2) 贸易贷款
(3) 供销贷款
(4) 粮棉油加工企业贷款
(5) 商办工业技术改造贷款
(6) 供销工业技术改造贷款
4. 私营企业及个体生产经营贷款
5. 乡镇企业贷款
6. 基本建设贷款
(1) 基本建设贷款
(2) 人行划转老边地区发展经济贷款
(3) 人行划转地方经济开发贷款
(4) 人行划转沿海城市及经济特区开发贷款
7. 技术改造贷款
8. 房地产贷款
(1) 房地产贷款
(2) 住房开发贷款
(3) 商业用房开发贷款
(4) 政府土地储备及政府园区土地开发贷款
(5) 学校房地产开发贷款
9. 个人消费贷款
(1) 个人住房贷款
(2) 汽车消费贷款
(3) 助学贷款（包括中央、地方财政贴息的国家助学贷款、一般助学贷款及其他）
(4) 大额耐用品消费贷款

续表

(5)旅游消费贷款
(6)农用机械消费贷款
(7)房屋装修消费贷款
(8)最高额可循环贷款
(9)综合消费贷款
(10)小额质押贷款
(11)其他消费贷款
A. 城镇居民消费贷款（购房、装修、购置耐用品）
B. 特色资源开发（旅游、矿藏、水电）
10. 其他贷款（进出口押汇、利用外资贷款、外汇担保贷款、各项垫款、信用卡透支等）

2. 农村信贷的主体风险源

农村信贷风险主要来源点可以从信贷资金的提供主体来分析，即从自营贷款、委托贷款和特定贷款来分析农村信贷风险的来源。自营贷款是贷款人以合法方式筹集的资金自主发放的贷款，其风险由贷款人承担，并由贷款人收回本金和利息。委托贷款是由政府部门、企事业单位及个人等委托人提供资金，由贷款人（即受托人）根据委托人指定的贷款对象、用途、金额、期限、利率等代为发放、监督使用并协助收回的贷款，贷款人（受托人）只收取手续费，不承担贷款风险。特定贷款是指经国务院批准并对贷款可能造成的损失采取相应补救措施后责成金融机构（一般是国有独资商业银行）发放的贷款。显而易见，这3种类型贷款的信贷风险中，自营贷款的风险较小，委托贷款次之，特定贷款的风险最大。在贷款实践中，往往是政策性越明显，信贷风险越大。

3. 农村信贷的期限风险源

农村信贷风险主要来源可以按贷款期限即短期贷款、中期贷款和长期贷款来考察农村信贷风险。短期贷款是指贷款期限在1年以内（含1年）的贷款；中期贷款是指贷款期限在1年以上（不含1年）5年以下（含5年）的贷款；长期贷款是指贷款期限在5年以上（不含5年）的贷款。从贷款期限来看，农村信贷风险主要来源于短期贷款风险。

4. 农村信贷发放方式风险源

按照贷款的发放方式（贷款的保障程度）即按照信用贷款、担保贷款和票据贴现来考察农村信贷风险来源。信用贷款是指以借款人的信誉发放的贷款。担保贷款包括保证贷款、抵押贷款和质押贷款。保证贷款是指按

《担保法》规定的保证方式以第三人承诺在借款人不能偿还贷款时，按约定承担一般保证责任或者连带责任而发放的贷款；抵押贷款是指按《担保法》规定的抵押方式，以借款人或第三人的财产作为抵押物发放的贷款；质押贷款是指按《担保法》规定的质押方式，以借款人或第三人的动产或权利作为质物发放的贷款。票据贴现是指贷款人以购买借款人未到期商业票据的方式发放的贷款。这3种类型贷款的信贷风险中，信用贷款的风险较大，担保贷款次之，票据贴现也潜在着一定的风险。

此外，还有几种农村信贷风险来源。例如，可以按贷款的偿还方式划分为分次偿还和一次偿还；按贷款金额大小不同划分为大额贷款和小额贷款；按利率约定方式不同划分为固定利率贷款和浮动利率贷款等。在国外，在不同的国家和一个国家的不同发展时期，从各种视角测定贷款的风险是有差异的。例如，美国的工商贷款主要有普通贷款限额、营运资本贷款、备用贷款承诺、项目贷款等，而英国的工商业贷款多选择票据贴现、信贷账户和透支账户等。因此，分析信贷风险的来源可以按照风险分析目标的需求具体确定。

二、农村信贷风险主要风险源的风险量化估值说明

1. 农村信贷风险主要风险源的分析对象

农村信贷的主要风险，可以按照不同视角进行具体的分析，但因为农村金融机构的统计口径和贷款行业不同，地方特色不同，各金融机构的贷款政策重点不同，再加上政策性银行、股份制银行、信用合作社、国有银行经营管理的方式不同，要将各地样本农村金融机构的共同信贷风险点梳理出来，实属不易。四大国有商业银行、城市商业银行和农村商业银行、农村信用社贷款对象各不相同。例如，农业银行一般是按照农业、工业等行业来划分，而农村信用社则是按照农户贷款、农村工商业贷款来划分，这就给统计造成了相当大的不便。但在探讨的所有划分方法中，按照信贷风险的行业源来统计分析不同农村金融机构的信贷风险，最为鲜明、最为直观，相对来说也最为容易分离、梳理和计算。因此，选择按照农村信贷风险的行业源来分析农村信贷风险，即农业、工业、商业、乡镇企业、私营企业及个体生产经营、基本建设、房地产、技术改造、个人消费和其他贷款10个风险源作为分析对象。

第二章 农村信贷风险及其利益关系

2. 农村信贷风险主要风险源风险估值的数据来源

（1）考察范围。本数据是经过实地考察调研所得。通过对上海的松江、吴淞，江苏的张家港、淮安，浙江的嘉兴，内蒙古的石拐、伊金霍洛旗，山西的保德、柳林，河南的濮阳，陕西的榆林、咸阳、渭南、安康、铜川、商洛，青海的海西等省市所辖的部分农村金融机构进行实地调研，重点考察了样本县域内的农业银行、农村信用社（行）、城市信用社（行）、农业发展银行及中国银行、建设银行和工商银行等的信贷资产质量及信贷风险管理状况。由于所涉及资产负债表均为内部机密并充分尊重关系人的再三嘱托，因此，除个别农村金融机构署名外，其他均不署名。从东部地区的上海、江苏、浙江，中部地区的河南、山西、内蒙古，西部地区的陕西、四川、青海各取10个县分成东部、中部和西部3个地区，每个县抽取1个金融机构作为样本，按东、中、西各10个分成3组。

（2）数据依据。数据均来源于所获得的样本行（社）资产负债表或信贷资产分析表，以样本行（社）2010年末数字为依据。按照农业、工业、商业、乡镇企业、私营企业及个体生产经营、基本建设、房地产、技术改造、个人消费及其他10个贷款行业，将不同金融机构不同考核的原始数据，依照这10个行业按行业系统归类、整理、计算出各行（社）风险贷款的行业额度，作为各个样本行（社）主要风险源的风险估值。归口分析、计算、汇总出各样本行（社）的行业风险估值，这是最为关键的一步，是计算各地区及全国农村信贷风险主要风险源风险估值的基础和依据（见表2-7、表2-8、表2-9）。

表2-7　西部地区10个农村金融样本信贷风险主要风险源风险估值

单位：百元

行（社）	XAX	XBX	XCX	XDC	XEX	XFN	XGN	XHN	XIN	XJX
风险贷款余额	356200	78803	67445	677100	1381620	75917	80949	82129	68278	17393
其中：农业	338980	78123	67445	0	765483	9091	14903	13348	11462	8999
工业	0	0	0	0	0	0	0	0	0	0
商业	0	0	0	0	79395	0	0	9	0	0
私个	870	0	6500	400	250000	65847	66047	61097	51148	2094
乡企	9800	680	0	676700	0	900	1000	7666	9111	0

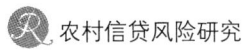

农村信贷风险研究

续表

行（社）	XAX	XBX	XCX	XDC	XEX	XFN	XGN	XHN	XIN	XJX
基建	6550	0	774	0	8098	979	7000	8044	5668	0
技改	0	0	0	0	0	0	0	0	0	0
房地	0	0	0	0	0	0	0	0	0	0
消费	0	0	0	0	0	1	0	9	0	0
其他	0	0	0	0	1717	0	0	0	0	6300

资料来源：根据所在行（社）信贷负债分析表整理计算所得。风险贷款余额统一归口为不良贷款余额。

（3）代码说明。样本行（社）一律采用代码表示，其中第一个字母为所在地区代码，X代表西部，Z代表中部，D代表东部；第二个字母为行（社）代码，分别表示不同的银行或信用社名称；第三个字母为行（社）类型代码，其中X表示农村信用社或农村商业银行，N表示农业银行，C表示城市信用社或城市商业银行，Z表示中国银行，G表示工商银行，J表示建设银行，F表示农业发展银行。例如，XAX为西部某农村信用社，XDC为西部某城市信用社或城市商业银行，XFN为西部某农业银行等。

表2-8 中部地区10个农村金融样本信贷风险主要风险源风险估值

单位：百元

行（社）	ZAN	ZBN	ZCN	ZDN	ZEX	ZFX	ZGC	ZHN	ZIX	ZJX
风险贷款余额	70420324	240334	374285	260604	1118966	828473	325479	388199	185291	153040
其中：农业	54878076	19866	240620	60050	814022	611345		227115	177319	92937
工业		2000			67899		23000			
商业	424386		56600	6780	208280	899	47488	56980	977	
私个	998	9996	67065	11409	756	185472	214696	54354	6900	7707
乡企	15014053	650			5900	7840	7370	7000		42335
基建	7068	201998	10000	180330		768		24580		6678
技改										
房地								8765	1500	
消费					66				95	
其他	95743	5824		2035	22043	22149	24160	16670		3383

资料来源：根据所在行（社）信贷负债分析表整理计算所得。风险贷款余额统一归口为不良贷款余额。

第二章 农村信贷风险及其利益关系

表2-9 东部地区10个农村金融样本信贷风险主要风险源风险估值

单位：百元

行(社)	DAX	DBX	DCC	DDN	DEZ	DFG	DGJ	DHC	DIN	DJN
风险贷款余额	2116126	1476862	494061	1312235	155371.3	199086.1	93219	146247	1400371	2014246
其中：农业	986778	1066986		934800					985126	567433
工业	112120	104092	196806	80348	96069	170399	18969	22220	95954	417191
商业	9966	9169	8540	7088	1417	3220		16173	7688	33426
私个	142018	130657	121511	100854	20170	8874	15843	25147	120659	524604
乡企	782347	71976	66938	55559	11112	4889	11858	18822	66086	28733
基建	17441	16046	14923	12386	2477	1089	8058	12790	12071	52482
技改				566	0.3	0.13	6969	11061		
房地			7474	6203	1240	546	7515	11928	6622	28791
消费	56985		5389	54273	10854	4775	11744	18641	64537	280595
其他	8471	77936	72480	60158	12032	5294	12263	9465	41628	80991

资料来源：根据所在行（社）信贷负债分析表整理计算所得。风险贷款余额统一归口为不良贷款余额。

三、农村信贷风险主要风险源风险值的区域估值

1. 西部地区农村信贷风险主要风险源的风险估值

从西部地区农村信贷风险主要风险源的风险量化结果观察，风险最大的为农业，占50.92%，乡镇企业次之，占27.48%，然后是私营企业及个体生产经营贷款，风险占到19.62%，其他依次为商业、基建、其他，而工业、房地产、技术改造、个人消费等贷款信贷风险涉及很少。这说明西部地区农村信贷风险主要集中在农业贷款上，农业信贷风险最大，乡镇企业贷款、私营企业及个体生产经营贷款的风险也相当大（见表2-10）。

表2-10 东部、中部和西部地区农村信贷风险主要风险源量化结果

单位：%

主要风险源	西部地区	中部地区	东部地区
农业	50.92	64.24	31.62
工业	0.00	0.10	9.15

续表

主要风险源	西部地区	中部地区	东部地区
商业	3.09	0.90	0.67
私个	19.62	0.63	8.43
乡企	27.48	16.96	7.79
基建	1.44	0.49	1.04
技改	0.00	0.00	0.13
房地	0.00	0.01	0.49
消费	0.00	0.00	3.54
其他	0.31	0.22	2.65

2. 中部地区农村信贷风险主要风险源的风险估值

中部地区农村信贷风险依次为农业、乡镇企业、商业、私营企业及个体生产经营、基本建设、其他、工业、技术改造、个人消费贷款，与西部地区不同之处在于，中部地区商业贷款、工业企业贷款以及房地产贷款风险明显增加，基本建设贷款信贷风险也较大。其中，农业贷款信贷风险最为突出，乡镇企业、私营企业及个体生产经营贷款等贷款风险不是很突出。这说明，在中部地区，除农业贷款外，所有贷款都基本呈现均匀分布状态，信贷风险比较均衡（见表2-10）。

3. 东部地区农村信贷风险主要风险源的风险估值

东部地区农村信贷风险中，工业、私营企业及个体生产经营信贷风险比较突出，乡镇企业风险不是很严重，与中部、西部的另一个不同点是个人消费贷款风险较大，所有贷款均有不同程度的风险，但没有大起大落的感觉。这一方面说明东部地区农村金融贷款整体素质较好，但另一方面也说明，农村信贷风险普遍存在（见表2-10）。

4. 小结

东部、中部、西部农村信贷风险虽然在行业构成中，各行业风险的大小不同，但信贷风险的主要来源却有很大的共同性。比如，在农业贷款、乡镇企业贷款、私营企业及个体生产经营贷款等源头，无论是东部、中部还是西部地区的县域，信贷风险都普遍较高。由于经济发展的程度不等，不同县域表现出来的信贷风险的大小、分布各不相同，信贷风险源的浪峰有所侧重。

四、农村信贷风险主要风险点的综合量化估值

1. 农村信贷风险主要风险点综合量化分析的数据说明

农村信贷风险主要风险点综合量化的结果,是按照西部地区、中部地区和东部地区的全部样本风险值,按照农业、工业、商业、私营企业及个体生产经营、乡企、基建、技改、房地产、消费和其他 10 个贷款行业,各取其平均数而得。

2. 农村信贷风险主要风险源综合量化分析

从农村信贷风险主要风险点综合量化结果来看,排列的顺序依次为农业、乡镇企业、私营企业及个体生产经营、工业、商业、基本建设、其他、个人消费、房地产和技术改造。农业类贷款信贷风险最高,占 59.49%,乡镇企业贷款占 15.97%,私营企业及个体生产经营贷款占 2.15%,工业贷款占 1.33%,商业贷款占 0.92%,基本建设贷款占 0.58%,其他贷款占 0.55%,个人消费贷款信贷风险占 0.48%,房地产和技术改造行业风险贷款最少(见表 2-11、图 2-7)。

表 2-11 全国农村信贷风险主要风险源综合量化结果

单位:%

农业	工业	商业	私个	乡企	基建	技改	房地	消费	其他
59.49	1.33	0.92	2.15	15.97	0.58	0.02	0.08	0.48	0.55

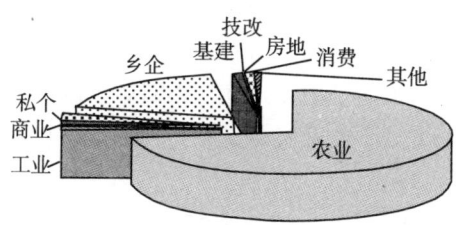

图 2-7 农村信贷风险主要风险源风险分布(单位:%)

五、结论

1. 农业信贷风险源是农村信贷风险的核心

在进一步的分析中发现,在农业类贷款中,东部地区农村信贷风险主要表现在中低产田改造、水利设施改造及渔业水产养殖捕捞贷款等方面,而农户和农业经济组织贷款较少;中西部地区农村信贷风险则主要表现在农户贷款、农业经济组织贷款、农业综合开发贷款(包括农田水利、种子苗圃、畜牧兽医、牲畜存栏、水产养殖等)、农业基本建设贷款(包括道路、电力、通信、饮水、医疗、文化等农村基础设施建设贷款)等方面。在西部地区县域,特别是在农村信用社,农户贷款和农户小额信用贷款风险占总风险的 55.16%,农业经济组织贷款、农村工商业贷款及其他占 44.84%;在乡镇企业、农村集体经济组织、民营企业及个体工商业贷款中,东部、中部、西部地区的农村金融机构普遍存在着较大的信贷风险;在基本建设贷款中,信贷风险主要集中在人行划转给地方的各类经济发展及开发性贷款;个人消费贷款在东、中、西各农村金融中也较为普遍;其他贷款则主要表现在东中部地区,其中西部地区在信用卡透支方面也存在不同程度的信贷风险。

2. 农村信贷风险管理应重点关注农民贷款、农村中小微企业贷款和农村公共产品贷款 3 个风险点

在县域经济发展和社会主义新农村建设中,信贷投放已经越来越集中在农业产业化发展、农村基础设施建设、农民增收等几个重点方面,"三农"问题的根本解决也集中在这几个方面。不仅在当前,而且在今后很长时间内都需要农村金融的大力支持,其信贷风险也必将长期存在。因此,农村信贷风险管理应重点关注农民贷款、农村中小微企业贷款和农村公共产品贷款 3 个风险点。

第三章 农村信贷风险类别及生成机理

第一节 农村信贷风险的类别

一、《巴塞尔资本协议》对金融风险的理性整合

《巴塞尔资本协议》是国际银行界的"游戏规则",被视为国际银行业的"基本法"。1997年9月,巴塞尔委员会颁布的《有效银行监管的核心原则》中,将银行风险分为8类:信用风险、国家和转移风险、市场风险、利率风险、流动性风险、操作风险、法律风险和声誉风险。2004年6月,《巴塞尔新资本协议》将商业银行全面风险管理重新划分为信用风险、市场风险和操作风险三大类,称为"三大风险"。其目的是要实现五大目标:促进金融体系的安全性和稳健性(保持总体资本水平不变),继续促进公平竞争,更全面地反映风险,更敏感地反映银行头寸及其业务的风险程度,重点放在国际活跃银行,基本原则适应于所有银行[①]。2010年12月,巴塞尔委员会公布的《巴塞尔资本协议Ⅲ》对国际银行业运营提出了更高的要求。

1. 信用风险

信用风险(Credit Risk)被《巴塞尔新资本协议》列为第一大风险。传统观点认为,信用风险就是信贷风险,即债务人未能如期偿还其债务而造成的违约,进而为经济主体经营带来的风险。信用风险有广义和狭义之

---

① 孔艳杰:《中国商业银行信贷风险全过程控制研究》,中国金融出版社2006年版,第30页。

分。广义的信用风险指所有因客户违约（不守信用）所引起的风险。诸如在资产业务中，借款人不按时还本付息引起的资产质量恶化；负债业务中的存款人大量提前提取存款形成的挤兑，加剧支付困难；表外业务中的交易对手违约引致或有负债转化为表内负债；等等。狭义的信用风险指信贷风险。信贷风险由信贷资产质量、贷款违约比率、不良债权清偿等决定。随着现代金融风险环境的发展和变化，信用风险的内涵日趋扩大，可以概括为，由于借款者或市场交易对手违约而导致损失的可能性。它不仅包括前两个观点提及的情况，还包括由于借款者的信用评级的变动及履约能力的变化致使其债务的市场价值变动进而导致损失的可能性。

长期以来，金融机构承担的信用风险主要被视为信贷风险，但是随着衍生产品交易的不断发展，信用风险变得日益复杂，不仅透明度大大降低，而且比传统的信贷风险更加难以测定。从组合效应的角度来看，在银行贷款中，银行承担的总信用暴露与贷款总金额密切相关。但是，在衍生产品交易中，交易者承担的总信用暴露就不一定与衍生交易组合的总规模有关。例如，如果我们有两个具有零价值的远期外汇合约，在基础汇率上涨时，一份远期合约的价值上涨，而另一份合约价值降低，则汇率的变动使两份合约的信用暴露将朝着相反方向变动。一般而言，由于单个暴露之间相互影响，因此，不能简单地将它们加总得出确切的总信用暴露情况。

承担信用风险的现代金融机构主要有商业银行、投资银行、信托投资公司及保险公司等。过去商业银行主要承担因借款方可能违约而产生的贷款信用风险，随着国际金融市场上汇率风险和利率风险的不断增大，货币和利率的远期外汇交易、场外期权交易、互换交易、信用衍生产品交易以及因金融工程的发展而派生的其他金融衍生工具不断问世，商业银行逐渐承担起越来越多的信用风险。随着国际资本市场和货币市场的发展，投资银行出于竞争的需要，纷纷提供与其一级市场业务、二级市场业务、企业兼并与重组、投资管理和金融工程业务有关的融资业务和衍生产品业务，如与债券发行有关的利率互换和货币互换业务、与利率风险有关的远期利率协议和利率期权、与并购有关的杠杆收购中涉及的融资信贷等，这些业务也使得现代投资银行承担的信用风险日益增大。在西方国家，随着金融混业经营趋势的不断增强，商业银行和投资银行的业务越来越出现交叉的趋势，如融资、利率互换和货币互换、场外货币和利率期权交易等已经成为金融竞争的重要领域。可以说，信用风险管理的成败已经直接影响到金融体系的稳定。因此,信用风险成为《巴塞尔新资本协议》实行全面风险管理的所有度量的首要和基本的金融风险。

信贷是银行的主要业务活动。信贷要求银行对借款人信用水平做出判断。这些判断并非总是正确的,借款人的信用水平也可能会因各种原因而下降。因此,银行面临的一个主要风险就是信贷对象无力履约的风险。信用风险存在于依靠签发人或借款人的行为才能完成的所有活动中。只要银行通过实际或默许的契约协议,将其资金借出、承诺借出或以其他形式放出,无论是属于银行表内业务还是表外业务,均产生信用风险。如果大规模贷款集中在单个借款人或一组相关借款人或集中在特定的行业、经济部门和地区,以及持有对同样的经济因素(如高杠杆交易)十分敏感的同类贷款时,信用风险由于过度集中而有可能引发银行危机。如果控制不当,对有关借款人信用水平的审查缺乏客观性,关联贷款也会招致更大的损失。信用风险还包括主权风险(国家风险),它是指债务人所在国采取某种政策,如外汇管制,致使债务人不能履行债务时造成的损失。这种风险的主要特点是针对国家,不像其他违约风险针对的是企业或个人[①]。

在商业银行的早期业务中,常常将信贷风险等同于信用风险。随着商业银行业务的演变和发展,当今信用风险至少包括3方面的含义:一是商业银行贷款的信用风险,也就是所谓的信贷风险。它是商业银行信用风险的一种主要形式,也有人认为它是一种狭义的信用风险。二是商业银行投资的信用风险。它是商业银行进行证券投资时,由于证券发行人不能按期还本付息而使商业银行受损失的可能性。三是商业银行自身的信用风险,也称为流动性风险(支付风险)。信贷风险是信用风险的重要组成部分之一。信用风险与信贷风险是两个既有联系又有区别的概念。对于商业银行来说,信贷风险和信用风险的主体是基本一致的,都是由于债务人信用状况发生变动给银行经营带来的风险。二者的不同点在于其所包括的金融资产的范围,信用风险不仅包括贷款风险,还包括存在于其他表内、表外业务,如贷款承诺、证券投资、金融衍生工具中的由于债务人信用状况变化而带来的风险。由于贷款业务目前依然是商业银行的主要业务,所以,信贷风险是商业银行信用风险的主要对象,但是对于投资银行等其他金融机

---

① 韩复龄:《农村合作金融机构员工学习读本》,中国市场出版社2006年版,第20页。

构,以及西方国家混业经营的金融机构而言,不仅有信贷风险,还有金融衍生工具的场外交易产生的信用风险。

2. 市场风险

《巴塞尔新资本协议》将市场风险作为国际活跃银行三大风险的第二大风险。市场风险 (Market Risk) 是指在金融市场上,由于利率、汇率、信贷资产价格等市场要素的不利波动而导致信贷资产损失的可能性。它包括信贷资产的利率风险、汇率风险和通货膨胀风险。利率风险 (Interest Rate Risk) 是指市场利率的非预期变化对银行盈利水平和银行资本的市场价值产生不利影响的可能性。由于各银行的资产负债期限结构不同,浮动利率和固定利率的资产与负债的差额不同,市场利率的变化对不同银行的影响差别很大。有的银行会因为利率的变化而增加收入减少开支,有的银行则会因为利率的变化而减少收入增加开支。利率的变化可能产生对银行信贷资产收益造成损失的风险。商业银行与客户签订信贷合约时,一般是按照即时利息率签订固定利息率的合约,由于市场利率随着资金需求状况不断变化,贷款利率上升如果超过信贷合约利率,就会提高信贷资产的机会成本,造成信贷资产的相对损失。汇率风险 (Exchange Rate Risk) 是指市场汇率的非预期变化对银行的盈利水平和银行的资本市值所产生的影响。汇率的变动受很多因素的影响,进出口贸易的变动,资本流动,尤其是短期游资的冲击,利率变化,国际重大政策、经济、军事事件等都会引起汇率的波动。由于各银行以外币计价的资产与负债金额的不同,外汇交易的敞口头寸不同,所以汇率变化对不同银行的影响不同。在商业银行的国际信贷活动中,由于汇率的不利变动也会造成信贷资产收益的损失。在信贷活动中,如果一笔贷款或组合贷款是以外币计价,贷款与还款的币种不一致,银行会用多种货币进行信贷承诺,客户会在借款期和还款期选择货币币种,此时汇率风险随之产生。汇率风险随着全球经济一体化的加快而增大。如果某种货币受到严格的外汇管制,或者汇率剧烈波动,则会对银行产生很不利的后果。商业银行通过货币互换、掉期、远期合约等金融工具来规避汇率风险。通货膨胀风险 (Inflation Risk) 是指由于通货膨胀引起信贷资产价格不利变动导致信贷资产蒙受损失的可能性。商业银行信贷资产会因通货膨胀而造成本金与利息的损失,导致信贷资产的"缩水"。银行信贷合约一般是固定利率、有期限性的,在期限内利息率一般不发生变动。如果发生通货膨胀,信贷资产按合约变现后的购买力会降低,信贷资产的实际价值会低于其账面价值,从而给银行带来损失。一般来说,通货膨胀有利于债务人而不利于债权人。

3. 操作风险

操作风险(Operational Risk)的概念并非《巴塞尔新资本协议》首次提出,其可以追溯到 20 世纪 90 年代中期,美国货币监理局(OCC)和美联储在 CAMEL 评级系统中首次考虑对操作风险的度量。此后,芝加哥联邦储备银行提出,用银行增长状况和并表状况,信息系统质量,银行人员素质、培训及道德水平,交易数量和复杂程度,银行提供的新产品和服务,操作中断产生的波及效应,银行设施及机构地理分布情况,电子交割的复杂程度与安全保障 8 个因素来评估操作风险。国外有观点认为,操作风险是业务风险和战略风险的子风险;或认为操作风险包括失败的证券交易、资金转移中的清算事务、实物资产被盗窃或损害、司法诉讼中的损失、监管当局的处罚、不可撤销的或错误的资金(资产)转让、预算外人工成本、疏漏或欺诈等,这些类别包括法律风险,但不包括声誉风险和战略风险;也有观点认为操作风险就是收益的波动性,可以将其划分为财务风险(Financial Risk)和非财务风险(Non-Financial Risk)(见图 3-1)。在此基础上,《巴塞尔新资本协议》将操作风险概括为由不完善或有问题的内部程序、人员及系统或外部事件所造成损失的风险(见图 3-1)。

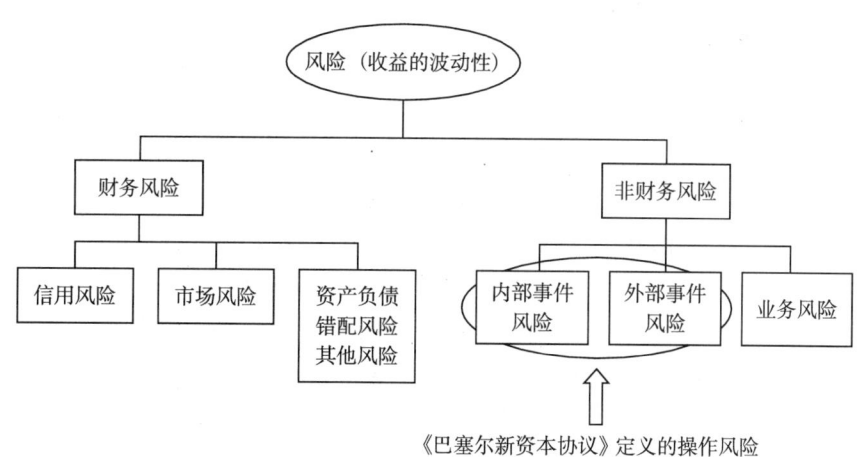

图 3-1 《巴塞尔新资本协议》定义的操作风险

资料来源:章彰:《解读巴塞尔新资本协议》,中国经济出版社 2005 年版,第 90 页。

《巴塞尔新资本协议》提出的操作风险不包括业务风险，但在银行经营过程中的内部事件风险、外部事件风险和业务风险难以有效区分，出现相互重叠的状况。其对操作风险的定义，更多的是出于便于监控和报告损失的考虑，而不是考虑内部事件和外部事件对银行收益波动性产生的影响。此外，《巴塞尔新资本协议》将法律风险明确地纳入操作风险之中，这尚属首次。结合我国实际，操作风险可以通俗地理解为，由于银行内部的信贷管理系统不完善、管理失误、控制缺失、诈骗或其他一些人为错误和外部因素而导致信贷资产的损失。操作风险直接与信贷管理体制有关。一是信贷管理内部控制以及公司治理机制的失效。由于操作失误、欺诈行为以及不能对事态及时采取对策而导致信贷资产的损失。诈骗风险是指内部人与借款人联手，故意提供错误信息，导致银行信贷决策失误。技术风险是指银行的信贷台账电子管理系统或计算机信用评级系统出现错误导致信贷资产的损失。在采取信贷评估模型进行信用评级和风险量化时，如果使用了错误的模型或模型参数选择不当，也会导致信用风险评估错误，造成信贷资产损失。二是信贷活动引发信贷资产的合规性风险。合规性风险是在信贷活动中违反或未执行法规及行业标准导致信贷资产的损失，会导致银行被罚款、支付民事罚金、赔偿损失以及信贷合同无效。三是贷款交易引发信贷资产的价格风险。价格风险是由于金融资产价格的变化而导致金融资产收益的损失。一般指股票、债券金融市场上流动性比较高、可交易的金融资产，没有交易就不会产生价格风险。银行的信贷市场目前是一个非公开市场，银行与客户一对一，贷款非公开竞价，贷款合同有期限，在期限内信贷资产直接遭受价格风险的可能性不大。但是，如果资产证券化，大量传统贷款就可以进入二级市场交易。贷款的证券化使传统的不可交易和流通的贷款转化为可交易、可流通的贷款。信贷资产在资本市场上的可转让提高了资产的流动性，但也使信贷资产面临价格风险，波及信贷资产的收益[1][2]。

严格意义上讲，操作风险损失是指按照一般会计原则（GAPP），由于操作事件而记录在银行财务报表中的财务影响，即由于内部欺诈，外部欺诈，就业和工作场所的安全，客户、产品和业务操作，对实体资产的损

---

[1] 章彰：《解读巴塞尔新资本协议》，中国经济出版社2005年版，第89-91页。
[2] Jeffry M. Netter and Annette B. Poulsen, Operational Risk in Financial Service Providers and the Proposed Basel Capital Accord: An Overview, http://www.fs-xchange.Org.

害,业务中断和系统失灵,执行、交割和流程管理中产生的损失等。按照《巴塞尔新资本协议》,内部欺诈是指内部人员故意骗取、盗用财产或违反监管规章、法律或公司政策导致的损失,此类事件至少涉及内部人员参与,但不包括性别、种族歧视事件;外部欺诈是第三方故意骗取、盗用财产或逃避法律政策导致的损失。就业和工作场所的安全指违反就业、健康或安全方面的法律或协议以及个人工伤赔付或因性别、种族歧视事件导致的损失。客户、产品和业务操作是指因疏忽对特定客户履行分内义务(如信托责任和适当要求)、产品性质或设计缺陷导致的损失。实体资产的损害指实体资产因自然灾害或其他事件丢失或毁坏导致的损失。业务中断和系统失灵指业务中断或系统失败导致的损失。执行、交割和流程管理指交易处理或流程管理失败和因交易对手及外部销售商关系导致的损失。根据巴塞尔委员会对公司融资、交易和销售、零售银行业务、商业银行业务、支付和清算、代理和保管服务、资产管理和零售经纪 8 个业务线损失事件和总损失数量的度量,结果表明,在 260 万欧元的总损失中有 27371 件损失事件,损失最大和最多的是零售银行业务和商业银行业务,分别占全部损失事件的 67% 和 13%,占损失金额的 39% 和 23%,其中外部欺诈造成损失的金额占全部损失的 20.32%[①]。

二、农村信贷风险的类型识别

我国传统的金融风险包括信用风险、流动性风险、利率风险、市场风险、操作风险 5 种风险以及银行面临的法律风险、国家风险和转移风险、政策风险、环境风险、声誉风险等[②]。这一划分基本上是借鉴旧巴塞尔资本协议的精神。《巴塞尔新资本协议》将金融风险划分为信用风险、市场风险和操作风险三大类,主要是出于对全面风险管理目标的考虑。因为全面风险管理的目标是与国际活跃银行全面风险管理的实践分不开的,而全面风险管理实践的基础就是对三大风险的统一度量和汇总。但三大风险能否囊括全部金融风险,金融界争论不一。有观点认为银行经营的其他风险,如战略风险、声誉风险等都会反映为三大风险,因此三大风险囊括了风险

---

① 韩复龄:《农村合作金融机构员工学习读本》,中国市场出版社 2006 年版,第 29 页。
② 赵晓菊:《银行风险管理理论与实践》,上海财经大学出版社 1999 年版,第 113 页。

管理的核心内容；但也有人认为三大风险仅是目前国际活跃银行考虑资本充足率计算的现实选择，其他风险的统一度量将是未来资本协议的重要内容。《巴塞尔新资本协议》将全面风险管理归结为三大风险，其科学之处是便于国际活跃银行对金融风险的统一度量和管理，但具体到多数非活跃银行，如我国银行业，特别是我国的农村金融风险，由于基层经济环境内在的显著特征和农村金融风险微观生成因素的复杂性，金融风险类别必须具体问题具体分析。我国农村信贷风险的类型划分，要把国际国内风险管理理论和我国农村信贷风险的具体实践紧密结合起来，把基层经济金融的微观因素与整个国家经济金融的宏观因素紧密结合起来，进行科学识别和准确划分。按照农村信贷风险产生的原因，我国农村信贷风险可划分为政策风险、环境风险、信用风险、操作风险、市场风险和法律风险6个类型。

1. 政策风险

政策风险主要是指政府的经济金融政策和政府的行政行为对金融机构导致的风险。在农村信贷风险领域，这是首要的和最大的风险。第一是政府的宏观经济政策。由于政府的宏观经济金融政策的不连续性，导致了农村金融机构不能连续、持续和健康地经营。比如，国有企业改革、乡镇企业改革、粮食功效改革等，曾给农村金融机构造成了灭顶性灾难，形成了大量的不良贷款。金融体制改革政策的不连贯性，又使得农村金融机构忽而转向城市忽而转向农村，忽而大量向农村扩充网点，忽而大量从农村撤并机构甚至从县域"一刀切"撤出，这给农村金融的正常经营和连续发展带来了极大的不稳定，同时给国家造成了巨大的浪费和损失。第二是"看得见的手"的行政干预。由于地方政府对当地金融机构不合理、不科学甚至非常随意的强力干预，以及某些地方官员不道德的行政干预和以权谋私行为，造成了农村信贷资产的非科学安排和营运，企业破产倒闭和农户不守信用的现象层出不穷，导致了个别农村金融生态环境异常恶劣。一般来说，行政干预型信贷风险是地方行政部门出于地方保护主义，以行政手段干预农村金融经营自主权、强制其发放违背信贷资金运动规律和经营原则的贷款而形成的，但农村金融在很大程度上对行政权力的依附性、恐惧性和公司治理结构的不规范性也是导致风险的重要因素。近年来，随着银行大踏步商业化，地方政府的干预已经失效，银行不再听从地方政府的指挥。因此，风险主要来源于国家的宏观政策和高层政府。

2. 环境风险

环境风险是指金融活动的参与者面临的自然的、政治的和社会环境的变化而带来的风险。环境变化给金融活动参与者带来的损失可能是直接的，也可能是间接的。这种信贷风险具有不可抗拒性，无法回避，但可以通过大数法则加以估计，也可以通过要求借款人参加财产保险而转移风险。对农村金融来说，环境风险主要是指自然灾害和意外事故给借款人造成的直接财产损失，致使其无法按期还本付息，从而间接地给农村金融机构带来信贷资产损失的风险。这种风险有人称之为静态风险或纯风险。我国是农业大国，农村金融主要服务于农村经济，贷款对象众多，贷款范围广泛，不仅包括传统的种养业，而且涉及农村工业、商业和交通运输业、服务业等，但我国农业基础薄弱，技术装备比较落后，对自然资源的依赖性强，家庭经营仍然占据重要地位，农村经济的布局十分分散，不论是种植业、乡镇企业、交通运输业、商业服务业，还是城乡物资交流等资金运动，都不可避免地会受到农业生产周期和季节的制约，遭受各种自然灾害的侵蚀和影响。农村资金运动的季节性、周转的缓慢性、占用的分散性，决定了农村金融贷款更容易出现不能按时足值收回的可能性。由于我国农村生产、生活的经济条件和农村金融环境普遍较为落后，因此，环境风险是农村金融仅次于政策风险的第二大风险。对这一风险防范和控制的关键是通过改进农村生产经营活动的基础设施条件、加大国家与社会的补贴和构建抵御自然与意外事故的保险机制等多种途径和办法来实现。

3. 信用风险

关于信用风险的解释，前面已经多次提及。但涉及农村金融的信用风险，与一般金融的信用风险有很大的区别。要根据县域经济的发达程度和农村金融的发展状况，来确定广义和狭义信用风险的运行或程度。在我国农村金融领域，由于存在东、中、西部的地域差别，经济发达程度不同，决定了信用风险的范围大小。发达县域随着银行业务的多样化，存在着贴现、透支、信用证、担保、证券投资等比较宽泛的信用风险；在广大欠发达地区县域，仍然以借款人违约导致信贷资产损失的风险为主，也就是以狭义的信用风险，即贷款的信用风险为主。在我国农村，由于经济的薄弱性和信用客户的复杂多样性，以及金融生态环境不佳等多种因素的影响，客户的信用意识普遍较差，信用风险相当严重，其中的关键因素，不能仅仅归结为因环境风险等客观原因引起的借款人偿还能力的局限，更主要的是，我国农村普遍缺乏一个良好的信用环境体系。

4. 操作风险

操作风险被《巴塞尔新资本协议》列为国际活跃银行的第三大风险，足见其对国际金融业的影响程度。实际上，国际上许多银行的操作风险已经成为仅次于信用风险的第二大风险。按照《巴塞尔新资本协议》对形成操作风险的内部与外部两个因素的解释，具体到我国银行业的经营环境和农村金融的背景，应该做更加细致的分析。我国金融业的操作体系，无论从内部还是从外部来看，都存在着较大的风险隐患。从内部因素来看，在农村金融领域，由于基础设施、管理素质、技术含量、生态环境等多种因素的制约，操作风险表现得更加复杂和严重。农村信贷的操作风险主要表现为决策风险、运作风险和道德风险3个因素。在贷款的决策和运作过程中，操作风险表现为客观因素或失误导致的单因素风险、道德因素导致的单因素风险、客观因素与道德因素结合导致的双因素风险3种情况，可以概括为纯技术风险、纯道德风险和技术道德的组合风险。纯技术风险包括两个方面：一是决策风险，包括贷款决策时无法预料到的外部环境和内部条件的变化或考虑不周、方法不当而引起的客观决策风险和决策时明知贷款风险较大而仍然执迷不悟、盲目冒险导致的主观决策风险；二是运作风险，在贷款的具体运作中，由于信贷人员的业务素质、工作能力或技术运用不当导致的主客观风险。纯道德风险是贷款人受自身利益或其他利益的驱动，违反法律制度的故意行为导致的信贷损失风险。组合风险则是明知贷款风险较大，但受自身利益的驱使或人情关系的诱导，管理者或信贷员在决策或运作贷款的过程中夹杂了道德的因素而导致贷款损失的风险。从外部因素来看，操作风险主要表现为两种情况：一种是借款人由于生产经营出现严重危机而导致的客观信用风险；另一种是借款人或其他相关人出于自身利益的不良目的，采用骗取银行信任、拉拢或腐蚀内部人员等手段，诈骗贷款资产的主观行为而导致的风险。但无论怎么讲，操作风险在农村金融领域表现最薄弱的环节首先是管理问题。

5. 市场风险

市场风险是影响我国金融业的重要风险。按照《巴塞尔新资本协议》的划分，市场风险的度量和管理将是未来国际活跃银行风险管理的重要指标。由于市场价格的变动，商业银行的表内和表外头寸都会面临遭受损失的风险。这类风险在国际活跃银行的投资交易活动中表现得最为明显。我国在实现金融业全面对外开放的背景下,将逐步与《巴塞尔新资本协议》的精神接轨,特别是四大国有商业银行和股份制大商业银行,随着股份制改革和上市经营,混合经营的趋向已越来越成为可能,实行规范化管理已成为国际金融一体化发展的必然要求。因此,对于我国大商业银行,无论在发达县域还是欠发达县域的分支机构,也必须遵从整个集团系统的经营策略。但由于我国农村金融的特殊环境所限,目前影响信贷风险的主要因素仍然是利率风险。在过去的经济体制改革过程中,由于利率的变动,国有企业和乡镇企业以及专业化农户等县域经济实体都曾遭受过沉痛的教训,使农村金融资产的损失雪上加霜。目前,金融机构已越来越多地通过开发机动灵活的浮动利率贷款新产品来规避利率风险。但我国农村金融在贷款定价的运用上还处于起步阶段,如何把握贷款定价的策略和方法,灵活机动地运用利率调解和处理信贷利益,在支持多元化的农村客户中达到双赢,在农村金融市场利率价格的波动中防范信贷风险,是农村金融的重要课题。对于由于客观原因导致破产的农户来说,减免利息甚至减免本金或者反其道而行之,进一步追加贷款额度,比大面积贷给大型企业的集中风险或风险发生后划给资产管理公司无功受禄或灰飞烟灭瞎折腾地处置要有意义得多。

6. 法律风险

法律风险(Legistative Risk)被《巴塞尔新资本协议》明确地纳入操作风险并加以说明,足见其在国际活跃银行风险体系中有着举足轻重的作用。法律风险在发达国家主要表现为立法风险,即由于法律条文改变对银行经营产生的风险。在我国,法律风险主要表现为法制环境不健全,与银行经营直接或间接有关的法律不完整、不细化、不配套,有些法律法规同国家的相关政策和规定互相矛盾,甚至背道而驰。我国商业银行在实际运作过程中,受到法律环境的种种制约,无法可依、有法不依、有法难依等现象大量存在。在农村金融领域,落后的法制环境更使金融机构望法生畏,能避则避。比如,农房抵押贷款在现实中解决了农民贷款难的问题,也强化了农民的还贷信誉,活跃了农村金融市场,减少了农村金融的信贷风险,但这和现有法律相冲突,抵押属于无效,使得农村金融和农户陷于两难的境地;在有效化解信贷风险过程中,关于抵押品受偿、债权回收等诸多方面也难以受到法律保障,农村金融机构打赢官司收不回债权,甚至打赢官司还要赔钱的情况大量存在;来自司法机构工作作风、执法素质等人为的不良因素也直接影响农村金融的合法经营及维护债权的效果。法律本身的不完整和法制环境的不健全使农村金融债权不能得到有效的保障，形成了农村金融的法律真空。

第二节 农村信贷风险生成机理的综合分析

分析我国农村信贷风险的导致因素，要把风险管理理论和信贷风险的具体实践紧密结合起来，把微观因素与宏观政策紧密地结合起来，运用理论研究和实证研究的方法，在调查研究的基础上，用辩证法的观点和系统论的机理，以哲学的思维对农村信贷风险生成机理进行分析思考。从解剖具体农村金融机构的小系统，到分析思辨整个农村金融的大系统，再到整个国家金融经济的更大系统，寻找众多关联性问题，力求全面、准确地把握我国农村信贷风险的生成机理。

一、政策风险的生成机理

古典经济学家在分析市场作用时，把引导协调人类生产交换活动的市场机制称为"看不见的手"，把政府对经济的干预称为"看得见的手"。政府干预经济运行的积极作用在于通过行业管制促进市场有序竞争，防止过度垄断，制定各种法规，保证市场秩序，提供公共服务，促进经济增长和社会分配公平①。但是实践表明，政府干预行为能否合理有效并不具有必然性，政府行为并不是万能的，"看得见的手"干预过多将会削弱"看得见的手"的作用。

1. 政府过当的行政干预加大了农村金融的政策风险

制定宏观经济政策和经济手段，是政府调控金融的主要途径。但由于经济信息的虚假、经济预测的不准确和决策的不科学，政府的干预往往会使金融机构的风险加大。央行作为政府的一个特殊部门，在制定政策时受政府目标的左右，在现实中受政府的制约。由于信息不对称和货币政策效应时滞的影响，政府的宏观调控往往走向极端。经济过热时，货币紧缩的

---

① 赵晓菊：《银行风险管理理论与实践》，上海财经大学出版社1999年版，第127页。

"一刀切"政策使有市场、效益好的企业也无法获得贷款的支持;经济疲软时,又不顾企业的效益和能力,盲目地加大放款力度,在造成资源浪费,阻碍经济正常发展的同时,增加了银行信贷风险。地方政府为了经济目标的实现,往往直接指定信贷资金分配对象,造成了银行资金的连年沉淀。20世纪八九十年代,政府向大中型国有企业倾斜信贷政策、向亏损企业发放安定贷款、向农副产品采购、向亏损外贸企业发放贴息贷款以及大力支持乡镇企业发展等指令性政策,严重破坏了农村金融自主选择、扶优限劣、优化资金配置的市场机制。政府和央行一般在年初给金融机构核定信贷规模和额度,责令其安排信贷资金。由于信贷资金的安全性、流动性和盈利性无法保障,金融机构堆积了大量不良债权。信贷资金是循环运动的市场资金,过于强调行政性安排有悖于商业银行的经营规则,造成信贷资金的无法归流。例如,过去我国的流动资金体制改革,由于财政从企业长期流动资金需要的供给领域退出,为了维持企业生产,政府通过央行规定银行发放企业流动基金贷款加以解决。这种贷款很难及时收回,变成短贷长占,弥补财政资金缺口,失去了信贷资金有偿归还的特征。由于国有企业拖欠银行大量贷款无法偿还,政府出面"协调"重组,银行不得不继续追加贷款进行盘活,这种政府的行政干预,导致了金融信贷活动按政府的意志办事,从而集聚了不良贷款的巨大包袱,在金融体制改革过程中,政府不得不为银行埋单,化解包袱,重构金融体系,其代价是极其沉重的。

2. 地方保护主义使农村金融的政策风险不可避免

长期以来,农村金融机构被错误地当作政府的行政隶属部门。地方政府往往以地方经济发展和地区安定为理由,干预基层信贷资金的发放。地方政府优先发展的项目并不一定符合贷款标准,政府在不承担项目风险责任的情况下,贷款往往是没有安全保证的。由于农村金融机构配置的行政区域化缘故,有时明知贷款风险很大,仍然要发放贷款,效益再差也得注入资金,加之银行作为企业的主要债权人,企业的生死存亡在某种意义上与银行休戚相关,故不得已而为之。这使农村信贷行为扭曲变形,正常的借贷关系演变为资金供给关系,像"市长贷款"、"县长贷款"、"条子贷款"之类的行政命令贷款很普遍。在政府政令下,债务人即使能还款,也要拖欠。为逃避银行债务,有的地方政府下达指令或指标,行政干预和人为制造企业破产,借破产之名,行废债之实。由于破产成为企业逃脱债务的好机会和一种优惠政策,因此就出现了各地企业都像争取贷款规模和优惠政策一样,积极争取破产,竭力挤进破产行列,加上地方政府对破产实施干预,有法不依、公然违法问题屡见不鲜,农村金融机构的利益受到极大损害。比如,1995年和1996年两年的时间,中国农业银行因企业破产而损失贷款本息达238.8亿元,损失率高达85.1%。

在新农村建设中,一些地方政府为了优化农业产业结构,要求农村金融机构按政府优先发展次序配置资金投向,这种非市场配置信贷资源的错误观念,将会使农村信贷风险重蹈过去覆辙。事实上,农业产业结构调整和农业产业化优先发展并不完全等于银行信贷支持和优先提供贷款,农村信贷支持应当是按照市场需求作为基层经济发展的必要补充,而不能将其当作财政资金足额支持。比如,农业银行自1979年恢复至20世纪末,农业贷款余额达到1990亿元,增长近19倍,乡镇企业贷款余额达2500亿元,增长83倍①,另外还有"米袋子"、"菜篮子"、"星火计划"等,由于贷款主要是以专业银行的任务来完成,导致了农业银行在向国有商业银行转化过程中,成为四大国有商业银行历史包袱最重的一家。

3. 国家政策的不连续性使农村金融的政策风险波折不断

(1) 农村金融政策的不连续性。以县域内主要金融机构之一的中国农业银行为例,从1951年7月成立开始,到1979年3月,经历了4次设而复撤、撤而复设的改变,其信贷职能结构从1979年3月到2007年1月,在行政化—支农结构、专业化—半支农结构和商业化—不支农结构、商业化—再支农结构这一基本演变过程中扭曲运行。2007年1月,国家终于明确了农业银行的改革目标为"整体上市,服务'三农'",农业银行实质上仍然带有事实上的"专业银行"的特征,与它已经"洗脚上岸"的商业化趋向形成事实上的严重扭曲。

(2) 国家扶持政策的不连续性。20世纪70年代重点支持的国有企业、粮食企业、供销企业,到80年代末,由于政策的变化全部崩溃,使县域经济特别是农村金融机构蒙受了巨大的损失,国家不得不成立四大国有资产管理公司专门剥离巨额不良资产;80年代支持乡镇企业政策,造成全国各地乡镇企业一哄而上,90年代纷纷倒闭,使县域经济特别是农村金融机构再次遭受巨大的损失;2004年以来,农村小额贷款及农业产业化

---

① 张杰:《中国农村金融制度结构变迁与政策》,中国人民大学出版社2003年版,第129-130页。

政策似乎使得部分农村金融机构在事实上重新掉进了新的陷阱。可见，国家信贷执行政策的沿革极不规范。

二、环境风险的生成机理

我国农村金融的环境风险主要是不可抗力和意外事故导致的，这与我国基层经济主要以农业经济为主有决定性的关系。农村金融环境风险的生成机理，除了自然的客观因素外，还包括社会的客观因素。

1. 银行体制的不规范导致农村金融的环境风险

中央银行的独立性较弱和监管当局的监管不力是形成信贷风险的重要原因。中央银行具有货币发行的银行、政府的银行和银行的银行三大职能。但它不是一个独立的决策机构，不具有相对的权威性。作为发行的银行，由于各经济主体的需求膨胀转嫁银行形成的信贷收支不平衡，倒逼其印发钞票弥补，失去最后总阀门的作用；作为银行的银行，在商业银行倒逼机制的作用下，可以无限扩张货币和信贷供应而不顾经济规律的制约，再加上对银行系统的资金清算不健全，使中央银行无法抵御外来力量的干扰，失去了独立性和宏观调控的职能，使信贷风险无法遏制；作为政府的银行，受制于政府部门，尤其是地方政府的行政干预，使其难以自主配置资金，银行作为政府附属机关的阴影难以消除，不能按市场法则运作资金，极其不利于从宏观上减少信贷风险压力①。中国银行业监督管理委员会的成立，加强了对全国银行业务的监督，但在监督的制度建设、法制建设上尚处于起步阶段，对地方金融的监督处理缺乏系统、完整的有效方案和监控机制，监而不督、督而不处的情况广泛存在。有些金融机构违规经营严重，监管当局尚不能及时发现并采取有效措施予以控制，致使信贷风险加剧。银监局的分离加强了中央银行的独立性、权威性及对经济的宏观调控作用，但金融机构新增不良贷款上升的趋势却仍然存在。农村金融机构作为金融的边缘地带，仍然存在着产权模糊、权利不明、责任不清和利益非独立化问题，其信贷活动的决策、经营和管理时常受到外界干预，特别是政府和企业的干预，难以优化资金配置，无法按效率原则从事信贷活动。在现行体制下，产权单一化，产权要素不能流动，不能按照国际惯例

---

① 赵晓菊：《银行风险管理理论与实践》，上海财经大学出版社1999年版，第129页。

提取足够的呆账准备金冲销呆账，只能每年通过总行上报中央银行，经批准后统一核销。分配制度上，还没有完全按照风险管理的绩效与收入分配挂钩。国家银行体制的不健全，导致了银行在信贷活动上利益机制、约束机制及风险机制不健全，不利于信贷风险管理。

2. 财税制度的不规范导致农村金融的环境风险

政府财政在国民收入的初次分配中对资金的支配权弱化，在很长一段时间里导致了信贷资金的大量损失。比如，国家财政收入占国内生产总值的比重1978年为31.2%，而到1994年则下降到了11.8%[①]。财政和国有银行是国家聚集分配运用资金的两大渠道。由于财政收入萎缩，必然挤占银行信贷资金。面对大量的经济建设资金供给任务，在举借内外债后，财政仍然出现了大量无法通过市场分散弥补的赤字，结果只能是挤占银行信贷资金，其安全性和流动性都无法保证。"简政放权"、"减税让利"等一系列改革政策使企业扩大了资金运营成果支配权，变成了企业对外在环境的扩张，导致企业行为扭曲，对货币的需求呈扩张性膨胀。由于无论是财政资金还是银行资金，其所有者都是国家，在企业产权尚不明晰的情况下，企业基本上是负盈不负亏。盈了可以得到部分利润的分配权，亏了都是国家的，尤其是地方政府以保护者的身份介入，使企业占有银行资金并不愿还本付息有了保护伞。

3. 企业体制的不规范导致农村金融的环境风险

我国企业体制不合理最突出的表现是产权关系界定不清，利益激励机制与约束机制不对称，给银行信贷活动造成极大的被动性。产权的本质在于通过确定和实施有效的规则约束，以降低社会内部的交易成本，从而增加和实现经济的剩余。如果产权能够明确界定，结构合理，经济主体交易各方就会力求降低彼此的交易成本，使资源利用率达到最大化，实现资源的优化配置。企业产权结构对商业银行信贷风险的影响具体表现在：产权的制度安排或所有权结构决定了金融制度的框架配置和效率状况；产权的可转让性和灵活处理权决定了银行信贷资金的配置状况和风险大小；产权的收益权安排状况决定了企业主体在经济活动中对资产的关切度；产权的规则约束和保护状况决定着企业行为是否可持续发展。由于目前企业体制上所有权难以有效分开，产权僵化，难以流动，破产淘汰机制不规范，风

[①] 赵晓菊：《银行风险管理理论与实践》，上海财经大学出版社1999年版，第130页。

险因素上升,这样,一旦企业出现了问题,如资金周转不畅、管理混乱、亏损增加和效益下降等,银行信贷资金将面临直接受损的可能。又由于在现行的企业和银行制度下,我国国有企业与国有商业银行之间的借贷实质上是同一所有者(国家)的不同部门之间的资金流动,因此它们之间并不存在真正的债权人和债务人关系,从某种程度上讲是"自己借自己的钱",这种债务是不存在所有权的真正约束的,这也是造成信贷软约束的一个重要原因。

4. 国有资产管理的不规范导致农村金融的环境风险

我国国有资产事实上处于中央和地方条块分割的状态下,中央政府作为国有资产所有者的代理人,却不能完整地行使对全部国有资产总代理的职能,有时甚至造成政出多门,职能不清。在国有资产管理经营过程中,管资产和管人相脱节,国有资产的经营者缺乏必要的监督和管理,由于国有所有制内部管理主体、持股主体、经营主体的非法侵蚀和其他所有制主体的不法侵害,国有资产通过各种渠道流失进了个人或个人小集体的腰包,资产损失严重。据有关部门1993年调查估计,1982~1992年,国有资产流失共约5000亿元,每年平均为500亿元[①]。从银行角度来看,国有资产的流失首先表现为国有金融资产的流失。因为国有企业80%以上的流动资金和30%的固定资金是靠银行贷款维持的,也就是说其大部分资产是靠贷款支持形成的。银行成为企业的最大债权人,国有资产流失增加就等于银行贷款损失增加,即信贷风险加大。现实中,国有资产的流失使贷款到期无法偿还,企业资产的流失和亏损同步上升,致使银行信贷资金不断亏欠,似乎永远无法保值增值。体制的不健康造成资产流失和创痛给金融机构造成了巨大的悲剧效应:信贷资金安全性、流动性、盈利性"三性"丧失;不良贷款剧增;金融调节经济的杠杆作用下降;社会信用环境恶化,信贷资金运行不良。

三、信用风险的生成机理

1. 农户与农村金融机构之间缺乏合理的信用机制

由于体制的问题,农民贷款在观念上根深蒂固,转不过弯,信用意识普遍比较薄弱。在农民看来,贷银行的款和贷私人的款似乎具有天然的本质区别。农民认为,银行是国家的,带有"公家"的性质,是软的,可以

---

① 赵晓菊:《银行风险管理理论与实践》,上海财经大学出版社1999年版,第135页。

不还；私人的钱是"个人"的钱，必须归还，因而民间借贷虽然利息高，但归还率较高，流动性能好，故而很活跃，而相对于正规金融来说，在农村越来越显得呆滞，金融机构有款不敢放，就是由此产生的直接后果。事实上，银行贷款与私人贷款并没有本质区别，但在世俗面前，正规金融似乎比非正规金融具有特殊的豁免权和逃避机会。

事实上，我国农民具有天然的、朴素的信用意识，潜在着较高的还款主动性，并不是不具有主动维护个人信用的意识。造成农民信用环境不良的原因除了传统体制方面的因素外，部分农民贷款逾期失信主要是客观原因造成的，除了自然和意外等不可抗力外，与我国农户与城市居民收入差距过大、消费水平持续飙升也有极大的关系。相对困难的农户都想把自有资金用在最需要的地方，没有更多的资金用来增加消费，提高消费水准，而仅靠自身的微薄收入与城镇居民比较，相对来说，对可以拥有和可以占用的资金倍加珍惜，因此，对贷款从心理上存在一种侥幸的占有愿望，一旦遇到客观因素或拖欠贷款的可能因素，自然就迎合了这种心理特征。比如，部分农民长期未还贷款，对极少部分有能力归还借款的农民起着强烈的误导作用，使其在归还贷款上观望或推迟。农民在借款时就打算恶意拖欠借款的虽然是极少数，但产生的负面影响极大，这对树立农民的诚信意识、建设信用农村有很大的破坏作用。

2. 市场融资机制的不健全导致农村金融的信用风险

由于市场机制还不完善，资本市场发展还不成熟，在过去很长一段时间里，我国企业的多数资金需求要靠银行贷款满足，一旦国家实行紧缩货币政策，企业间大量的"三角债"、贷款拖欠和产品积压就开始抬头，由此产生的信用危机波及并加大农村金融的信贷风险。由于金融市场建设的不规范，金融机构难以分散和化解信贷风险。在国民收入分配向个人倾斜的格局中，一方面，财政无力向企业注入资金，而直接融资渠道又非常有限，企业只好求助于金融机构；另一方面，在投资渠道狭窄的情况下，居民储蓄以存款的形式大量流入金融机构，这样，金融机构成了主要的融资中介，承担着过重的资金融通压力。对企业的软债权和对居民存款的硬债务，使金融机构成为社会资金风险的聚集地。金融市场建设的迟缓导致了银行难以进行流动性操作，难以实现通过资产性组合管理来分散风险的策略，尤其是无法利用一些现代化的风险管理手段如期货、期权、贷款出售、资产证券化等，只能被动地接受风险。企业破产失业救济制度及银行资产担保公司的不健全,使信贷风险无法直接分散和转移。在不良贷款无法收回的情况下,金融机构被迫对赖账债户进行诉讼,但结果往往是胜诉容易执行难。金融市场的不规范导致了同业之间"白热化"的不正常竞争。商业银行投入大量的人力、财力进行拉锯式的争夺,如大规模兴建场所、扩充网点,到处打广告招牌,互相拉挖客户,造成了国家财产不必要的浪费,金融机构的经营效益从另一个方面损失殆尽。

四、操作风险的生成机理

1. 基础管理薄弱导致农村金融的操作风险

我国农村金融普遍存在着基础管理薄弱的现象,这是由我国国情决定的。农村金融业务运用管理体系不健全,规章制度无法适应商业银行业务发展的需要,内部监督机制极不完善。一方面,整个业务运行与管理机制基本上是从传统体制脱胎而来,经营体制、机构改革缺乏科学论证和系统性,具有较大的盲目性,导致业务运作顾此失彼,甚至相互冲突;另一方面,我国金融业多采用三级管理、一级经营的管理体制,管理环节多,标准化程序低,增大了业务经营的无序性和风险。在农村金融的经营层面,业务岗位、职能设计和技术流程的制约因素较多,自主经营不足。农村金融的分支机构主要面向广大农村,网点偏远,条件艰苦,环境落后,基础设施相对更差,致使基础管理远远不能适应发展的需要。

2. 风险预警水平低导致农村金融的操作风险

长期以来,国家对商业银行实行"总量控制、规模管理",1998年1月1日才开始实行资产负债比例管理。以行政为主的管理模式导致了农村金融重规模管理而忽视对资产质量和效益的管理,把是否控制信贷规模作为衡量信贷工作优劣的标准。重贷轻管导致一些原本可以化解的风险不断增大并最终形成信贷资产的损失。20世纪末,国有商业银行贷款80%左右集中在国有企业,但其创造的产值只占全部工业增加值的30%,投入多产出少,贷款难以保证效益和及时收回。县域农业银行曾以信贷支农为荣,贷款占到资金运用的80%~90%,且长期专注于粮食、供销企业,但只注重贷款数字的增长,不看重能否收回,形成了信贷风险的死角。

由于缺乏风险意识,农村信贷管理环节的风险预警水平很低。贷前缺乏信用分析,盲目听信借款企业的自我介绍与评估;明知项目效益不好,但碍于领导"打招呼"或个人关系；收受好处、以贷谋私等现象，严重违反信用分析的操作规程和原则。审批时对贷款投向、比重、收益与风险的权衡、风险管理措施等缺乏考虑，审批的主观随意性大。个人拍板，集体审批，职责不清，出了问题无人具体负责。有些贷款职责分明，但由于责任人的调任束之高阁，审计、纪检形同虚设。在签订主要贷款合同时，对抵押、保证、资产保险、借款的前提条件、限制条件、违约处理等缺乏慎重考虑，未从法律保障角度构成对借款人的有效制约，以至于在借款违约时，无法追回银行的债权。在贷款发放后，管理松懈、催收不力，借新还旧，消极对待，贷后管理缺乏有效的制度保障。农村金融"存款立行"的目标忽略了"贷款立行"、"利息兴行"的利益根本，储蓄大战使员工把精力主要投入到完成存款任务，从而耽误了对贷款客户的维护概率，犯了本末倒置的根本性错误。

3. 技术水平低导致农村金融的操作风险

业务技术水平低导致在贷款对象选择上出现信息不对称现象。

（1）借贷不对称。由于信用环境和法制环境上的软约束，导致客户向银行隐瞒真实业绩和风险状况以谋求信贷支持，使金融机构无法获得真实的"完全信息"，对贷款申请人的市场应变能力、企业发展生命力等信息把握不准，导致金融机构做出逆向选择，把贷款借给"目前状况较好"的劣质客户，放弃了有发展潜力的优良客户。

（2）借新还旧。农村金融机构大多有一些债务负担很重的国企、乡企、农村集体经济组织以及一些资金极其困难的个体工商客户和农户客户，有的企业已有重组安排或重组意向。对这些现金流量不足、付息困难、还本无望的客户，到底能否发放新贷款成为难点。一般来说，如果客户无好的盈利项目或产品，不应该给其继续追加新的贷款；但如果是有可能盈利的项目，可否追加贷款就难以选择，可否给予追加贷款的关键在于该项目是否能保证盈利，能否改善并增强还本付息能力。如果答案是肯定的，这时客户借款、银行贷款就构成一个纳什均衡；如果不能确定项目是否盈利，在项目有风险的情况下，对农村金融的决策者来说须非常谨慎。假设在一个完全信息静态的贷款博弈（见表3-1），如果借贷双方都确信项目肯定会成功，那么（借款、贷款）对双方来说都是最优的战略选择，因为贷款发放以后，客户不仅能按期归还新贷款，老贷款也有望逐步偿还，这是一个纳什均衡。如果双方都认为风险很大，成功的可能性很小，

第三章 农村信贷风险类别及生成机理

这时如果双方都是理性的,就该选择(不借款、不贷款),因为成功的可能性很小,对贷款人来说,就意味着不仅老贷款收不回,还赔进了新贷款;对借款人来说,新项目若无盈利,不仅增加了债务负担,还赔进了时间和其他成本。但是在实务中,客户往往不会选择不借款,对企业来说,如果不借款,领导可能要丢官,员工可能要下岗;对金融机构来说,也很难下决心拒绝贷款,因为老贷款尚没收回,原有产品又被市场冷落,如不向新项目提供贷款,老贷款无望收回,逾期贷款要增加,效益考核受影响。很多借新还旧的贷款就是因类似的原因不断贷放出去的。由于金融机构上级单位对下级单位考核力度大,放款害怕考核受影响,因此,采用借新还旧的做法,造成不良资产的恶性膨胀[①]。

表3–1 完全信息静态贷款博弈

贷款客户	金融机构	
	贷款	不贷款
借款	借款,贷款	借款,不贷款
不借款	不借款,贷款	不借款,不贷款

注:本例有两个前提条件:①本例中的客户是指与农村金融机构有长期借款关系的基本客户;②该客户除向原来金融机构借款外,无其他融资途径。该客户在申请新贷款时,仍有老贷款尚未还清。

(3)慎贷惜贷。县域中小微企业经营方式灵活,适应市场能力强,但也存在着资金实力和自我担保能力较弱、不确定因素较多、风险较大的情况。小企业的财务直接掌握在总经理手中,其财务状况和现金流量变动的不确定因素较多,金融机构不易把握。有时候,尽管向小企业提供贷款比向国有大中型企业提供贷款的效益更好,但国企得到政府实质性的"保护"较多,而小企业特别是农产品加工业等民营企业得到较多的只是舆论上或政策上的支持。所以,尽管国家和各级政府积极倡导支持中小微企业的发展,各金融机构也都知道如果中小微企业能够获得更多的融资,整个产业结构可能会更合理,经济更有活力,还能为社会创造更多的就业机会。但由于这种积极的成果是全社会分享的,而贷款风险则是由提供贷款的金融机构独立承担的,所以从单个金融机构理性规避风险的角度出发,

---

① 赵晓菊:《银行风险管理理论与实践》,上海财经大学出版社1999年版,第126–129页。

就出现了各家银行都对小企业特别是农业产业化企业"惜贷"或"慎贷"的情况。但这种思想往往错失了市场经济条件下的最优化选择,把黄金客户拒于门外。

4. 人力资源匮乏导致农村金融的操作风险

以中国农业银行为例,取整体数据和个体数据进行分析。

(1)整体分析(以中国农业银行整体为例)。中国农业银行1979年恢复成立,到2010年已32年。以1989年的数字来对比,具有大专以及大专以上学历的人员1989年为4.5万人,占员工总数的9.97%;2005年达28.03万人,占员工总数的58.53%,提高了48.56个百分点;2010年达到31.12万人,占员工总数的64.11%,提高了54.14个百分点,但本科以上人员14.16万人,只占员工总数的29.17%;取得中高级职称的人数1989年为4.5万人,2005年底为10.3万人,2010年底为11.65万人(占比21.94%)。文化程度和专业素质都不高。

1)员工年龄结构分析。2005年末,农业银行35岁以下青年员工占总数的39.4%,35岁以上占60.6%,30岁以下仅占14.2%;2010年末,35岁以下青年员工占19.4%,35岁以上占81.6%,年龄相对老化并呈上升趋势。

2)员工文化结构分析。2005年末,农业银行共有员工478895人,但硕士以上高级人才仅有3271人,占总数的0.68%,博士只有75人,占0.01%,高级人才相对稀缺,学士学位人员也较少;2010年末,员工485463人,硕士以上10447人,占总数的2.15%,博士277人,占0.05%,但大专及以下343842人,占71%。高级人才相对稀缺,不能适应时代发展需要(见图3-2、图3-3)。

3)员工职称结构分析。32年来,高级专业职务人员有逐年下降的趋势,到2005年取得高级专业技术职称的人员仅占员工总数的0.81%,中级职称人员仅占20.69%;截至2010年末,高级职称占1.04%,中级占20.90%,初级占38.29%,无职称人员占39.77%,中高级专门人才相当缺乏(见图3-4、图3-5)。

(2)具体分析(以中国农业银行陕西省米脂县支行个案为例)。

1)员工年龄结构分析。2006年末,米脂县农行共有员工66人。其中,30岁以下的有2人,占总数的3%;31~35岁的有4人,占总数的6%;36~40岁的有11人,占总数的17%;41~45岁的有11人,占总数的

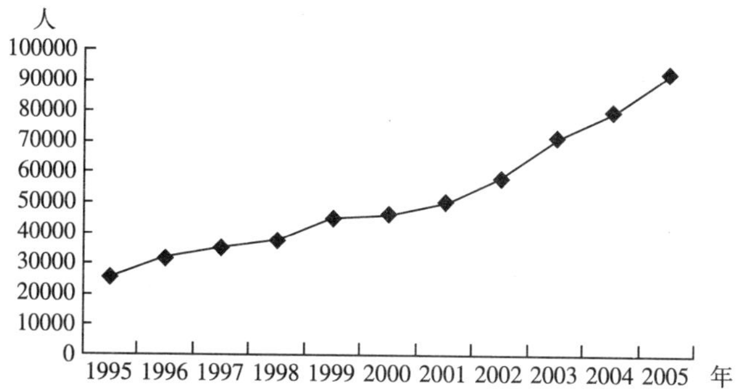

第三章 农村信贷风险类别及生成机理

图 3-2 中国农业银行员工本科及以上学历变动趋势①

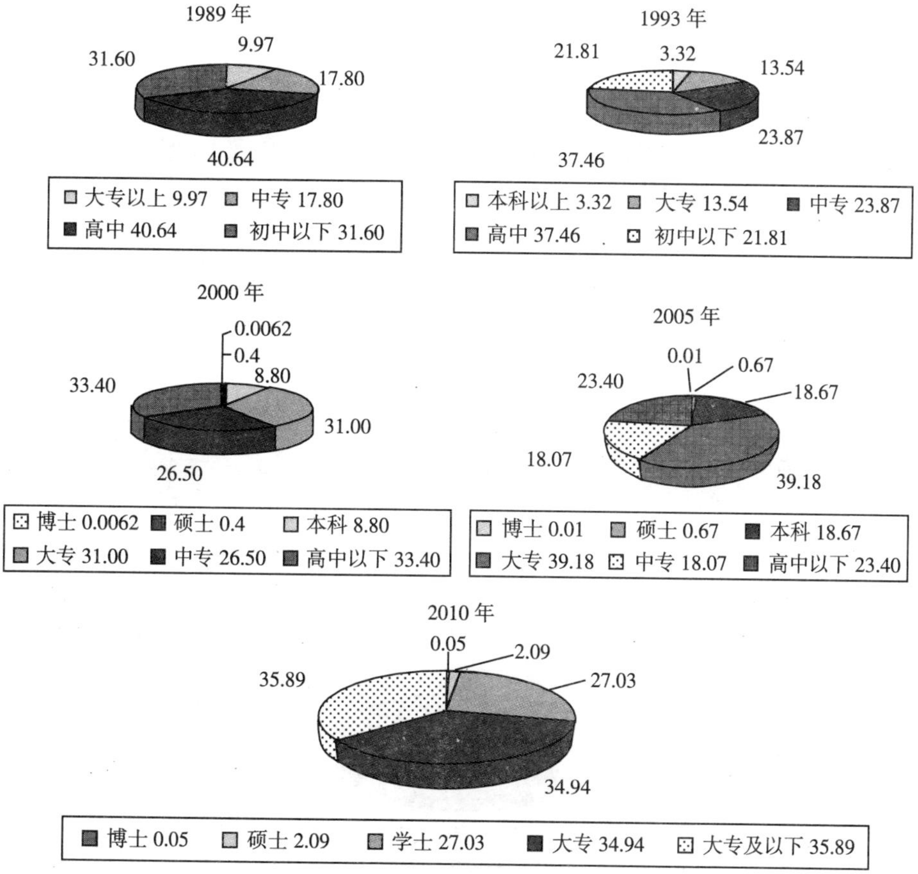

图 3-3 中国农业银行员工文化结构分析（单位：%）

---

① 中国人民银行：《中国金融年鉴》（1990~2006），中国金融出版社。

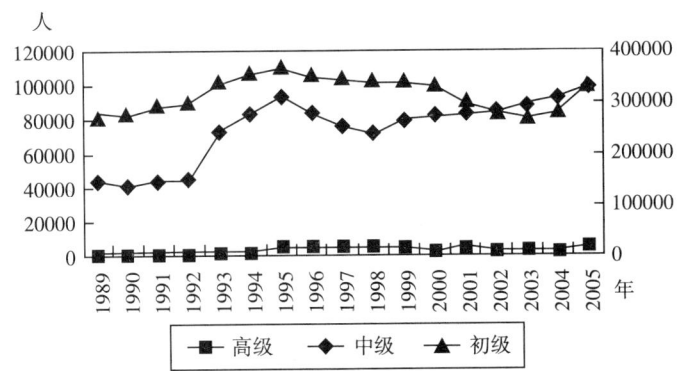

图 3-4 中国农业银行员工专业技术职务变动趋势①

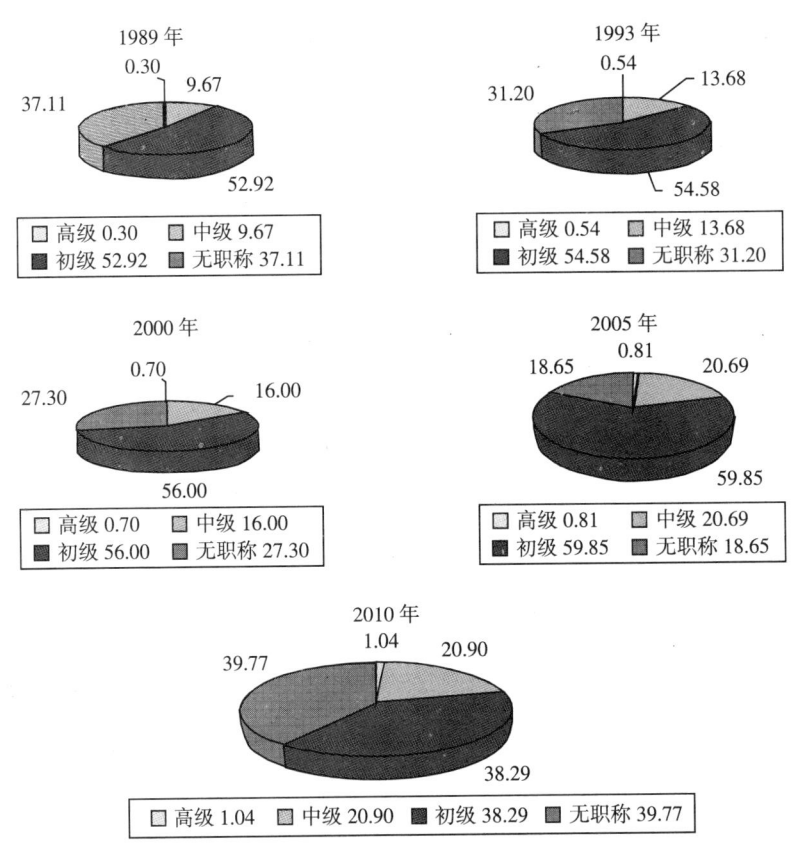

图 3-5 中国农业银行员工技术职务结构（单位：%）

---

① 中国人民银行：《中国金融年鉴》（1990~2006），中国金融出版社。

17%；46~50岁的有16人，占总数的24%；51岁以上的有22人，占总数的33%。可见，员工队伍年龄老化现象十分严重（见图3-6）。

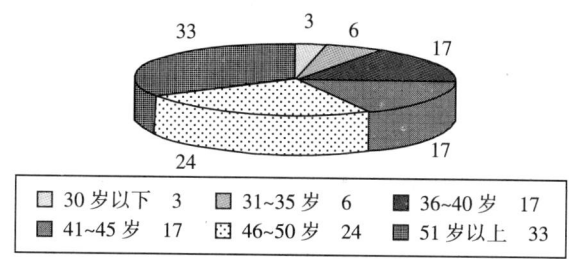

图 3-6　2006年米脂县农业银行员工年龄结构（单位：%）

2）员工文化结构分析。拥有大学本科水平的有5人，占总数的8%；专科水平的10人，占总数的15%；中专水平的6人，占总数的9%；高中水平的18人，占总数的27%；初中及以下水平的27人，占总数的41%。可见，文化素质偏低，很难适应现代大型商业银行发展和建设社会主义新农村金融供给对人才的需要（见图3-7）。

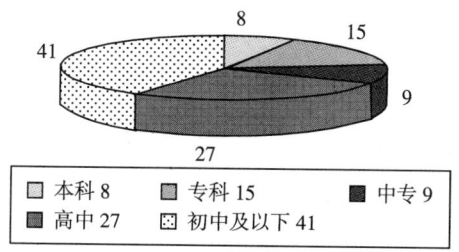

图 3-7　2006年米脂县农业银行员工文化结构（单位：%）

3）员工职称结构分析。拥有高级专业技术职称的人员为零；中级专业技术职称3人，占总数的5%；初级专业技术职称中助理级（助理经济师等）35人，占总数的53%，初级专业技术职称中员级（经济员、会计员等）17人，占总数的26%[①]；没有专业技术职称的人员11人，占总数的16%。高层次专业技术人员相对稀缺（见图3-8）。

（3）小结。从以上分析看，我国金融业从业人员素质普遍不高。员工队伍业务素质低，年龄、文化、技术、职称结构失衡，说明我国金融业从

---

① 初级职称包括助理级和员级。

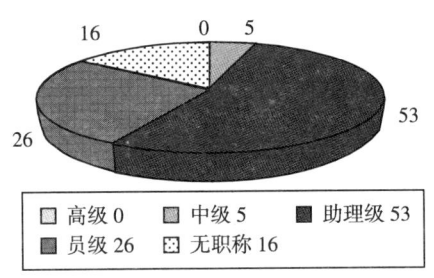

图 3-8　2006 年米脂县农业银行员工职称结构（单位：%）

宏观的角度还没有足够重视人力资源的引进、开发与应用。从宏观角度来看，作为大型商业银行，2005 年中国农业银行博士仅占员工总数的 0.01%，高级专业技术人员仅占员工总数的 0.81%；2010 年博士仅占员工总数的 0.05%，大专及以下占 71%，高级专业技术人员仅占员工总数的 1.04%，初级以下占 78%，由此足以窥见我国金融业信贷风险产生的根源之一。从微观角度来看，一个县支行本科水平人员仅占 8%，高级专业技术职称人员为零，30 岁以下的青年只占 3%。单从人员素质结构这一点来看，就根本无法与大城市商业银行竞争，更不用说与国外发达银行相提并论了。人力资源的匮乏是导致我国农村信贷风险的重要因素。

5. 道德风险导致农村金融的操作风险

有研究认为，中央政府、地方政府和银行内部被称为道德风险的三大诱因[1]。其一，政府对金融机构的重组和合并扩大了原有的道德风险，比如，陕西省三原县城市信用社被农村信用社合并，客观上成为防止被关闭的重要策略，意味着全民资产被原本由某些地方、某些阶层负责任的金融机构套牢。金融市场的垄断，如农业银行从县以下乡镇撤出后，农村信用社在农村地区的垄断，形成潜意识下的政府担保，导致了新的道德风险。国有商业银行不良资产的处置及农村信用社不良资产的置换，使企业竞相分享"最后的晚餐"。不仅制作了免费晚餐，而且制作了责任的豁免，这就加大加速了道德风险的内在发展。其二，地方政府干预金融机构的资金运用极易形成权利责任不对称的道德风险，但政府官员没有一个人承担相应的经济责任，给地方金融造成巨大的损失。其三，银行内部是道德风险的主要滋生地。

---

[1] 孙可娜：《中国金融风险的内生因素和制度创新》，天津人民出版社 2003 年版，第 120-121 页。

第三章 农村信贷风险类别及生成机理

通常所说的道德风险主要是指金融机构内部的道德风险，可以归纳为以下几个种类：

（1）违背政策的道德风险。例如，中央电视台《新闻联播》2000年7月14日报道，在西部开发的热潮中，作为东西合作的结晶，宁夏中卫县从江苏无锡引进了一个染剂生产项目，将此企业建在了第一个国家级沙坡头沙漠类型自然保护区。据报道，县域某金融机构给予了贷款支持。该企业从两明一暗三个排水处向沙漠深处排放未经任何处理的废水，废水流经处黄沙变紫沙，且散发着强烈的刺激性气味。工业废水不仅严重破坏了生态环境，而且污染了民用生活水源。该企业之所以能在中卫县安家落户，关键在于每年能给该县带来300多万元的财政收入。该县有关负责人认为，不能因为保护环境就不发展地方经济了。另据分析，在每年300万元财政收入的背后，这个企业所带来的环境污染是投入3000万元也无法治理的。其实，我国淮河、太湖等地遭受污染所形成的负面影响就是很好的明证。随着企业被关闭，给该企业贷款的农村金融机构必然产生贷款损失。

（2）违法犯罪的道德风险。近年来，金融大案频频发生，从总行行长到省行行长，从地市行行长到县支行行长，从高级管理人员到一般信贷员，职业违法犯罪案例层出不穷。银行高管接连落马，金融犯罪十分猖狂。以进入21世纪以来为例：

1）国家层面。例如，2000年6月，原中国银行行长、中国国际信托投资公司副董事长兼嘉华银行董事长金德琴因贪污受贿、挪用巨额公款罪被判处无期徒刑；2001年7月，原中国农业银行副行长、华夏银行行长段晓兴因涉嫌受贿被依法逮捕；2002年10月，原中国人民银行副行长兼国家外汇管理局局长、光大集团有限公司董事长朱小华以受贿罪被判处有期徒刑15年；2003年12月，原中国建设银行行长王雪冰以受贿罪被判处有期徒刑12年；2004年4月，原中国银行副行长、中国农业银行副行长赵安歌以涉嫌受贿、挪用公款、行贿被判处无期徒刑；2005年8月，原中国银行副董事长、中国银行（香港）有限公司总裁刘金宝因贪污罪被判处死刑，缓期2年执行；2006年10月，原中国农业发展银行副行长于大路以受贿、挪用公款、行贿被判处无期徒刑；2006年11月，原中国建设银行股份有限公司董事长张恩照以受贿罪被判处有期徒刑15年；2007年1月，原中国农业发展银行副行长、国有重点金融机构监事会主席胡楚寿以

· 111 ·

受贿罪被判处无期徒刑；2010年4月，原中国证监会副主席、国家开发银行副行长王益以受贿罪被判处死刑，缓期2年执行；2012年5月，原中国农业银行执行董事、副行长杨琨被中纪委带走调查；2012年6月，原中国邮政储蓄银行股份有限公司行长陶礼明被双规，等等。

2）省级层面。例如，2002年8月，原中国银行安徽省分行行长吴福五因挪用公款、非法出具金融票证被判处有期徒刑16年；2002年9月，原农行黑龙江分行副行长丁志国因受贿被判处无期徒刑；2004年6月，原农行贵州省分行行长高继文受贿被判处有期徒刑15年；2008年12月，农行太原兴华街支行原行长刘进军涉嫌挪用公款1000万元案发；2006年9月，原中国银行海南省分行副行长覃志新犯受贿罪被判处死刑，缓期2年执行；2007年5月，原农行广东省分行行长符史峰涉嫌受贿30万元受审；2008年9月，原河南省信用联社副主任罗开明因受贿、巨额财产来源不明，被判处有期徒刑16年；2009年4月，原河南省信用社主任张铁良，因犯受贿罪，被判处有期徒刑12年；2010年8月，原交通银行广州分行行长刘昌明涉及的98亿元高额违法贷款中损失46亿元逃往海外；2011年2月，原河南省信用联社理事长杨玲被双规；等等。

3）市县层面。例如，2001年10月，广东开平分行前后三任行长许超凡、余振东、许国俊，在长达10年的时间里，贪污、挪用4.83亿美元的银行资金潜逃海外，成为新中国成立以来最大的银行监守自盗案；2001年10月，原中国人民银行宝鸡支行行长刘金城因涉嫌挪用公款、私分国有资产和受贿被依法逮捕；2002年10月，福州市商业银行马江支行原行长贺冬玉私挪巨额公款、潜逃近4年被抓回，判处有期徒刑20年；2004年，中国建设银行广州芳村支行原行长张森森违规发放贷款案（虚假按揭10亿元）；中国农业银行河南省方城行长高合安挪用公款1亿元；2005年，建行山西省万柏林支行行长邵进民涉嫌票据诈骗1.499亿元；农行山西省太原市漪汾街分理处原主任张建国，涉嫌票据诈骗农行1.46亿余元；2007年2月，中国银行黑龙江省哈尔滨河松街支行发生涉嫌内外勾结票据诈骗案，数十亿元资金一夜蒸发，行长高山在加拿大温哥华被捕；2010年9月，保定市市区农村信用合作联社原理事长李新民以非国家工作人员受贿罪、违法发放贷款罪等被判处有期徒刑20年；2012年2月，烟台银行胜利路支行行长刘维宁涉嫌挪用和非法出具金融票证4.36亿元被捕；2012年3月，农行江阴要塞支行行长孙锋卷款约2亿元举家潜逃境外，公安部发红色通缉令全球追捕；等等。

4）乡镇层面。例如，2000年8月，原农行陕西志丹县支行永宁营业所主任刘小兵，涉嫌贪污160多万元被以贪污罪判处死刑；2006年8月，原湖南省安化县农村信用社清塘农村信用社鱼水分社出纳谌斌在与下辖村级信用代办站往来账务处理中，采取由代办站虚开支票、截留村级信用代办站资金不入账、凭支票在中心分社套取现金的方法，挪用资金共计89.7万元，用于赌博和购买地下六合彩，被判处有期徒刑6年，该县信用系统发生挪用资金案16件21人，涉案金额达800余万元；2008年7月，原安徽涡阳县义门信用社主任李向阳，因伪造小额农贷借据、偷支储户存款，累计套取信用社资金440余万元被判处有期徒刑15年，李向阳的行为还引发该信用社其他职工纷纷效仿，造成信用社资金合计被挪用达1390余万元；2008年7月，原农行新疆五家渠兵团分行共青团农场营业所主任蒋辉因挪用公款1386万元用于购买彩票，案发后930余万元无法追回，被判处有期徒刑15年；2010年7月，原河南商丘市梁园区谢集镇农村信用社主任李自忠通过吸收客户资金不入账、违规挂失并盗支储户存款、贷户质押存单和发放冒名贷款等手段，违法账外吸收、放贷2942.67万元在武汉落网；2012年4月，原湖南湘乡市梅林镇农村信用社龙泉站代办员王某采取冒用他人身份信息、模仿他人签名、私刻他人私章等手段向信用社贷款以及收贷不入账、不上交信用社的手段，擅自挪用资金或借贷他人被逮捕，等等。金融机构内部管理松弛、有章不循的混乱局面暴露无遗①。

（3）违规违纪的道德风险。2005年3月，内蒙古自治区包头银监分局在对农业银行包头市分行进行现场检查中，发现所属汇通支行、东河支行在办理个人质押贷款和贴现业务中，内外勾结，骗取银行贷款，涉案资金累计98笔、金额11498.5万元。内蒙古自治区银监局依据《中华人民共和国银行业监督管理法》等法律法规，责成有关单位对43名责任人进行处理。2005年3月，原中国银行北京市分行零售业务处副处长徐维联里应外合骗取贷款达6.4亿元，以贷款诈骗罪被捕。2005年上半年，银监会开展案件专项治理工作，建行湖南省分行行长、建行山西省分行行长、农行湖南省分行行长、农行天津市分行行长、交行太原市分行行长5个省市分

---

① http://www.zgjrjw.com.

行行长以"引咎辞职"或"免职"的方式落马,共追究有关责任人1697人,追究领导责任人570人。2006年3月,中国银行黑龙江四马路支行原行长胡卫东等人通过盗用承兑汇票从银行套取巨额资金用于贸易往来及期货投机,涉案金额高达9.15亿元。2007年,银监会系统共检查各类各级银行业金融机构7.92万家,处罚违规机构1360个,处分相关责任人12687人,取消高管任职资格177人。2009年5月,中国银监会对原北京市农村商业银行行长、全国农信银资金清算中心董事长金维虹处以罢免职务并终身不得再从事金融服务业的处罚,这是国内银行业首例对案件负责人处以"终身禁入"的案例。值得注意的是,这里没有列举20世纪的案例,仅仅列举了21世纪以来的个案,这时商业银行已经度过了改革和转型的关键时期并走向正轨,国家开始赋予商业银行运用信贷资金的充分权力,银行犯罪依然甚至更加猖獗,说明了与此相适应的监管体制和银行内外治理机制远没有到位,杜绝和根除利益引发的道德风险任重道远。

第三节　农村信贷风险生成机理的实证分析

一、金融生态的悲哀:一个基于破产金融机构信贷风险的实例

陕西省三原县丰原路农村信用合作社原名三原县城市信用社,1986年由县人民银行批准组建,2001年8月改制更名为丰原路农村信用合作社,归口县农村信用联社管理。截至2004年末,账面资产总额为9788万元,负债总额11267万元,资产负债率高达115.11%,严重资不抵债(见图3-9)。所有者权益中,实收资本、资本公积为0,历年挂账-1836.23万元;所有者权益净额为-1627.73万元。贷款呆账准备金为-114万元,严重资不抵债。

1. 丰原路农村信用合作社资产负债风险状况综合分析

据报表数字计算,截至2004年末,丰原路农村信用合作社资不抵债额和实际资产损失额如下:

资不抵债额 = 历年挂账亏损 + 实际资产损失 - 所有者权益 - 呆账准备金 = 2804.83 万元

实际资产损失 = 呆账贷款 + 呆滞贷款 × 40% + 逾期贷款 × 10% + 投资资产 × 10% + 抵债资产 × 50% = 1308.75 万元

按实际情况分析，还远不止于此，资不抵债额应为 4914.51 万元。其中：实际资产损失 3418.43 万元（信贷资产实际损失 1570.8 万元，非信贷资产实际损失 1847.63 万元）。从负债总额分析，应支付存款、借入央行存款、同业存放、调入调剂资金、所欠利息及案件损失应支付总额达 12409.73 万元，可见，资不抵债特别严重，面临严重的支付危机。

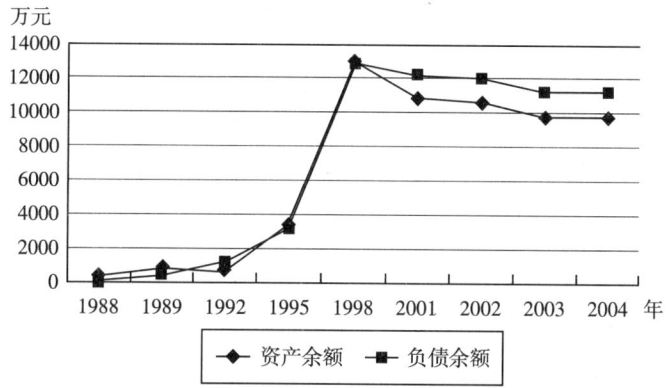

图3-9 丰原路农村信用合作社资产负债增长趋势（1987~2004年）
资料来源：三原县丰原路农村信用合作社年报表（1987~2004年）。

2. 丰原路农村信用合作社信贷资产风险状况分析

2004年末，各项贷款余额为 1972 万元。其中，正常贷款 495 万元，不良贷款 1477 万元，不良贷款占各项贷款总额的 74.90%；呆滞呆账贷款占贷款总额的 74.90%，占不良资产的 100%，资产质量十分低下。从不良贷款增长曲线来看，1998 年以前比较平稳，1998 年起迅猛地大幅攀升，到 2001 年达到最高峰，占到各项贷款余额的 98.52%，其中"两呆"贷款占不良资产的 97.71%，占各项贷款余额的 96.26%；同时，1998 年，正常贷款大幅下降，到 2001 年末，占比只有 1.48%，信贷资产质量几乎完全丧失；经营利润额达 -1656.28 万元，信用合作社进入全面瘫痪状态（见图3-10）。

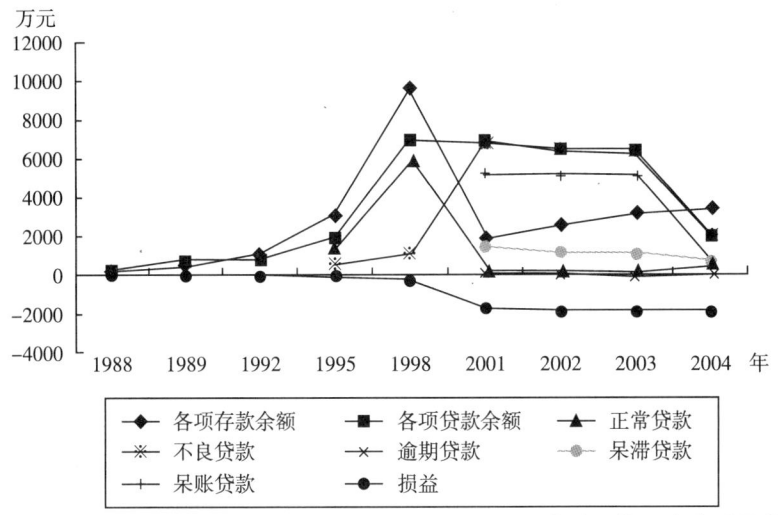

图 3-10　丰原路农村信用合作社信贷资产绝对增长变动趋势及资产质量状况（1987~2004 年）

资料来源：三原县丰原路农村信用合作社年报表（1987~2004 年）。

3. 丰原路农村信用合作社贷款结构风险状况分析

建社初期，贷款集中投放在集体工商业企业，1987 年这部分贷款约占贷款余额的 77%，其余贷款投向工商个体户，约占 23%，最高时的 1989 年集体工商业企业贷款达到 89%，其余贷款缩小到 11%。1992~1998 年，工商业贷款不正常波动，1998 年这部分脊梁性贷款开始全面变质，到 2001 年全面崩溃，彻底转化为"两呆"贷款。2003 年起，贷款结构有所变动，不良贷款有所下降，但仍然难以起死回生（见图 3-11）。

二、金融生态的劣质性：导致农村信贷风险产生的土壤和温床

我国金融生态的劣质性与我国信用状况的历史原因有关，也与经济发展增长的不规范和地区经济发展的不平等相关联。但从信贷风险产生的直接原因来看，主要应归于制度性因素，其中关键是管理制度的不规范，包括行政制度、信贷制度、法律制度与信用制度的缺失，从而导致了信贷风险等一系列问题的发生。

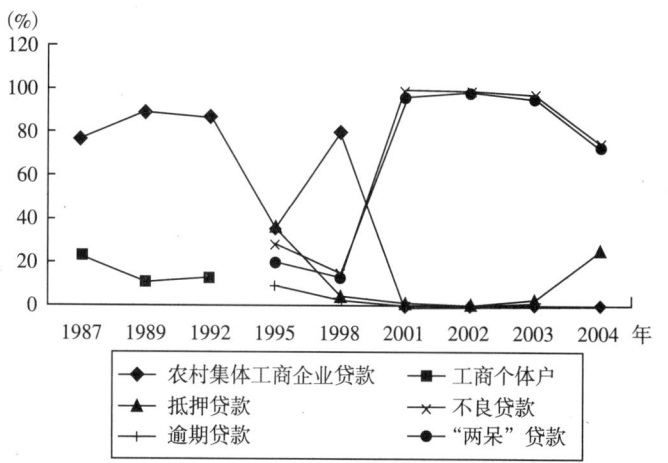

图 3-11　丰原路农村信用合作社贷款投放结构变动状况（1987~2004 年）
资料来源：三原县丰原路农村信用合作社年报表（1987~2004 年）。

1. 行政制度的不规范导致政策风险

丰原路农村信用社的前身是三原县城市信用社，1986 年 12 月由中国人民银行三原分行组建成立，行政业务隶属关系归县人民银行直接领导。由于特定的管理体制，在经营运作中客观存在着行政干预和领导意志，使得金融机构不能自主经营，从而构成了一个主要的风险增长点。譬如，由于县人行的行政干预，人行资金市场共在城市信用社拆借资金 4536 万元，占总拆出资金的 94%。由于清理兑付政策的限制，拆借款利息 2494 万元分文未还，原付利息 472 万元在兑付时充抵本金，造成拆借款未取得任何经济效益。再如，1994~1995 年，在人民银行和当地政府的行政干预下，丰原社代理人民银行兑付企业债券、发放贷款及向财政拆放资金多达 386 万余元，从而给城市信用社埋藏了损失和风险，这也是 1998 年不良资产曲线迅速攀升的一个重要原因（见图 3-11）。实践证明，我国金融机构在 20 世纪 80 年代后期和 90 年代初期形成的大面积呆账，都与行政的不规则干涉有关，由此产生了 90 年代中后期的四大国有资产管理公司对不良资产的专门剥离与处置。

2. 信贷制度的不规范导致操作风险

由于金融制度的缺失和金融人才的匮乏，信贷制度存在着极大的隐患。一个主要的表现就是信贷管理的混乱性，违规操作、盲目操作十分严重。据统计，丰原社各项贷款中约有 3310 万元是"以贷引存"资金形成的，约占贷款总额的46%，且全部形成"双呆"。而且，在储蓄存款中，以个人名义存入的公款达2000余万元，暗含了极大的信贷风险，恶化了金融生态环境。贷款管理的"三查"制度更是形同虚设，审贷会名存实亡，主要负责人说了算。由于在贷款发放过程中的违规操作、"以贷引存"、虚增存款及搞"花架子"工程，从而导致了信贷资产质量差，存在着严重的信贷隐患。这在当前不规则的金融竞争中依然十分普遍，金融生态的破坏性与信贷风险息息相关。另一个主要表现是金融企业家的缺乏所导致的信贷经营理念的滞后和战略眼光的缺失。这一点从丰原所不合理的贷款结构上可以看出（见图3-11）。建社伊始，贷款就集中投向集体工商企业，1987年集体工商企业贷款达77%，1989年高达89%，灵活的个体工商户贷款只占11%，而可以分散风险的农户小额信用贷款及农户联保贷款等客户群体更是始终不愿贷一分钱。可见，不仅贷款结构单一，而且主要投向高风险行业，从而从一开始就在经营策略上埋下了败笔。各项贷款中最大10户企业贷款达3828万元，占贷款总额的54%，贷款高度集中。1992年，随着企业经营的萧条，贷款荡然无存，1995年虽然进行了抵押补救，但由于集体所有制企业的形式所限，土地为集体所有，并不能处置，因此到1998年贷款迅速恶化，2001年集体工商企业贷款几乎全部死亡，金融资产一夜间损失殆尽。

3. 法律制度的不规范导致法律风险

法制不健全是影响金融生态环境的一个直接因素，主要体现在法律法规、内控机制和外部监管三个方面存在着弊端，没有形成一个良好的法制氛围。因此，从根本上说，缺乏有效的防范、监督、制约、制裁机制，使得信贷的有效性失去了经营约束和经营安全的保障体系。譬如，1995年和1996年发生的多起经济纠纷案件，使丰原社蒙受了重大损失。由于丰原社向秦原集团股份有限公司、润丰实业有限公司以及农村合作基金会等提供信用担保，被法院判决承担连带责任1182万余元，案件固然存在着多种因素，但缺乏有效的约束机制应是极其重要的原因。纵观我国农村金融机构的法制环境，据2005年国家审计署对农业银行的22家县支行进行的重点审计，发现各类案件线索51起，涉案金额达80多亿元[1]，其问题的主要成因是内控机制不健全，内部管理不到位。当然，有效的内控机制

---

[1] 刘世昕：《全国审计查出违规资金2900多亿元》，《中国青年报》2005年12月27日第2版。

必须放在健康的法制和外部监管的基础之上，三者是相互作用的，如果做不到良性互动，就可能形成恶性互动，有其必然性。

4. 信用制度的不规范导致信用风险

社会信用意识的退化是金融生态的一个"顽症"。从丰原社信贷风险的个案分析，社会信用制度的不健全是导致经营失利的一个重要方面，客户赖债不还，贷款诈骗，企业逃废债务等现象颇为严重（见表3-2）。

（1）客户赖债案例。1989年4月12日该社给某个体工商户贷款4000元，还款日期为同年8月8日，数次催收无效，直到2002年5月23日法院宣判，被告也未到厅答辩。

（2）贷款诈骗案例。中国工商银行三原县支行劳动综合服务公司贷款320万元涉嫌诈骗案及某客户涉嫌存单质押贷款25万元诈骗案严重地破坏了该社的正常经营。

（3）企业利用改制，逃废债务案例。三原美乐公司及下属企业贷款640万元，因公司改制，实行"脱壳经营"，贷款由总公司承担，但其已变为管理机构，是空架子，仅靠管理费维持，客观上失去还贷能力。该社不良贷款中涉及的破产企业，主要是农村工商业贷款，因信用制度的缺失及国家政策的局限性，造成债务落空。事实上，这种由客户赖债、欺诈、逃废债务等信用意识问题形成的不良贷款，在我国农村金融机构非常普遍，造成了信贷资产的大量损失。

表3-2 三原县农信社10家大额贷款客户情况统计

单位：万元

借款人	借款金额	借款时间	企业性质	2004年央行票据置换	欠本金	欠利息	目前状态
美乐集团	1708	1990.04~2000.11	乡镇	734	974	942	关停倒闭
秦原集团	864	1994.06~1999.11	村办	147	717	660	停产
淀粉厂	469	1990.04~2000.11	乡镇		469	570	关停倒闭
滨港集团	757	1996.12~1997.05	村办	327	431	609	关停倒闭
秦光纸厂	327	1995.12~2005.01	村办		327	158	基本停产
兵马俑香油厂	287.6	1993.04~2004.11	乡镇		287.6	0	基本正常以旧贷新按季清息
新羽针织公司	280	1998.04~2005.01	私营		280	0	基本正常以旧贷新按季清息

续表

借款人	借款金额	借款时间	企业性质	2004年央行票据置换	欠本金	欠利息	目前状态
东亚公司	232	1997.06~2005.01	集体		232	2004年9月前欠利息挂表外	基本正常 以旧贷新 按季清息
乾兴集团	204	1995.01~2005.01	私营		204	147	关停倒闭
和兴实业	197	1999.08~2004.06	私营		197	30	转包

资料来源：三原县农村信用联社关于客户大额贷款分析报告（2005年1月）。

第四节 结论

一、利益群体矛盾：信贷风险的地核和辐射源

《巴塞尔新资本协议》将风险管理划分为"三大风险"及"五大目标"，它的用意是为了对全世界的银行普遍地实行风险的数字化统一计量，但它的全面风险管理理念无不与信贷利益有关，它的局限性在于没有和无法具体顾及利益层面风险度量的实质，但它对国际金融风险一体化管理的普遍性指导的巨大贡献和信贷风险管理特殊性的本质是一致的。从我国农村信贷风险生成机理综合分析和实证分析来看，我国农村信贷的风险，无论是哪一种类别的风险，都是因为信贷利益群体对信贷利益的不正常争夺而引起的，农村信贷风险的基本路线就是：利益群体→信贷→利益→风险，利益群体矛盾是风险的地核和辐射源。

二、物质利益的诱因，社会主义价值观的丧失：信贷风险的根本动因

丰原路农村信用合作社个案深刻说明，信贷风险的根本动因是物质利益的驱使。这里不妨再略举几例加以说明：①1990年1月至1996年8月，

广东恩平金融机构高息吸存 136 亿多元,违规发放贷款 100 亿元,导致逾期 46 亿元,呆滞 8 亿多元,应收未收利息 12 亿元。造成储户到银行挤兑,严重地影响了社会稳定。1997 年 4 月,国务院派出工作组进驻恩平,整顿金融秩序。仅建行恩平支行下属 7 个办事处通过高息贴水吸收存款和账外拆借资金的方式,就违规吸收 32 亿多元,违规发放账外贷款 349 次共计 25 亿多元人民币和 240 多万港元。其违规发放的贷款大部分无法收回,造成国家经济损失 36 亿多元人民币,368 万多港元,导致银行无力兑付到期存款,存款人挤兑,恩平支行被迫撤销,200 多名员工被遣散。②2010 年 8 月,北京华鼎信用担保有限责任公司重金贿赂北京农商银行 8 名高管,成功骗取农商行贷款 7.08 亿元案开庭审理。18 名被告人被控贷款诈骗罪、行贿罪、伪造公司印章罪、违法发放贷款罪、非国家工作人员受贿罪、敲诈勒索罪 7 项罪名。③2011 年 8 月,北京小企业众实公司,利用他人身份证件编造虚假材料骗取工商银行昌平支行 27 笔消费贷款 4678 万元高息转借他人,形成伪造文件、骗取贷款、高利转贷的牟利链条。④2012 年 5 月,非法集资诈骗 7.7 亿元,造成 3.8 亿元无法归还,给国家和人民利益造成重大损失的浙江金华吴英案终审判决。

虽然《巴塞尔新资本协议》没有揭示和明确说明利益这一根本动因,但我们可以看到,由于基层信贷的稀缺,我国基层信贷利益的争夺已发展到了畸形的恶劣险地,国家利益、集体利益和个人利益的冲突到了无法调和的地步,如何有效地研究和防范我国农村信贷风险,应该提上重要的议事日程。

第四章 农村信贷风险有效防范模式

本章所论及的农村信贷风险防范,是指贷款前的信贷风险防范。贷款前的信贷风险防范是信贷风险管理的前台和挡风墙,是贷款健康成长、效益好坏和成败的关键环节。我国地区经济发展很不平衡,发达地区和欠发达地区县域信贷风险源的侧重点也不同。本章在讨论国外先进银行信贷风险防范模式和我国农村信贷风险防范传统方法的基础上,重点讨论农村金融机构信贷风险普遍比较集中的3个风险点,即农民贷款、农村中小微企业贷款和农村公共产品贷款,以及这3个主要风险点的信贷风险防范模式。

第一节 国外信贷风险防范模式

一、荷兰银行信贷风险防范模式

荷兰银行是西方发达商业银行之一。其极为重视信贷风险防范,通过对业务经营的风险分析、风险预测、风险管理等各环节和不同层次构建的风险防范体系及运行机制,保证了其风险始终都能控制在可接受的范围之内。它的主要特点是把好贷款的决策关口,决策系统是依靠信息系统的支持,构建涵盖宏观和微观风险的全面风险管理与防范体系,保证了信贷决策的高效,激励与约束机制的统一和信贷决策流程的风险可控,而且各个流程都具备较高综合素质的专家型人才把关。

1. 以信息系统为支撑的业务流程及操作程序

荷兰银行以强有力的电子化网络系统为支撑,通过建立包含各种业务、行业、产业、客户等信息的数据库,实现了数据的高度集中和信息资源的共享,保证了各项业务在不同的数据模块及其信息系统中按照标准化程序进行。这种集风险控制、业务经营于一体的标准化业务流程,大大提高了业务操作的质量和效率,保证了内部的协调有序运行。各项业务流程及操作程序都以管理信息系统的形式确立起来,通过系统操作来达到客户评价、风险控制、规范操作和严格管理程序化。例如,批发业务的信贷决策按标准化程序分为8个步骤:①充分了解客户的所有金融及与金融相关的其他需求;②分析存在或可能存在的风险点并提出信贷建议;③搜集、整理和集中专家意见;④报信贷风险审查部门审查,并提出审查报告;⑤按权限送决策层审批;⑥决策层就决策方案及条件与客户谈判并达成一致协议;⑦执行信贷决策;⑧信贷控制与贷后管理。

2. 高效的信贷决策审查报告

荷兰银行信贷审查报告具有严格的标准化格式[①]:

信贷审查报告(标准模式)							
信贷审查人:		电话:			呈送审批行(人)		
客户名称:		客户信用等级:			申请批复日期:		
(一)金融需求(简述贷后检查情况、主要金融品种的增减变化、需要新增加的金融品种、现有金融品种的增量需求等)							
(二)有关的已有决策、信贷条件变化、重大协议:							
统一授信额度	短期		长期		其他负债	合计	对授信的简要评价
存量信用							
建议新增							
授信总额							
(三)客户类别及主要指标(指客户等级,例如黄金客户、优良客户、优先客户等):							
关键的金融指标	借款人			担保人			集团企业(母公司)	
欧元(百万)	会计年度1	会计年度2	会计年度3	会计年度1	会计年度2	会计年度3	会计年度1	会计年度2	会计年度3
销售收入(营业额)									
付息和税前利润									
边际利润									
净利润									
所有者权益									
信用总额									
所有者权益/总资产									
信用总额/付息和税前利润									

---

① 阳国新:《荷兰银行风险控制机制的分析与借鉴》,《中国城乡金融报》2005年2月7日第3版。

续表

(四) 信贷审查意见:
1. 借款人基本经营情况及背景。简述企业基本情况、主要生产经营变化及发展前景等
2. 新增信用情况。简要说明所需信用品种的目的或用途、借款原因、还款来源和还款计划、借款期限要求等
3. 经营（市场）风险分析。简要分析客户所在行业、经营战略或目标、经营管理水平与风险、主要经营活动或产品服务、市场定位、市场经历及销售变化、成本结构、关键供应商、产品生产水平及技术创新等
4. 金融风险分析不要重复信贷意见，主要说明股东的金融地位、融资优势、固定资产融资及资金流动性、企业现金流量、盈亏变化及原因、偿债能力、资产盈利率、担保情况及与其他银行比较等
5. 结构风险分析。简要分析客户的金融产品结构，说明各产品的基础条件和期限变化，主要优势和劣势，担保措施落实情况，信息资料更新情况，公司治理结构风险等
6. 客户信用等级及审查建议。阐明同意与否，如不同意必须写明理由
7. 风险与收益分析。分析银行提供金融产品的价格及收益是否与所承担的风险匹配，能否达到银行要求的回报水平
8. 其他意见或要求

3. 多层面的风险控制机制

在客户评价和对每个客户的每笔信用进行风险分析之前，首先从宏观上对不同国家或地区的不同行业进行风险分析与评价，以实现对信贷风险的宏观控制。对一个国家的每个行业的风险主要从以下几个方面进行分析和评价：一是行业环境评价，包括竞争环境、国家管制、行业进入障碍、自然生态环境影响等。二是行业敏感性评价，包括行业生命周期、变化价格优劣势、行业对进口和出口的依赖性或影响等。三是市场条件评价，包括行业市场销售增长、行业盈利能力、行业衰败的可能性。四是生产条件评价，包括资金密集度、技术依赖程度、劳动依赖程度等。

在把握行业风险的基础上，对客户的每项信用需求再进行具体的风险分析与评价。作为信贷风险管理的信贷审查，具体明了标准化的内容及相关要求，把信贷管理中的风险审查划分为经营风险、金融风险和结构风险三大部分。标准化审查内容及相关要求为：

（1）已使用信用概况与新的信用需求。

（2）对资产负债、现金流量和利润（或亏损）等主要指标的分析。

（3）经营风险分析。其中包括公司规模、公司主要经营活动（产品和服务）、营业额或销售变化、成本结构、产品或服务质量、科技和革新、经营管理水平、在主要市场中的地位（或份额）、关键的供应商和主要的消费者有什么新举措等。

（4）金融风险分析。其中包括股东的优势、金融地位和融资能力强弱、现金流量、盈利或亏损变化及原因、固定资产的融资及资金流动性、融资杠杆比率、应收账款质量、支付风险、保证抵押担保及其他贷款条件比较、国家金融风险、支付风险等。

（5）结构风险分析。其中包括公司类型、公司治理结构、公司金融产品或金融服务种类与结构等。

（6）信贷建议或意见。

4. 简要评论

荷兰银行风险控制机制对我国农村金融机构的借鉴和启示：

（1）数据信息化。业务流程建立在强大的信息数据支持下，使信贷决策快捷、高效、有序进行，科学合理地实现信贷业务的程序化，确保各个环节紧密相连，既相互衔接、相互配合、相互支持，又独立操作、相互制约、防范风险；既有充分的信息，又有专家的意见，做到了严格审查、独立决策、风险控制、严格管理。

（2）流程标准化。集风险控制、业务经营于一体的标准化业务流程及操作程序都是以管理信息系统的形式确立起来的，通过系统操作来达到客户评价、风险控制、规范操作和严格管理程序化，既提高了业务操作的质量和效率，又保证了内部的协调有序运作。

（3）报告简明化。标准格式的信贷审查报告简明扼要，整个报告的篇幅一般都在 2~3 页，最长的不超过 5 页。易于决策者阅读并掌握决策所必要的情况，有助于提高决策效率。相比之下，我国信贷审查报告太冗长，反映的内容实际上是信贷审查人员所做的信贷审查工作工程的叙述。将信贷审查报告改进为呈送决策审批的报批报告，无疑会大大提高决策效率。

（4）评价科学化。从宏观、微观各个层面控制风险。在客户评价和对每个客户的每笔信用进行风险分析之前，首先在宏观上从行业环境、行业敏感性、市场条件、生产条件等方面对一个国家的每个行业的风险分别进行评价和量化评分，可以清楚地判断某个国家或地区的某个行业的宏观风险大小，以实现对信贷风险的宏观控制，这对信贷决策和风险管理能起到有力的辅助作用。在把握了行业风险的基础上，再对客户的每项信用需求从经营风险、金融风险和结构风险等方面进行具体的风险分析与评价。

（5）把关专家化。各个流程都具备较高综合素质的专家型人才把关，有利于控制操作风险。这些先进经验对我国农村金融的发展具有重要的借鉴作用。

二、法国农业信贷银行信贷风险控制模式

法国农业信贷银行是从农民互助合作组织到完全遵循银行规则运作进而发展演变为雄踞世界第二的银行集团。它的主要特点是有一套完善的风险防范体系,其科学的管理理念、制度、手段、技术,可以对我国农村信贷风险防范产生一定的启发。

1. 相互制约的信贷管理组织体系

法农集团各银行职能部门大致可归纳为3类:业务拓展系统、风险控制系统、支持保障系统。信贷管理属于风险控制系统,信贷业务的组织框架由客户部、结构融资部、风险管理部组成。分行基本上没有信贷业务审批权,没有客户信用等级评定、授信额度的审定权等。实行例会制,会议由行长、副行长、风险部门、客户部门经理组成,必要时请法律部门研究人员参加,最终决策由行长做出。信贷业务全部实行部门分离,相互制约。在风险控制上都奉行"四只眼睛"原则,即至少有四只眼睛同时盯住一笔业务,强调有两只眼睛来自于市场拓展系统,有两只眼睛来自风险控制系统,再加上贷审会审议制,确保风险分析和业务判断的全面性和准确性。

2. 严格的信用评级制度

法农集团客户信用评级共分为15级[①]。1~7级属于可贷款或可投资范围,8~10级为密切关注,11~15级属于不可贷款或不可投资范围。在可贷款范围内,再根据不同的信用等级并考虑其他因素(数量、期限、与银行往来情况、外部形势等)确定不同的资产价格(利率、收费标准等)。从频率来看,当客户提出借款时,就必须进行评级;检查客户信用时,要更新客户评级;11级以下评级每季更新1次;遇紧急情况则随时调整。没有财务报表的,固定评级为11级,特别情形可固定在10级。从评级程序来看,法农集团总部风险管理部负责评级规则和方法的制定,其他任何部门和下属单位均不得更改或制定补充办法,但可以向总部提出相关建议;具体评级,由客户经理在与客户的联系中了解客户财务状况等资料,输入客户评级软件,提出评级建议,

---

① 朱科帮:《有效的风险防范体系之启迪与借鉴》,《中国城乡金融报》2004年11月29日第3版。

风险管理部独立审查认定，如意见不一致，以风险管理部意见为准，前台对特定情况的客户等级升级，只能1次。风险管理部在系统里记录评级结果。所有客户的评级必须由各银行总行审批才是合法有效的。

客户评级由定量和定性两大块组成。定量分析的基础是以最近经过审计的客户合并年度财务报表，主要分析六大财务比率：权益、杠杆比率、投资回收率、利息保证倍数、净现金头寸、销售回报率。根据不同行业计算和评价客户财务比率；每一比率都能在它所属行业分值段得到一个分值；最后得分以客户六大财务比率的得分进行平均而定，再根据得分确定其数量得分的等级。定性分析根据客户财务文件、财务支持、环保和策略、管理质量4个方面为基础。这4个方面已标准化，每一个标准提出12个须回答的选择，每一个回答给出一个分值，然后汇总得出总分值100分，除5分之后，最后得分不超过20分。根据定量分析得出的分数段，建立矩阵模型，从而得出客户的最后等级。但定性分析得分不能高于定量分析2个等级，或低于定量分析3个等级。

法农集团评级体系中，行业和等级是细分的。客户评级分为15个不同等级，16个行业，仅农业就分为4大行业；评级频率是动态的，既有一年一评的，也有即时的，特别是客户需要贷款时就必须进行评级；此外，评级全部由总行审定批认，分支机构无权评定，改变客户等级只是极个别事例，并须经过严格的程序；行业的分值手段每年都要根据上年的评价实践以及法农集团的客户目标即价值取向和经营目标进行修订；定量和定性分析分别通过建立矩阵得到，而不是进行汇总，避免两者的中和，这些评级方法均值得我国农村金融机构效仿。

3. 准确的市场定位和信贷组合定位

相关部门包括客户部门、风险管理部门等要在风险战略委员会或总裁领导下，认真研究市场和客户需求，制定信贷组合战略，确定国家、区域、行业、客户、品种及期限组合的结构，做到市场定位准确。业务前台部门必须严格遵守这一风险战略来选择客户和选择市场交易业务，风险部门也按照风险战略进行审查和审批单个客户授信，并且由风险管理部门适时实施监控，从而保证前台部门和风险部门在业务发展与风险管理上的有机统一。原则上，每年的第四季度，要对下一年度的发展战略和投资组合提出意见和计划，报风险部门审查，风险战略委员会审议批准。制定投资组合目标（特别是新增投资组合目标）的基本原则是在风险可承受和可控制的前提下，实现以最少的资本取得最大的收益。

4. 简要评论

实际上，西方银行有效的风险防范体系与我国商业银行有一致的地方。其相互制约的信贷管理组织体系、严格的信用评级制度、准确的市场定位和信贷组合定位等做法逐渐被我国银行借鉴和应用。比如，我国银行实施的信贷新规则及信贷结构调整战略，逐渐与西方商业银行接轨。农村金融机构要不断吸收现代商业银行信贷管理的先进经验和做法，及时修正实际工作中提出的问题，规范信贷防范流程，强化贷前各环节的制度建设，努力把信贷风险防范和控制在前台。

第二节　我国农村信贷风险防范的传统方法

信贷风险防范的首要措施是信用分析，进行贷前风险测评，以便决定借款人未来还款的能力和意愿，在此基础上再决定贷或不贷，贷款的方式、期限、利率以及偿还安排等。一般信贷风险防范模式是指具有普遍适用性的信贷风险防范模式。这种理论模式是国内外普遍采用的基本模式，我国在金融体制改革过程中已经普遍地运用。

一、借款人信用分析

信用分析是贷款活动的重要组成部分。信用分析的过程是贷款决策的过程，也是调整资产结构和期限的过程。其主要步骤包括：调查借款人的基本情况，分析借款人贷款的基本情况，通过各种有关的信息初步预测风险，较为全面地分析有关的资料和影响风险的因素，核实主要的分析资料，进一步分析风险，作出最后决策，以及组织贷款发放等。这些步骤可以归纳为对借款人及其财务和经济3大因素的分析。通过借款人影响因素分析、财务报表和比率分析等来完成。

1. 信用分析的具体程序与方法

（1）借款人信用分析的程序。农村金融机构对借款人的信用分析要有严格的程序。

1）组建信用分析小组，搜集资料。要指定有关人员成立信用分析小组，根据借款人特征及评估企业的行业特定情况，做好政策、法规和业务情况的调查了解，广泛地收集有关借款人的资料，包括借款企业的资产负债表、损益表、财务状况变动表、现金流量表、业务报表、经验介绍等有关内容。只有在掌握第一手资料的情况下，才能充分、正确地对借款人作出评价。收集资料是信用分析的准备阶段。

2）分析评价。信用分析小组根据收集来的资料、有关报表和有关财务比率进行分析研究，在此基础上对借款人进行分析评价。这是信用分析的关键环节。

3）评定等级。根据评价的指标和各等级要求，评定出借款人的信用等级。

4）写出信用分析报告。评估小组根据评定的信用等级，写出书面的分析报告，对信用分析全过程进行全面的总结。

（2）信用分析的方法。

信用分析方法分为一般方法、技术方法和思维方法3种[①]。

1）一般方法。一般方法又称基本方法，包括数据分析、评估调查和数据调查3个步骤。

第一步：数据分析。数据分析是将相关的经济数据采用系统的方法进行分类、分解和比较。常用的分析方法有对比分析、因素分析、结构分析、比率分析等。

第二步：评估调查。评估调查是对某些经济数据和事项，用技术、调查进行查证、核实的方法。它是发现、确认问题的重要手段。常用的方法有核对法、访谈法和检视法等。

第三步：数据调查。数据调查是对经济数据进行调查、更正的一种方法。如发现会计核算和业务统计有错误，弄虚作假等，必须在弄清错误、调整之后再认定数据进行分析比较。

2）技术方法。技术方法又称具体方法。常用的方法有查证、查实、查阅、核对账表、验算和调整等。

3）思维方法。在分析过程中不论采用哪种方法，都要运用思维方法。即进行判断、推理、设想、创造等思维分析，通常选择专家会诊的方法，

---

① 戴相龙：《商业银行经营管理》，中国金融出版社1998年版，第28页。

第四章　农村信贷风险有效防范模式

这是信用分析评级工作中必须使用的重要方法。

2. 信用分析的资料来源

农村金融对借款人信用分析的资料来源于以下几个渠道：

（1）借款人提交的资料。借款人与农村金融机构建立借贷关系后，在申请贷款时，必须按规定提交有关资料。农村金融机构从借款人提交的资料中可以了解借款的理由，判断是否符合贷款政策和原则，了解企业发展历史，主要负责人的背景、品德、能力、产品及在市场竞争中的情况与企业经营策略等信息。

（2）信贷部门建立的信贷档案资料。就老客户而言，农村信用社对其存款情况、贷款情况、透支情况及透支原因，客户的生产、经营、盈利等情况都要按规定建立档案。对新客户有诚信情况汇总记录、基本情况记录及复合论证记录等。农村金融机构参考对新老客户的记录进行信用分析。

（3）从外界调查所得的资料。其中主要包括信贷部门从社会征集的资料，如从信用评级公司、财务公司、信息咨询机构等得来的资料，还有从借款人曾经有过借贷关系的其他金融机构获得的资料。

（4）深入借款人生产经营实地调查获得的资料。信贷员到借款农户和借款单位实地进行深入细致的调查，了解其生产、经营场地的秩序、环境、管理、技术设备、人员素质、财务账目等情况。

（5）从借款人的财务报表中了解情况。根据规定，借款人应按期向借款金融机构提供资产负债表、损益表、财务状况变动表、现金流量表、统计表、生产或商品流通计划等。信贷部门通过对各种报表的分析，了解借款人短期、长期负债的清偿能力和资金营运及盈利情况等。

3. 信用分析的内容

信用分析的主要内容包括对借款对象的基本条件及影响因素分析、财务报表分析和财务比率分析3个方面。对借款对象的基本条件及影响因素分析一般采用"5C"法，即对借款对象的品德（Character）、能力（Capacity）、资本（Capital）、担保品（Collateral）、环境（Condition）5个方面进行分析。因这5个词的第一个字母都是C，所以称"5C"法[①]。

（1）借款人品德分析。借款人品德分析主要是评价借款人的品行是否诚实可信和是否有偿还贷款的意愿。它主要反映在借款人过去偿还债务的

---

① 李燕君、阮小莉、唐旭辉：《农村信用社信贷管理》，西南财经大学出版社2000年版，第29页。

记录及外界声誉上。金融机构要充分保留客户这方面的档案,输入计算机信息系统,以备信用分析时查询。借款人可以是公司企业,也可以是自然人。对公司企业的品德分析包括经营能力、经营作风、资金运用状况、在同行业中的信誉以及同金融界的关系等,并通过调查分析,进一步了解企业到期还款的意愿,评价其品德的高低等。

（2）借款人能力分析。对借款人能力的分析是对借款人的经验、经营才能、教育程度、判断能力及应变能力等的分析。企业主要负责人的能力对企业的盈利有至关重要的影响。如果一家企业没有一个精明强干的领导班子,品德再好,资本再多,往往也会在激烈的商战中失败。

（3）借款人资本分析。对借款人资本的分析是指对借款人拥有资本的多少及结构的调查分析。资本是显示企业财力的一个重要标志,通常用净值来衡量（总资产-总负债）。资本反映了借款人的财富积累情况,并在某种程度上反映了企业的实力。对金融机构来讲,借款人的资本越多越好。因为借款人资本雄厚、财力充裕,偿债能力强,贷款风险小。但在评价借款人的资本时,要注意其账面价值和市场价值的差别以及资本的稳定性与变现能力。

（4）借款人贷款担保品的分析。对借款人贷款担保品的分析是指对借款人提供的用作还款保证的抵押品的可行性分析,是对具体担保品的调查与核对。提供担保品的作用是保障贷款安全,使贷款的风险和损失程度减到最小。当贷款人到期不能偿还债务时,金融机构可根据贷款合同中有关规定处理担保品,优先受偿,使信贷资产得以保全。

（5）借款人经营环境的分析。对借款人经营环境的分析是指对借款企业自身的经营情况和其所处的经济环境的评价分析。企业自身的经营情况包括企业的经营特点、经营方式、技术设备状况和劳务关系等企业自身能够控制的内容。企业所处经济环境主要是指国家政治经济体制变动对经济发展的影响,如经济周期、行业发展趋势、市场情况、政府管制和同业竞争等企业无法控制的外部环境。分析经营环境的目的,主要是事先采取某些必要措施作为应变准备,以保证贷款的安全。

（6）简要评论。影响借款人偿还贷款能力和意愿的因素可分为宏观和微观两部分。宏观因素是指宏观经济环境的变动,主要包括经济运行的目前状况和未来趋势,以及经济及其政策产生变动的可能性等。这些因素均会影响借款人还款的能力和意愿。例如,借款人的信贷风险随着经济周期的变动而变动,繁荣阶段相对较低,而衰退阶段则相对提高。贷款的期限越长,宏观因素分析就越重要。微观因素则是指影响借款人本身的因素,主要包括借款人的道德品质、借款和偿还能力等。

4. 财务报表和比率分析

对借款人基本条件的分析,只是对其信用的初步定性分析,其深度、广度和精度远不能满足贷款决策的需要,在此基础上必须对企业财务状况进行深入准确的定量分析,掌握企业的经营状况和偿债能力,这是农村金融机构信贷决策和决定授信对象及授信额度的重要依据。因此,在进行财务分析时必须特别注意财务报表的真实性,最好使用经有关权威部门审计过的财务报表。财务分析可分为财务报表分析和比率分析两个部分,前者是用来评估财务报表中的每个项目,而后者则是用来评估借款人(尤其是工商企业)的运营状况①。

(1) 财务报表分析。财务报表的主要分析方法就是评估报表中的每一个重要项目,以判断其准确性和合理性。为了估计出财务报表上各个项目的合理价值,应将其削减至更为适当和稳健的数目,只有这样才能够对借款人过去、现在和未来的经营状况做出较为客观的评价。财务报表分析包括对借款人的资产负债表、损益表、财务状况变动表以及事前试算的财务报表和现金预算表中的主要项目做出较为客观的评估。

1) 资产项目的评估。其中主要包括现金、存货、应收账款、固定资产,以及其他资产等。

2) 负债和净值项目的评估。负债项目包括短期和长期两种。短期负债主要包括短期借款、应付账款,以及税款和其他费用的应计额。长期负债包括长期借款和借款人发行的中长期公司债券。所有者的产权资本或净值的大小反映了借款人归还贷款的实力。

3) 损益表中项目的评估。通过借款人的损益表来分析其经营的稳定程度和管理的效率,这对农村金融长期的信用分析而言是十分重要的。同时,必须实地考察并找有关部门、人员了解实际情况,作为贷与不贷、贷多贷少的决定性环节。"不入虎穴,焉得虎子",一定要扎扎实实做好调研工作。有些项目或企业为了获取贷款,专门在数字上做文章进行蒙骗,更有甚者是内部人出点子、想办法给予虚假包装和疏通,以达到得到贷款的

---

① 杨力:《商业银行风险管理》,上海财经大学出版社1998年版,第40-50页。

目的,这在某些地方甚至已成为一种风尚或"计谋",金融机构往往自觉或不自觉地进入客户贷款的圈套。

4)财务状况变动表中项目的评估。财务状况变动表,又称资金来源和运用表,1988年后,财务会计准则委员会(FASB)统一将其改为"现金流量表"。它反映借款人在报告期内(一般为1年)营业资金及流动性的变化,是评估借款人短期贷款偿还能力的一个主要指标。必须充分意识到借款人流动性的变化可能导致违约风险出现的概率。

5)事前试算的财务报表和现金预算表中项目的评估。事前试算的财务报表和现金预算表是在对借款人未来经营状况合理预测的基础上编制的预测性财务报表。通过分析这些报表可了解借款人未来的财务状况,但这些表中各个项目的精确性在很大程度上取决于对借款人未来经营状况的预测。贷款的期限越长,编制这些报表的作用也就越大,这些报表不仅在贷款审批前加以使用,而且在贷款归还前应当要求借款人定期提供这些报表,可以将借款人有关的实际财务指标与原来的预测值相比来判断误差的大小,并进一步分析原因,为及时采取保护性措施提供相应的基础。

(2)比率分析。信用分析中技术性较强的部分是财务比率分析,是信贷决策的重要依据。财务比率的计算可以在不同的资产负债表之间,不同的损益表之间,或各种财务报表之间交叉进行。根据借款人的预期目标,通常将财务比率分为流动性、活动性(或周转率)、财务杠杆及盈利性四大类。每一类中又包括若干衡量指标(见图4-1),其具体的计算公式归纳在表4-1中。

1)流动性比率(Liquidity Ratios)反映了当短期债务到期时借款人偿债能力的大小。常用的两大衡量指标是流动比率(Current Ratio)和速动比率(Quick Ratio,又称酸性测试,Acid Test)。流动比率中的流动资产主要包括现金、应收账款、应收票据和存货等;流动负债则主要包括应付账款、应付票据和应缴税金等。由于存货的变现能力较差,并且可能产生损失,因此在分析借款人的实际偿债能力时必须加以剔除,这就形成了速动比率。在分析借款人的流动性大小时必须同时考虑上述两种比率,尤其要注意流动资产的构成,这样才能得出较为合理的结论。

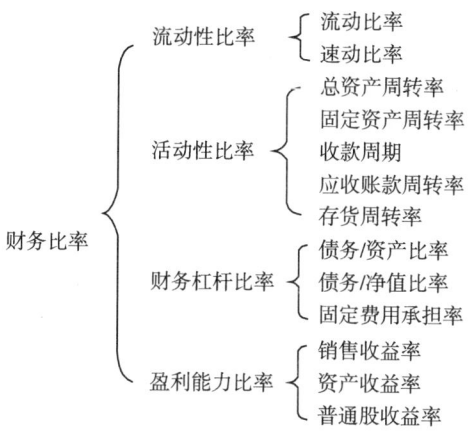

图 4-1 财务比率分类[①]

表 4-1 财务比率计算公式

比率名称	计算公式
流动比率	流动资产/流动负债
速动比率	（流动资产-存货）/流动负债
总资产周转率	净销售额/资产总额
固定资产周转率	净销售额/固定资产净值
收款周期	应收账款/每月使用销售量
应收账款周转率	信用销售额/应收账款
存货周转率	销售成本/存货额
债务/资产比率	债务总额/资产总值
债务/净值比率	债务总额/净值
固定费用承担率	扣除固定费用和税收前的收益/固定费用
运营利润率	扣除利息和税前的收益/有形资产总值
销售收益率	净利润/净销售额
资产收益率	净利润/资产总额
普通股收益率	（净利润-优先股红利）/普通股股权资本

注：①上表根据 Reed, Edward W., Edward K. Gill (1989), "Commercial Banking"中的有关图表编译而成。②应收账款周转率与收款周期可相互替代；债务/资产比率与债务/净值比率也可相互替代。

2）活动性比率（Activity Ratios）又称为周转率（Turnover Ratios），它反映了借款人为达到预定的销售额必须使用的资产量，实际上该组比率用于测定借款人资产中特定项目的运营效率。

[①] Reed, Edward W., Edward K.Cill, etc. (1989), "Commecial Banking", Prentice-Hall Tnc.

3）财务杠杆比率（Financial Leverage Ratios）反映了借款人对借入资本的依赖程度，以及借款人履行长期债务本息支付义务的能力，也即考察借款人负债经营管理的效率。财务杠杆比率不仅反映了借款人负债水平的高低，而且也从另一方面反映了其偿债能力的大小。

4）盈利能力比率（Profitability Ratios）说明了借款人的盈利能力与其投资或销售额之间的关系，它是用来测算借款人总体上的经营管理效率。为了确保资金的安全，满足盈利能力较强的借款人的需求，可通过这些指标纵向和横向地比较来对借款人总体盈利水平做出较为客观的评析[①]。

二、贷款前对贷款风险度的计量

贷款风险的计量，是在贷款风险识别的基础上，对贷款风险的大小进行计量的过程，是对贷款风险的定量分析。它分为贷款前对贷款风险度的计量和贷款后对贷款风险度的计量。贷款前对贷款风险度的计量是金融机构在发放贷款之前，为了尽可能把贷款投入到风险度低、安全系数高、盈利相对较大的地方，对借款人和借款项目进行的信用计量评估。在企业和项目信用评估的基础上确定相对应的贷款方式，然后计算出每笔贷款的风险度，最后根据风险度的大小，确定每笔贷款是否能贷、贷款金额多少。贷前对贷款的风险度进行计量，是农村信贷风险防范的重要内容，对防范风险具有十分重要的意义。

1. 确定借款人信用的风险等级系数

银行对借款人信用等级的评定主要有：借款人素质和业绩、经济实力、资金结构、经济效益和发展前景等。对农民贷款主要采取信用户的评定方法，相对农户来说，对企业的评定复杂得多。企业评定信用等级的方法，一般采取定性分析和定量分析相结合，实行企业等级计分制，依据对企业信用风险测定的量值，按国际惯例，结合我国情况，划分不同等级，以确定企业的信用等级，同时设置相应的风险等级系数。确定出来的企业信用等级是金融机构发放流动资金贷款的重要依据，而项目风险等级则是发放固定资产贷款的重要依据。项目风险等级的评定，也是主要依托企业信用等级、资产负债率、流动比率、速动比率、偿债保证率、贷款偿还期、内部收益率

[①] 冯禄成：《商业银行贷款风险管理技术与实务》，中国金融出版社2006年版，第30页。

等指标,等同于企业信用等级的评定方法。企业信用(项目)风险等级系数,是指企业信用(项目)的不同信用等级对贷款发放的影响程度(见表4–2)。

表4–2 企业(项目)风险等级系数

企业信用等级	企业项目等级	评定分数	企业(项目)风险等级系数(%)
AAA	AAA	90~100	40
AA	AA	80~89	50
A	A	70~79	60
BBB	BBB	60~69	70
BB	BB	50~59	80
B	B	0~49	100

信用等级系数是指金融机构对借款人或借款项目发放贷款可能发生风险损失的概率。由于不同等级的借款人(企业或项目)承受风险能力和偿债能力各不相同,所以,金融机构对不同等级的企业(项目)发放贷款产生的风险损失的概率各不相同。根据贷款风险管理办法,对信用等级为BB级、B级的企业,主要相关财务指标(资产负债率和偿债保证率)较差的,BBB级企业以及固定资产项目贷款风险等级评价7项指标中,任何一项指标得数为零的企业,一般不予贷款①。

2. 确定相应的贷款方式风险系数

贷款方式的选择对信贷风险影响的程度不同,对不同的贷款方式,按其对贷款风险影响的程度大小确定的风险系数,就是贷款方式风险系数。一般来说,贷款方式有信用贷款、担保贷款和抵押贷款3种,采用的贷款方式不同,风险系数也不同。即使是同一种贷款方式,如抵押贷款,由于借款人提供的抵押品不同,风险系数也不相同。由于信用贷款是借款人凭自身的信誉而获得的贷款,既无抵押品也无保证人,所以信贷风险最大,贷款方式风险系数为100%,是高风险贷款方式,在县域主要表现为农民贷款中的小额信用贷款;相对来说,保证贷款和抵押贷款的风险较小,其中贷款方式风险系数为零的贷款方式,是最佳的、无风险的贷款方式,其他各项,则是视抵押、质押品的质量及抵押品的变现能力,或保证人的信誉度和偿还能力分别设定比率不等的风险系数(见表4–3)。

---

① 李晓安、阮俊杰:《信贷申办指南》,北京大学出版社2004年版,第39页。

表 4-3 农村金融贷款方式风险系数

贷款方式	贷款方式风险系数（%）
一、信用贷款	100
二、保证贷款	10
1. 政府提供的保证	10
2. 商业银行及政策性银行担保	20
3. 其他银行担保	50
4. 非银行金融机构担保	50
5. 国有大型企业或特大型企业担保	50
6. AAA、AA 级企业担保	50
7. 其他担保	100
三、抵押贷款	
1. 人民币定期存单抵押	0
2. 商业银行及政策性银行承兑汇票	10
3. 其他银行承兑汇票	20
4. 国家债券抵押	0
5. 金融债券抵押	10
6. 国债、现汇、金融债券以外的其他有价证券抵押	50
7. 现汇抵押	10
8. 股票、股权抵押	50
9. 依法可设定抵押权的房地产抵押	50
10. 楼宇按揭	50
11. 营运交通工具抵押	50
12. 依法可设定抵押权的其他财产抵押	50
13. 其他抵押	100

3. 贷款前贷款风险度的确定

根据借款人信用等级系数和贷款方式风险系数这两个指标，就可以计算出贷款前每笔贷款的贷款风险度，并据以确定贷与不贷、贷款额度和贷款期限等。其计算公式如下：

流动资金的贷款风险度=信用等级系数×贷款方式风险系数

固定资金的贷款风险度=贷款项目风险等级系数×贷款方式风险系数

根据以上公式计算出来的贷款风险度，是农村金融机构选择贷款的主要依据。对风险度小的贷款应优先考虑，对风险度大的贷款应从严控制，对风险度大于 60% 的借款要慎重或不予考虑。对固定资产贷款必须全部实行有效担保或有效抵押。例如，假定某个体工商户用 10000 元国家债券抵押贷款，其信用等级系数为 80%，但其贷款方式风险系数为 0，则其流动资金的贷款风险度为 0。

第四章 农村信贷风险有效防范模式

某个体工商户贷款风险度 = 信用等级系数 × 贷款方式风险系数 = 80% × 0 = 0

结论：这笔贷款可以全力支持。

三、主要风险管理环节的评价、监测与处置

农村信贷风险管理中，有3个风险防控的关键风险点和1个极其重要的关键风险环节，即"三查"制度和审批制度，这是重要的控制关节。但正是这几个重要的关节，却恰恰是口号提得好，实际上做不到的要害部位。特别是农村金融，由于地域范围的限制及管理素质的因素，信贷管理陷于混乱的地步，从而周而复始、恶性循环，信贷风险无法控制。

1."三查"制度的评价、监测与处置

"三查"即贷前调查、贷时审查和贷后检查，这是农村金融最基本的制度。"三查"制度的各个环节是相互联系的，每个环节都不能疏忽，如果哪一个环节未能认真执行，都会给银行资产造成损失。

（1）贷前调查。贷前调查是对客户申请贷款的用途及偿还能力等进行调查。通过对贷前调查的控制，可以掌握借款人资料的真实性和合法性；了解借款人的发展史、信用状况、经济实力和结算潜力；了解借款人贷款用途是否符合国家的产业政策和信贷政策，是否符合贷款支持的范围，推算和预算该笔贷款的盈利性；确定还款来源的可靠性，落实还款保障等。

（2）贷时审查。贷款发放时，对借款审查的内容主要包括：审查贷款额度和手续；审查借款用途和原因；审查贷款合同和协议；审查借款各项经营活动计划；审查借款人资产负债情况；审查贷款项目的配套设备、原材料来源、交通运输条件等情况。经过上述多方面审查，对符合条件的借款办理审批手续。通过对借款人的各项经营活动及资产负债情况进行全面审查来确保贷款的安全，审查必须严格、认真、真实、负责，在这一环节对于农村金融来说是至关重要的环节，也是控制信用风险、操作风险和道德风险发生的重要环节，如果审查不严，就会使贷款资料的真实性、完整性、合法性受到影响，造成贷款的最后损失。

（3）贷后检查。贷款发放后，信贷员必须记录信贷台账，定期或不定期地对借款人的经营情况和财务状况进行分析，以便落实贷款还款计划的实现。加强这一环节的控制，经常保持对贷款户的联系，及时了解贷出的

资金运用情况，避免产生风险。农村金融在这一环节往往存在着许多不足，特别是对分散在农村的小额农户贷款，贷款以后无人问津、无人关心、无人跟踪，贷户感情无人维护和修复，直到贷款逾期才开始生硬地执行卫权索权，这是农村金融经营管理的重大弊端[①]。

2. 审批制度控制、评价与监测

贷款审批环节是贷时审查的延续，是内部控制制度的重要内容之一，是极其重要的关键风险环节，这是发生操作风险和道德风险的屏障，却往往被农村金融机构忽略或人为故意忽略。贷款审批名义上建立在"审贷分离"的信贷管理体制的基础上，并实行责任制，但实际上并没严格执行贷款审批程序，往往是"一言堂"的权威，所谓的"集体审批"、"按权限审批"或"上报审批"潜藏了大量的猫腻。因此，加强农村金融贷款审批环节的控制、评价与监测至关重要，刻不容缓。

农村信贷风险管理的3个关键风险控制点和1个关键风险环节，在整个信贷风险管理中至关重要，这是农村信贷风险管理内部控制的基础。在把住这些风险关口的基础上，还要进一步加强信贷业务操作的内控分析评价，按信用、抵押、保证等不同的贷款方式对抵（质）押贷款业务操作、信用贷款、保证贷款、固定资产贷款、银团贷款、个人住房按揭贷款、贴现业务等，根据其不同贷款方式控制的重点进行内控分析与评价，从而有效地控制信贷风险。这其中必须坚持和完善的一条制度或措施是要加大对责任人的执法监督与处置，震慑道德风险的累发。

第三节 农民贷款信贷风险防范

一、农民贷款信贷风险机理的特殊性研究

1. 农民贷款的利益群体划分

农民贷款的利益群体可以划分为纯农民贷款、失地农民贷款、农业流

---

① 陈永跃：《农村金融》，西南交通大学出版社2005年版，第36页。

民贷款、农民工贷款、农民个体工商经营户贷款、农民专业户贷款及农民企业家贷款7种（见图4-2）。

（1）纯农民贷款。纯农民就是指完全依靠耕作土地，不离开土地生产，靠土地吃饭的农民。纯农民可以划分为特困户（吃不上饭，解决不了温饱）、贫困户（能吃上饭，能解决温饱，但无货币）、较好户（略有富余，除家庭消费外，少部分兑换货币）、好户（较多富余，通过土地生产，有较多收入，除家庭消费外，大部分用来市场交易，兑换成货币）4类。这一群体在过去计划经济时期是农民的主体，随着改革开放，这一群体的人数在逐步减少，目前，劳务输出已成为各地政府特别是县乡村组织活跃县域经济、增加农民收入的重要途径之一。留在土地上耕作和发展多种经济的农民，信贷需求越来越旺盛，其中一部分是因健康或家中拖累走不出去，或因不得不供养孩子上学等因素，急需要经济收入的支撑；另一部分则是安于现状或希望通过土地创造收入。这部分农民的生产和生活急需资金的支持。

（2）失地农民贷款。失地农民是指原来拥有土地，但由于城市统一规划及土地开发等种种原因失去土地的农民。近年来随着县域经济的快速发展，被征土地猛增，失地农民大量涌现，上访群体颇多。如何妥善解决失地农民的生产和生活，受到全社会的关注。其中，渴望信贷支持已成为失地农民增收致富的重要需求之一。

（3）农业流民贷款。农业流民是介于耕地农民和农民工之间的一种较为独特的农民群体。这类群体不靠土地，不耕种，属不干事的游荡者，既不耕作也不打工，近乎一种寄生、流浪、游手好闲、懒惰的特殊群体。可划分为乞丐、游手好闲者、赶事（乡里的红白事）跟场（农村的庙会集会等）者、博客及赌博爱好者等，这一群体在城乡广为存在，且人数逐步增多，一部分人上升到违法犯罪的地步，另一部分人通过炒股、入股、游说、赌博等途径致富，还有一部分人则依靠亲属过着寄生或穷困潦倒的生活。

（4）农民工贷款。农民工是当代农民阶层涌现出的一支强大的农民队伍，它虽然不是社会的新现象，但是当今社会的一种新潮流及热点现象，实际上是指走出土地的农民打工者。农民工可以划分为半工半农者和纯农民工两种形式。半工半农者既耕作也打工，耕作和打工两不误，就是说这部分农民既不愿舍弃土地生产，又不愿舍弃出门赚钱的机会。纯农民工是指没有土地，单纯依靠打工的农民，或者有土地，但不再依靠土地生存而将土地撂荒或出租的农民打工者。在纯农民工中，前者虽然没有了土地，

（如城市化进程中的失地农民）但政府给予相应的补贴，基本上都有住房；后者在农村既拥有土地也拥有宅基地，但基本上都在城市或城市周边租房居住，尚未购买城市房产，因此还没有转为非农户口，没有自己的房地产用来抵押贷款。

（5）农民个体工商经营户贷款。农民个体工商经营户是指农民户口身份的个体工商户，他们在城、镇或村庄从事工商业活动。这一群体包括半个体半农民（既搞工商业经营也不耽误农活的农民，如村庄代销店等）和单纯依靠工商贸易经营活动（如农民进行煤油气运转、小商小贩、跑运输、租商铺、开食堂、办旅馆等）赚钱的农民两种。这部分农民也没有自己的房产作为抵押，大多通过借别人的房产用来抵押贷款。

（6）农民专业户贷款。农民专业户是农民依托农、林、牧、副、渔业等农业资源，在政府倡导下自主地掌握某一专门知识和技能，实行某一专门性规模农业产业化经营，从而达到致富增收的农户。农民专业户一般以家庭为单位，以生产商品为目的，是专门或以主要力量从事某种生产的农户。这一群体是在农村经济体制改革中，在家庭联产承包责任制基础上发展起来的一种新的生产经营单位。农民专业户在改革开放以来逐步发展，特别在建设社会主义新农村的惠农政策的鼓舞和感召下，各种专业户如雨后春笋般蓬勃发展。它产生于20世纪80年代，几年内得到迅速发展。专业户的形成大体有两种：一是集体原有的某些经营项目，在实行责任制后，包给农户经营，形成了承包专业户；二是在社员家庭副业的基础上逐步发展起来的自营专业户。目前，农村各类专业户约占总农户的1/10。专业户的经营范围，按行业划分，可分为种植业、养殖业、林业、渔业、副业、手工业、商业、运输业和服务业等；按生产经营对象又可细分为小麦专业户、棉花专业户、蘑菇专业户、养鸡专业户、养牛专业户、养猪专业户、养鱼专业户，等等。经营方式也同传统的家庭副业不同，由辅助劳动力从事的工余生产变成了主要劳动力以主要时间从事的主业生产。生产的目的是为了交换。专业户根据市场需要经营某一项或几项专业生产，冲破了自然经济、半自然经济的束缚。由于专业户一般从事小规模的专业化商品生产，能够集中财力、物力、人力充分发挥自己的技术专长。因此，生产规模不断扩大，经营水平不断提高，商品率迅速上升，家庭收入迅速增加，富裕程度越来越高。农民专业户是我国农业商品生产的雏形，是中国式农业产业化、社会化的一条重要道路。它基本上是在集镇或村庄就近发展,实现专业化生产,进而发展为农业产业化经营,当前已成为活跃农村经济、促进农业发展和实现农民增收的重要渠道。专业户的发展,为大批剩余劳动力找到了新的出路。目前专业户的发展除迅速增加数量外,主要有两个趋势:一是专业化程度越来越高,分工越来越细;二是与专业分工相适应,出现了社会化的专业联合体,即联合专业户或农民专业协会。给农民专业户发放贷款是农村金融支持农民发家致富奔小康的重要杠杆。

(7)农民企业家贷款。本书暂且把在城镇或乡村拥有一定规模的资产、厂房、雇用工人和销售收入的农民身份的企业职业者称为"农民企业家"。这部分群体在现实中也占有一定的比例,他们的贷款基本上属于小规模企业贷款,包括一部分乡镇企业、村办企业和民营企业,依托当地丰富的或特有的土地资源、自然资源、能源资源或地理优势发展农产品加工企业和其他实业。

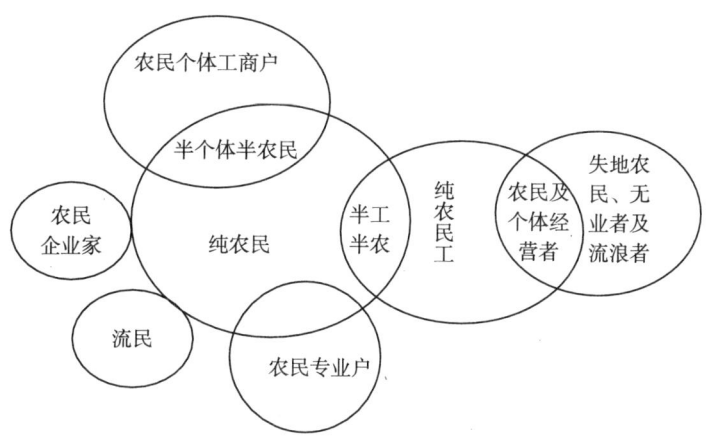

图 4-2 农民贷款的利益群体划分

农业产业化是目前我国广大农村发展县域经济、促进农民就业和增收的重要平台。它是以国内外市场为导向,以提高经济效益为中心,对当地农业的支柱产业和主导产品实行区域化布局、专业化生产、一体化经营、社会化服务、企业化管理,把产供销、贸工农、经科教紧密地结合起来,形成一条龙的经营体制。它是对传统的自给半自给的农业和农村经济进行改造,使之和市场接轨,在家庭经营的基础上,逐步实现农业生产的专业化、商品化和社会化的重要经营方式。它的基本要素是面向国内外大市场，立足于当地优势，实行专业化分工，形成一定经济规模，组织贸工农、产供销一体化，实行企业化经营。其核心是如何把千家万户和广阔市场两者结合起来，使农业成为与国内外大市场相衔接的产业。在建立和发展社会主义市场经济的过程中，农村经济工作的主要目标：一是保证农产品有效结合；二是增加农民收入。只有靠农业化这只大船，以家庭经营为基础的农民才能顺利地进入市场。所以，农业产业化是农民进入市场的好方式。当前，金融机构给农业产业化龙头企业的信贷投入较多，但绝大部分分布在村庄集镇的小企业很难获得融资，这是一个很大的缺憾[①][②]。

2. 农民贷款的几种争论

对农民贷款争议最大的莫过于农户小额贷款。目前，农户小额贷款无论在国际还是在国内均有广泛的影响[③]。

（1）支持意见：

1）小额信贷具有巨大的扶贫潜力。

2）能够帮助最贫困人口中绝大多数的人。

3）对减缓贫困具有积极的影响。

4）首先是对穷人的收入有积极的影响。

5）对低收入家庭资产积累和就业有积极作用。

6）能够带动家庭消费的增加。

7）对某些特殊的家庭的影响不十分明显，但即使对这样的家庭来说也不是毫无意义，它明显地降低了穷人的脆弱性，当这些家庭遇到不利情况（如自然灾害、疾病和其他）或遇到困难（如收入的季节性、市场和政策变化）的打击时，可以有效地缓和这些情况带来的不利影响。

8）对妇女权利、妇女和儿童健康、教育的影响都是积极的。

9）市场经济本身存在缺陷，小额信贷直接的干预对减缓贫困仍然是重要的。小额信贷是既能发挥市场优势，又能克服其缺陷的金融形式，通过自动瞄准为目标群体服务的直接干预，使资金分配有利于穷人。

10）在传统金融条件下，金融资本的分配决定于已有资产的积累，资产积累越多的人越容易得到正规金融机构的贷款，结果使得贫困群体在资

---

① 陈宜萍、苏丽霞：《拿什么奉献给你——农民兄弟》，《金融时报》2007年4月24日第4版。
② 程汝鉴：《细分农民工市场》，《金融时报》2006年10月26日第4版。
③ 孙若梅：《小额信贷与农民收入》，中国经济出版社2006年版，第1—10页。

本市场上不断被边缘化，小额信贷在一定条件下改变了这种情况，它不是按照已有资产，而是按照现金流进行金融资产的分配，这给贫困户创造了一个相对有利的资源分配条件。

小额信贷在中国用于扶持低收入农户可以发挥很大的作用。我国农村有相当大量的低收入农户，是贫困户的后备大军，稍微遇到不利的条件（自然的或人身的）就会返贫，小额信贷对于这部分农户是一种很有效的服务形式，他们的经济状况已有一定的基础，特别适合于使用信贷资金，如果得不到继续扶持，极易重新成为贫困户，但是在现在的金融体制下，他们仍然得不到一般的金融服务。

（2）反对意见：

1）对贫困户，信贷不是适宜的服务，扶贫应当是政府的职能，而不是小额信贷的功能。

2）对贫困家庭来说，小额信贷会转变为一种小额债务，反而会加重贫困家庭的负担。

3）穷人不能够有效地使用贷款，如果把贷款给富人，再通过他们创造就业机会给穷人，可能更为有利。

4）瞄准借贷，与风险多样化的基本原理相悖，这是银行业的基本规则之一。瞄准贷款给指定的受益人群，他们有共同的特性，由此产生风险；他们居住在相同的地区，他们的生产经营彼此相关联。

5）小额信贷对于过去被正规金融边缘化的贫困和低收入群体而言，几乎没有意义。

6）小额信贷对穷人中的最穷者是无效的或者是低效的。

7）在中国，小额信贷对于扶贫的意义不大，而且还会越来越小。在现有的贫困人口中，相当大一部分是那些缺乏或丧失劳动力和经营能力的家庭，或者属于生活在没有生存条件地区的家庭，以及由于特殊的自然灾害，而暂时成为贫困人口的那部分人，这几类人在全国贫困人口中占了绝大多数，而且其比例还呈上升趋势。对这部分人来说，信贷扶贫的作用的确很小，而且将越来越小①。

---

① 孙若梅：《小额信贷与农民收入》，中国经济出版社2006年版，第4页。

二、农民贷款信贷风险的微观因素分析

1. 调研的基本情况

为了深入研究农民贷款信贷风险的真实情况，选择了陕西省乾县、三原县、秦都区3个县域，通过问卷调查、座谈会和典型调查等形式进行了较细致的调查研究。根据区域自然状况和社会经济发展状况，采取整群随机抽样的形式，选取了3个县（区）8个乡镇14个自然行政村，总计214家农户（见表4-4）。

表4-4　调研样本选择及分布情况

县　名	村　名	有效问卷（份）
乾县	方里村、北巨村、东新村、妈家村、阳洪东村	82
三原	各林村、兴隆村、铁王村、高李村	62
秦都	梁村、双照村、平陵村、马泉村、马庄村	70

在调研的214家农户中，家庭人口规模（见图4-3）和家庭平均年收入（2005~2010年）差异（见图4-4）比较大。其中，家庭平均年收入差异比较明显，级差为12万多元。这说明由于各方面的原因，农户之间的收入差别正在拉大。从被调查的农户学历结构来看，差异（见图4-5）不是太明显，但总体偏低①。

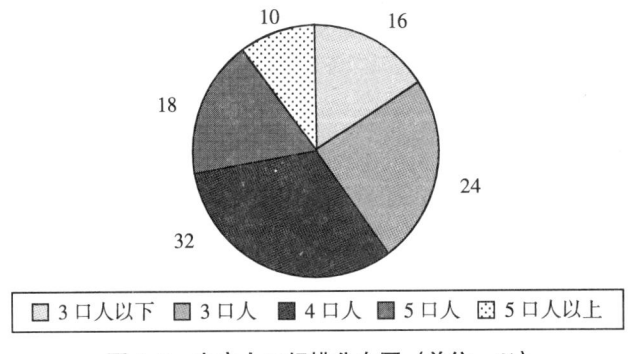

图4-3　家庭人口规模分布图（单位：%）

---

① 邓国取：《农村信用社改制进程中农户相关行为分析与评价》，《财经论丛》2007年第1期。

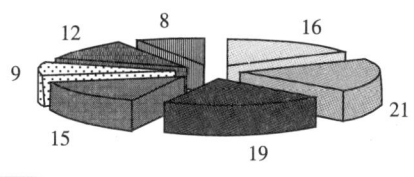

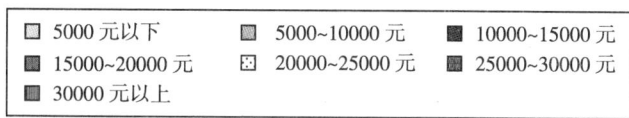

图4-4 家庭平均年收入分布图（单位：%）

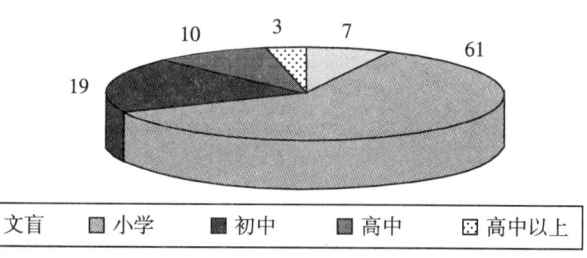

图4-5 人员学历结构分布图（单位：%）

2. 农民贷款行为分析

在调研的农户中，77%的农户在农村金融机构的信用社和农行贷过款，23%的农户没有贷过款。对没有在农村金融机构贷过款的农户，问及原因，42%的农户是因为没有贷款需求，26%的农户虽然有贷款需求，但一般是向亲友借钱或个人贷款；至于为什么选择其他途径来借钱，"金融机构贷款额度小，满足不了需求"的选择率为50%，"贷款手续复杂"的选择率为16%，"自己达不到金融机构贷款要求"的选择率为12%；在其他借款途径中，"民间个人借款"的选择率为46%，用途的选择率"做生意"为49%，"农业生产"为26%，"其他"为23%；借款金额10000元以上为33%，5000~10000元为28%，2000~5000元为28%。在向金融机构贷款与向个人贷款相比方面：选择"金融机构服务态度不好"、"金融机构工作效率不高"的占23%，选择"金融机构贷款业务品种多，贷款额度大"的占16%，选择"向个人更容易借到钱"的占56%。在调查的农户中，65%的农户认为在信用社不存在农民贷款难的现象，但在其他金融机构贷款很难。农户在信用社的贷款中，83%为小额信用贷款，贷款用途："其他"的选择率为46%，如孩子上学、盖房、结婚和做生意，"购买农用器具和机械"的选择率为27%,"购买农药、化肥等生产资料"的选择率为26%;贷款额度:5000~10000元的为54%,2000~5000元的为29%;贷款期限1年以内的占76%;38%的贷款农户认为农信社贷款基本能够满足需求,但还有些欠缺,30%的农户认为能够满足需求,17%的农户认为不能满足需求,还有些差距;47%的贷款农户认为农信社贷款在提高自身收入方面成效"很好",45%的农户认为还"不错";72%的农户每次都能按时还款,25%的农户"基本上可以按时还款,但有时会有一点困难";问及贷款困难的原因,55%的农户是因为"贷款期限太短",28%的农户是因为"生产效益不好"。农信社贷款存在的问题:"贷款额度小,不能满足需求"的选择率为73%,"贷款程序复杂"的选择率为15%,"贷款要求太高"的选择率为10%。

3. 农民贷款风险的几种心理分析

由于农户贷款形成的不良贷款在农村金融中占比较大,本文针对"农户贷款为什么不还"进行了专门调研,但农户的回答十分模糊,要么不回答,要么回答"没贷款",要么回答"还不起"。因此,只能通过农村金融机构进行调查。在调研中,发现金融机构信贷人员和农户的回答有较大的出入,信贷人员对农户贷款普遍感到压抑和有顾虑,主要问题在于农户贷款回收难、工作压力大、人员紧张、非常辛苦等。通过对乾县、三原县、秦都区3个县域信用联社信贷人员的问卷调查,发现农户贷款不还主要体现为3种形式:没钱还款;有钱不还;压根不准备还。为此,针对这3种形式进行了问卷设计。根据回收的60份调查问卷分析以及与相关部门和人员进行深入交流、讨论,得出以下评价结论:

(1)没钱还款(还不起)。这类群体占不还贷款人数的30%。这类群体主要是贫困户、做生意赔钱和家庭负担很重的农户。一部分特困户在取得扶贫贴息贷款之后,主要用来维持生计,根本没有还款来源,或者虽然取得了一定的收入,但无法达到能够还款水平的层次;一部分农民在贷款做生意的时候情况尚好,但由于各种原因,生意亏本,造成无法还款的事实,有的则是因为资金正在占用或循环之中,暂时无法得到多余的资金用来还款;一部分农户由于孩子多上学费用紧,或家中长期有病人,或购买及装修了住房,或投入了生产经营性成本而暂时无法还款,等等。这些农户贷款的本心是善意的,也有充分的还款意愿,要么是特别困难,要么是暂时没钱,一旦情况好转,就可以把贷款还上。但是如果由于贫穷、疾病、自然灾害或生产不善而招致困难的恶性循环,完全有可能导致事实上的无法归还贷款。这一群体就是通常所说的"贫困户"。这充分说明在我国经济发展过程中,有一部分农村群体,在建设新农村的良好机遇、美好政策的大潮中,不单纯是依靠农民自己的争取和努力就能济事,单靠农民自身奔小康依然存在客观因素的不足,而需要中央财政和地方政府财政及全社会力量的鼎力扶持,才能共建和谐社会。

(2)有钱不还(不愿还)。这类群体占不还贷款人数的50%。在近年来为农民办理的几种贷款类别,如农户贷款、农户小额信用贷款和农户联保贷款中,不良贷款形成很大的比重,这其中的很大一部分农民并不是还不起贷款,而是有钱不愿还。这部分农民主要是出于两个方面的心理作用:一是把已经贷到的款当作进一步发家致富的成本,能拖就拖,只要信贷员不追要就不还,你来要,他就找出各种理由搪塞;二是看周边贷户的样,别人的款不还,我也不还。个别贷户由于和信贷员或在金融机构有亲属关系,或者曾给予信贷人员好处费,也就故意拖欠,乡里乡亲,有的信贷人员也就睁一只眼闭一只眼,因此只要一个村落或周边村落中有一户贷款不还,周围群众就看样,从而形成人人不愿还贷的不良氛围。这一群体的贷户就是被金融机构通常称为"赖债户"的一部分。

(3)压根不准备还(不给还)。这类群体占不还贷款人数的20%。这类贷款农户分为4种类型:第一种是农民中不务正业的人,有赌博的嗜好或游手好闲,对贷款具有一定的欺诈心理;第二种是外出打工的农民工,有的举家出走,根本没有还款的意识;第三种是生意场上的"油子",假借贷款拆西墙补东墙,认为贷的是公家的钱,我就是不还,或者存在"不还也不会把我怎么样"的恶性心理,这种群体就是金融机构通常所指的"钉子户";第四种是部分投机搞企业的人,通过办企业来诈骗金融资本[①][②]。

三、农民贷款信贷风险的防范模式

1. 建立便利农民的贷款机构体系

(1)组织体系的构建。在县城设行(社)或村镇银行的首脑机构,在各乡镇或中心地段设乡镇所(社),在各村庄设所(社)的信用站,作为

---

① 罗剑朝:《中国农地金融制度研究》,中国农业出版社2005年版,第60页。
② 曹和平:《中国农村储蓄行为》,北京大学出版社2002年版,第37页。

垂直机构经营运作（见图4-6、图4-7）。

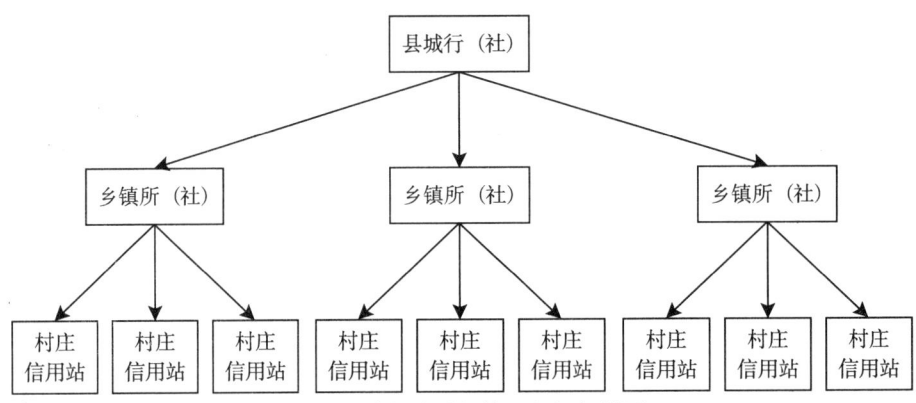

图4-6 农村金融机构组织框架模型

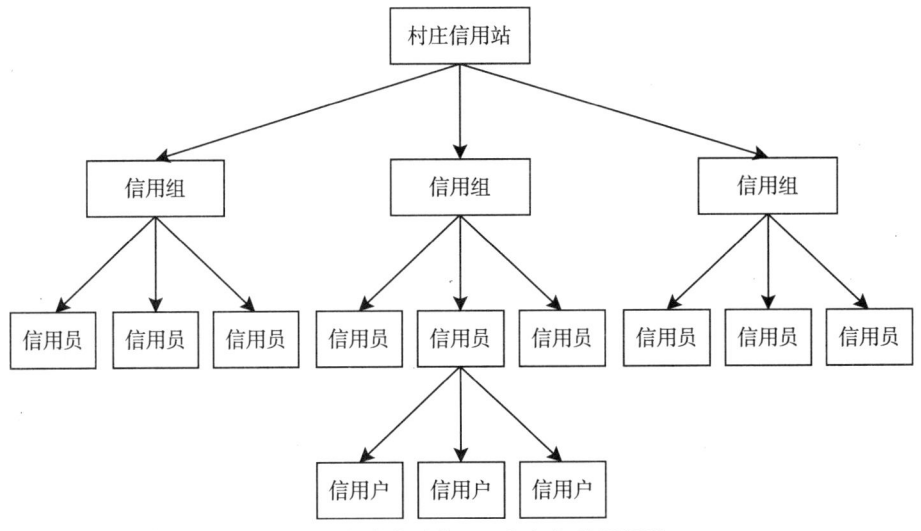

图4-7 村庄金融体系组织框架模型设计

（2）基于该框架对农村金融建设或新农村建设的评价：

1）成本的可行性分析。以陕西省兴平市农村信用社为例（见表4-5）。2005年末，兴平农村信用社各项贷款余额为559116560元，正常贷款余额420954541元，实现总收入2265万元。其中，贷款利息收入1563万元，金融机构往来收入271万元；各项营业支出2663万元，年末盈余-398万元。假定200个行政村，每村设1个站长，5个信用员，6个人每人分管20~30个农户。工资待遇按站长月薪400元，信用员300元，则每村信用站月工资供应额为1900元，再加办公费用及日常开支10000元，全年共开支32800元。200个行政村全年费用合计为656万元。平均利息按低于信用社正常利息9.765%（月）的3.765个百分点计，即按6%计息，2005年兴平信用社不良贷款可回收利息为9948万元，其中"两呆"贷款可收回利息9179万元。我们将县城信贷员下乡收贷成本与信用站的1万元经费相抵消，假设每个村庄的每个信用员月可收回不良贷款利息1000元，则1200个信用员年可收回不良贷款利息1440万元，创造净利润984万元。如果能够清收不良贷款本金并有效地遏制正常贷款的恶化，则创造的经营效益成倍增加，并促进信贷资金的良性循环。

表4-5 2005年陕西省兴平市农村信用社不良贷款情况[①]

单位：元

非正常贷款	逾期	呆滞	呆账
1.不良贷款	138162019		
①逾期贷款	10671524		
②呆滞贷款	127485115		
③呆账贷款	5380		
2.不良贷款行业			
①农户贷款	3165744	36684862	2380
②农业经济组织贷款	2248180	17499074	0
③农村工商业贷款	0	7939517	0
④农户小额信用贷款	3443850	32912011	0
⑤农户联保贷款	7550	9084136	3000
⑥其他	1806200	23365514	0

2）简要评价。建立便利农民的贷款机构体系，具有明显的优点：第一，管理可靠，便于造册登记；第二，监控方便，信息对称；第三，服务到位，符合支农的实际效果；第四，便于贷款的发放和回收，有利于集约经营；第五，成本低，效益高，从而达到农村金融可持续发展的效果；第六，可以塑造农村金融生态环境，极大地提高农民群众的信用意识。从兴平农村信用社不良贷款情况可以看到，村庄组织机构缺位的损失非常大，设立便利农民的贷款机构体系是必要和可行的。

---

① 兴平市农村信用合作社联合社：《信贷计划执行情况》（2005年12月）。

（3）农民贷款发放的组织性和制度性。村庄金融体系的最大缺陷在于无组织性，从而使大量的农民贷款无法收回。农村信贷风险的形成从某种意义上讲，并不是农民不还款或归还不起贷款，而是县域金融机构没有人或无法组织足够的信贷员去催收。

2. 农民信用意识培育的组织体系构造

（1）信用村、信用组、信用员、信用户的创建模式。县、乡、镇体系的落脚点最后在村庄，因为多数农民属于各自的村庄居民。因此，农村金融组织体系的关键是构建村庄金融组织管理体系。把信用站作为村庄金融机构的首脑，然后重点在每个村庄的信用站创建信用组，信用组由若干个信用员组成，每个信用员联系、管理或维护若干个信用户。信用站设站长1人，副站长2人，站员即信用员若干人，信用员组成信用组，设组长1人，各信用组长管理信用员，信用员管理信用户。

（2）农民贷款应遵循的贷款原则。

1）偿还性原则。包括农户小额信用贷款、扶贫贴息贷款等在内的各种农民贷款，其本质特征是借贷，偿还性是信贷资金的第一原则。当然，小额信贷不同于一般商业金融的贷款，也有异于国外的一些机构捐助性资金的运作，更不同于财政资金的扶贫补贴。因此，农户小额信用贷款的高收贷率是维持其贷款活动的持续不间断进行的最根本的前提。对借款人不按规定用途使用贷款，贷款已用于其他非生产经营性开支，工商户出借出租账户、转让转借贷款，擅自改变经营范围、经营方式、经营场地或合并、分立、出租、拍卖企业，转让、出租、拍卖财产、处理抵押品，从事违反国家政策法令，进行非法经营活动等行为，必须采取限期纠正措施，并按规定加、罚利息，强制扣收过期贷款本息，提前收回贷款本息，停止发放新贷款，对违规违法的个体工商户必要时冻结或取消银行账户，对触犯刑法的借款人要及时向司法机关起诉。

2）信用性原则。农民贷款服务的基本对象是较为困难的农民群众。农户小额信用贷款就是为因贫困而缺少抵押物和担保人但诚信度较高的农户群体而设计的贷款，如果沿袭一般商业金融的保证制度或采取变相的抵押担保方式作为贷款风险的控制手段，就不能体现农户小额信用贷款的基本特征，其服务性也就失去了意义。农民贷款除借款人信用好、自由资金比例高、经营管理好、经济效益好，同时应具有相应的物资保证条件的贷款可用信用贷款方式外，其余贷款原则上必须采取担保贷款或抵押贷款的方式。

3）投向性原则。农民贷款的重点应该是支持从事种植业、养殖业的承包户、专业户发展商品生产。由于农民群体的种类不同，因此农民贷款要区别对待。农户小额信用贷款主要用于低收入农户种植业和养殖业的简单再生产和小规模扩大再生产的资金供给，以及他们小额的生活消费资金，适用于纯农民、失地农民、农业流民、农民工、农民个体工商经营户和农民专业户。对承包户、专业户中的个体工商户贷款，主要是支持为农业生产服务的经营群众生活必需品和小商品的零售业、饮食业、修理业等，支持为消化、吸收本地农副产品而举办的服务性项目及农副产品运输业，支持发挥本地资源优势和传统项目优势又不与大工业争原料的加工业。但一般的农业生产企业、加工运输企业、工商贸易企业、乡镇企业和农业基础设施建设不是农户小额信用贷款的供给对象，对一些已形成规模化和专业化的农业生产经营企业也不能发放农户小额信用贷款，而是要按照一般商业贷款的方式来对待。

4）方便性原则。农村金融机构发放农民贷款，从农民申请贷款到发放贷款应该有一套较严格的程序和手续。但农民贷款要做到手续简便，放贷和收贷衔接合理，充分发挥信用村、信用站、信用组、信用员的作用，制定激励制度，按照农村贷款证或农户信用证的等级设计，实行总额控制、授期有效、随时存取、随时办理、随时联系和经常维护的信贷承诺和便民服务。

5）效益性原则。发放农民贷款的农村金融机构不仅是贷款的经营主体，更是贷款风险的承担者，按照决策和风险责任统一的原则，贷款授权的期限、利率、额度应由这些贷款机构做出最终的决策，行政主体要做到引导和全心全意服务，但不能过分干预，也不能在相关政策和制度上设置间接障碍。信贷机构要按照各自负债能力和自身的资产规模量力而行，搞好集约经营，提高贷款的营销质量，最终达到农村金融机构和农民群众"双赢"的效果。

（3）农民贷款的广泛宣传教育。农民贷款的广泛宣传教育，重点是在农村进行农业政策和农民贷款政策的宣传和渗透。宣传在新农村建设的新历史阶段，促进农民富裕和增收的好政策好形势下，要充分把握机会，利用好自有资金、财政帮扶资金和借款资金。宣传农民贷款应遵循的原则。教育农民遵从"有借有还"这一信贷资金基本要求，纠正农民把贷款当作财政救济款的固有习惯，扭转贷款农民期望贷款豁免的思想。信用站要办好专栏、简报，做好对农户的信贷知识培训，在全社会树立借款必须守信用的良好意识。

3. 信用村（组）评定标准及程序设计

（1）建设信用村（组）的基本条件。

1) 有一个好的村级领导班子，对信用村组建设工作积极热心，协助村镇银行开展各项业务工作。

2) 农户有较强的科技兴农意识，地理环境及自然条件优越。

3) 村庄内60%以上的农户与该村镇银行有良好的信用关系和信用基础。

4) 70%以上的农户是该村镇银行的入股社员。

5) 无拖欠贷款农户占辖内贷款总农户数的80%。

6) 不良贷款比例在15%以下。

（2）创建信用村的程序。

1) 建设信用村。由村支"两委"向村镇银行提出建设信用村的书面申请，村镇银行与当地党政磋商，签订建设信用村工作协议，明确村支"两委"对建设信用村项目规划，协助组织社员入股，吸收存款，发放存款，清收旧贷，以及为农户提供产前、产中、产后服务等方面的职责。

2) 信用村（组）的评定。村镇银行与乡镇政府组成联合评审小组，主要成员由社主任、信贷员、会计及乡镇主管领导组成。根据信用村具备的条件及信用社不良贷款占比、入股面、信用户达标情况等指标进行综合评定，评定结果报县村镇银行备案。

4. 信用户评定标准及程序的设计

（1）资信评定标准。

1) 优秀等级标准。在所在地金融机构（如信用社）入股金额在200元以上，长期在该金融机构办理存款或结算业务；能按时偿还本息，无不良贷款记录；家庭年人均纯收入在1500元以上；家庭可变现财产在20000元以上，无其他负债。

2) 较好等级标准。在所在地金融机构（如信用社）入股金额在150元以上，在该金融机构办理存款或结算业务；能按时偿还本息，无不良贷款记录；家庭年人均纯收入在1000元以上；家庭可变现财产在10000元以上，无其他负债。

3) 一般等级标准。在所在地金融机构（如信用社）入股金额在100

元以上，能按时偿还本息，无呆滞、呆账贷款记录；家庭年人均纯收入在500元以上；家庭可变现财产在5000元以上，无其他负债。

4）普通等级标准。农户资信条件和偿债能力差，不能确定信用等级的农户，为普通户或待评户。

（2）信用户发放农户小额信用贷款限额。

1）优秀户：单户累计贷款余额控制在15000~50000元以内。

2）较好户：单户累计贷款余额控制在10000~30000元以内。

3）一般户：单户累计贷款余额控制在5000~15000元以内。

4）普通户：单户累计贷款余额控制在1000~5000元以内。

（3）借款人资信等级评定程序。

1）成立资信评定小组。村镇银行要成立资信评定机构，在村庄信用站成立资信评定小组。资信评定小组可以由村党政组织、农户代表、村镇银行员工组成，也可以排除村党政组织，由村镇银行通过信用站自主建立，但必须符合当地农村的实际情况。信贷员要仔细调查借款人生产资金需求和家庭经济收入情况，按照借款人的信用程度，填制农户资信等级评审表，提出初步调查意见，并对资信评定小组提供的农户基本情况的真实性负责。

2）实行"三公"性原则。资信评定机构要根据信贷员和资信评定小组提供的农户的基本情况，实事求是地评定信用等级。为防范贷款风险和防止发放主体内部人控制，在对农户信用等级和贷款风险评估时要做到公开、公平、公正。把评级原则、标准、程序、条件公开，有利于评估监督，有利于把非市场价格的资金合理均衡地配置到农村的低收入群体。

3）根据优秀、较好、一般、普通的等级评定情况，分别颁发不同级别的农村小额贷款证或农户信用证。该农村金融机构（如信用社）对评定的农户信用等级要每年审查一次，对农户信誉程度发生变化的，应重新评定信用等级并确定其相应的贷款限额。

5．农村金融机构与农民借款人的情感联络

（1）建立借款人联系资料。其中包括住址、住宅电话、移动电话、家属联系档案资料。

（2）实施跟踪访问制度。对纯农民贷款户要经常深入田间地头体察关心种养业情况，支持农产品生产，指导农产品销售；对失地农民贷款户要多加关心爱护，时常沟通交流，引导其发家致富；对农业流民贷款、农民工贷款要特别注重感情联络，这一群体经常出门在外，回家的机会少，缺乏沟通的时间，因此需要主动联系，不可中断联络，利用季节返乡或过年过节等重大节日回乡机会，组织欢迎欢送仪式或经验交流联谊活动，增强还款意识和愿望；对农民个体工商经营户贷款、农民专业户贷款及农民企业家贷款也可采用多种形式的走访联谊活动。

（3）经常关心和联系贷款农民。这样既增强了双方联系，加深了情感交流，又提醒了贷户，教育了贷户，引导了贷户；定期召开农民贷款户联谊会、座谈会，既增加了农村金融机构与贷款农民的沟通交流，又增加了贷户与贷户的经验交流与相互勉励，提高了农民致富能力，增加了农民信用意识。

实际上，农户还款意识往往是很朴实、很情愿的，除非重、特大客观自然灾害或事故引发的制约因素外，农民贷款所形成的信贷风险多半是农村金融机构自身联络不到位的结果，责任并不在于农民贷款户，而在于农村金融自身的管理机制存在弊端或漏洞。

6. 对村庄信用站作用认识错位的纠正

我国农村长期以来在村庄设立信用代办站，随着改革开放的深入，信用代办站逐步瘫痪，进入21世纪以来，随着农村金融的商业化改革，信用代办站被"一刀切"。村庄信用代办站是农信社深入农村的前沿哨所，是农信社政策的宣传员。信用代办站代办员生活在农村，了解每家每户的经济状况和个人信用状况，代办员凭借个人威信在收揽存款、收息、信息征询、发放贷款等方面起着不可替代的作用，尤其是在农信社网点所触及不到的偏远地区，其作用不容忽视。而且，建立一个信用代办站的成本比设立一个正式网点的成本要低得多。在陕西省咸阳市渭滨信用社2004年存款余额中，各村信用代办站吸纳的存款量为4057万元，占该社总存款余额的53.75%，收息额38.6万元，占该社收息总额的21.7%。在陕西省第一强县神木县，信用代办站更是起到了不可估量的经济效益作用。但是，2006年以来，陕西省农村信用社联社要求全省撤销信用代办站，村庄信用代办站的历史走向终结。全国农信社金融一体化联合，组建大型商业银行在未来发展中存在着趋向性和可能性，但盲目追求四大国有独资商业银行的做法存在着诸多误区，借鉴国际做法，将信用社转化为乡村银行或村庄银行更符合我国农村发展的实际。因此，恢复村庄信用代办站，并将"代办"二字去掉，在村庄成立作为正式组织系统机构的信用站，应成为信用社改革的重点。

7. 农民贷款担保机制的建立和完善

（1）村情调研。延安市宝塔区柳林镇后孔家沟村是延安市宝塔区的综合示范村。全村53户人家，人口222人，拥有土地面积1179亩，其中基本农田120亩，沟坝地40亩，退耕地269亩。苹果是全村的主导产品。目前果园面积750亩，挂果园650亩，新建园100亩，人均拥有3.41亩。指导思想是"主攻单果优质，挖掘单株潜力，瞄准国际市场，生产创汇苹果，实现苹果富民"。全村还发展了沼气24户，养猪55头，拥有机动三轮33辆，改造了砂石路面，家家户户安装有电话、电视。在实地考察中发现，果树成本也较高，一株果苗1.2元，果树不用化肥，使用农粪，由于树多，需要买化肥，每株要追2元肥料，每次追肥雇人，雇工管吃管住每天还得开30元，每个苹果都要套袋，一个纸袋5分钱。由于苹果现在较为普及，销售价不高，销售困难。如遇天旱、暴雨、冰雹、大风等天气，收入就成问题。好在村子里的果树品种好，苹果甜，大多被洛川苹果经销商收购。41岁的村民杨跃平，家有4口人，12亩山地，全栽了苹果。除了自家的外，还收购别人家的苹果。政府要求每家要达到2个技术员，并要求一男一女。村里成立了果农协会，组织学习交流，所以一般夫妻2人都成为技术员。苹果全销往包头市，套袋的卖0.8元/斤，不套袋的0.6~0.7元/斤，他的苹果大多没套袋，共收入12000元。一株树2元肥料的开支共2000元加上销售费用共计3000多元。两个孩子一个上初中一个上小学，上学得增加几千元开支，家里还得买口粮吃。

（2）贷款方式。据果农介绍，信用社给每户贷款5000元，款不够的又向农行或个人贷。今年还不了明年还，只还利息。用农村"窑证"（土地使用证）做抵押。"窑证"是宝塔区土地局1988年发的，那时候就给抵押贷款。

（3）农民贷款担保机制的思考：

1）后孔家沟村作为全区的综合示范村，耕地全部种植为苹果园，提高了经济效益，但这种单一的经济作物在市场需求的变化上对农户来说风险较大，如遇自然灾害或其他问题，贷款自然难以归还。

2）后孔家村用"窑证"做抵押的融资方式拓展了农户的融资渠道，为进一步开辟农地融资方式和改变农村信贷的供给制度提供了有益的尝试，对解决农户的实际困难提供了有效保障。

第四节　农村中小微企业贷款信贷风险防范

农村中小微企业信贷风险是农村信贷风险的重要部分。从改革开放30多年的经历来看，农村中小微企业贷款量大面广，无论是乡镇企业、村集体企业还是个体工商业，这些改换了些许历史印记名称的农村中小微企业，其庞大的不良资产曾在改革开放的关键环节和历史的转折关头，给农村金融机构造成了巨大的包袱，这在成因的探讨中已做过较多的论述。

一、农村中小微企业发展中的几个制约因素分析

中小微企业的经营风险，除了企业的内部缺陷，主要因素在于企业的外部环境突变而使其无力承受。

1. 政策风险因素

政策是我国农村中小微企业生存发展的基础，也是农村中小微企业陷入困境的主要诱因。这些政策既包括国家出台的宏观调控政策、部门的产业调整政策及利息税收政策，还包括地方出台的某些管理政策。很多地方由于在实施过程中出现"一刀切"和执行"刚性"，致使相当数量的农村中小微企业在刚成立时合法，而在新政策出来时却变成不合法的，或因新政策的不支持被迫强行关闭，或因一股旋风过后自行倒闭。乡镇企业的光环为何一夜之间消失，这值得深深反思。

2. 市场风险因素

热潮是现实中县域中小微企业发展的主要特征，什么东西赚钱它就做什么，越是过热的行业，县域中小微企业发展越快。反过来，县域中小微企业的投资冲动又加速了过热行业的产能过剩，致使行业陷入经营不景气的状态，最终使自己成了自身的"掘墓人"。在这个过程中，许多县域农村中小微企业，包括部分很有发展潜力的农业产业化企业或当地龙头企业，由于产品升级换代和技术改造步伐跟不上，被市场淘汰出局。企业领导人缺乏长期战略眼光。

3. 环境风险因素

对农村中小微企业来说,由于县域生产经营环境的限制,特别是农村交通和偏远的地理位置限制,以及农业自然风险和农村市场窄小的局限,企业发展非常困难,加上中小微企业自有资金不足或薄弱,企业的抗风险能力极其软弱,在没有政策支撑的情况下,在农村经济普遍不景气的环境下,仅仅环保、税务、工商、土地等执法部门的干扰,就足以将新兴企业毁灭。另外,为大型企业生产配套产品,是当前中小微企业生产经营的一大特色。由于这些企业的生存基础,大部分是建立在所配套的大型企业主产品生产经营之上的,它们所生产的产品全部由大型企业垄断,价格全部由大型企业确定,货款全部由大型企业所支配,大型企业与相关配套的中小微企业所形成的这种松散型市场关系,形成了"一荣俱荣,一损俱损"的依附关系,很多配套型中小微企业由于母体生产企业经营突变,导致企业生产链发生断裂,最终陷入经营困境而倒闭。

二、农村金融对农村中小微企业信贷风险防范的策略

1. 理性支持

吸取乡镇企业一哄而上的教训,不能被企业暂时的繁荣遮住眼睛,理性地对待农村中小微企业贷款支持。首先,要理性地对待中小微企业当前发展热潮,优选贷款客户。面对中小微企业新一轮的发展热潮,务必保持清醒的头脑,一方面要按照"有所为有所不为"的要求,切实制定中小微企业发展的信贷经营战略,防止盲目跟进,避免在中小微企业信贷业务的发展中出现发展风险;另一方面要以积极的姿态,结合当地实际,在充分调查研究和有效论证的基础上,广纳信息,因地制宜,做好中小微企业优良客户营销工作。其次,要理性地对待当前热点行业与产业,慎选贷款客户。在支持中小微企业发展的过程中,对投资过热的行业、产能过剩而产品暂时还未出现滞销的行业,既要坚持"以效定贷",又要坚持"以行业政策定贷",切不可被部分企业眼前暂时的产品高销售率、高利润率及高投资回报率所迷惑,务必以前瞻性的眼光,按照国家产业政策要求,理性地选择那些有较好发展前景、企业经营能够上规模、产品质量能够上档次、技术改造有实力和有发展潜力的贷款客户。

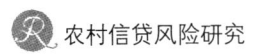

2. 分散贷款风险

多方式分散农村中小微企业贷款风险。实践证明，农村金融对个别中小微企业的经营风险能够及时有效应对，而对行业经营风险的控制往往力不从心。对此，一方面要把牢"入口"，严防病从口入。在支持思路上，牢固树立"不能把鸡蛋放在一个篮子里"的风险经营理念；及时掌握各方面信息，认真做好每一个贷款客户的风险预警预报，力求把风险消除在事前。另一方面，在具体支持上要尽量做到"三不一没有"：没有提升能力的小企业最好不介入支持；在支持投向上，不把贷款集中投向一个行业；在投量上，不把贷款集中投向一个企业的大部分配套协作企业；在支持的区域上，不把贷款集中投向一个集中的产业集群①。

3. 建立风险补偿机制

科学建立中小微企业贷款风险补偿机制。支持中小微企业发展，要走出"用贷款抵押品代替贷款条件"的误区，避免贷款支持出现盲目性，防止在实践中提高和扩大中小微企业贷款损失频率与处置成本。按照"分级管理、有利操作"的原则，根据企业信用等级、风险度，切实搞好贷款定价，通过扩大利息收入比重，从收益上建立贷款风险补偿机制。要建立中小微企业淘汰退出机制及正常的贷款损失核销机制。一方面以通过研究和掌握不同中小微企业的行业性、区域性经营风险规律，切实建立中小微企业淘汰退出机制，力求在风险凸显之前，运用灵活机动的战略战术及时退出风险客户，使贷款风险损失降低和减少到最低限度。另一方面要通过制度创新，根据国家支持中小微企业发展的系列优惠政策，及时推进宽政策的贷款损失核销机制，防止矛盾积累而诱发更大的信贷风险②。

第五节 基层农村公共产品贷款信贷风险防范

2012年"中央一号文件"指出，要持续加大"三农"财政支出，改善农业科技创新条件，实现农业持续稳定发展。农村公共产品是农业现代化

---

① 冯宗德：《对广安市中小企业经营风险成因的调查》，《中国城乡金融报》2006年11月9日第3版。
② 肖清华：《加强管理是解决中小企业贷款难的根本途径》，《中国城乡金融报》2006年11月9日第3版。

建设的基础，改善农业科技创新条件，实现农业持续稳定发展首先必须优化农村公共产品，提高农村公共产品的质量和服务水平。由于农村公共产品处于国家、集体、个人的中间地段或者说是具有共同领域的特性，投资的风险极大，风险问题处理好了，既利国又利民；处理不当，既损害了国家利益，又损害了群众利益。在新农村建设过程中，县级政府以下的农村基础设施等基层农村公共产品一直是制约县域经济可持续发展的"瓶颈"，只靠国家财政资金支持还远远不够，在自身资金不足的情况下，形成了对农村信贷资金的大量需求，但在长期的实践中，相当部分项目都不能直接形成还款来源，形成了国家利益、集体利益和个人利益的尖锐矛盾。在国家财政支持加大的政策下，如何选择共同盈利的信贷支持模式，成为基层政府和农村金融的重要研究课题。

一、基层农村公共产品信贷风险的内在特征

农村公共产品是广泛分布在农村地区的能够同时被多人共同消费和使用的产品，包括纯公共产品和准公共产品两类：纯公共产品主要是指涉及农村公共设施、公共事业和公共福利的公共产品，包括农村基层政府、村组织的行政服务，农村公共基础设施（包括农村道路建设、农田水利建设、农村电力通信等），农业基础设施（水利灌溉系统、农产品质量安全监测检验系统、农业信息系统），农业科技进步（基础研究、重大技术成果的推广应用），农村公共卫生防疫和农村扶贫开发，环境综合整治（生态环境建设和保护、大江大河治理）。准公共产品主要是指农村基础教育、农村医疗卫生、农村社会保障、农村科技文化等。

从理论上讲，在农村地域范围内，应该依靠政府力量供给的公共产品主要有：

（1）公共工程：大中型农业基本建设投资项目，主要指政府办的对农业生产有直接联系的，如根治河流、治涝、引水、灌溉等大型水利工程，兴建大中型水利枢纽，大规模植树造林，农业生产和农产品流通的重点基础设施及商品粮基地建设等专案；农村环境保护工程，如退耕还林还草工程、治理环境污染等。

（2）公共教育：农村范围内的中小学九年义务教育；教育各部门所属各类学校的基建支出；支援不发达地区的教育支出；农村扫盲工作等。

（3）社会保障：主要用于抚恤和社会救济福利事业，对农村五保户、贫困户的生活救济和生产自救扶持，农村福利机构的建立和福利设施的建设，以及自然灾害救济等。

（4）医疗保障：环境治理、健康宣传等公共卫生和计划生育、传染病控制等基本临床医疗服务支出；农村基本医疗服务网络的建设等。

（5）行政机构管理费和事业单位事业费：指农村基层政府正常运作，实现宏观管理职能所需要的管理费，以及农村农林水气象等部门的事业费，如农业科研、技术推广、畜牧兽医、水利部门所需经费。

（6）社会秩序和法律的维护：法律和秩序是保障社会正常、健康发展和运行的基础，农村社会也不例外，因此公检法等部门所需经费应由公共财政负担。

在经济发展的各个时期，我国政府财政对农村公共产品的供给都做出了巨大的贡献。但由于财力有限，基层农村大量的需求无法得到满足。因此，除国家财政拨款外，乡镇组织、村组织或村民通过自筹、银行信贷和社会力量支持等途径成为融资的重要方式。在新农村建设中，基础设施建设成为考核县域经济的一项硬性指标，县级政府在依靠中央和省级财政下拨的基础上，除了充分动员集资的途径以外，基本上是通过以政府出面的方式（或承包给个人）向县域金融机构贷款（见表4-6）。

表4-6　陕西省兴平市2007年通村公路建设项目计划

乡镇	建设标准与规模（千米）				项目投资（万元）			连接（含经过）行政村（个）
	合计	三级	四级	路面类型	合计	省补	自筹或贷款	
东城办	7.2		7.2	混凝土	122.4	112.4	10	9
西城办	15.5	1	14.5	混凝土	365.5	308.1	57.4	13
马嵬镇	17.5		17.5	混凝土	298.5	262.5	36	7
店张办	13.3		13.3	混凝土	222.55	199.5	23.05	9
西吴镇	19.65		19.65	混凝土	330.37	287.25	43.12	12
南位镇	17.7		17.7	混凝土	305.9	265.5	40.4	6
丰仪乡	11.2		11.2	混凝土	192.5	168	24.5	7
店头镇	14.01		14.01	混凝土	339.15	210.15	129	9
赵村镇	19.8		19.8	混凝土	332.33	296.5	35.83	15
阜寨乡	11.88		11.88	混凝土	203.7	178.2	25.5	7
汤坊乡	15.5		15.5	混凝土	263.5	232.5	31	4
田阜乡	21.2		21.2	混凝土	361.5	318	43.5	12

续表

乡镇	建设标准与规模（千米）				项目投资（万元）			连接（含经过）行政村（个）
	合计	三级	四级	路面类型	合计	省补	自筹或贷款	
南市镇	29.2		29.2	混凝土	497.7	438	59.7	8
桑镇	18.7		18.7	混凝土	319	280.5	38.5	6
合计	227.64	1	226.64		4154.6	3557.1	597.5	124

资料来源：根据兴平市交通局《2007年通村公路建设项目计划表》整理计算所得。

从兴平市（县级）2007年通村公路建设项目计划来看，全市计划建设94条混凝土通村公路，连接（含经过）124个行政村，建设里程227.64千米。总投资4154.6万元，其中国家财政补贴3557.1万元，缺口597.5万元需要自筹，自筹的基本办法是地方政府向农村金融机构贷款，用地方财政收入偿还贷款本金和利息。

这种地方政府背景下的贷款模式已成为基层农村公共产品融资的主要方式，成为农村公共产品建设的主渠道。但在用于农村公共产品建设的贷款中，无论是县级政府贷款、乡镇政府贷款、村组集体贷款还是包给个人贷款，都隐含着极大的信贷风险。其内在的风险特征主要表现在以下几个方面：

1. 贷款主体的模糊性

目前，农村公共产品主要散布在城区、乡镇和村落，贷款承载的主体（借款人）大体上有3种：一是县城公共产品的贷款主体，现在最流行的是政府组建投资公司，由投资公司出面向银行贷款，县级政府用财政收入偿还贷款本金和利息；二是乡镇公共产品的贷款主体，由乡政府承包给开发商，开发商向银行贷款，建成后乡政府给付开发商合同款；三是村落公共产品的贷款主体，由乡政府承诺给钱，村委会将项目承包给开发商（或村委会没有通过乡政府自主建设），开发商向银行贷款，建成后由村委会向开发商给付合同款。这3种贷款人都不是公共产品的直接贷款主体，贷款主体看似分明，实际模糊不清。第一种贷款主体，涉及县政府、城投公司和开发商3方，县城涉农的公共产品，由城投公司或政府出面承包给开发商，开发商、城投公司和政府三者承担了银行贷款，政府是最后的埋单人，债务链条是银行追开发商（或城投），开发商追项目人、街道办或县政府；第二种贷款主体，涉及乡政府、项目主人（比如校方）和开发商3方，债务链条变作银行追开发商，开发商追乡政府，项目主人进而追县政府；第三种贷款主体涉及村委会、项目主人和开发商3方，债务链条变作银行追开发商，开发商追村委会，村委会又找乡政府。债务推来推去，没人承担。

2. 贷款客体的公益性

农村公共产品的自身特征是：在农村地域范围内，供给范围不同的农村居民消费，在消费和受益上具有鲜明的非排他性和公益性。这种特征决定了农村公共产品贷款不具直接盈利性的特点，针对的项目就是公益性项目。从理论上讲，在农村地域范围内的公共工程、公共教育、医疗保障、社会保障等公共产品，应该依靠政府力量供给，但在实践中，由于它的公益性特点，基层政府一般不愿意投资，即使有政策，下级政府一般观望上级政府的财政拨款来解决，被动地投入，而不是积极主动地供给，纵然中央财政拨款到位，地方财政配套部分也不一定能够到位。在基层，一个公共产品，资金往往划为3部分，中央财政下拨部分、地方政府配套部分、基层自筹部分。一般情况是，政府委托项目开发商先上马建设，然后等待中央财政、地方财政和乡村自筹的部分到位。中央财政到位后，地方配套有的姗姗来迟，有的根本不到位或者不完全到位，这就落在了村组自筹的肩上，在自筹非常困难的情况下，建设资金形成了很大的漏洞，开发商在承包之后往往叫苦连天。对基层农村公共产品项目而言，开发商实际变成了承建者或承包人，他们最后得到的实质上是劳务费而不是开发收益，它不同于商品房，因为项目本身无利可图。

3. 贷款使用的脆弱性

农村公共产品贷款以银行为中心的信贷资金运动过程表现为"两重支付与两重归流"的运动：贷款发放给开发商实现第一重支付，开发商购买生产要素实现第二重支付；开发商销售产品（交付产品变现现金）实现第一重归流，开发商归还银行贷款实现第二重归流。基层农村公共产品项目，开发商在承建之前和政府往往有言在先，即自己先贷款垫支，政府资金到位后分次返还或项目建好后一次返还开发商的合同款，但这一承诺往往难以兑现，这就致使信贷资金在第一重归流途中就断裂，到不了第二重归流。也就是说，开发商把钱花了后却收不回所花的钱了。开发商使用贷款和政府给付开发商垫支款不能同向对等，即开发商贷款制作的产品无法变现，信贷资金第一重归流无法实现，说明基层农村公共产品在贷款的使用上非常脆弱。

第四章 农村信贷风险有效防范模式

案例1：绥德县白家硷中学，漂亮教学楼背后的辛酸泪

1997年3月25日，绥德县白家硷乡蒲家硷村村民蒲继喜与乡政府签订了修建白家硷中学教学楼的承包合同。建筑面积1433平方米，总造价67万元。按照合同，教学楼竣工验收后，乡政府一次性付清修楼款。1997年8月20日，教学楼竣工后，经有关部门验收，评为优良工程，并召开了现场会进行表彰。但工程价款分文未付，蒲继喜多次索要未果。由于蒲继喜下欠着农民工工资和建筑材料费，遂于1998年春开学之际，当着1000余名学生的面，泪流满面地将校门锁住，以此向政府要钱。在以后的几年里，每年等待着开学锁门，每锁一次可拿到1万~3万元，这样共锁了5次。2001年，民工在一怒之下砸碎了蒲继喜家的门窗，蒲继喜从此开始在外逃债。2004年末，政府仍欠蒲继喜36万元，蒲继喜欠农民工工钱及材料费22万元，拖欠信用社和民间贷款本息近50万元。令人费解的是，据调查，乡政府1996年在全乡15000人中按人均9元收取"普九"教育附加费13万余元，1997年收取9万余元，向全乡900多个孩子人均摊派50元收取3万余元，向社会集资收取8万余元，总计33万余元，而且，作为（1998）项目学校，还有省财政拨款以及县拨教育基金。随后，在对薛家峁、崔家湾、四十铺、张家砭等乡镇及刘家山、铁茄坪等村庄的调查中，发现全县20个乡镇中有18个乡镇的"普九"中学工程和300余所"普六"小学工程普遍拖欠施工方和农民工工资。

案例2：建校工程款拖欠7年，府谷县油房坪小学近百名学生无法上学

2005年8月22日，是府谷县中小学生开学的第一天，然而古城乡油房坪村小学的大门却被锁了，约百名学生和部分教师及其学生家长在门口焦急地等待，学校无法开学。

油房坪村小学于1998年底修建完工，总投资18万元，建筑面积554平方米，服务6个行政村20多个自然村的学生。据该村村党支部书记张树林讲，当初由于村上两所小学破旧不堪，乡上要求把两所小学合并在一起，建一所新学校。为让他建新学校乡上停过他的职，最后他立下军令状

·165·

修学校。修建新校时，乡上领导向他承诺，县上有精神，只要工程验收合格，"普九"一定给钱。1998年8月1日，村上将工程包给邻村的韩增小，合同要求3年内全部还清工程款。学校建成后，张树林找乡上要钱，乡上说"普九"款没下来，没钱。找到县上，也没办法解决。因为欠款，他过年不能回家，学校大门被锁已是第三回了。韩增小说，锁大门是没办法的办法，他的工程款全部是从银行贷的，修建学校的十几个工匠的工钱一分没给，还有材料款也欠着，他老婆有心脏病，一个孩子正上初中，实在没办法。现在，欠他9.8万元工程款不知向谁要，只好锁大门。

在进一步调查中，发现这种情况在榆林市的其他各县及陕西省的其他地市也不同程度地存在。据统计，截至2004年底，榆林市全市共拖欠"普九"工程款及教职工工资36646万元（其中"普九"工程款27646万元），绥德县拖欠5000余万元（其中"普九"工程款4000余万元），拖欠最多的榆阳区达8000余万元（其中"普九"工程款7000余万元）。

4.贷款偿还的扯皮性

基层农村公共产品项目贷款后，隐含的风险是政府能否积聚足够的财政收入按期归还贷款，政府的信誉到底能不能相信，如果财政收入历年陈欠、入不敷出，加之地方政府要员频繁流动，会不会出现新官不理旧账，等等。公共产品的公用性质决定了公共产品消费的非排他性和供给的非排他性之间的矛盾。简单地说，就是人人都想享用，但谁也不想去修建。事情是好事情，但没人出钱。

案例：绥德县定仙墕乡刘家山村，老书记贷款垫付修路款

地处穷乡僻壤的绥德县定仙墕乡刘家山村，为了响应上级精神，老书记组织改造修建了一条生产性道路，为付清拖欠工程款，村组织向信用社贷款3000元予以支付。贷款到期后，由于村子困难，拖欠了5年，在信用社不断上门催收的压力下，老书记和新任村支书二人分摊还清了拖欠本利合计共9000余元。老支书为偿还信用社贷款向个人高息贷款5000元，几年后本利举债达1万余元，老支书找到乡政府，乡政府推到县上；跑到县上要，县上说让乡里解决，就这样来回地踢皮球。

二、基层农村公共产品信贷风险的体制缺陷

我国基层农村公共产品的信贷风险,从总体上来看是体制的原因。

1. 基层农村公共产品集体经济组织贷款缺乏抗风险保障条件

以乡村行政组织出面的农村集体经济组织贷款,其中很大一部分实际上被用于解决农业基本建设、农业综合开发贷款和乡村组的债务负担。由于公共产品的集体使用属性,在财政吃紧或经费稀缺的县乡村,能够以各种名义从县域金融机构贷出款来,成为解决燃眉之急和现实问题的重要途径。从陕西省咸阳市的3个乡镇信用社的实地调研来看,集体经济组织贷款被村组用于公共产品建设的贷款大都形成呆账。2001年,安乐乡达40.49%,西阳乡达27.8%,田阜乡达17.62%,虽然经过信用社的清收,但还款的可能性很小,根本原因是还款的主体不明确,没有确切的借款人。到2006年末,三乡镇呆账余额仍分别为35.36%、1.27%和15.68%(见图4-8)。

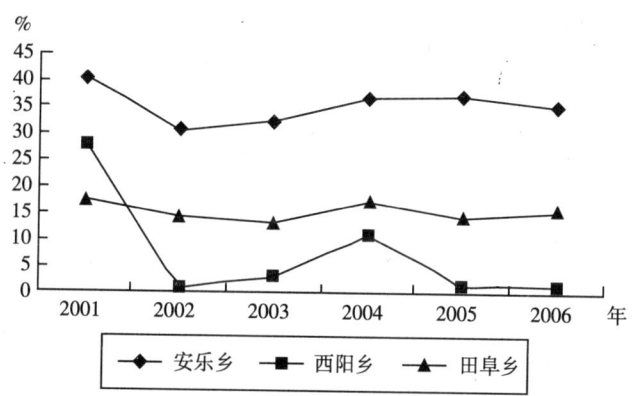

图4-8 陕西省咸阳市3个乡镇信用社农村集体经济组织贷款中公共产品不良贷款状况

资料来源:根据《陕西省三原县西阳、安乐农村信用合作社业务状况表》、《陕西省兴平市田阜农村信用合作社业务状况表》(2001~2006年)整理所得。

农村集体经济组织贷款的最后还款人落到了村委会或村支书个人的身上,而无论是拿村组集体收入还贷,村组到乡政府请求兑现乡政府最初的承诺,还是承包商手持合同到处要账,都显得十分乏力。

2. 基层农村公共产品政府转移建设还款缺乏诚信形成政府性陷阱

政府的不诚信行为与人民的实际利益越来越远。农村公共产品的转移承包建设虽然有地方政府信誓旦旦的保证，但大量举债建设，造成沉重包袱，有的地方政府连年出现财政赤字，连发工资都困难，但为了完成上级政府年度任务考核，不顾自身实际而贸然行之，归还贷款即使心有余也力不足，甚至盲目借贷，根本未考虑贷款后果，这实际上对承建商和银行来说形成了"政府性陷阱"。特别是欠发达地区以农业为主的县域，经济发展滞后，税收弱小，财政困难，加之对体制和认识上的偏差及社会信用环境的整体恶化，地方政府的信用危机愈演愈烈，其集中体现在对人民说话不算数上。签了的合同不算数，答应给农户兑现的钱不兑现，说了不收取农民的费照样收。政府行为不具稳定性和连续性，一届政府一届事，官员调换频繁，新官不理旧官事。部分地方官员责任心不强，道德观念淡薄，私欲膨胀，投机取巧，贪图私利，暗箱操作，丧失了人民公仆的理念和全心全意为人民服务的修养。最初的政府出面贷款，政府担保贷款，政府答应还款，实际上最后变成了政府无法还款或故意不还款的陷阱。

3. 基层农村公共产品供给存在着政策性误导和制度性挤压

政策传递的误导性往往导致农村公共产品项目一哄而上，总量无法控制。比如，全国基本普及九年义务教育和全国基本扫除文盲是我国20世纪90年代教育改革和发展中提出的提高民族素质的基本工程。"普六"、"普九"的主要目标是提高中小学入学率，减少辍学率，减少青壮年文盲率。其根本宗旨是提高全民的素质教育，而不是单纯地改善教育设施。但一股风刮起来造成了盲目效仿，长期积聚的改造校舍的愿望在多年不遇的国家新政策的执行中一哄而上，造成了把普及教育的重点放在改善教育设施和工程上马的误导。盲目乐观，造成项目遍地开花、混乱或无法控制的后果，数以亿计的拖欠工程款及教职工工资最后不得不由中央政府和省级政府督促埋单。

上级政府宏观逐年升级的目标考核制度导致基层政权失去自我决策发展的基础，一方面整体负债无法克制，另一方面根本无暇顾及农村公共产品的投入，公益项目投资被利益项目投资所挤占，成为边缘性项目。由于上级政府宏观预测不够科学，考核制度"一刀切"，目标责任制成为地方政府的硬性指标，造成了呼应完成目标的统计数字逐年提升。上级政府不能从国家支持力度和地方特色"量体定做"、合理计划，地方政府为了迎合上级任务不能进行科学合理的项目可行性研究，不能根据本地自身实际需要制定项目，没有根据县乡政府财力进行项目投资，而是盲目上项目，虚假上项目，甚至以拖欠工程款的方式匆匆上项目。这种为了完成年度目标责任考核的"迎合性投资"，上大项目，引大项目，"先上马后投资"的盲目决策，造成了假、大、空的工作习气，不仅降低了项目的经济效益和社会效益，浪费了宝贵的财政资源、地方优势资源、人力资源，而且使长期积累的债务和新举债务处于混乱和失控状态。农村公共产品只得由弱势组织或群体投资建设，导致了贷款难、还款更难的结局。

4. 基层农村公共产品供给资金的使用缺乏严格的监督制约机制

如前所述，蒲某承建教学楼的案例，在进一步的调查中，我们了解到，乡政府不仅收取了省财政拨款、县拨教育基金，而且在全乡按人均收取了教育附加费、孩子摊派费和社会集资款，这些钱远远超过了蒲某的建校工程款，但就是以财政困难、教师无法发工资等种种借口不予兑现。这说明政府在农村公共产品资金的使用和管理上存在着巨大的漏洞。在欠发达地区，地方政府本身财政困难，陈账压力大，而在执行国家政策时又往往走了样，不能真正地从长远或战略的角度考虑问题，不愿从软件上投资，注重立竿见影的形象工程，急功近利，随意决策，贪图政绩，滥用职权。在建设上也不能切合实际地、有计划地、合理地安排运用人、财、物，以为在国家政策坚强后盾的支持下，就可以放手扩建、大力发展，并借故乱投资、乱贷款。在资金使用上又监管不力，乱挪用、乱挥霍。贷款偿还问题形成后又束手无策、互相推诿，既不能认真对待，又不能合理解决。对频繁调动的直接负责官员更没有责任追究和制度约束，造成无人负责、无人贯彻始终的链条中断和腐败逍遥。此外，由于地方政府负债被中央政府严格禁止，而政府贷款游离于现行财政体系之外，中央政府对地方政府还并不掌握，同时由于相关部门的多头负债，地方政府对自身的负债情况也不清楚，负债形式除了银行贷款，还有各种资金信托、往来款拖欠等，负债总量难以控制①②。总之，由于体制上的原因，基层农村公共产品供给资金的被挪用，直接导致了信贷风险。

---

① 王曙光等：《农村金融与新农村建设》，华夏出版社2006年版，第30页。
② 赵倩等：《从两种典型模式看金融如何支持新农村建设》，《金融时报》2007年1月25日第4版。

三、基层农村公共产品信贷风险防范模式

基层农村公共产品供给要以财政为主,其不足的部分可以实行产业支撑、社会筹措、信贷扶持等方式,但必须有一套严格的风险防范流程(见图4-9)。

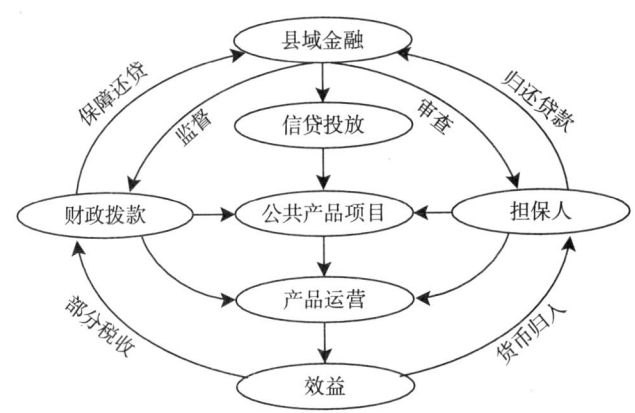

图 4-9　基层农村公共产品贷款信贷风险防范模式流程图

1. 基层农村公共产品信贷风险防范的先决条件是保障资金到位

农村公共产品供给的一切资金都必须用足、用活、用好。首先,中央财政拨款不得挪用。2004年以来,"中央一号文件"连续以农业、农村、农民为主题,强调"三农"问题在社会主义现代化时期"重中之重"的地位。伴随着我国经济形势又好又快发展的大环境,中央对农村基础设施和服务的财政拨款越来越多,这为我国基层农村特别是欠发达地区农村的发展带来了千载难逢的好机遇。中央财政下拨后,地方政府一定要用足、用活专项资金。地方政府在收到款项之后,必须及时划拨到具体项目,绝不能挪作他用,更不能高高挂起,必须畅流到位。因为中央的这部分资金往往是基层农村公共产品供给最基本的保障,成为搭建一个公共产品平台的基础。其次,地方配套资金必须到位。对上级要求地方配套的资金,地方政府绝不能拖延,如果地方政府不积极支持,不配合中央财政,不仅影响到中央财政拨款的效益,而且使在建项目无法继续有效地运作,形成半拉子工程或群体性事件,影响到社会和谐。再次,

企业集资、社会集资、个人集资及其他各种赞助筹款必须专款专用，是哪个项目的钱就用在哪个项目上，不得挤占挪用，这必须有制度的约束。最后，地方政府要建立基层农村公共产品供给资金的风险应急补偿储备。将历年财政收入剔出少部分，建立基层农村公共产品供给风险应急补偿储备库，专用于资金突发断链或基层贫困村组公共产品风险的应急保障性补偿。

2. 基层农村公共产品信贷风险防范的前提条件是保障民生需求

农村公共产品的供给要切实从农村的真正需求或迫切需要出发。第一，基层政府要有计划地通盘考虑，真正从民生出发，关注民生所需，而不是为完成上级年度考核任务应付了事，这是最基本的出发点。县级政府在制订年度计划前，首先要征求乡镇意见，各乡镇要征求各村庄意见，要层层征求，形成汇总。县级政府计划部门要在充分考察调研的基础上形成年度供给计划。既要科学合理地做好总体安排，又要能够善于及时发现和优先安排贫困乡村农民群众的迫切需求。新农村建设中，农村公共产品需求很多，缺口很大，不能因个别项目好就一概而论，多多益善，也不能因为有的乡镇和村庄偏远、贫困而不加考虑，不愿供给。既要追求少而精、精而好，注重实际效果，又要从实际出发关心弱势村落群众的生存和生活利益，扶急扶贫，真供给，供急需。特别对同类项目，要严格审查，制定准入标准，实行总量控制，坚决杜绝一哄而上、总量膨胀、负债过重造成的财政无法顾及归还贷款债务的恶果。第二，银行对公共产品贷款的对象、金额和期限，在财政资金到位的基础上，要多方调研、审查和风险度量。贷款要扶优限劣，扶真扶穷。要加强贷款的期限管理，从短期贷款为主，转向中长期贷款，甚至超长期贷款为主，切合农村公共产品收益期较长的特点，避免地方政府的流动性风险。同时，要加强贷款的保证措施，设立偿债基金，加强担保抵押，保证第二还款来源①。第三，构造农村公共产品贷款的银团贷款方式。县域金融机构分开承担一部分贷款，这样便于增加县域金融机构与地方政府的谈判力量，便于增强县域金融机构间的信息沟通和交流，有利于建立利益共享、风险共担的分摊机制。

3. 基层农村公共产品信贷风险防范的关键环节是保障信用和谐

农村公共产品的供给能否顺利实现，关键是信用问题。第一，要营造

---

① 周忠明：《地方融资模式的现状、问题和改革》，《金融时报》2007年4月23日第4版。

良好的政府信用。农村公共产品贷款的政府性陷阱是信贷风险的主要成因，因此，解决政府信用问题，提高政府的信誉。一个地方建设和谐的信用环境至关重要，是首要问题。如果地方政府不讲信用，树了一个白脸招牌，对老百姓说的话不算数，对老百姓承诺的事不理会，和老百姓签订的协议置若罔闻，极易造成恶劣的政风民风，造成恶劣的信用环境，从而造成信用链条脆弱，到处断裂，群体上访，地方社会经济动荡不安。因此，要创造一个守信用的政府，给老百姓办事的政府，一个高效、廉洁、诚信的政府，把全心全意为人民服务作为一切行为的根本，建设政府诚信机制。第二，要建立转移建设资金的偿还机制。县乡政府对公共产品欠款怎么还、何时还、拿什么还，不能用口说，要有制度。县乡政府、县域金融机构、公共产品承建者要搭建联谊交流平台，共同研究，要结合当地财政和贷款类别的实际，量身设计、定做不同公共产品的不同信贷产品、灵活还款方式和灵活的利息政策。比如，对于贫困村小型公共产品贷款，考虑到农民现实需要和还款能力，灵活变通信贷方式，在农民逐步扩大再生产、不断积累的过程中，分步归还贷款本息、延长贷款期限或者采取必要的减免贷款利息等办法。政府要积极守信，及时兑付，财政拨款优先用于支付、集资款专用。第三，要建立农村公共产品资金使用的监督制约机制。专用资金的使用要严格监督，谁管理、谁监督、谁使用，都要有严格的办事程序和操作规程，要有严格的奖罚制度。资金要逐人、逐级、逐笔到位，做到每一步都有档案记载、有制度规范、有责任落实，哪个环节出的问题都能够有人可找、有据可查、有制度可处理。第四，要加强官员离任审计制度。实施责任终身制，彻底断绝"官走事了"的恶习，断绝新官不理旧账的恶念，铲除贪污、挪用、乱花专用资金的腐败毒瘤。努力把财政的钱用在刀刃上，把老百姓抵垫的钱还给老百姓，这样才能使老百姓及时归还银行贷款，实现信用资金链畅通，从而有效地实现政府信用、银行信用和个人信用的和谐，建立全社会和谐的信用环境。

4. 陕西省佳县宋家山村通村公路自救式贷款修建模式

陕西省佳县宋家山村位于县城西南 38 千米的黄土高坡腰地带。这里是典型的红枣生产基地，树种好，产值高。多年来制约农民增收的"瓶颈"因素主要是交通问题。一个是村庄到主要生产基地的生产性道路非常恶劣，条件艰苦；另一个是距乡政府 10 千米的村民出行山路被称为"天

第四章 农村信贷风险有效防范模式

路",车辆不能行走,事故频发。由于生产道路和通村道路很差,果品运输困难,枣农在议价上处于劣势。当地财政又吃紧,没有足够的资金弥补省拨款缺口,眼巴巴看着产品变现力低却毫无办法,县域金融机构又不愿意支持。但新农村建设又是地方政府的一项硬性指标,不能回避,而农户集资又出现"贫户出不起,富户不敢出"的矛盾。在这种情况下,县域金融机构经过评估,与村组织和村民协商,采取农户联保贷款的方式。由全部农户整体向县域金融机构贷款修路,农户在枣果出售后还款。特别困难的农户由联保户负责还款。这种方式可以解决修路集资款无法收齐、道路无法开工的局面。生产道路和通城道路引线修通后,果商可以直接到农户门口收购。平均每斤红枣收购价可提高0.3元左右,而且及时销售又减少了红枣损失成本,效益大增。在此基础上还可以带动其他农产品的经营效益,减少农民生产和生活成本,增加有效积累。比如,大米在镇上每袋卖56元,到宋家山村为60元,通村后村民日常米面消费可减少4元,有利于增收致富。这种特困地区农民自救式贷款解决农村公共产品资金缺口的模式很值得推广①。

---

① 王伟光、高雄伟:《新时期基层农村公共产品信贷风险研究》,《理论导刊》2012年第4期。

第五章 农村信贷风险公平控制方法

本章所论及的农村信贷风险的公平控制,是指从贷款发放之日起到贷款到期这一阶段的风险管理。这一阶段是农村信贷风险管理的重要环节。

第一节 农村金融贷后风险的计量

一、农村金融贷后风险的传统计量方法

贷后贷款风险度是贷款发放后贷款风险的量化指标,是金融机构将贷款用概率表示的贷后贷款风险程度,它的取值范围为0~1。当贷款风险度为0时,表示不存在贷款风险;当贷款风险度为1时,表示贷款风险最大。贷款风险度越高,表明贷款的风险性越大。贷后贷款风险度的测定主要取决于4个系数因素,即贷款对象、贷款方式、贷款期限和贷款形态。贷后贷款风险度是这4种因素的综合和合成[①]。

1. 系数与风险度

(1)贷款对象风险变换系数。我们把贷款对象对贷款风险的影响程度称为贷款对象风险变换系数,或称信用等级变换系数,也就是前述的借款人信用等级系数。信用级别越高,风险变换系数越低。农村金融机构一般将贷款对象的信用等级分为AAA级、AA级、A级、BBB级、BB级、B级和C级以下级别,设定相对应的变换系数分别为10%、20%、40%、50%、70%、90%和100%。

---

① 杨洋:《贷款风险分类原理与实务》,中国金融出版社2000年版,第27-30页。

（2）贷款期限风险变换系数。我们把贷款期限对贷款风险的影响程度称为贷款期限风险变换系数。贷款期限越长，期限系数越大，相应的贷款风险也就越大，反之则相反。每一种贷款期限的变换系数可参照表5-1。

表5-1　贷款期限风险变换系数对照表

贷款期限	期限风险系数（%）
短期贷款	
1. 半年（含半年）以内	100
2. 半年以上	120
中长期贷款	
1. 1年（含1年）以内	100
2. 1年以上3年（含3年）以内	120
3. 3年以上5年（含5年）以内	150
4. 5年以上	200

（3）贷款方式风险变换系数。我们把贷款方式对贷款风险的影响程度称为贷款方式风险变换系数，也就是前述的贷款方式风险系数。贷款担保、抵押、质押所提供的财产流动性越强，贷款风险系数就越小，贷款风险越低。反之，则风险越大。贷款方式风险变换系数与《巴塞尔资本协议》的贷款风险权重的性质和具体的规定相类似。每一种贷款方式的风险系数可参照贷款方式风险变换系数表取得（见表5-2）。

表5-2　贷款方式风险变换系数对照表

贷款方式	基础系数（%）
信用贷款	100
保证贷款	
1. 政府提供的保证	10
2. 农业银行及政策性银行的保证	20
3. 其他银行的保证	50
4. 非银行金融机构的保证	
（1）全国性非银行金融机构的保证	50
（2）省级非银行金融机构的保证	80
（3）省级以下非银行金融机构的保证	100
5. AAA级企业的保证	50
6. AA级企业的保证	100
7. 个人信用保证	100

续表

贷款方式	基础系数（%）
抵押贷款和质押贷款	
1. 现金资产质押	
（1）黄金质押	0
（2）本行存单质押	0
（3）他行存单质押	20
（4）外币存单质押	20
2. 有价证券质押	
（1）股票、股权质押	80
（2）国债质押	0
（3）金融债券质押	10
（4）国有农业银行的承兑汇票贴现	10
（5）区域性银行和外资银行承兑汇票贴现	20
（6）商业承兑汇票贴现	100
（7）其他可转让有价证券及权利质押	50
（8）企业债券质押	50
3. 居住楼抵押贷款	80
4. 其他抵押	
（1）土地使用权抵押	100
（2）房屋及其他建筑物抵押	100
（3）交通运输工具抵押	100
（4）机械设备抵押	100

（4）贷款形态风险变换系数。我们把贷款形态对贷款风险的影响程度称为贷款形态风险变换系数。按照贷款5级分类，只有处于正常贷款形态的风险变换系数最小，贷款形成的逾期时间越长，变换系数越大，风险也越大。反之则相反。每一种贷款形态的变换系数可参照表5–3。

表5–3 贷款形态风险变换系数对照表

贷款形态	变换系数（%）	主要特征
正常	100	借款人有能力履行承诺，并且对贷款的本金和利息进行全额偿还，信用良好，没有有问题的贷款
关注	120	①净现金流量减少；②借款人的一些关键财务指标低于行业平均水平或有较大下降；③借款人销售收入、经营利润在下降；④借款人信用状况有问题；⑤借款人还款意愿差；⑥贷款的抵押品、质押品质量下降；⑦银行对抵押品失去控制，对贷款缺乏有效的监督
次级	150	①借款人支付出现困难，并且难以按市场条件获得新的资金；②借款人不能偿还对其他贷款债权人的债务；③借款人采取隐瞒事实等不正当手段套取贷款

续表

贷款形态	变换系数（%）	主要特征
可疑	170	①借款人处于停产、半停产状态；②借款人已资不抵债；③银行已诉诸法律来收回贷款
损失	200	①借款人无力偿还，抵押品价值低于贷款额；②抵押品价值不确定；③借款人已彻底停止经营活动

（5）贷款风险度。在确定了贷款对象、贷款方式、贷款期限和贷款形态对贷款风险的影响程度后，我们就可以计算出贷款的风险度。

1）单笔贷款风险度 = 贷款对象系数 × 贷款方式系数 × 贷款期限系数 × 贷款形态系数 （5-1）

如果在审查或决定某笔贷款申请时，可以将该笔贷款假定为正常贷款，贷款形态系数为100%。

2）贷款风险权重资产 = 单笔贷款金额 × 该笔贷款资产风险度 （5-2）

3）全部贷款风险度 = $\dfrac{\sum 贷款风险权重资产}{\sum 贷款余额}$

即加权的风险贷款总额 ÷ 某一时点银行贷款余额 （5-3）

用同样的方法可以计算出某个信贷员所管辖的全部借款人的贷款风险度，也可计算出某个借款人或某类借款人的全部贷款的贷款风险度。

2. 贷款风险度测定实例

假定某县某镇对甲、乙、丙、丁、戊、己6户农业产业化企业发放贷款16笔，总金额345万元。根据计算，全部贷款的综合风险度为：

加权的风险贷款总额115.202万元 ÷ 全部贷款总额345万元 = 0.3339（见表5-4）。

表5-4 农业产业化6户企业贷款风险测定表

企业名称	企业信用等级	贷款对象系数（%）	贷款序号	贷款金额（万元）	贷款方式	贷款方式系数（%）	贷款形态	贷款形态系数（%）	贷款期限（年）	贷款期限系数（%）	单笔贷款风险度	风险贷款总额（万元）
甲	AAA	10	1	60	信用	100	正常	100	0.5	100	0.1	6
			2	20	信用	100	正常	100	1	100	0.1	2
			3	50	信用	100	正常	100	1	100	0.1	5

第五章 农村信贷风险公平控制方法

续表

企业名称	企业信用等级	贷款对象系数(%)	贷款序号	贷款金额(万元)	贷款方式	贷款方式系数(%)	贷款形态	贷款形态系数(%)	贷款期限(年)	贷款期限系数(%)	单笔贷款风险度	风险贷款总额(万元)
乙	AA	20	4	10	保证	50	正常	100	2	120	0.12	1.2
			5	10	质押	10	次级	150	1	100	0.03	0.3
			6	40	抵押	20	正常	100	0.4	100	0.04	1.6
			7	10	抵押	100	可疑	170	0.9	120	0.408	4.08
丙	A	40	8	20	保证	100	正常	100	1	100	0.4	8
			9	10	保证	100	可疑	170	1.5	120	0.816	8.16
			10	30	质押	20	可疑	170	3	120	0.1664	4.992
丁	BBB	50	11	10	抵押	80	正常	100	5	150	0.6	6
			12	20	保证	50	关注	120	6	200	0.6	12
			13	10	保证	80	次级	150	1	100	0.6	6
戊	BB	70	14	15	质押	20	可疑	170	1	100	0.238	3.57
			15	10	保证	50	次级	150	2	120	0.63	6.3
己	已破产	100	16	20	保证	100	损失	200	1	100	2	40

3. 小结

引入定量贷后风险分析方式,建立贷后风险数据模型,可以准确地通过量化数据识别贷后风险。上级金融机构要根据当地行业平均水平制定贷款对象信用等级风险变换系数、贷款方式风险变换系数和贷款形态风险变换系数,并规定一个浮动幅度,以便基层经营行根据当地实际灵活执行。通过以上量化指标,农村金融机构可以对贷款对象的存量、增量及经营行的信贷风险度管理做出定量分析,以便从不同层次控制贷款额度。具体来说,包括3个方面:一是通过对借款人存量贷款的风险度量,分析存量贷款的风险程度,并根据风险程度的大小,对其已形成的事实风险采取不同的措施予以控制和处理;二是通过对借款人增量贷款的风险度量,确定其合理的新增贷款额度;三是通过对基层经营机构信贷风险度的分析,划分其经营管理等级,从而控制其新增贷款的审批额度。

二、Zeta 分析法

Zeta 分析法由美国学者阿尔特曼(Edward I. Altman,1968)在 Z 评分模型基础上引申而来。农村金融可以运用 Zeta 分析法的六大指标进行分析,确认借款人信贷违约风险的大小。

1. 资产收益率

资产收益率等于与资产总值之比，其中 EBIT 是指借款人扣除利息、税收和留存收益前的收益。

2. 债务的还本付息（Debt Service）

债务的还本付息等于 EBIT 与利息支付总额之比。

3. 累积的盈利能力

累积的盈利能力等于留存收益与资产总值之比。

4. 流动性的大小

这一指标是流动性资产与流动性负债之比。

5. 资本化的程度

资本化的程度是借款人普通股 5 年的平均市场价值与长期资本总额之比。

6. 规模

规模指借款人的资产总值。

农村金融可通过上述六大指标来分析借款人当前的盈利能力和偿债能力。Zeta 分析法的缺陷在于，模型中的指标并不能够全部公开取得，农民或公司到底赚了多少钱的信息很难真实获得，这需要面对面的感情交流，特别是农村，面积大，借款人分散，有的农民工行踪不定，很难联系，对农村金融人力工作成本高，难度大。因此，在实际应用中，也可以尝试下述五大变量的模型：

X_1=运营资本/资产总值

X_2=留成收益/资产总值

X_3=EBIT/资产总值

X_4=借款人股本的市场价值/负债总额的账面价值

X_5=销售额/资产总值

Altman（1968）利用上述五大变量对美国一些规模相近的制造业进行统计分析，得出其评分公式模型：

$Z = 1.2X_1 + 1.4X_2 + 3.3X_3 + 0.6X_4 + 1.0X_5$

判别借款人违约的临界值 $Z_0 = 2.675$，如果 $Z < 2.675$，借款人被划入违约组；反之，如果 $Z \geqslant 2.675$，借款人则被划入非违约组。当 $1.81 < Z < 2.99$ 时，Altman 发现此时的判断失误较大，称该重叠区域为"未知区"（Zone of Ignorance）。

Zeta 分析法的好处在于基本上考虑了借款人经营的主要方面，并且通过历史资料的分析对借款人的违约概率进行相应的预测,可以从总体上考察借款人的经营状况。但是,运用 Zeta 分析法的根本前提之一就是假设借款人的经营环境以及经营状况是按照目前的趋势基本稳定地向前发展的。由于农村信贷发展波动比较大,环境比较复杂,Zeta 分析法在农村金融中的运用比较困难,尽管如此,这一方法对我国基层农村金融风险控制制定具体操作办法,有重要的启发和辅助作用①②。

三、复审模型

复审模型(Loan-Review Model)③最早由 David Durand(1941)提出,是评价借款人信用可靠性的技术方法。农村金融机构可通过该模型来预测借款人违约的可能性,从而估测相应的信贷风险。应用复审模型可以对农户贷款和农村中小微企业贷款进行风险控制。

1. 在农户贷款中的运用

农户贷款的归还主要来自于农户的未来收入。农村金融可通过对借款人的年龄、职业、收入以及财富等方面进行综合分析,来估测其信贷风险的大小,对发放贷款质量高低进行对比分析,可以参考建立以下评分模型:

(1)年龄:超过 20 岁后每年为 0.01 分,该项总分最大值为 0.3 分。

(2)性别:女性为 0.40 分,男性为 0 分。

(3)居住稳定性:该项总分最大值为 0.42 分。

(4)种植业:风险小的种植业为 0.55 分,风险大的种植业为 0 分,其他为 0.16 分。

(5)非种植业:0.21 分。

(6)收入稳定性:每年收入稳定为 0.059 分,该项总分最大值为 0.59 分。

(7)拥有银行账户的资产项目为 0.45 分(7~9 为三大资产项目)。

(8)拥有不动产的资产项目为 0.35 分。

(9)参加人寿保险的资产项目为 0.19 分。

通过上述九大因素对农户进行评分,并求出总和,即为该笔贷款的资

---

① Altman, C.C. Haldeman, P. Narayanan:《Zeta 分析——鉴别企业破产风险的新模型》,1977。
② 于研:《信用风险的测定与管理》,上海财经大学出版社 2003 年版,第 30-40 页。
③ Buck, Walter H. (1979), Risk-Management Approach to Pricing Loans and leases, Journal of Commercial Banking Lending, April.

信评分。然后根据有关统计资料，得出区分质量高低贷款的临界值（Durand 的实证分析为 1.25）。如果借款人的评分大于临界值，说明该笔贷款风险较小，应划入非违约组；反之，若小于临界值，说明该笔贷款风险较大，应划入违约组。

运用这一方法简单明了，难点在农户贷款中运用复审模型进行风险评估的准确度，准确与否是建立在对各个影响因素进行合理评分的基础之上的，而这又难免受主观因素的左右，因此，只有尽可能地对各个影响因素进行合理评分，才能提高评估结果的准确性。我国农村金融机构可根据实际情况，建立农民贷款等相应的复审模型，不仅是必要的，而且是可行的。

2. 在农村中小微企业贷款中的运用

美国经济学家 Delton L.Chesser（1974）创立企业贷款的复审模型，预测借款人违约可能性的大小。模型中的违约行为不仅指借款人拖欠本息，而且还包括减少或放弃利息甚至是本金的支付，其主要解释变量包括以下 6 个：

X_1 =（现金 + 适销性证券）/资产总值

X_2 = 净销售额/（现金 + 适销性证券）

X_3 = EBIT/资产总值

X_4 = 债务总值/资产总值

X_5 = 固定资产总值/净值

X_6 = 运营资金/净销售额

Chesser 通过抽取样本进行多元线性回归，得出下列模型：

$$Y = -2.0434 - 5.24X_1 + 0.0053X_2 - 6.6507X_3 + 4.4009X_4 - 0.0791X_5 - 0.1020X_6 \tag{5-4}$$

公式（5-4）中的内生变量是指借款人的违约倾向指数，它是外生变量 X_i 的线性组合，由 Y 可计算出违约概率 P 的大小：

$$P = 1/(1 + e^{-Y}) \tag{5-5}$$

其中，e = 2.71828，公式（5-5）表明：借款人的违约倾向指数 Y 值愈大，该借款人的违约概率就愈高。

对于中小微企业，农村金融可根据经济法则，确定一个违约概率临界值 P*，然后与公式（5-5）计算出的结果相比较，若大于临界值，该贷款划入违约组，若小于或等于临界值，则将该贷款划入非违约组。但是，Chesser 的模型预测信贷风险的准确度将随着预测期的延长而下降，1 年后的准确度为 75%，而 2 年后的准确度仅为 57%。

农村金融可以参照复审模型,综合考察借款人经营状况的变动情况,有效估测农民贷款或农村中小微企业贷款的风险趋向,为农村金融的贷后风险控制打下良好基础。

四、分类和回归树

分类和回归树分析是一种根据一定的标准,运用二分法,通过建立二元分类树来分析被考察对象特定品质的方法[①][②][③]。M. Laurentius Marais、James M. Pattell 和 Mark A. Wolfson(1984)将分类和回归树分析法引入信贷风险的管理之中。该方法也是通过预测借款人经营状况的变化及其破产的概率来估测借款人违约的可能性及其大小(见图5-1),适合当前农村金融机构对中小微农业产业化企业的信贷风险进行有效控制的参考。

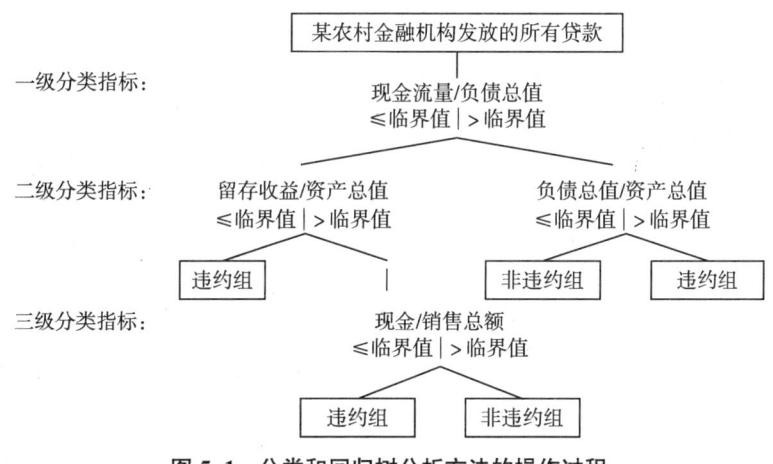

图5-1 分类和回归树分析方法的操作过程

目前,在我国广大农村,农业产业化企业成为政府扶持的主导产业。运用分类和回归树分析估测农业产业化企业的风险大小,首先要对借款企

---

① Marais, M.L., J. M.Pattell, and M.A.Wolfson(1984), The Experimental Design of Classification Models: An Application of Recursive Partitioning and Bootstrapping to Commercial Bank Loan Classification, Journal of Accounting Research, 22.
② 张颖:《新技术在信贷风险管理中的应用》,《国际金融研究》1998年第2期。
③ 杨力:《商业银行风险管理》,上海财经大学出版社1998年版,第30—40页。

业的资信摸清底子，确定各类分级指标的经验估计值（即图5-1中的临界值）大小；然后再根据借款企业提供的有关财务报表，计算出各自的比率指标，分3步建立相应的分类树。

1. 根据一级分类指标划分左右树枝

将一组农业产业化企业的现金流量与负债总值的比率与该指标的临界值进行比较，将小于或等于临界值的借款企业划入分类树的左枝，而将大于临界值的借款企业划入分类树的右枝。

2. 根据二级分类指标分别对左右树枝进一步考察

左树枝运用农业产业化企业的留存收益与资产总值的比率与该指标的临界值进行比较，将小于或等于该临界值的借款企业划入违约组，而对于那些大于该临界值的借款企业再使用三级分类指标进行划分；右树枝运用借款企业的负债总值与资产总值的比率与该指标的临界值进行比较，将小于或等于该临界值的借款企业划入非违约组，而大于该临界值的借款企业则被划入违约组。

3. 根据三级分类指标得出结论

将第二步中留存收益与资产总值比率大于临界值的农业产业化企业，运用现金与销售总额比率进行再分类，将小于或等于该临界值的农业产业化企业划入违约组，大于该临界值的农业产业化企业则划入非违约组。

运用分类和回归树方法估测农业产业化企业违约风险的大小，将贷款按5级分类进行考察，区别对待：

（1）正常贷款：贷款能够如期还本付息，损失概率为0。

（2）关注贷款：贷款有些小问题，有损失的可能性，概率在5%内，但不至于划入不良贷款的范畴，需特别加以关注。

（3）次级贷款：低于标准的贷款，该类贷款有些问题，违约的可能性为30%~50%。

（4）可疑贷款：贷款具有较为明显的缺陷，风险也相应较大，违约的可能性为50%~75%。

（5）损失贷款：贷款无法回收，损失的概率在75%~100%，在履行法律程序之后，大多通过注销或冲账来加以处理。

分类和回归树分析法简单明了，准确性较高，是农村信贷风险控制有效实用的技术方法之一。该方法的二分法、3个等级、4个种类指标的选择涵盖了农业产业化企业资产流动性和负债合理性及其盈利能力的大小等方面，基本上反映了农业产业化企业的运营状况，是科学而行之有效的方法，可以在农村信贷风险控制中广泛地推广采用。

五、信贷风险模糊综合评价

模糊综合评价（Fuzzy Comprehensive Evaluation，FCE）方法①②③④，是一种用于涉及模糊因素的对象系统的综合评价方法。模糊数学是用精确数学的方法处理具有模糊性现象的数学，是近30年发展起来的一门新兴数学分支，是由美国著名的控制论专家A.札得创立的。模糊综合评价方法由于可以较好地解决综合评价中的模糊性（例如，事类属间的不清晰性、评价专家认识上的模糊性等），因而该方法得到了广泛应用。运用该方法可以有效地评估和控制地方政府背景下农村公共产品贷款的信贷风险。

1. 模糊综合评价方法

所谓模糊性，主要是指客观事物、概念处于共维条件下的差异在中介过渡时所呈现的亦此亦彼性，如日常生活中随处可见的好与坏、高与低、冷与热等。模糊集合论用隶属度来描述中介过渡，是以精确的数学语言对模糊性的一种描述。隶属度与隶属函数概念是模糊集合论中最重要的基本概念。隶属度与隶属函数的定义可以简单地从普通集合论的特征函数定义推广出来。

普通集合论一个元素 x 要么属于，要么不属于某一个集合 V，集合可以用特征函数来刻画，每个集合 V 都有一个特征函数，其定义如下：

$$C_V(x) = \begin{cases} 1 & 当\ x \in A \\ 0 & 当\ x \notin A \end{cases}$$

模糊函数是使用函数表示隶属度的变化规律，如用 0~1 之间的任何一个实数去度量一个概念的隶属度。定义如下：设给定论域 r，r 到 [0，1] 闭区间的一个映射 $r_V(x): r \rightarrow [0, 1]$ 都确定 r 的一个模糊子集 V，r_V 叫作 r 对 V 的隶属度。它满足 $0 \leq u_V \leq 1$，u_V 的值越大表示 r 对 V 的隶属程度越高。当 $r_V = 1$ 时，肯定属于 V；当 $u_V = 0$ 时，肯定不属于 V。

根据模糊综合评价方法建立模糊综合评价模型，设评价的评判集与评

---

① 贺仲雄、王伟：《决策科学——从最优到满意》，重庆出版社1987年版，第50-51页。
② 钮晓鸣：《带置信因子的模糊综合评判》，《系统工程理论方法应用》1997年第2期。
③ 张灵莹：《定性指标评价的定量化研究》，《系统工程理论与实践》1998年第7期。
④ 陈蔓生等：《企业竞争力的模糊综合评价探析》，《数量经济技术经济研究》1991年第1期。

价指标（因素）集分别为：

$V = \{v_1, v_2, \cdots, v_n\}$

$U = \{u_1, u_2, \cdots, u_m\}$

其中，$v_j(j = 1, 2, \cdots, n)$ 表示由高到低的各级评判；$u_i(i = 1, 2, \cdots, m)$ 表示评价体系的指标（因素）。对其中的每一个因素根据评判集中的等级进行模糊评价，得到评价矩阵 R：

$$R = \begin{bmatrix} r_{11} & r_{12} & \cdots & r_{1n} \\ r_{21} & r_{22} & \cdots & r_{2n} \\ \vdots & \vdots & \vdots & \vdots \\ r_{m1} & r_{m2} & \cdots & r_{mn} \end{bmatrix}$$

其中，$r_{ij}(i = 1, 2, \cdots, m; j = 1, 2, \cdots, n)$ 表示对第 i 个评价指标得到第 j 级的隶属度。(U，V，R) 则构成了一个模糊综合评价模型。确定各因素重要性指标（权数），记为 $A = \{a_1, a_2, \cdots, a_m\}$，满足 $\sum_{i=1}^{n} a_i = 1$，得模糊综合评价模型 P：

$P = A \circ R = \{p_1, p_2, \cdots, p_m\}$

其中，$p_m = \bigvee_{i=1}^{n}(a_i \wedge r_{ij})$，$\wedge$ 表示 a_i 与 r_{ij} 比较取最小值，$\vee$ 表示 $(a_i \wedge r_{ij})$ 的几个最小值中取最大值，即采用取大取小的算法进行模糊合成。

若 $\sum_{i=1}^{n} p_j \neq 1$，则采用"归一化"处理 P 为：

$\tilde{P}_j = p_j / \sum_{i=1}^{n} p_j$

其中，$\tilde{P} = (\tilde{p}_1, \tilde{p}_2, \cdots, \tilde{p}_m)$，$j = 1, 2, \cdots, n$。

可采用最大隶属度原则确定评价等级[1][2][3][4]。

2. 模糊算子的选择

模糊集合的交互运算在综合评价中是不可缺少的一个内容，其运算方

---

[1] 陈守煜：《工程模糊集理论与应用》，国防工业出版社1998年版，第50页。
[2] Turken B., Nillson.IA, "A Fuzzy Set Preference Model for Consumer Choice", *Fuzzy Set and Systems*, 1994.
[3] 李根长等：《模糊综合评价三亚旅游现状》，《系统工程理论与实践》1999年第5期。
[4] 王宗军：《综合评价的方法、问题及其研究趋势》，《管理科学学报》1998年第1期。

法按各自不同的定义有自己的特点,表现着现实中不同的情况。这些方法都称为模糊算子①。Fuzzy 运算一般可选用 4 种广义 Fuzzy 算子,即 M（∨,∧）,M（·,∨）,M（∧,⊕）,M（·,⊕）。其中"·"表示普通实数乘法,"⊕"表示有界和,其意思是,若有 a⊕b,则 a⊕b = min{a + b, 1}②。在一次评价中,往往根据需要采用不同的算子进行模糊合成。常用的有以下两种模糊算子:

（1）M（∨,∧）算子。常用 M（∨,∧）算子进行模糊合成实际上是取大取小的过程。该算子的特点是,主要运用算子∧和∨进行比较运算,两个数值中按∧和∨只取一个较大或较小的值。因此,其结果往往很粗糙。对于有的问题,会出现分类不清或丢失较多信息,结果不合理。尤其当因素较多,且权数分配又较均衡时,由于 $\sum_{i=1}^{n} a_i = 1$,所以每个因素所分得的权数必然很小。由于只运用算子∧、∨进行运算,这就注定了综合评价结果也都很小。此时较小的权数通过运算实际上没有了单一因素的评价,而得不到理想的效果。在这种情况下,要考虑其他算子。4 种模糊算子中前 3 种多用于突出主要因素,不考虑和忽略考虑次要因素的综合评价;而最后 1 种对所有因素依权重大小均衡兼顾,适用于要求整体指标的情形。

（2）M（·,⊕）算子。这种方法是先将 a_i 与 r_{ij} 求实数乘积,即为一个加权平均数,然后与 1 比较,取其中较小者。由于采用有界和,限定了最大模糊数即隶属度为 1。它是比较显著的加权平均算子。利用该算子进行模糊合成时,没有在 a_i 与 r_{ij} 的合成方面采用简单的比较选择,而是采用普通实数乘法,因而它考虑了全部因素。而且,权数分配没有明显差别,评价因素也较多,各因素所分得的权数相对较少时,用该方法进行农村信贷风险指标模糊合成是比较理想的③。

3. 农村信贷风险模糊综合评价实例

（1）建立农村公共产品信贷风险指标因素集 U = {u_1, u_2, u_3, u_4, u_5, u_6}。

---

① 张海波:《企业经济效益舍弃等级论域的模糊综合评价》,《中南财经大学学报》1998 年第 6 期。
② 魏巍贤:《人民币汇率的稳定机制及其动态过程——目标区域模型》,《系统工程理论与实践》1999 年第 10 期。
③ Zhang Pong (1997), "Fuzzy Universal Appraisal of Thchnical Condition of Equipment, Intermation Journal of Plant Engeneering Condition of Equipment", *Intermation Journal of Plant Engeneering and Management.*

其中，u_1 表示财务状况；u_2 表示现金流量变化；u_3 表示借款人信用等级；u_4 表示信用支持；u_5 表示借款人还款意愿；u_6 表示银行贷款管理状况。

（2）建立评判等级集 V = {正常、关注、次级、可疑、损失}。

（3）确定各指标权重集 A = {a_1, a_2, a_3, a_4, a_5, a_6}，a_i 表示公共产品信贷风险第 i 个指标在指标集中的权重。利用层次分析方法解出权重集为：

A = {0.212, 0.424, 0.172, 0.086, 0.053, 0.053}

（4）公共产品贷款风险评价可由上级机构、本金融机构、专家评价组、互相评价几种方式进行。本例采用专家评价组（专家 5 人）对农村金融机构某农村公共产品贷款风险因素进行评价，根据打分并归一化后得到评判矩阵 R。

（5）利用模糊矩阵的合成运算，得到综合评价模型为 P。

若采用 M（∨，∧）算子是：

$$R = \begin{bmatrix} 2/5 & 2/5 & 1/5 & 0 & 0 \\ 2/5 & 2/5 & 1/5 & 0 & 0 \\ 4/5 & 1/5 & 0 & 0 & 0 \\ 3/5 & 2/5 & 0 & 0 & 0 \\ 0 & 2/5 & 2/5 & 1/5 & 0 \\ 1/5 & 2/5 & 1/5 & 1/5 & 0 \end{bmatrix}$$

做归一化处理得：P = (0.380, 0.380, 0.190, 0.05, 0)。

出现"多峰值"，按最大隶属度难以确定评价等级。

若采用 M（·，⊕）算子得：

P = A∘R = (0.212, 0.424, 0.172, 0.086, 0.053, 0.053)。

$$\begin{bmatrix} 2/5 & 2/5 & 1/5 & 0 & 0 \\ 2/5 & 2/5 & 1/5 & 0 & 0 \\ 4/5 & 1/5 & 0 & 0 & 0 \\ 3/5 & 2/5 & 0 & 0 & 0 \\ 0 & 2/5 & 2/5 & 1/5 & 0 \\ 1/5 & 2/5 & 1/5 & 1/5 & 0 \end{bmatrix}$$

= (0.4, 0.4, 0.2, 0.053, 0)

P = A∘R = (0.212, 0.424, 0.172, 0.086, 0.053, 0.053)。

第五章　农村信贷风险公平控制方法

$$\begin{bmatrix} 2/5 & 2/5 & 1/5 & 0 & 0 \\ 2/5 & 2/5 & 1/5 & 0 & 0 \\ 4/5 & 1/5 & 0 & 0 & 0 \\ 3/5 & 2/5 & 0 & 0 & 0 \\ 0 & 2/5 & 2/5 & 1/5 & 0 \\ 1/5 & 2/5 & 1/5 & 1/5 & 0 \end{bmatrix}$$

$=(0.4542,0.3656,0.159,0.0212,0)$

按最大隶属度确定该农村公共产品信贷风险等级为"正常"贷款形态。

第二节　农村信贷风险公平控制的方法

一、个体信用跟踪分析

个体信用跟踪分析是指对于单个借款人进行的贷后跟踪分析，是从个体角度对于农村金融贷款对象中的农户、农村中小微企业等进行的跟踪分析。单个借款人农村金融机构必须进行贷后信用的跟踪分析，对贷款风险进行估测，把握贷款违约的早期信号，以便于对信贷资产风险进行及时判断、准确把握和适时控制[①]。

从贷款发放到回收期间，要密切关注借款人微观经济运行的状况，一旦出现恶化的迹象，借款人违约的概率就会增加。对于农村中小微企业而言，借款人违约的早期信号主要表现为财务和非财务两方面发生了非预期变化。

早期的财务信号是最为重要的分析因素之一，可通过借款人的资产负债表和损益表来分析借款人财务状况的变动。如果资产负债中出现现金状况恶化、应收账款的平均账龄延长、存货非预期的增加、流动资产超常减少、固定资产超常变化、留置资产建立、短期负债不合理增加、长期负债大量增加等，以及损益表中出现销售总额减少或销售迅速增加、间接费用增加过快、呆账增加、经营亏损等现象时，均在一定程度上表明借款人的贷款可能出现

---

① 潘金生等：《中国信用制度建设》，经济科学出版社2003年版，第50页。

问题，农村金融机构应尽早采取相应的措施加以控制。

早期的非财务信号有管理人员、运营状况和借贷双方关系等方面的变化。其中借款人的管理人员早期信号主要包括主管人员的行为发生非预期变化，出现重要的人事变动，无力履行原先的承诺，过度投机而又无力承担，宏观、微观经济环境变幻莫测而又无相应的应变策略以及出现严重劳资纠纷等。经营状况的早期信号主要包括借款人经济情况或业务性质发生变化，对农户来说，如奶牛发生了疫病、农产品价格下跌、家中有人患病等；对企业来说，如生产布局不合理、缺乏关键产品的生产线或供应来源、存货管理不当、丧失财力雄厚的客户以及推迟设备的更新等。借贷双方的早期信号主要包括借款人在银行的存款余额非正常减少或出现非预期的透支，签发空头支票，对到期的贷款多次要求展期，贷款需求的规模和时间变化无常，其他金融机构突然前来了解借款人的资信状况，有意疏远或回避原来的贷款人而从其他金融机构获取贷款（尤其是抵押贷款）等。其他的信号主要包括卷入诉讼纠纷而法院做出不利于借款人的判决，借款人的违法行为发生后司法部门要求检查或冻结借款人的存款账户，以及评级机构降低对借款人评定的级别而借款人的股票行情出现非正常下跌等[①]。

上述信号出现得愈多，说明借款人经营状况愈差，其偿还贷款的能力下降，贷款违约风险也相应增大。对于农户而言，可以进行类似的方法进行评估，农户财务的主要表现是农民收入及其稳定性、家庭存款、是否有借款等方面，非财务主要表现为农户的还款意愿、自然环境风险、种养业疾病防疫等。

二、整体信用预警分析

整体信用预警分析是指农村金融机构对贷款从整体上进行的风险预警，是农村信贷风险控制的重要环节。构建先进的风险预警系统，对提高农村信贷风险控制能力具有极其重要的意义。农村信贷风险预警系统的构建，必须具有前瞻性，力争同大商业银行信贷风险的预警系统挂钩。按照预警目标、预警方法、警戒限定、预警信号等设计风险预警指标体

---

① 丁巧仁、褚红军：《金融纠纷案件审理实务》，人民法院出版社2000年版，第30页。

系,通过建立信贷风险预警指标体系并根据有关金融法规和国内外经验数据确定预警临界值。当某个指标超过临界值则发出预警信号,及时采取控制与调整措施。

1. 预警指标及警戒线的变量设计

按照《巴塞尔新资本协议》和我国资产负债比例管理要求,立足于农村金融现存统计指标来设置预警指标体系,可以从农业贷款、工业贷款、商业贷款、乡镇企业贷款、私营企业及个体生产经营贷款、基本建设贷款、房地产贷款、技术改造贷款、个人消费贷款和其他贷款10个风险源中挑选一套数量合适而又最大限度刻画农村信贷风险变化状况的指标作为参数,选择以下9个变量构建农村金融预警指标体系和警戒线[①]。

(1) 信用风险率。这个指标主要指风险贷款在资产总额中的比重。这里的风险主要指风险较高、收益较高的贷款,经验比例一般控制在20%以下。

(2) 贷款损失率。贷款损失率主要指各种贷款损失在总贷款额中所占的比重。经验数据表明,规模大的银行应控制在0.3%~0.5%,中小型银行放宽至0.4%~0.8%。

(3) 贷款质量指标。次级贷款、可疑贷款、损失贷款余额与各项贷款的比例分别不得超过8%、5%、2%。

(4) 存贷款比率。存贷款比率是贷款额与存款额之比。我国《商业银行法》规定该比例不得高于75%。

(5) 资本充足率。资本总额与加权风险资产总额的比例不得低于8%,其中核心资本不得低于4%。

(6) 应收利息比率。应收未收利息与利息收入总额的比例不得超过15%。

(7) 资产流动性比率。流动性资产与流动性负债的比例不得低于25%。

(8) 备付金比率。在人民银行的备付金存款、库存现金两项之和与各项存款比例不得低于5%~7%。各类违约贷款占正常贷款的1.5%~3%是商业银行可接受的限度。

(9) 贷款组合。在西方商业银行经营实践中,大多数认为工商贷款、抵押贷款和其他贷款各占1/3的权重比较合适,其中单笔贷款占商业银行总存款的比例应不超过15%的警戒线。

[①] 腾耀雄等:《信贷风险管理制度与方法》,企业管理出版社1999年版,第33-35页。

2. 预警指标预测的定量分析

上述各项监测预警的指标受大量不确定因素影响（包括内部和外部）而不断发展变化。因此，借鉴国外活跃银行的做法，可选用灰色预测方法对农村金融机构各项预警指标进行预测。

（1）灰色预测基本原理。灰色系统理论[①]广泛应用于经济预测和决策领域。灰色系统产生于控制理论的研究中，在控制论中最先研究的是白色系统和灰色系统。若某一系统的内部特征是完全已知，即系统的信息是充足完全的，我们称之为白色系统；若一个系统内部信息是一无所知，一团漆黑，只能从它的外部联系来观测研究，这种系统便是黑色系统。灰色系统介于两者之间，灰色系统的一部分信息是已知的，另一部分是未知的。

灰色系统分析方法是通过鉴别系统因素之间发展趋势的相似或相异程度，并通过对原始数据的生成处理来寻求系统变动的规律，生成数据序列有较强的规律性，可以用它建立相应的微分方程模型，从而预测事物未来发展的趋势和未来状况。

（2）GM（1.1）模型。该模型用于灰色时间序列预测，以等时距观测到的反映预测对象特征的一系列数量（如贷款数量、利率等）构造灰色预测模型，预测未来某一时刻的特征量[②]。GM（1.1）中的 G 是灰色 Grey 的第一个字母，M 是模型 Model 的第一个字母，（1.1）表示一阶，一个变量的微分方程，GM（1.1）是一个线性动态模型，用于时间序列预测。

设时间序列 X^0 有几个观察值，$X^0 = \{X^0(1), X^0(2), \cdots, X^0(n)\}$，通过累加生成得到新序列 $X^1 = \{X^1(1), X^1(2), \cdots, X^1(n)\}$，生成序列 X^1 相应的微分方程为：

$$\frac{dX^1}{dt} + aX^1 = U \tag{5-6}$$

式中，a 称为发展灰数，U 称为内生控制灰数，设 $\hat{a}$ 为待估参数向量，$\hat{a} = \begin{bmatrix} a \\ u \end{bmatrix}$，利用最小二乘法求解可得：

$$\hat{a} = (B^TB)^{-1}B^TY_n \tag{5-7}$$

式中：

[①] 冯忠铨：《经济预测与决策》，中国财政经济出版社 1999 年版，第 30-35 页。
[②] 卢世春等：《商业银行信用风险跟踪预警监测模型》，《数量经济技术经济研究》1999 年第 1 期。

$$B = \begin{bmatrix} -\frac{1}{2}[X^1(1) + X^1(2)] & 1 \\ -\frac{1}{2}[X^1(2) + X^1(3)] & 1 \\ \vdots & \\ -\frac{1}{2}[X^1(n-1) + X^1(n)] & 1 \end{bmatrix}$$

$$Y_n = [X^0(2), X^0(3), \cdots, X^0(n)]^T$$

将公式（5-7）求得的 $\hat{a}$ 代入公式（5-6），解微分方程，则有预测方程：

$$\hat{X}^1(i+1) = \left[X^0(1) - \frac{u}{a}\right]e^{-ai} + \frac{u}{a} \tag{5-8}$$

$$\hat{X}^0(i+1) = \hat{X}^1(i+1) - \hat{X}^1(i) \tag{5-9}$$

式中，$i = 0, 1, 2, \cdots, n$。运用该模型可对农村金融机构的预警指标进行预测。

（3）实例分析。以县域某支行存贷款比率为例进行预测（见表5-5）。

表5-5 某行2005年度1~6月存贷款比率

单位：%

项目	1月	2月	3月	4月	5月	6月
存贷款比率	70.1	69.9	73.2	74.5	74.7	74.9

1）令 $X^0(1), X^0(2), \cdots, X^0(6)$ 对应于原始序列：

$X^0 = \{70.1, 69.9, 73.2, 74.5, 74.7, 74.9\}$

2）构造累加生成序列：

$X^1(1) = X^0(1) = 70.1$

$X^1(2) = X^1(1) + X^0(2) = 70.1 + 69.9 = 140.0$

$X^1(3) = X^1(2) + X^0(3) = 140 + 73.2 = 213.2$

$X^1(4) = 287.7$

$X^1(5) = 362.4$

$X^1(6) = 437.3$

生成序列 $X^1 = \{70.1, 140.0, 213.2, 287.7, 362.4, 437.3\}$

3）构造数据矩阵 B 和数据向量 Y_n：

$$B = \begin{bmatrix} -\frac{1}{2}[X^1(1)+X^1(2)] & 1 \\ -\frac{1}{2}[X^1(2)+X^1(3)] & 1 \\ \vdots & \\ -\frac{1}{2}[X^1(5)+X^1(6)] & 1 \end{bmatrix} = \begin{bmatrix} -105.05 & 1 \\ -176.60 & 1 \\ -250.45 & 1 \\ -325.05 & 1 \\ -399.85 & 1 \end{bmatrix}$$

$$Y_n = [X^0(2), X^0(3), X^0(4), X^0(5), X^0(6)]^T$$
$$= [69.9, 73.2, 74.5, 74.7, 74.9]^T$$

4）计算：

$$\hat{a} = (B^T B)^{-1} B^T Y_n$$

得：

$$\hat{a} = (B^T B)^{-1} B^T Y_n = \begin{bmatrix} -0.015429 \\ 69.540325 \end{bmatrix}$$

即：$a = -0.015429$，$u = 69.540325$

5）得出预测模型：由

$$\hat{X}^1(i+1) = \left[X^0(1) - \frac{u}{a} \right] e^{-ai} + \frac{u}{a}$$

得：

$$X^1(i+1) = 4577.2181 e^{0.015429i} - 4507.1181$$

6）残差检验：首先按模型计算出 $\hat{X}^1(i+1)$，将 $\hat{X}^1(i+1)$ 累减生成 $\hat{X}^0(i)$，再计算原始序列 $X^0(i)$ 与 $\hat{X}^0(i)$ 的绝对残差 $\Delta^0(i) = X^0(i) - \hat{X}^0(i)$，$(i = 1, 2, \cdots, n)$ 及相对误差 $\phi = [\Delta^0(i)/X^0(i)]\%$，$(i = 1, 2, \cdots, n)$

计算得：$\hat{X}^0 = \{70.1, 71.17, 72.3, 73.4, 74.5, 75.7\}$

绝对误差序列：$\Delta^0 = \{0, -1.3, 0.9, 1.1, 0.2, -0.8\}$

相对误差序列：$\phi = \{0\%, 1.86\%, 1.23\%, 1.48\%, 0.27\%, 1.07\%\}$

相对误差小于 1.86%，模型 $X^1(i+1) = 4577.2181 e^{0.015429i} - 4507.1181$ 具有较好的预测精确度，可以用于预测。

7）预测 7 月的存贷款比率：

预测模型为：$X^1(i+1) = 4577.2181 e^{0.015429i} - 4507.1181$

预测公式为：$\hat{X}^0(i+1) = \hat{X}^1(i+1) - \hat{X}^1(i)$

预测结果为：$X^0(7) = 76.9$。

该行 7 月的存贷款比率预测数据为 76.9%，已经超出临界值，发出预警信号。应用该模型可以对各项预警指标进行预测报警，也可以对一组预警指标应用数据处理，把多个指标合并为一个综合性指标进行预测报警。

信贷风险预警系统的数据选取、分析处理预测过程都可以制作成软件，应用计算机自行处理，可在计算机屏幕上运行，也可以打印出来，使农村金融机构对信贷风险状况一目了然。

三、农村信贷风险公平控制的策略选择

1. 公平分散贷款

贷款分散多样化主要是指贷款种类和形式的分散多样化，这也是基层农村信贷利益公平享有的客观需要。农村信贷风险源的行业集中性表明，贷款必须多样化选择，这样才能有效地遏制"系统性风险"。不仅要对不同贷款行业、不同还款方式以及有无抵押等方面实行分散多样化，而且要在每一种贷款内部以及币别上实行分散多样化，尽可能确保各种贷款间不相关或负相关，以减少贷款风险的暴露。同时，必须尽可能使贷款在地区分布和期限上分散多样化。由于每一笔贷款的风险源自于多种因素，蕴含着政策风险、环境风险、信用风险、操作风险、市场风险和法律风险等多种风险因素的影响，因此，通过贷款的分散多样化来减少风险，是农村金融机构信贷风险管理最重要的策略之一。

Mark J. Flannery（1985）举例说明了商业银行贷款资产的分散多样化对其组合风险（Portfolio Risk）的影响[1]：一家商业银行可选择 A、B 两笔风险贷款，这两笔贷款中可获取的收益可分下列两种情况（见表 5-6）。

表 5-6 不同情况下的风险贷款收益

	第一种情况	第二种情况
贷款 A	4 元	2 元
贷款 B	0 元	3 元

---

[1] Flannery, Mark J. (1985), A Portfolio View of Loan Selection and Pricing, in Handbook for Banking Strategy, R. C. Aspinwall and R.A.Eisenbeis, New York: John Wiley.

上述情况产生的概率大致相等。如果商业银行实行贷款 A 的比例为 60%、贷款 B 的比例为 40%的组合，那么不论在何种情况下，该商业银行在贷款组合中获取的收益均为 2.4 元。这是因为，在第一种情况下，商业银行的贷款组合收益 = 60% × 4 元 + 40% × 0 元 = 2.4 元；在第二种情况下，商业银行的组合收益 = 60% × 2 元 + 40% × 3 元 = 2.4 元，即贷款 A 和贷款 B 分别占 60%和 40%是一种无风险的组合。在这种贷款组合中，贷款 A 和贷款 B 是负相关：在第一种情况下，贷款 A 的收益高，相反，贷款 B 的收益低；在第二种情况下，贷款 A 的收益低，相反，贷款 B 的收益高。由于不同贷款间的负相关关系（这在现实生活中是很少见的）可以相互抵消风险，因此研究某贷款风险和其他贷款风险的相互关系是商业银行贷款定价和风险管理的关键所在。当两者的相关性较高时，风险易在贷款之间进行传播，即产生所谓的传染效应（Contagion Effects）。商业银行的贷款资产越是集中于某一种类，贷款间的相关性就越大，贷款风险的传染效应就越强。20 世纪 80 年代，西方国家的一些商业银行经营失败的主要原因之一就是过分集中于某一种类的贷款，如能源贷款、拉美贷款，因此易产生传染效应，最终加剧了商业银行的贷款风险。同样，我国农村金融各机构贷款结构单一，贷款过度集中，也是造成信贷风险的主要原因之一。

2. 公平合理定价

农村金融贷款定价的不公平，突出地表现在对强势群体和弱势群体贷款利息的"一刀切"，甚至借款人实力愈强利息愈低，实力愈弱利息愈高。贷款组合分散多样化理论认为商业银行评估某笔贷款是建立在该贷款的风险和收益对银行贷款组合影响的基础之上。它的核心环节之一就是如何确保贷款定价的合理化，这是银行、借款人双方收益都稳定的前提条件，也是国家规避市场风险的基础所在。

在暂不考虑运营成本和其他影响因素时，贷款的合理定价至少可以用来弥补信贷资金的时间价值和贷款的违约风险及其对资产组合的风险 3 部分。如果用名义利率（i）来表示信贷资金的时间价值，用 i* 来表示贷款的合同利率，用 d 来表示借款人违约的概率，那么三者之间的关系可以表达如下[1]：

---

[1] Sinkey, Joseph F., Jr. (1989), Commercial Bank Financial Management in the Financial Service Industry, 3rd, Macmillan publishing Company.

$1 + i = (1 + i^*)(1 - d)$ (5-10)

也可将公式（5-10）表达为：

$1 + i^* = (1 + i)/(1 - d)$ (5-11)

公式（5-11）表明：贷款合同利率、名义利率和违约概率是同方向变化的，银行每借出 1 元，要求偿还 $(1 + i)/(1 - d)$ 元。假如某农村金融机构发放期限为 1 年的短期贷款，预期的违约概率为 0.01，市场名义利率为 0.10，那么此时该农村金融机构贷款合同利率应为 $(1 + 0.1) \times (1 - 0.01) - 1 = 11.11\%$；若预期的违约概率上升至 0.05，那么此时该农村金融机构每贷出 1 元到期必须收取约 0.16 元的利息，即贷款合同利率为 $(1 + 0.1) \times (1 - 0.05) - 1 \approx 16\%$，若上述预期的违约概率为每季度的，而不是每年的，此时运用公式（5-11）时，必须先将每季度的违约概率表达为每年的违约概率（即 $4 \times d$），再加以计算。

这就是说，一笔贷款的定价与该贷款的违约风险要对应加以考虑，由于贷款是相互影响的，因此在进行贷款定价时还必须考虑该贷款对其他贷款（即贷款组合）的风险。贷款分散多样化原理要求，不能仅仅单独考虑某笔贷款风险的大小来决定该贷款的定价，还必须考虑该笔贷款和贷款组合的协方差（Covariance）。如果用 p 来表示某笔贷款与贷款组合的紧密度，那么公式（5-11）可表示如下：

$1 + i^* = (1 + i)(1 - d - p)$ (5-12)

公式（5-12）和公式（5-11）相比，说明在进行贷款定价时，除了考虑货币的时间价值和该贷款的违约风险外，还必须将该贷款引起的贷款组合风险考虑在内。

农村信贷风险可以通过资信评分模型来加以衡量。运用资信评分模型来衡量贷款风险的大小，在其他条件不变的情况下，得出贷款定价与其风险大小成正比例关系的结论（见图 5-2）。

评分愈低，风险愈小（即质量愈高），如图 5-2 中的 A 点；反之，评分愈高，则风险愈大。图 5-2 中 E 点、F 点分别指商业银行和民间借贷能够给予贷款的风险临界点。图 5-2 中的 D 点，借款人的风险超过该临界值，将得不到所需的贷款。借款人 A 的风险低于 B，那么商业银行对于借款人 A 的贷款定价将低于 B；借款人 C、D 的风险均大于商业银行的临界值，商业银行不会对他们发放贷款，但可从民间借贷或其他金融公司获取。总之，贷款的定价总是随着其风险的加剧而上升，无论是商业银行还

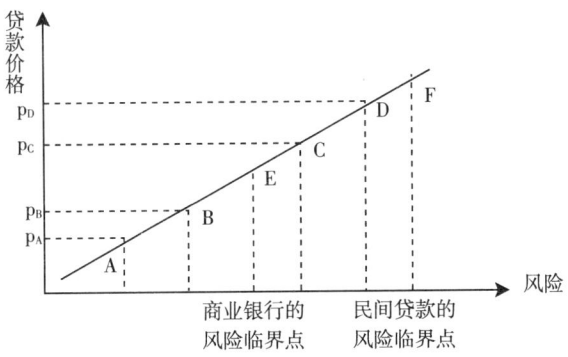

图 5-2 贷款定价与风险大小的关系

是民间借贷，均采取较高的定价来弥补较大的贷款风险。但较高的贷款定价在某些情况下又加剧了信贷风险，特别在农村金融市场，在不规范的信用环境和欠发达的县域经济条件下，对弱质性的农业、农村、农民和中小乡镇企业及其他集体经济组织贷款和民营企业采取较高的贷款定价，客观上促进了这些弱势客户的经营"走向死亡"，沉重的利息使其往往由依赖贷款的思想变为赖债不还的打算，或者形成根本无法归还贷款利息进而完全丧失归还本金的现实，要么只能"借新还旧"，使农村金融遭受更大的潜在风险，要么就是形成直接的呆账，这在金融体制改革过程中，特别在20世纪90年代初，问题很多（如信用社在20世纪90年代中期的高利息形成大量呆账），而民间的高利贷纠纷更是错综复杂（如2013年陕北煤老板资金链断裂，一夜返贫，形成当地经济、社会连锁反应）。

3. 公平贷款政策

贷款业务对于农村金融和县域经济来讲是十分重要的，灵活而适用的贷款政策是降低农村信贷风险的关键因素。但是，由于农村金融机构从属于上级系统性金融集团的分支机构，因此上级在制定贷款政策时往往只考虑自身的利益和大客户的利益，根本考虑不到从弱势群体中双赢获利。因此，高层决策者必须考虑各地的不同影响因素，充分考虑农村金融机构的资本状况、各种贷款的风险和收益、存款的稳定性、经济状况、货币政策和财政政策、信贷管理人员的能力和经验、县域经济的信用需求等。贷款政策可以包括以下基本内容[①]。

[①] 杨力：《商业银行风险管理》，上海财经大学出版社1998年版，第39-42页。

（1）农村金融贷款总则。农村金融贷款总则是贷款政策中的主体部分，它概括地反映了贷款的各项具体规定和指导思想，主要包括贷款管理目标、贷款区域、贷款组合、贷款权利和责任、贷款归还计划和担保物品、贷款信息以及违约比率等主要项目。

（2）农村金融特定贷款项目，是指农村金融机构根据不同贷款的特点，分门别类地制定出相应的政策规定，包括农业、工业、商业、乡镇企业、私营企业及个体生产经营、基本建设、房地产、技术改造、个人消费和其他贷款10个主要风险源。

（3）农村金融贷款质量监控。贷款质量监控的目的是确保贷款政策的顺利实施，进而确保贷款的质量。

建立科学适用的农村金融贷款政策，将农村金融机构信贷风险管理提高到经营管理战略的高度。农村金融机构可以通过实践操作运用科学而适用的贷款政策，达到真正降低信贷风险的目的。农村金融贷款政策的制定可以参照表5-7。

表5-7 农村金融贷款政策

一、农村金融贷款总则
管理目标
业务范围
分散的贷款组合
贷款/存款比率
法定贷款限额
贷款权利
贷款责任
贷款定价
贷款偿还
担保抵押
违约比率
贷款损失准备金
逾期贷款展期
二、农村金融贷款主要项目
农业贷款
工业贷款
商业贷款
乡镇企业贷款
私营企业及个体生产经营信贷
基本建设贷款

续表

房地产贷款
技术改造贷款
个人消费贷款
其他贷款
三、农村金融贷款质量监控
信贷部
贷款审查部
贷款追偿部

第三节 农村信贷风险公平控制的金融生态内优化

金融生态内优化是农村信贷风险公平控制的决定性方面。只有不断强化自身素质,立足于"内因"塑造,促进内部条件的不断优化,才能不断发展、不断壮大、不断创新,永立于改革潮头的不败之地。这是农村金融和基层经济良性发展的根本出路,也是遏制六大风险特别是操作风险的关键环节。金融生态的内优化应始终坚持法人治理、用人理念、内控体系和金融文化的建设。

一、规范法人治理结构

农村金融机构要在新的形势下,按照现代商业银行的经营原则,探索新的机制,实行全新运作。

1. 完善产权制度,深化股份制改造,必须彻底打破行政化模式①

股份制改造后,产权制度已经明晰,能否从根本上完善法人治理结构成为农村金融健康发展的首要问题。我国农村金融机构,特别是国有商业银行采取公司的组织形式后,尽管暂时还不具备发达国家商业银行的经营条件,但产权关系比较明晰。在保证国家控股的前提下,企业集团、跨国

---

① 傅建华:《上海银行发展之路》,中国金融出版社2005年版,第50页。

公司、外资银行的参股或联手，对国有银行增强实力、加盟国际市场、参与国际金融竞争具有战略性意义。但国有银行的农村金融机构被上级机构管得太死（如国有银行的县域支行贷款范围受上级行的严格限制），这就要求国有银行必须实现所有权与经营权的真实分离而不是走形式。只有完全彻底地构筑股份制商业银行内在要求的机构、管理体系和运行机制，才能解决我国商业银行面临的各种深层次问题，激发经营活力。体制问题是农村金融机构必须解决的首要问题，这是农村金融改革的根本出路。从发达国家商业银行发展的历史来看，商业银行设立一般都采取公司的组织形式，如汇丰银行、花旗银行、里昂银行、三菱银行等。从我国股份制商业银行改革成功的经验来看，如民生银行、招商银行、光大银行、华夏银行等，尽管目前还不具备发达国家商业银行的经营条件，但它们的产权关系比较明晰，能自主按经济区域设置分支机构，有较强的竞争力和较高的经营效益。因此，要从改革产权制度入手，将所有权与经营权分离，实行股份制改革，构筑出明确的资产所有权主体与经营权主体，只有这样才能解决我国农村金融面临的各种深层次问题，增强整体活力。现实有效的途径是在保证国家控股的前提下，允许企业集团、跨国公司参股，甚至允许外资银行参股或联手，按股份制商业银行的内在要求重组机构和管理体系，并通过相互参股的形式逐渐将农村金融凝为一体，加盟国际市场，参与国际金融竞争。

2. 打破传统机构设置，建立法人治理结构体系，构置全新运作系统

农村金融机构在管理、布局及职能上历来带有强烈的政府组织色彩，严重阻滞了利润最大化经营原则。在改革过程中，虽然大都引入了法人治理结构，建立了股东大会、董事会和高级执行人员三者组成的组织结构，但实际上仍然笼罩着浓厚的计划色彩。特别是国有商业银行县级机构，实际上依然停留在过去的状况，没有实行股份制改造。因此，农村金融机构在整体上要借鉴国外或国内商业银行的先进经验，以全新姿态亮相，彻底突破计划时代观念。把按行政区域设置分支机构的传统做法和按行政级别任命干部的惯例，一律改为法人治理机制，创建股份制结构体系，不带级别，不按区划，裁撤冗员，缩编机构，增强办事效率，提高经营效益。

二、优化人力资源组合

我国农村金融机构相当缺乏具有现代管理意识的高级专门人才，工作

人员素质低下是导致风险的一个重要因素。外资银行纷纷开始突破地域和数量限制在我国设立分支机构，用高薪聘用、委以重任、出国培训等优厚条件及科学的人本管理方式挖掘金融人才。其充足的资金实力、先进的管理经验及服务技术、高水平的服务效率和卓越的商业信誉，对中国的金融业产生了强大的竞争压力。国内大城市保险公司、新兴股份制银行等也对专业人才产生了较为旺盛的需求。因此，人力资源运营，是股份制改造后农村金融机构，包括国有商业银行分支机构，面临的一个关键性问题。

1. 人才机制

要克服选才用才上的"党八股"：

（1）机械主义。选才用才不是用全面的辩证的观点，而是从机械的片面的观点出发，不能正确地、准确地、深入地看待一个员工，不能从潜在的智力因素出发，而是从形式的表象、印象出发，既想用自己的一套，又不能不用上级选人用人的"框子"。用"阿斗"是正常的，不出问题，用"诸葛"就不正常，要出大问题，这种封建机制仍然在作怪。结果是，宁肯随手搬用铺在地上的"破砖"，也不肯挖掘使用潜藏的"金条"，造成缺乏大刀阔斧改革的旗手。

（2）形式主义。比较典型的一种是先"集中"后"民主"，即人已经到"官"位好长时间，已成定局，却在事后某一时间进行考试、演说、答辩和民主测评等所谓的一整套严格程序，走个过场、做个样子给别人看。于是，内定就成了事实上的"权威"的、"公认"的、"有能力"的，从而葬送和破坏了激励机制和约束机制。

（3）主观主义。从"党八股"的条文里取一个片段作为选人、识人、用人的标准。譬如，单采用投票的方式，投中谁就是谁，此人即具备领导才能和资格。这种方法看似公平合理，充满民主氛围，但实际上潜在着极大的不公平、不民主，它助长了一种盛行的恶习——拉选票。单从道德上来说就是主体不合格，其人上去，难免不乱。金融犯罪的恶果，往往是有才无德或无才无德之人所致。这一点从亚洲金融风暴中可窥一斑，近年来国有商业银行内部的例子也不胜枚举。但有的地方就这么定，甚至是"一把手"工程，这就导致了许多千里马难遇伯乐的悲剧。

2. 人才观念

严格按照现代企业制度和商业银行要求，改革传统人事管理体制，以人力资源部取代传统的人事部。建立健全、高效、灵活的用人机制，按照市场机制而非行政手段，科学、合理地配置人力和智力资源。推行全员聘任制，实现人力资源市场化运作。削减内勤，充实外勤，使富余人员向紧缺岗位和一线流动。加强员工培训，各层次员工每人每年必须进行培训，提高业务素质。要从道德规范、学历层次、经营才干、敬业精神、发展潜力等方面衡量人才，寻找其潜在的闪光点。"世有伯乐，然后有千里马，千里马常有，而伯乐不常有"。因此，要善于发现、选拔和应用人才，将其安排到恰当的位置。一切闲置人才、埋没人才、浪费人才的做法都是极其错误的。管理，从某方面来说，就是管人。人才只有安排到恰当的位置，才能充分调动其工作积极性，发挥最大能量。让千里马去爬山拉薪或卧于马厩，当然就不能充分发挥其驰骋疆场的特长。一个团队的战斗力如何，就是看其内部的人才组合运用如何。人才运营最优化，团队必然充满旺盛的战斗力，攻无不克，战无不胜。

3. 智商作用

要全方位引进和吸收高级专门人才。聘请经济学、金融学专家，资深学者、教授等精英做农村金融机构的直接顾问或智囊团，制定战略、动态策划；从专业院校大批引进学士及硕士以上的高学历人才，高学历专门人才知识渊博，思维超前，年富力强，具有强烈的责任心和广阔的思维空间，必将对金融创新具有快速的推动作用。分期分批从境外招聘高级专业人才，充分运用境外学子、专家或从业人员从发达国家学到的先进知识和先进经验来调控农村金融机构的经营作业①。

4. 业务素质

信贷人员必须具备市场经济下商业银行的理论水平和业务水平。全面提高信贷人员的素质，要为信贷人员提供学习机会，使其懂得企业经营管理、财务预算的一般知识，具备深层次的预测和项目评估能力，为此上级行应该设立专门机构，定期组织培训；对于落后地区，让信贷人员出去看看外面的世界，扩大视野，增长见识，取长补短；建立考核奖罚制度，把风险和效益与信贷人员的个人收入挂钩，对成绩显著、贷款无风险且效益好的信贷人员给予奖励；对工作不负责任、以贷谋私、造成贷款沉淀甚至损失的信贷人员应予处罚。信贷人员工作辛苦，责任重大，可适当提高待遇，调动其主动性和积极性。

---

① 郑先炳：《解读花旗银行》，中国工商出版社2005年版，第50页。

三、完善内控机制

农村金融机构由于借款人分散多样，客户经理或信贷员配置不足，管理客户多，半径大，普遍存在着重发放、轻管理的通病，突出表现为：一是贷后检查质量不高，重贷轻管，重形式轻实质，管理形式化；二是风险预警信号不能被及时发现，处置不到位；三是风险预警机制运行不畅，贷后管理执行与监督相脱节，发现预警信号后处理效果不理想；四是贷后管理责任落不到实处，奖惩机制不到位，责任移交被简单化。因此，农村金融贷后管理的每一个环节都要求细化[①]。

1. 细化和落实贷后管理检查监督制度

（1）细化检查制度和事项。对农业、工商业等不同行业类别、不同形态反映的客户分别制定相应的贷后管理检查制度，明确具体内容和指标，严格规范信贷分析报告、贷后检查报告的撰写，做到定量与定性分析相结合，保证贷款后检查报告的质量。落实具体关乎信贷员贷款后管理对象和范围，以客户项目为单位，建立客户贷款后检查提示制度，统一制定相应管理表格，列出检查时间和次数，督促风险经理执行。

（2）把握贷款客户整体风险，建立分层次贷后管理制度。设置风险经理和助理风险经理，负责监控贷后管理相关工作，并实行监控情况报告制度。成立信贷资产质量检测考核中心，对信贷资产质量进行检测考核，每周向下属各经营机构发出到期贷款提前预警信号，每旬向各经营机构主要负责人发出逾期贷款提前警示函，每月对不良贷款监测情况进行分析报告，实行信贷资产质量示警制度。采取同一地点交叉检查形式，推进贷后会审制度化、规范化和经常化。信贷档案管理实行统一管理部门、统一硬件设施、统一管理流程、统一归档范围、统一档案内容、统一案卷外观，确保信贷档案的规范、完整、长久[②]。

（3）对重点法人客户实行重点关注、全面监管。对贷款总量较大的农业产业化龙头企业、国有或民营重点法人客户实施重点管理。主要对其产权变动、资金变动、股东变动以及变现能力、盈利能力、资金净流量等建

[①] 苏道福等：《贷后管理的每一个环节都要细化》，《中国城乡金融报》2006年6月15日第3版。
[②] 赵建东：《当前贷后管理的难点及对策》，《中国城乡金融报》2005年4月21日第3版。

立完整的客户分析评价机制和风险预警机制，加强对企业的定期检查，并将检查结果适时向上级行报告。

（4）实施信贷行为回访制度。由监察部门以上门、信函回访等形式向贷款客户征询信贷业务存在的问题、信贷人员廉洁自律情况以及有关意见和建议，把纪检监察的监督职能延伸到信贷管理之中，并对违规人员进行严厉处罚。

2. 贷后风险信息收集、甄别和处置机制

（1）零距离掌握第一手信息。信贷员或信用员要按照规定时间、程序和内容跟进检查，切实掌握借款人真实情况，通过多种渠道，包括客户资金账户，贷款后检查，客户财务报表及公开信息，上下游企业，工商、税务等行政管理部门，同行业及国家宏观经济政策，客户信用等级复测及贷款风险分类等方面搜集和分析客户信息，从中识别、掌握并及时反映客户财务状况履约能力和意愿，以及与风险控制相关的各种重要信号。建立前台客户经理和后台风险经理双线责任制度。严格履行信贷审查员职责，使信贷审查员对贷款的审查、贷款后风险监督职责与具体的借款人挂钩，确保每一借款人都有职责明确的前台客户经理和后台风险经理双线责任。同时要落实风险经理或信贷人员定期报告制度。

（2）加强对客户真实信息的甄别。第一，保证信贷人员的到位，运用村镇银行的模型配齐客户的客户经理、风险经理和信用员，在此基础上，要强化从业人员的管理和培训，严格准入条件，一律持证上岗，加强相应的从业技能素质培养，建立有效的激励约束机制，通过经济、行政等手段奖优罚劣。保持队伍的稳定，使得贷后管理工作衔接、持续发展。第二，在深入客户跟进检查过程中，切实掌握真实情况，善于识别真假。有些客户为了获得或长期使用贷款，故意隐瞒自身信息，编造假表假账，甚至借助会计事务所等社会中介机构的信誉增强欺骗性，由于刻意修饰，金融机构掌握信息极易滞后，不能及时做出反应。这就要求信贷员在深入贷后检查中，提高识别能力，在贷款出现事实风险前就能够发布预警信号，抢先处置事实风险。

（3）灵活处置风险贷款的措施。要立足实际，把贷后管理工作做深、做细、做实。真正摸清并掌握客户的底数，重点核实客户实有资产、真实损益、真实信用状况，根据核实结果实事求是地对客户报表进行调整，退出较差的客户，优化客户结构。对暂时无法退出的资产负债率高的客户，要限制并逐步降低其资产负债率，严格控制在规定比例。对不同类型的风险潜在客户,可采取更换担保人、增加抵押物等措施,降低风险系数。对互保和联保的风险客户,为防止出现信用危机,要解除担保链条,避免信贷资产全军覆没。对未掌握客户核心资产的,要变更抵押物,控制企业核心资产,有条件的,追加客户核心管理人员的家庭财产担保[①]。

3. 贷后管理奖惩机制

(1) 构建贷后管理等级考核办法。对客户经理和风险经理分 4 个等级进行考评,在考核指标的选择上,实行管理到户、目标到户和措施到户的原则,对法人业务经理、个人业务经理和风险业务经理等涉及信贷有关的各种信贷人员,所执行的收集客户财务资料、客户资料归档、客户风险检查、贷款归还率、到期贷款收回率、实际贷款利息收回率等指标,进行细化和量化考核。进一步将贷后检查报告的质量与效果、客户经过维护后为银行创收的情况和风险防范措施实施效果等,纳入考核内容。在考评中,对风险类项目实行一票否决制,对未进行首次贷后跟踪检查和日常定期贷后检查的员工,要每次扣分处罚,若产生贷款损失则视实际严重程度,扣除信贷工作质量全部分。

(2) 健全贷款到期收回率的奖罚措施。要将提高贷款到期收回率作为加强贷后管理工作的重中之重。贷款到期收回率要列入业务经营综合考评指标。对欠息贷款户到期贷款一律不办理展期手续,停止借新还旧做法,强化对原有贷款到期后的限期清收,对到期贷款的抵押资产公开拍卖或协议转让处置后进行归还贷款。对到期贷款收回率不达标的经营机构,要停止发放新贷款,重点进行贷后管理和清收。经营行要和责任人签订到期贷款收回率责任状,严格实行"一把手"问责制,采取非常措施加强到期贷款的清收。实行到期贷款清收激励机制,将效益工资与清收指标挂钩,分等级重奖清收工作表现突出的责任人和信贷工作人员。

(3) 完善贷后管理的责任追究机制。将责任划分到每个信贷员或信用员,分户到人。分户到人的贷后管理责任人负有对该户贷款的永久责任,行长、信贷部经理、客户经理和信贷员调离工作岗位或离退休时,必须进行责任认定和责任移交,接交人对接收后的信贷业务经营状况负责。移交内容包括相应的管理档案和移交方对客户管理的自我评价及前期预测信息

---

① 范静:《农村合作金融产权制度创新研究》,中国农业出版社 2006 年版,第 38 页。

方面的内容，尽可能避免在责任移交时掩盖客户风险信息。移交人要在 3 个月内书面提出对所接受的贷款有无风险的认定，经行里审查核实，确有风险的，由原责任人负责，在预估损失并按照规定处罚责任人后，列入专项管理。对 3 个月内未提出有风险的贷款，此后一旦出现风险，由接交人承担责任①②。

四、塑造金融文化

1. 塑造金融文化的核心是塑造金融精神

优良的金融文化能为所有员工创造一种集责任感、进取心、凝聚力于一体的成才创业的良好氛围。如果说股份制改革是农村金融躯壳的改革，那么，金融精神则是活的灵魂。一个组织与其他组织相比取得多大成就，主要应取决于它的基本哲学、基本精神和内在活力。从某种意义上说，这些要比经济资源、技术水平、组织结构革新和选择时机重要得多。一个企业能够长久生存下来，最重要的条件并非结构形式或管理技能，而是我们称之为信念的精神力量，以及这种信念对于组织的全体成员所具有的感召力。我国农村金融机构在改革发展中，就是要力争创建具有现代管理和自身特色的金融文化、金融理念和金融精神，把时代精神、超前意识、优良传统和银行个性融成一种富有感召力、凝聚力和战斗力的信念、作风和行为准则。因此，要特别重视员工事业心和职业道德教育，培养员工的工作热情、敬业精神，增强全行的凝聚力和团队意识。

2. 塑造金融精神的关键是塑造银行家精神

农村金融机构塑造银行家精神，就是要塑造高级管理者的开拓精神、进取精神、实干精神和凝聚精神。所谓开拓精神，必须具有先进的理念、超前的思维并勇于创新，唯有这样一种精神，领导者才能超群出众，站在时代的制高点进行决策。所谓进取精神，是一种充满生气、蓬勃向上的精神，而不是老化无能、日落西山、老气横秋。所谓实干精神，则应当是一种扎实的工作作风，敢于把先进的思维，经过科学的决策，运用于实践当中，用实际行动创造辉煌，而绝不是浮夸作风、贪图虚名。所谓凝聚精

---

① 蒲朝茂、蓝斌：《量化管理内容，考核责任到人》，《中国城乡金融报》2005 年 4 月 21 日第 3 版。
② 傅罡等：《商业银行绩效管理》，清华大学出版社 2006 年版，第 60 页。

神，就是团结群众、体恤部下、唯才是举的领导作风与用人品格，它光明磊落，两袖清风，是一种高尚的集体主义精神。塑造银行家精神，是农村金融能够全心全意为人民服务和不断发展壮大的根本出路①。

---

① 郭田勇、郭修瑞：《农村合作银行信贷风险管理》，中国金融出版社 2004 年版，第 30 页。

第六章 农村信贷风险合理化解机制

农村信贷风险的化解应当包括事前、事中和事后三个阶段,即在贷款的整个动态运动过程中随时化解可能产生的风险,不仅包括存量风险,而且包括可能形成的增量风险。但前两个阶段侧重于信贷风险的防范与控制,而对于信贷风险的化解职能,则侧重于信贷风险管理的事后阶段,主要是针对已产生的信贷风险进行的处理。化解的狭隘含义是指信贷风险已经形成而进行的化解。能否化解掉,如何化解,是信贷风险化解的关键所在。农村金融对已产生信贷风险化解的核心是对不良信贷资产的处置。因此,这里所谈对信贷风险的化解,重点是谈对不良信贷资产的化解。

第一节 创新农村信贷资产清收保全机制

清收法是化解信贷风险、保障金融机构自身权益的基本手段和首要保障措施。对已形成风险的贷款,首先要做的就是尽最大努力清收,这是化解信贷风险的第一步。实在无法清收回来时才采用别的办法。为此,必须对传统清收方法进行创新。

一、农村信贷资产清收保全的制度设计

1. 重心前移,责任上扛

实行垂直领导的清收管理体制,横向"专业经营、支行管理",纵向"集中权限、分类指导",整体"上下双责、捆绑考核",成立资产风险经

营部，组织专业清收①。将风险贷款全部划转到资产风险经营部。以创新机制为动力，以清收货币资产为手段，严格管理，潜心经营。对清收做到思想、组织、领导、人员、措施、考核"六落实"。实行清收进度与绩效工资、业务发展费用和奖励晋级指标挂钩，设立清收专项奖励，建立不良贷款问责制和资产质量责任追究制。农村金融机构一把手为经营主要责任人，主管副职为直接责任人，对不良资产经营管理和清收负双重责任，凡不良贷款"双降"任务完不成，比例和绝对额"上去"的，一把手和主管领导必须"下来"（停职、降职或免职）。在主要领导表率作用的带动下，充分调动全体员工的清收积极性②。

2. 建章立制，精细管理

对不良信贷资产实行精细化管理。以建章立制为基础，以规范行为为核心，要通过建立健全工作、学习、考勤、业绩评价等一系列规章制度，狠抓队伍的整合和行为的规范。一是要管户到人，明确责任。按照"人管户，户到人"的基本要求，为所有的不良贷款客户配置客户经理。从界定责任入手，设置客户经理业绩考核、维护等大小各项指标，与管户客户经理签订管户责任书和清收责任书。二是实行"全民皆兵"的办法，公平分配任务。坚持公平、公开、公道、公正的原则，按各经营主管机构、各资产经营分部、各清收小组、各资产风险客户经理的"行、部、组、人"4个层面合理确定任务分配办法和业务量，解决单靠专业清收队承受不了的任务矛盾。对专业清收队伍的管理，可实行"个人工作看日志、小组实行两沟通（每半天召开一次碰头会）、分部采取班前会、分管领导开例会"的制度，规范专业清收部门和人员的日常工作行为。三是绩效挂钩，公开考核，奖罚兑现。建立不良资产清收台账和专栏，及时登记、公布清收进展情况和个人业绩，并按照公开考核的结果，按月兑现效益工资，及时兑现各种奖罚制度③④。

3. 规范流程，营造环境

为营造良好的清收工作环境，要从明确权限、规范操作流程入手，进一步明确正常贷款中新发生不良信贷资产认定权、不良资产形态相互转化认定权等清收权限。按照"不违背机理，不规避责任"、"便于操作，便于

---

① 顾京圃：《中国商业银行操作风险管理》，中国金融出版社2006年版，第10页。
② 于祥彪等：《清收战线一块钢》，《中国城乡金融报》2006年2月8日第4版。
③ 李淑芳、谢春华：《啃硬骨头的排头兵》，《中国城乡金融报》2005年5月27日第4版。
④ 张东升、邱航舟：《舒筋活血化沉疴》，《中国城乡金融报》2004年9月9日第4版。

管理，有利发展，有利经营"的原则，规范具体办事程序，避免部门之间的推诿扯皮，提高办事效率，为清收工作扫清制度障碍。要细致科学地规范清收操作流程，使清收工作在具体经营、管理和操作上走上规范化轨道。

二、农村信贷资产清收保全的策略和方法

清收是一项极富挑战性的工作，路上布满了荆棘和陷阱，要出色地完成清收任务，不仅要具有对事业的高度责任感、百折不挠的精神，更要具备灵活多变、不拘一格的工作艺术。农村金融的贷款点多面广，对不良户的清收要讲究策略和技巧。

1. 以柔克刚法

一提起不良贷款清收，人们总会想到强硬的态度、激烈的争吵和诉诸法律，实际上，动之以情、晓之以理，不失为一种清收的好的策略和方法。有时候，清收贷款不能硬碰硬，要看情况、看对象、看借款人的经营实际状况和还款态度。以柔克刚法首要的一点是把握工作的主动权，要深入贷款户，从关心农户生产、生活或企业资金管理的角度入手，站在对方的角度思考问题，寻找原因，寻找出路。其次要帮助农户或企业改善经营环境，提高还款能力，通过增加借款人盈利的途径来清收不良贷款。用真诚的服务态度感动客户，用真心的话语打动客户，通过真情感化的"软磨"和强化管理的"硬泡"，三番五次地深入沟通，并大力支持结算服务，最终全额收回不良贷款[1][2]。

2. 铁石心肠法

农村金融机构贷款的对象比较熟悉，有时候互相比照。特别在农村，"村看村，户看户，群众看干部"，一家不还，大家都看样，因此要从"钉子户"或"头羊"上打开局面。农村信贷员与贷款户都是乡里乡亲，低头不见抬头见，有时候碍于面子不想撕破脸，对个别关系户睁一只眼闭一只眼，从而造成了连锁反应。有的村干部本身贷款逾期，遇到这种类似情况就要用"六亲不认"的"铁石心肠"法，加大清收力度，以一儆百，以一家带百家，从而达到由点带面、由里到外、由小到大的清收效果。对于企业，也

---

[1] 刘志伟：《催收账款》，中国纺织出版社2006年版，第50页。
[2] 何东等：《铿锵玫瑰吐芬芳——记上海宝山吴淞支行赵美芳》，《中国城乡金融报》2006年11月28日第4版。

不能讲情面，该收则收，公事公办，工作外是朋友，工作上应互相支持①。

3. 联合清收法

联合清收法是农村金融机构与政府相关部门联手清收风险贷款的一种做法。借助行政清收，是农村金融机构清收风险贷款的重要手段。地方政府是借款人的"靠山"（好政策能使农户获得更方便或更多的贷款支持，很多地方政府制定良好的地方政策，成为地方经济发展重要的融资平台），也是农村金融机构的"靠山"，不借助行政手段清收不良贷款，在县、乡、村三级的零散贷户有时候很难把握，通过与地方政府精诚合作与协商，成立由纪检、组织、政法和人事劳动等部门组成的清收不良贷款领导小组，对拖欠或为他人担保的国家工作人员实施停职、停薪、停岗处理，督促收回贷款。也可通过地方政府的威力，乡镇、村庄的权力、威望及优惠处罚等条件的减免、惩处，增加清收力度。要建立行内行外两支清收信息员队伍，行内信息员主要由管户客户经理和各经营单位负责人组成，行外信息员由政府相关部门及各乡镇机关部门有关人员和村庄农户组成，通过系统内外信息的及时传递，随时掌握借款人资金的流向和不良资产动态，为做好联合清收打好基础。

4. 依法清收法

清收要讲究因户使策、因企使策、"一户一策"、"一企一计"。对所谓的"钉子户"、"赖债户"和"难缠户"等长期拖欠或恶意逃废的贷款，确实靠人力无法攻下的赖债户，要坚决实行依法清收。第一，依法清收法要确保贷款诉讼时效，筑起牢固的法律屏障，这是依法清收的首要条件，要在诉讼时效、担保时效和申请执行期限内迅速执行债券追索。第二，要收集完整的原始证据，要把证据的搜集、筛选、整理作为突破口，形成完整的证据链，在起诉前，要认真研究案情，制订周密的诉讼方案，以保证胜诉的概率。第三，依法清收必须依靠法院，因此，必须和法院维护好关系，做好沟通交流，不能因为"有理"就自以为是，要多交流、多探讨，力争法院的理解和支持，争取法院配合清收的积极主动权，从而提高胜诉概率和诉讼案件的执结率。为此，农村金融机构必须大力培养信贷相关业务人员的法律知识，提高依法收贷的综合素质②。

---

① 唐志瑜等：《黄金周里忙清收》，《贵州农村金融》2004年第7期。
② 师占卿等：《强化责任促不良双降》，《中国城乡金融报》2004年12月1日第4版。

三、案例分析

1. 案例背景

甘肃省迭部县是水电丰富的西部县。1998年5月，县农业银行接收了县农业发展银行划转的贷款850万元，该贷款主体为迭部县尼傲峡水电站建设指挥部。最初贷款时以水电站资产中造价最高的引水隧洞、发电设备等做抵押担保，抵押事项没有依法登记。水电站自20世纪90年代初期建成后，由于所处地域偏远，变电线路投资过大，电力入网问题一直没有妥善解决，无法联网销售，加之负债过高，经营不善，造成长期亏损，无力偿还银行贷款。1999年，水电站建设指挥部撤销，贷款事实悬空。2000年，850万元贷款进入呆账，面临损失危险[①]。

2. 过程和结果

面对严峻形势，迭部县农业银行行长直接挂帅，将"清非"作为重中之重。由于贷款金额过大，不良成因头绪复杂，承载主体消失，债权债务难以落实，加之抵押物并未登记，依法收贷困难重重。经再三调查论证，权衡利弊，该行决定先规范贷款法律手续，再借助企业改制，走改制清收之路。方案确定后，农行多次到县政府专题汇报，争取政府出面协调解决。2001年8月，终于与县政府达成协议，由尼傲峡水电站全额承担原水电站指挥部850万元贷款。趁此时机，农行及时完善贷款相关资料，请求上级行出面实施有效保全，与尼傲峡水电站签订借款合同，使悬空的债务重新得到落实，为清收铺平了道路。2003年8月，尼傲峡水电站以9050万元的价格，整体转让给了甘肃明珠电力集团。获知这一消息后，迭部县农行迅速做出反应，多次深入现场，协商还贷事宜，动之以情，晓之以理，终于赢得了当地政府的理解和支持，并承诺一次性还清贷款。2004年1月，转让合同正式生效，明珠电力集团向迭部县政府支付了部分转让款，但县政府迟迟不兑现还贷承诺。县农行多次交涉，从法律法规、政策规定、银政关系等方面，反复陈情讲理，并郑重声明，债务跟着资产走，贷款未清偿，债权债务关系永续存在，农行有权依法主张债权，起诉迭部县政府和明珠电力集团，促使县政府最终同意兑现承诺。2004年12月，

---

① 王明雪、范海啸：《巧借改制收陈贷》，《中国城乡金融报》2005年1月10日第4版。

县农行终于收到了县政府开出的850万元转账支票。

3. 案例启示

迭部县农行成功清收尼傲峡水电站850万元呆账贷款的启示：一是上下联动合力清收是成功的保证。农行上下齐心协力，才取得清收实效。二是必须瞄准时机出击。大部分企业改制前还贷能力较弱，甚至是死水一潭，直接清收往往事与愿违，依法收贷效果也不确定，要帮助无力还款的企业改制，变死水为活水，才能使清收工作获得突破。三是必须强化贷后管理。无论是陈年旧贷还是新增贷款，都要加强贷后管理，确保贷款诉讼时效，牢牢掌握清收主动权。四是必须锲而不舍，有高度的敬业精神。要有高度的责任感，咬住清收不放松，不达目标不罢休，最终才能实现清收目标。

第二节 营造农村信贷资产盘活激活机制

一、农村信贷资产盘活激活的策略和方法

盘活法是金融机构为收回债权使用的特殊方式，其基本做法是在贷款无法收回的情况下，设法使企业复活，恢复生产，从而达到盈利后清偿贷款的一种信贷资产保全方式。由于农村金融不良贷款情况错综复杂，千差万别，因此盘活可以采取一户一策、多户一策，也可实行一户多策，同时综合运用行政手段、法律手段和经济手段，千方百计、群策群力，调动一切积极因素，利用一切可以利用的条件，集中力量进行盘活。

1. 重组盘活法

对那些先天条件不足、依靠自身条件难以健康经营的不良贷款客户，农村金融机构要充分利用与社会各界联系面广、信息多的优势，促进优势企业对劣势企业进行兼并。对经营产品同样或接近的企业，要通过牵线搭桥促成优势大企业兼并劣势企业，或积极推荐跨行业经营的企业集团，使大企业集团实现低成本扩张，带动劣势企业发展，盘活不良信贷资产。采用企业兼并重组的办法，是金融业有效收回贷款、达到银企共赢的有效途径。

2. 输血盘活法

对领导班子强，设备工艺技术先进，产品有市场，有发展潜力和前景，符合国家产品、产业政策和货币信贷政策，只是因为流动资金紧张导致还本付息困难，注入少量资金即可扩大生产经营、提高效益和还本付息的企业，要在充分调查评估论证的基础上，制订盘活方案，通过封闭贷款等途径，注入资金进行盘活。特别是对待欠贷农户，不能一棒子打死，给予适当的扶持，帮助欠贷户在经营上重获新生，必要时注入一定的流动资金支持其走出低谷，实行有效的"输血供氧，放水养鱼"，使这些"欠贷老大难"重新走上致富路，使这部分不良贷款被有效盘活并逐步收回。

3. 转嫁盘活法

对自身经营困难的不良贷款户，其担保单位经营较好的，要积极做工作要求担保单位履行担保职责，能代替还款的代为还款，不能还款的争取达成协议将贷款转嫁到担保单位。这种做法在农村金融机构中比较常见，但在具体转嫁的过程中存在着许多困难，特别是广大农户贷款，有的没有担保人，有的担保人本身也十分困难，有的担保人采用种种手段进行抵赖。因此，转嫁盘活法在具体实施过程中要认真细致，有理有节，百折不挠，并讲究策略和方法。

二、农村信贷资产盘活激活的主要误区

农村信贷资产盘活激活方式中最大的风险问题是输血盘活法。在输血过程中，往往是不仅老贷款收不回，而且新贷款也血本无归。这在农村金融的历史案例中有血的教训，特别是过去对县域供销企业贷款的输血，造成了农村金融机构特别是农业银行不良资产包袱的巨大膨胀[1][2][3]。

1. 农村金融输血盘活贷款的隐患及危害

（1）加大了贷款的风险隐患。有的农村金融机构将借新还旧作为消化不良贷款的手段，造成信贷资金的虚假循环，严重掩盖了不良贷款的真实情况，降低了贷款的安全性，导致了信贷风险的后移。对部分已形成风险

---

[1] 李新章等：《防范商业银行借新还旧贷款风险》，《金融时报》2005年9月19日第3版。
[2] 杨青等：《借新还旧贷款质量堪忧》，《中国城乡金融报》2006年3月23日第4版。
[3] 周闯等：《借新还旧贷款链为何一直在循环》，《金融时报》2006年1月26日第3版。

比较大的客户继续追加贷款，从而错失了贷款退出、收回和处置的最佳时机，形成贷款周转次数越多、拖延收回时间越长、抵押物折损越大、贷款损失越大的恶性循环。

（2）纵容了部分借款人的赖账行为。给借款人追加贷款后，借款人还款压力减小，农村金融机构催收的力度也相对减弱，债务人容易产生侥幸心理，并不积极主动地筹措资金。部分借款人从一开始就想长期占用金融机构贷款，贷款逾期后设法借新还旧，骗取金融机构贷款，把包袱甩给金融机构，从而加重了农村金融机构的负担，淡化了社会信用责任意识。

（3）助长了农村金融机构的操作风险和道德风险。部分经营机构没有将限制、淘汰类客户纳入退出客户清单，模糊了盘活与保全的办理界限。为了达到降低不良贷款比例的考核目的，用追加贷款或展期、再展期来稀释不良贷款，也没有处置担保或担保不合规，对贷款违反规定长延期、虚担保，任由贷款逾期，隐藏了贷款的更多损失，甚至内外勾结，助长了内部人员的操作风险和道德风险，引发了部分人员的经济和职务犯罪。

2. 严格输血盘活贷款的审批和准入标准

输血要看借款人的具体情况，不能盲目输血，要掌握好以下原则：借款人生产经营基本正常，具备一定的贷款偿还能力；借款人已归还部分贷款本金，或归还全部利息，并制订切实可行的还款计划；对追加贷款在贷款定价上规定较高的利率水平，提高财务成本，促使尽快归还贷款；借款企业有发展潜力和前景；对农户贷款和农业产业化贷款，则要看农产品的周期性和农户是否遇到了不可抗力因素的干扰等，切忌"一刀切"，对客观原因引起的贷款暂时性无法收回的善意借款人，则可以通过追加扶持，帮助恢复生产，从而达到输血盘活的真正目的。

3. 实行盘活激活项目的分账管理

对盘活激活项目进行分账管理，能够准确细分本类项目的经营标准，更好地监测这类客户的经营发展情况，掌握该类借款对象的动态和变化信息，便于对其采取及时的处置措施和准确的资产保全办法。盘活法在农村金融机构中的地位和作用历来比较明显，其负面影响远远超过了正面作用，但在农村金融客观的经营环境下，由于自然、行政和经济政策的需要，各种因素的影响，有时候促使农村金融机构不得不对农业产业化项目实行盘活经营，这对推进我国新农村建设来说也是义不容辞的使命。

三、案例分析

2006年11月,农业银行宁夏新城支行为宁夏西夏贡酒业实业有限公司办理转贷款手续,成功盘活了宁夏西夏保鲜食品厂、宁夏农垦物资供销公司共1000万元的不良贷款[①]。

1. 案例背景

西夏保鲜食品厂是宁夏回族自治区农垦局批准成立的一家主要从事番茄酱及芦笋罐头生产销售的企业,因产品内无市场竞争力、外无出口权,企业自生产伊始就连年亏损。2001年3月,企业因资不抵债被迫关停。截至2006年9月,保鲜厂欠新城农行贷款本金1649万元(全部为损失类),欠息1136万元。关停时,保鲜厂房产账面净值仅约120万元,且生产设备因闲置长、腐蚀严重,已无实际使用和变现价值。其所有贷款均以原银川糖厂名下自治区农垦局划拨的国有土地使用权做抵押,因当时未办理抵押登记手续,属无效抵押,且抵押人银川糖厂于2000年列入国家政策性破产,给保鲜厂贷款做抵押的土地也列入破产清算,土地被过户到银川啤酒厂名下(因银川啤酒厂帮助其安置职工),致使新城农行债权悬空。

2. 过程和结果

过户到银川啤酒厂名下的土地,一直被宁夏西夏贡酒业实业有限公司长期使用。2002年9月,西夏贡酒业改制为股份制企业,发展前景良好,但长期处于"有厂无地"的尴尬境地,其办公大楼及生产厂房一直不能办理房产证,土地问题成为制约该企业进一步发展的"瓶颈",也成为新城农行盘活资产的关键所在。利用"土地"这一突破口,新城农行请自治区分行出面,多次登门与自治区农垦局谈判、协商,并提供了多个贷款盘活方案。经过数轮艰苦的谈判,银企双方达成初步共识,将原来用于西夏保鲜厂贷款抵押、现在西夏啤酒厂名下的155亩土地出让给西夏贡酒业,由其来承担原西夏保鲜厂、宁夏农垦物资供销公司的部分债权。2005年,新城支行与自治区农垦局、西夏贡酒业、西夏保鲜厂、宁夏农垦物资供销公司共同签订了《债务转移协议》,约定西夏贡酒业以出让所得的原西夏保鲜厂抵押的155亩土地使用权做抵押,转贷落实西夏保鲜厂800万元贷款

---

① 杨庆珠、范小刚:《五载清收路,盘活一千万》,《中国城乡金融报》2006年11月21日第4版。

和宁夏农垦物资供销公司 200 万元保证担保贷款。贷款盘活工作取得重大进展。由于涉及国有资产的再次转移，方案在上报自治区国资委和财政厅时出现了新的意外——有关部门要求西夏保鲜厂实行破产来甩掉银行债务，而这也意味着农行的债权将被再次悬空。与此同时，自治区农垦局出于对自身利益的考虑，消极对待，2005 年下半年，盘活事宜再次出现波折、搁浅了。为了打破僵局，宁夏分行与新城支行携手攻坚克难，一方面联合西夏贡酒业，积极搜集西夏保鲜厂不能破产的证据；另一方面通过多种渠道和关系，有理有据地与自治区农垦局领导进行沟通、磋商，促使农垦局态度发生转变。与此同时，农行上报到自治区的方案得到了主管副主席的支持和批准，盘活工作再次取得突破性进展。2006 年 10 月，进入土地证过户、抵押登记办理程序。2006 年 11 月 10 日，新城支行正式为西夏贡酒业办理转债贷款手续，历时 4 年多的信贷资产盘活激活工作终结硕果。

3. 案例启示

农行宁夏新城支行不良贷款的成功盘活，每年可为新城支行增加约 65 万元的利息收入。西夏贡酒业取得土地使用权后办理房产证，用于重新落实该企业 1000 万元的存量贷款抵押，增加了农行存量贷款的安全性。同时，西夏贡酒业作为宁夏回族自治区最大的白酒生产企业，取得了土地使用权，有效地解决了困扰企业发展的问题，从而实现了银企双赢。这一案例给农村金融机构盘活不良贷款的启示：一是要充分掌握不良贷款户的各种相关信息，为寻求信贷资产的安全回流提供创造性思维和新的途径；二是寻求多方力量，汇聚多方支援，打通各种关节，加强谈判、沟通与协作，为信贷资产的盘活、盈利与增值谋求最大平台；三是贷款的基础性工作必须严格把关，对贷款的担保载体必须认真、精心挑选，特别是农村农业产业化中的弱质中小微企业，力求有一个较保险的后台担保人担保，从而保障贷款的最后安全。

第三节　健全农村信贷资产抵债补偿机制

以资抵债是指金融机构的债权到期，但债务人无法用货币资金偿还债务，或债权虽未到期，但债务人已出现严重经营问题或其他足以严重影响债务，

第六章 农村信贷风险合理化解机制

或当债务人完全丧失清偿能力时,担保人也无力以货币资金代为偿还债务,经金融机构与债务人、担保人或第三人协商同意,或经人民法院、仲裁机构依法裁决,债务人、担保人或第三人以实物资产或财产权利作价抵偿金融机构债权的行为[①]。以资抵债是金融机构实施资产保全的重要措施和保障。

一、农村金融抵债资产管理中存在的问题

1. 资产接收获得存在无奈性和随意性

从抵债资产获得的方式上看,农村金融基本处于被动地位。金融信贷资产运行是从货币到货币且必须增值。农村金融借款人(包含担保人)因种种原因,无货币资金或货币资金不足以偿还贷款本息的现象非常普遍,迫不得已,农村金融机构只得以其资产抵偿贷款本息,接收抵债资产处于一种无可奈何的被动地位,资产安全没有保障,资产损失十分严重。从抵债资产接收程序上看,农村金融随意性较大,抵债条件、程序、手续不合规。主要表现为未经评估接收抵债资产、抵债资产接收价格偏高、无协议接收抵债资产、接收产权不明抵债资产、接收抵债资产不纳入抵债资产科目核算等。

2. 资产结构分布存在复杂性和广泛性

从已接收抵债资产的构成上看,除房产和地产这两种主要形式外,还有交通工具、机械设备、库存商品、文化用品、农副产品及其他生活日用品和物资等,给农村信贷资产的管理和保全增值带来了空前的难度。同时,资产分布存在广泛性。抵债资产来源复杂、保管分散,缺乏专门的保管场所、机构、人员,在无法集中保管的前提下,目前大部分行业对如何管好收回的各种商品和物资几乎束手无策。

3. 资产管理评估存在混乱性和盲目性

一是资产保管混乱。由于抵贷资产品种繁多、保管分散,有的物资抵偿后,要借用仓库堆放,还须支付运输费、仓储费和仓库管理人员工资;有的机械设备长时间关停,不维修保养,将腐蚀生锈;有的资产抵偿后分布在偏远地区,不易搬动,看管十分不便。二是资产评估盲目。资产评估机构,对名目繁多的抵债资产缺乏常识的价格信息,难以对企业资产做出恰当的评估。地方资产评估部门往往偏向企业一边,普遍存在着以低估

---

① 张光军:《化解抵债资产风险的关键是加强监管》,《中国城乡金融报》2006年11月2日第4版。

高、以次估好的现象，使农村金融机构很难接受评估的价值，即使通过银企双方的协商，成交价也会偏低，农村金融机构为了巨额的风险贷款，也只得违心接受实际价值远远低于价格的资产，来抵偿部分风险贷款。

4. 资产处置变现存在艰难性和违规性

一方面因税费名目繁多、数额大，农村金融机构不堪重负，处置起来心有余而力不足。同时，收回的商品和物资品质大多很差，很难处理。另一方面抵债资产处置不合规，逆程序、违规处置抵债资产，不及时处置抵债资产，高值低卖，造成抵债资产贬值毁损情形严重。

产生上述问题的原因，除受客观经济环境影响、法制建设不健全、企业经营管理不善、社会信誉程度差及政府实行地方保护主义、法院裁决价格偏高、抵债资产低值高估等外在因素外，关键还在于农村金融工作人员责任心不强，缺乏"亡羊补牢"的信念和信心；制度执行不力，制约机制不健全；经营管理责任落实不力，追究不到位。

二、农村金融抵债资产管理方法

1. 规范抵债资产定价行为

在抵债资产收取、处置过程中，要规范定价方式、方法和程序，逐步建立以市场为导向、规范合理的定价机制。农村金融机构应在所属市级或省级评估机构内选聘符合条件的评估机构，对评估报告及评估价格进行独立的分析和判断。通过对资产价格进行调查、评估、测算以及对定价影响因素的综合判断，确定抵债资产收取、处置价格。

2. 加强抵债资产目标管理

推行抵债资产业务目标成本管理，实行成本预算和决算，立足于"能快则快"的工作方针，对每一笔抵债资产都要明确处理时限，提高处置效率和变现率，防止发生抵债资产管理"冰棍效应"，牢牢把握抵债资产处理的主动权。

3. 加强协调沟通，争取相关政策

农村金融机构应加强与地方政府以及房管、国土、评估等部门联系，协商解决抵债资产中的过户难、处置难等问题。上级金融机构应对抵债资产管理实行目标任务和费用指标"双线下达"，保证抵债资产管理所必需的费用，调动基层金融机构加快抵债资产收取、处置的积极性。

三、案例分析

2003~2005年,浙江绍兴农行处置抵债资产174户,金额43480万元,现金收回29566万元,占该行同期不良资产清收总额的31%,抵债资产年处置率达到50%以上。2006年9月末,该行5级分类不良资产率为2.12%[①]。抵债资产处置取得显著成效。

1. 主要措施分析

(1) 重视源头管理。为确保抵债资产处置收益的最大化,绍兴农行加强对抵债资产源头的管理,重新完善了以资抵债业务的规章制度,审慎把好接收关。为取得变现能力强的优质抵债资产,建立了及时、有效的风险预警管理制度,一旦发现债务人可能或已经发生不能以现金偿还债务时,马上将资产进行诉前保全,在第一时间取得证照齐全、手续合法、易于变现的优质抵债资产,掌握工作的主动权。在接收价格上,强调合理定价,杜绝协议接收,杜绝为虚减信贷资产损失而高价接收,同时充分考虑资产的贬值性,防止一些质次价高、易于贬值的抵债资产的接收,严格控制源头,为日后处置打下良好的基础。

(2) 灵活拍卖提高收益。该行把公开拍卖作为提高资产处置收益、减少处置损失的有效手段力争通过拍卖处置抵债资产率达到100%,有几宗资产甚至得到了溢价处理。在拍卖中重点把好三关:一是因物制宜,灵活制订拍卖方案;二是拓宽信息渠道,多方搜集买家信息;三是用推介竞标方法,择优拍卖机构,尽力提高拍卖成交率和处置收益率。

2. 主要问题分析

(1) 被动接收导致抵债资产质量低劣处置困难。被动接收的主要表现:一是债务人或保证人无其他有效资产来抵偿债务,只有瑕疵明显或变现困难的资产可接收,造成金融机构毫无选择的余地;二是多个债权人接收同一债务人或保证人的同一资产,无法分割产权,无法单一处置,且多个利益集团之间利益难以平衡,导致处置困难;三是地方政府的干预以及其他一些因素使法院在裁定抵押物价格时出现了虚高的现象。因此,出现

---

① 韩华平、张绍生:《化被动为主动,提高抵债资产处置的有效性》,《中国城乡金融报》2006年11月2日第4版。

了抵债物权证不全或虽权属清晰但拍卖后清偿及移交困难、质次价高、因历史遗留问题及职工安置等社会问题让买家望而却步等。

（2）管理困难使抵债资产遭损加速。除一般商品外，抵债资产中更多的是房产、土地使用权、不宜拆迁的机器设备等不动产，且分布分散。由于地方行政保护、债务人故意设置障碍等原因，加之有的经办行只注重名义抵债、不落实物权，抵债资产普遍存在管理难或不管理的问题。有的抵债设备长期闲置在原企业；有的抵债房产长期被原债务人无偿占用；有的抵债设备被企业偷偷出售；有的因保管时间过长，出现保管维护等费用大于抵债物的处置价值等情况。所有这些都使抵债资产遭损加剧。

（3）政策法规的限制影响了资产处置的有效性。现行的政策法规与银行处置抵债资产的时机状况存在一些冲突，如新的商业银行法规"因行使抵押权、质权而取得的不动产或股权，应当自取得之日起两年内变现"，尽管变现的时间有所延长，但抵债资产的持有时效性也受到了限制。又如，城市房地产管理法规定，"必须按出让合同约定的土地用途、开发期限开发土地，超期一年未动工的征收闲置费，满两年未开发的无偿收回使用权"，而实际情况是银行自行开发的可能性极小，若进行变卖处置的话，《土地登记规则》规定的土地出让金，致使银行无法处置该宗土地。

3. 几点启示

（1）农村金融机构在以资抵债中要主动出击，把好资产接收关。严格监督借款人的生产经营状况和财务变动情况，防止借款人经营状况恶化或转移资产，最大限度地维护债权；对新增抵债资产要坚持严进宽出，在收取时严格执行偿债物选择，防止抵债资产大量沉淀；全过程加入法院对被告偿债资产的评估拍卖过程，争取前瞻性贬值接收；杜绝协议接收，尽力争取法院直接拍卖，减少实物裁定接收；在多方协调无果而法院或政府虚高裁决的情况下，采取申诉、复议等手段以维护农村金融机构的合法权益。

（2）加强管理，把好资产保管关。对大宗的连片的抵债物最好聘请保安公司派员监管；对单一而可集中的、能落实责任达到有效保管的则采用责任保管；对处置有一定难度的房产可本着抵债物不贬值的原则，采取无偿使用与责任维修挂钩的办法达到有效保值的目的。

（3）拓宽渠道，把好资产处置关。一是执行"公开、公平、公正"的原则，在公开推介拍卖抵债物、中介机构报价竞拍的基础上，按照买家资源是否丰富、竞拍报价是否合理、信用记录是否良好三要素，择优核定拍

第六章 农村信贷风险合理化解机制

卖机构，提高拍卖成功率。二是因物制宜设置处置方案，力争收益最大化。对每一款抵债物都应在处置前拟定周密的针对性处置方案，从买家摸排、底价核定、推介策划、拍卖氛围等方方面面考虑，以确保处置损失最小化。三是创新拍卖处置手段。比如，优劣抵债物搭配的组合拍卖，事先物色买家的保价定向拍卖，政府优惠条件下的政策配套拍卖，动员抵债人亲朋好友主动回购的亲情拍卖，通过各种渠道广发信息实现跨地区协作拍卖等。

第四节 构造农村信贷资产打包出售机制

打包出售不良信贷资产是国外商业银行通行的一种方法，20世纪90年代以来，我国金融界在处置国有企业不良资产的实践中开始了有效的探索，特别是4家资产管理公司，在打包出售方面取得了重大的成效。但在农村金融领域，我国还没有走出成熟的路子，也没有形成市场。因此，创新农村金融不良信贷资产打包出售机制，对不良贷款的处置采取走市场化的路子，把农村金融机构难以清收或转化的不良贷款，进行重新组合后打包出售，将是一条十分广阔的前景之路。

一、农村信贷资产打包出售的制度设计

农村金融的不良资产无论从管理角度来看，还是从效益角度来看，运用打包出售法不仅可以压缩管理成本，缓解农村清收不良资产平台收缩的矛盾，还可以借助广大的社会力量提高处置效果，最大化地化解农村金融机构的不良资产。但在实际运作中，大多数农村金融机构对打包出售还持观望态度。之所以出现这种现象，并不是因为农村金融机构对打包处置这种管理模式的效益有所怀疑，而是把握不准实际操作运用的规则。具体分析，主要表现在两个方面：首先，打包处置的政策壁垒没有打破。近年来，整体打包处置不良资产已经作为资产管理公司的一项常规处置手段，但在商业银行中的运用并未得到明确，农村金融机构由于地域的限制，反应更加迟滞。其次，在实际化解不良资产的手段选择上，打包出售法至今作为一项方向性的策略提出，缺乏一整套的运作指导体系，农村金融机构

因为没有具体的执行标准，出现了"想为而不敢为"、"想为而不会为"的局面。因此，构造打包出售的标准化操作模式，对农村金融机构多途径化解不良资产具有必要性和重要的指导意义。

1. 建立不良资产打包出售的分类授权机制

国家要制定商业银行打包出售不良资产的相关制度文件，就必须将不良资产出售逐渐推向市场化和法制化。在总行允许的范围内，由一级分行制定具体的实施细则，对二级分行、县支行实行逐级授权，在资产包的总限额、可打包的资产种类、资产处置利益分配等处置成本的摊销方面做出明确界定，使农村金融机构有章可循。农村金融各机构要根据自我整体不良资产数额的大小确定打包处置占比，实行总量控制。在此基础上，制定不良资产明细台账，根据不良资产形成的年限、行业等分类指标，确定具体打包不良资产的资产包。

2. 建立类似于资产管理公司的内部统管机构

在农村金融机构普遍成立类似于资产管理公司的内部机构，在上级管理机构授权的基础上，确定每一贷款组合的最低接受价格，向社会投资者出售或转让。受让方可以是金融机构、资产管理公司，也可以是民间投资机构，或者是律师事务所、咨询公司等。但首先或优先考虑内部员工或部门集体购买资产包，并给予适当的优惠政策。由于受客观条件的制约，农村金融机构在不良资产特别是大额不良资产处置上显得力不从心，造成人力财力的极大浪费，因此建立类似于资产管理公司的内部机构，统一授权进行处置。

3. 有效防范法律风险

从法律角度来看，打包处置属于一种委托方式，由于委托对象的差别和执行能力的不同，当委托主体在具体处置过程中引起纠纷时，银行的责任裁定取决于法院如何量刑。实际案例反映，司法部门对这种运作方式的态度对于银行委托责任的界定效果差别很大。从这个意义上来说，要推进打包处置，积极防范因委托带来的法律风险十分必要。对于该类风险的规避，可以事先征询司法部门的意见，根据不同情况对资产打包处置内容进行调整。对于分散分布在县、乡、村的小额非核心不良资产，本着快速缩短非核心资产战线的原则，在节约成本的基础上可考虑打包出售。对金额大、价值高或者有增值潜力的核心资产，可采取资产重组，支持对方潜心经营和重新运作，最大限度地提升资产价值，并在适当的时机进行资产的最终处置，为最大化地回收资产创造条件。

二、农村信贷资产打包出售的采用方式

根据投资者需要，对所持有的不良贷款进行重组。将企业品牌、销售网络和避税等投资者感兴趣的因素设计进打包方案，吸引有实力、有信誉的投资者，并采用公开竞价招投标的市场销售方式[①]。

1. 建档

首先要对拟进入资产包的资产组合的产权和债权的法律文件及债务人财务状况进行详细调查，全面细致地整理出贷款原始档案和财务信息，按照类别逐户建立起可供投资者审阅的借款人及与借款人相关的文件资料。同时，对债务债权关系中的信息进行详细披露。可在大型网站开辟"债权追偿专栏"，提供招标案件详细信息和招投标文件资料下载。

2. 招标

通过财务和法律等中介机构设计招标程序，以资格陈述和保密协议形式约请有资格的投标者，对投标者的选择和划定要有针对性，介绍拟出售资产组合信息、交易结构安排。结合近期现金回收率和成本率及财政部不良贷款折现率测定不同类别资产包的价格。国际不良资产处置现金回收的平均水平为25%[②]。中国工商银行天津分行2004年对近千户国有和集体企业的160多亿元不良贷款连同表内外利息进行整体处置，按照不良贷款本金加表内利息30%的综合受偿率受偿，是资产保全的一项重要成果。

3. 交易

灵活选择交易方式，吸引更多投资者。直接出售、合资经营和现金购买加分成是3种主要交易方式。直接出售往往伴之服务贸易，投资者购买不良资产后通常与一家资产管理服务公司签订服务协议，由其实施收款。如果双方难以商定一次性售价，可以组建合资企业共同处置不良资产。现金购买加分成是指原持有人出售不良资产时保留未来利润分成的权利，按一定比例分配回收金额超过购买价的部分。不同的资产类别和规模适合不同的交易方式，3种交易方式可搭配使用，以适应投资者需要，达到较高的回收水平。

---

① 郝际军：《我国资产管理公司发展路径初探》，《新疆石油教育学院学报》2003年第4期。
② 张士明：《批量处置不良贷款的成功与实践》，中国金融出版社2005年版，第11页。

4. 销售

整体出售、部分出售或单个出售。整体出售是对认定的所有可疑、损失类贷款包括表内利息、表外利息进行整体销售，一次性打包处理，或者是对某一类别、某一行业的不良贷款进行一次性打包处置。例如，河南省镇平县老庄农村信用社把辖内的口粮贷款68笔1268元全部捆绑打包拍卖给本社的客户经理。部分出售是对不良贷款的一部分进行打包处置。单个出售是对不良贷款个体进行的个别单独销售①②。

三、案例分析

1. 案例背景

2005年末，广东农行共有已审理判决未执结经济纠纷案件15691宗，大量借贷案件起诉到法院后未能得到完全执行，或执行进展缓慢，效果不佳，有些案件甚至连诉讼费、执行费也无法收回，赢了官司赔了钱的现象十分普遍。为了寻求提高经济纠纷案件执行效果的有效途径，该行统一组织对全辖已审理判决未执结经济纠纷案件进行打包，集中招标，采取风险代理方式委托中介机构处置③。

2. 主要措施

（1）集中招标。在《广州日报》、《南方日报》、《人民法院报》发布公告，包括借款人和担保人名称、未执结金额、执行案号等信息以及要求，规定投标时限，投标对象重点为省内外的人民法院执行局、律师事务所、商业咨询公司、不良债权清收公司、讨债专家及个人等中介机构。

（2）制订已审理未执结经济纠纷案件集中招标清收方案。由省行统一组织，提升运行层次，规范招标代理工作，同时在业务发展费用相当紧张的情况下，安排专门费用。由法律事务部、资产风险管理部、信贷部、监察部等组成谈判小组，按项目所属当事行及项目顺序，与每个投标的中介机构进行谈判，根据其以往业绩、代理方案、收费标准3个方面进行评分，按得分高低排名，筛选出中标单位。

---

① 张立华：《不良资产打包处置应规范运作》，《中国城乡金融报》2004年11月25日第3版。
② 何独业：《德累斯顿银行不良贷款管理概述》，《中国城乡金融报》2006年3月17日第3版。
③ 蒲觉敏：《广东分行以风险代理方式清收不良》，《中国城乡金融报》2006年5月25日第4版。

(3)先办理后付款。这种打包出售的方法类似于风险代理方式,金融机构在处置前期不支付任何费用,由律师事务所或其他中介机构先代为清收金融机构经法院审理完结的借贷案件,待打包资产的清收处置完毕后,按照收回不良资产本息的一定比例支付报酬。

3.几点启示

(1)农村金融机构不良资产打包出售要根据农村金融的具体情况拟定富有特色的资产包。广东农行将已审理未执结经济纠纷案件集中打包招标,并采取先处置、后按照处置结果付钱的方式,不失为一种优良举措及金融方法创新。对因债务人隐匿财产、法院执行不力、地方政府不当干预而无法取得良好效果的未执结案件特别适用。因此,农村金融机构在出售资产打包的分类上要精心策划。

(2)要根据资产包种类选择最佳投标人。未执结案件绝大部分都属于可疑类和损失类资产,是不良资产中最难啃的"硬骨头"。对付这些"硬骨头"仅凭自身力量很难取得好的成效。但选择内部员工或与司法机构没有直接及良好关系的投标人,也很难取得实际性的效果。通过招标选聘律师事务所等这类有能力、有背景、有资源的社会中介机构,可以充分利用它们的资源,最广泛地发现和提供被执行人的财产线索,查找可执行的财产,并通过它们加强与法院和执行法官之间的沟通和联络,促使法院尽快执行,同时可以依靠其背景减轻政府的压力和法院执行的阻力。因此,不同的资产包,在招标对象的选择上要慎重考虑。比如,农村金融机构内部责任人形成的不良贷款,最好在内部招标,效果可能会更好。

(3)不拘一格,不断创新打包出售的途径和方法。农村金融由于地域的复杂性和借款人对象的特殊性,不良资产多种多样。比如,乡镇企业资产、农村集体经济组织资产、农户小额扶贫到户资产,在资产的整合、打包的具体内容、资产包的大小等的选择上都要力求有新的突破。比如,天津市工商银行采取批量处置不良资产的办法,创造性地提出"通过加强银政合作,争取合理受偿,用未来提取的风险拨备解决现实不良贷款损失"的全新方法。由天津市政府统一安排的国有和集体债务企业以出让现有土地的方式及其他方式,落实天津市工商银行受偿资金来源,在限定时间内一次性偿还天津市工商银行,取得显著成效。福建省农行则采用大额不良贷款挂牌招标的办法。将2005年末不良贷款余额在3000万元以上的法人企业及关联企业,同一系列的关联企业作为一个标的捆绑招标[①]。投标对象为二级分行辖内的经营机构和个人,二级分行可优先对本地区招标项目进行承包投标,在二级分行未对本地区项目进行承包投标时,全省农行各经营单位及其所辖部门、营业机构、员工可参与投标。投标分为单独投标与联合投标,单独投标对象为经营单位或所辖部门、营业机构、员工;联合投标对象为不同经营单位或所辖部门、营业机构、员工,同一经营单位及其所辖部门、营业机构、员工可在单独投标前签订相关协议,做必要的约定。挂牌招标项目的价格和兑现,由专门设立的不良贷款专项奖金提取,在不良贷款挂牌招标评标运作程序完成后全部安排到位。这种公开竞争机制的引进,并将收益直接与打包项目挂钩的方法,调动了员工的积极性和创造性,是一种内部打包出售化解不良资产方式的创新,对农村金融机构的现实操作具有可借鉴性。

第五节 构建合理完善的贷款核销机制

贷款核销是银行化解风险的常规手段,是金融机构为抵御信贷风险,以计提的贷款损失准备冲减贷款损失的账务处理过程。世界银行危机表明,贷款损失是导致银行破产和财务损失的最为重要的因素之一。亚洲金融风暴后,各国更加深刻地认识到,健全的贷款损失准备及核销制度对化解信贷风险、保障银行稳健经营具有重要的意义。

一、贷款核销制度的内在特征

1. 贷款核销是银行内部的账务处理过程

账务处理过程的一般程序是:不良贷款经认定为损失后,经办行按照规定的条件和要求组织核销材料,经过有权行批准同意核销后,财会部门从贷款损失准备中划拨资金冲销不良贷款。贷款核销后,将不再在银行资产负债表上进行会计确认和计量。

---

① 黄玉泉:《福建分行挂牌招标大户清收》,《中国城乡金融报》2004年4月4日第4版。

第六章 农村信贷风险合理化解机制

2. 贷款核销只是在银行内部账面上处理

核销后并未免除借款人的还款义务,并不意味着一核销银行就放弃了债权,而是继续保留追索权,即"账销案存"。银行与借款人之间的借贷法律关系依然存续(法律法规规定债权、债务法律关系完全终结的除外),借款人仍应承担还款义务。

3. 贷款核销是银行稳健经营的内部管理行为

贷款核销是银行内部的商业秘密,要有效防范借款人因知悉银行贷款核销信息而放弃还款意愿或恶意逃废银行债务的道德风险,银行内部要严格控制贷款核销的知悉范围,不得以任何方式对外披露有关贷款核销的详细信息。

二、《巴塞尔新资本协议》对贷款损失准备金制度的要求

贷款核销制度是现代商业银行国际通用的一种做法,是《巴塞尔新资本协议》的基本准则,主要有直接冲销利润法、一般准备法、专项准备法和特种准备法。这4种方法的不同组合,构成了不同的贷款核销制度[①]。其中,一般准备法和专项准备法相组合、特种准备法做补充构成的贷款核销制度,提留时不会对当年利润产生剧烈影响,补偿取用时,又可以使银行避免因贷款损失而对当年收益的冲击,较为符合审慎会计原则和稳健经营原则,普遍为各国所提倡。

1. 呆账准备金划分

呆账准备金划分为普通呆账准备金、专项呆账准备金和特别呆账准备金3种。

(1)普通呆账准备金。普通呆账准备金是按照贷款余额的一定比例计提的损失准备金,它针对的是贷款的不确定损失,是弥补贷款将来损失的一种总准备,具有资本的性质。《巴塞尔新资本协议》在计算资本充足率时,把普通准备金计入资本基础,但要求不得超过加权风险资产的1.25%。它的变动与贷款总量直接相关,但与不良贷款的内在损失程度无关。

(2)专项呆账准备金。专项呆账准备金是在资产分类的基础上,按照不良贷款的内在损失、一定的风险权重分别计提的贷款损失准备金。它反

---

① 李彦斌、王伟华:《关注银行贷款核销制度》,《中国金融》2005年第9期。

映的是评估日贷款组合的内在损失，不计入资本基础，作为资产的减项从贷款总额中扣除，它的变动与贷款的内在损失直接相关，而与贷款组合的总量变化无直接关系。

（3）特别呆账准备金。特别呆账准备金是根据特定贷款的内在损失程度计提的贷款损失准备金。它反映的是贷款投向的风险，是针对某一国家、地区、行业或某一类贷款风险计提的准备，如为防范国家风险而计提的准备金。

2. 呆账准备金计提

（1）全范围计提。《巴塞尔新资本协议》要求对呆账准备金的提取是全范围的，不仅对贷款提取呆账准备金，对资产负债表内的所有风险资产（如股权资产、债券资产等）及表外风险资产都要提取呆账准备金。提取的比例由商业银行依据该类资产的历史损失而定。通过对全部风险资产提取准备金来保证准备金数额能足额覆盖所有预期损失。

（2）自主计提。呆账准备金如何计提，计提多少，由商业银行按照监管当局的指导原则自主计提。监管当局出于监管的考虑确定一个最低计提参照比例，具体计提由商业银行在贷款分类的基础上根据对贷款损失的统计，全权确定本行呆账准备金计提比例和计提数量。不准税前提取，但损失一旦发生，在账面上全部或部分被注销，损失的部分可以免税。

（3）适度计提。按照审慎会计原则，在计提准备金时就高不就低。在对影响贷款损失的各种因素做出分析判断后，选择能使准备金水平保持在高水平的分析结果，但要建立在可靠的分析基础之上，不能主观臆断。高估准备金意味着低估了资产质量和盈利能力，低估的指标反映在财务报表上会影响社会形象和上市股票价格。

三、我国农村金融贷款损失准备金制度存在的问题

1. 我国贷款呆账准备金的新计提方法

按照《巴塞尔新资本协议》要求，我国从2002年1月1日起执行新的5级分类法，并要求按照新的分类法计提损失准备金，这使我国呆账准备金的计提标准基本上与国际接轨（见表6-1）。

（1）一般准备。按季提取，年末余额应不低于年末贷款余额的1%，一般准备纳入附属资本。

（2）专项准备。按季提取，对于关注类贷款，计提比例为2%；对于

次级类贷款,计提比例为25%;对于可疑类贷款,计提比例为50%;对于损失类贷款,计提比例为100%。其中,次级和可疑类贷款的损失准备,计提比例可以上下浮动20%。

(3)特种准备。由银行根据不同类别(如国别、行业)贷款的特殊风险情况、风险损失概率、历史经验,自行确定按季计提比例。

表6-1 专项准备金计提比例比较

单位:%

类别	中国人民银行	美联储	普华永道建议	安达信建议
正常	0	0~1.5	1	1
关注	2	5~10	5	2.5
次级	20~30	20~35	25	25
可疑	40~60	50~75	50	65
损失	100	100	100	100

2. 我国农村金融贷款损失准备执行中的问题

(1)我国农村金融机构贷款损失准备金的种类、计提范围、提取方法、比例、税务处理没有统一标准,准备金计提的贷款分类依据,各地、各金融机构也不一样,有的按5级分类法,有的按4级分类法,十分混乱。

(2)我国农村金融准备金计提比例达不到要求,特别是历史包袱较重的农村金融机构出现巨大准备金计提缺口。从陕西省某县农业银行和农村信用社的个案来看,贷款损失准备金计提太少,与较大的不良贷款余额形成很大反差,计提远远不够。从农行个例来看,除1995年和1996年为负数外,大部分年份为正数,说明还有准备金提取,但是比例多数都在1%以下,距离《巴塞尔新资本协议》的要求相差甚远。1995年不良贷款余额最低,为228537百元,但准备余额也最小,为-3151百元,占比-1.38%,1998年不良贷款余额最高,达435843百元,准备金余额为1311百元,占比仅为0.3%。从农村信用社案例来看,准备金余额均为负数,说明准备金提取严重不足,核销贷款大于所提准备金,导致准备金余额呈下降趋势。1995年不良贷款余额最小,为55361百元,准备金余额最大,为-1149百元,但占比仅为-2.08%。2001年不良贷款余额最大,为676656百元,损失准备金最小,为-15376百元,但占比为-2.27%,准备金计提很不规范(见表6-2、图6-1、图6-2)。

表 6-2　陕西省某县农业银行和农村信用社不良贷款和损失准备统计

单位：百元，%

年份	农业银行			信用社		
	不良贷款余额	呆账准备余额	占比	不良贷款余额	呆账准备余额	占比
1995	228537	−3151	−1.38	55361	−1149	−2.08
1996	439750	−2935	−0.67	89123	−4100	−4.6
1997	421166	1209	0.29	104900	−6799	−6.48
1998	435843	1311	0.3	106878	−6969	−6.52
1999	424546	1258	0.3	537643	−8756	−1.63
2000	300817	2234	0.74	665206	−10443	−1.57
2001	290004	2133	0.74	676656	−15376	−2.27
2002	247288	1849	0.75	639918	−15376	−2.4
2003	2427465	9612	3.96	622243	−11376	−1.83
2004	253610	8880	3.5	147737	−11376	−7.7
2005	243622	8991	3.7	122313	−11376	−9.7

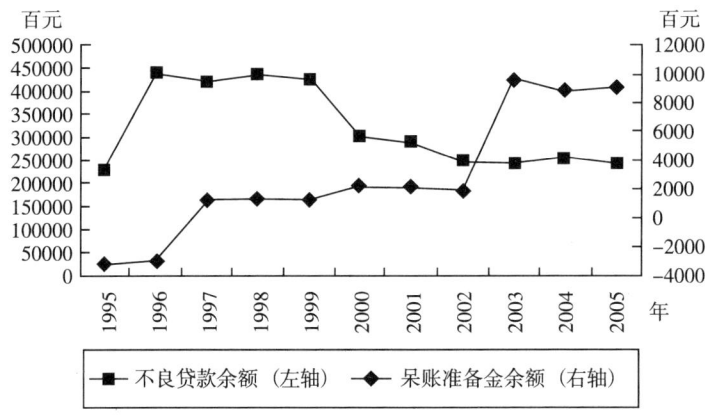

图 6-1　陕西省某县农业银行不良贷款和损失准备金余额变动趋势

（3）农村金融对贷款损失准备计提和核销缺乏自主使用权。1988 年，我国建立贷款核销制度之前，农村金融机构都不计提准备金，贷款损失需集中上报国务院批准豁免，然后冲减信贷资金。准备金制度具有"财政和税收"的烙印，准备金计提标准由财政部门确定，核销要经过财政和税务部门审批，核销程序非常烦琐，导致农村金融贷款准备金计提难以自行确定，损失准备提而不用或有提难用，许多损失贷款无法从农村金融资产负债表中剔除。

第六章　农村信贷风险合理化解机制

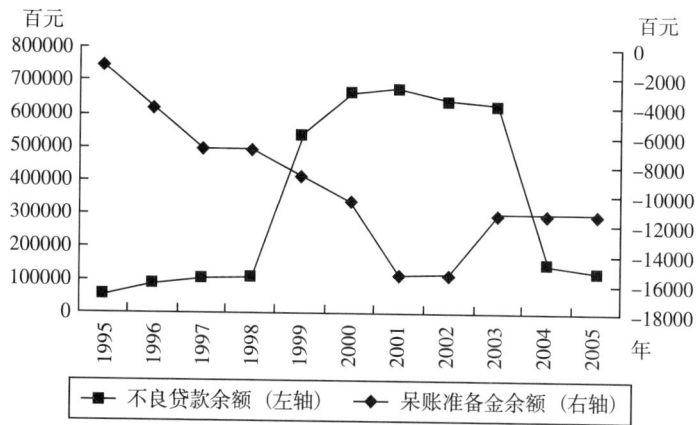

图 6-2　陕西省某县农村信用社不良贷款和损失准备金余额变动趋势

资料来源：表6-2、图6-1、图6-2根据《中国农业银行某县支行信贷现金执行情况表》和《陕西省某县农村信用合作社业务状况表》（1995~2005年）数据整理计算所得。

四、我国农村金融贷款核销制度的合理构建

构建农村金融贷款核销制度必须遵循3个原则：第一，处理好准备金提取和贷款风险认定之间的关系，要有利于鼓励农村金融审慎经营的积极性；第二，处理好农村金融真实反映损益与税务部门应税利润认定之间的关系，既要保证农村金融能够足额提取准备金，又不至于对应上缴税款有大的负面影响；第三，遵循国际惯例，区别对待大商业银行与农村金融机构。

1. 出台农村金融贷款核销制度

随着我国贷款5级分类制度的全面推行，原有呆账核销制度已经远远不能适应金融发展的要求。要尽快参照《巴塞尔新资本协议》和国际活跃银行经验，结合我国会计、税收差异和金融业实际情况，在新贷款损失准备金提取办法的基础上，制定符合我国农村金融机构贷款核销的具体制度，避免因各自为政、政出多门造成相互差异的弊端。对历史包袱较重的农村金融机构的准备金计提缺口，国家应研究对策帮助解决。可考虑参照国有商业银行呆账核销的思路一次性给予处理，使其尽快走上商业化经营的良性轨道。

2. 立足自我提取足额损失准备

按照依靠自身力量，提取足额贷款损失准备，逐步核销存量上和增量上的贷款损失，是解决农村信贷风险危机的最简单、最有效的方法。由于

我国银行业还没有建立符合谨慎经营和审慎会计原则的贷款核销制度，在这种情况下，农村金融的贷款收益是按照权责发生制确认的，而贷款损失则要到损失实际发生后才予确认，甚至损失实际发生后仍不能或不予确认。其结果必然是高估利润，以此为基础进行纳税和利润分配也必然是一种超分配。农村金融机构贷款损失得不到核销，只不过是把问题推迟和积累起来。由此而聚集的巨大风险，随着时间的推移，终会从隐蔽状态中暴露出来，给我国金融体系的健康发展和经济的快速发展带来沉重的打击。

3. 实行贷款核销的相对自主权

放宽核销条件，简化核销程序，逐步建立准备金自主使用机制。在大多数西方国家，具体贷款损失准备如何计提、计提多少，其决定权并不在财政、税务部门，而是由商业银行参照监管当局的指引和同业惯例自主决定，并单列在营业利润之后作为减项反映，对贷款损失核销也由银行自身确定。我国农村金融机构在产权清晰、法人治理结构完善的情况下，按照自我盈利能力，可以逐步推行国际先进银行的做法，放开贷款核销的过多约束，让农村金融机构在自我发展的基础上，根据自己的实际情况，自主解决损失贷款的内部核销问题。

4. 实行提取准备金税收优惠政策

多数西方国家都不同程度地对准备金给予税收优惠，尤其是对专项准备，在大多数国家是可以全额免税的。我国应借鉴这些国家为商业银行创造宽松环境的做法，对农村金融准备金计提和核销实行充分的税收优惠。同时，取消国税部门对农村金融机构贷款核销的税前审查，改为税后抽查的方法，以加强对农村金融机构贷款核销工作的监督，杜绝违规操作的发生。对农村金融机构计提的专项准备给予全额免税，对一般准备在许可的范围内也可给予一定的税收优惠。在我国县域经济不发达的现实条件下，给予农村金融机构更多的税收优惠，能够真正体现对农业经济的扶持。

5. 控制贷款核销制度的操作风险

贷款核销制度存在着较大的道德风险和操作风险。农村金融贷款核销后，并未放弃债权，但是由于许多人包括内部工作人员对核销制度的错误理解，认为贷款已经核销，没有必要继续追索了，形成贷款一旦核销就放弃追索主动权的操作风险，有的内部人员一开始就为借款对象暗含了道德风险的因素；借款人也认为，银行既然已经核销了贷款，就不需要再还了，从而产生放弃还款意愿或恶意逃废银行债务的道德风险，这些都必须引起农村金融机构高度的重视。对申请核销贷款要严格审查，对已核销贷款要严格管理。加强贷款核销保密工作，切实防范道德风险。健全已核销贷款催收制度，建立追偿奖励机制。强化检查监督，积极实行新资本协议第二支柱的职能作用。

第六节 提高资本充足率的补充机制

资本是抵御风险的最后一道防线。充足的资本和合理的资本结构是农村金融自身承受各种损失和化解风险的保障。

一、《巴塞尔新资本协议》对资本充足率的要求

允许商业银行使用内部评级法（IRB）确定资本充足率，是《巴塞尔新资本协议》的核心内容。内部评级法能更加准确地反映资本与银行信用之间的内在关系，商业银行如果能够满足技术和信息披露方面的标准，就可将自己测算的借款人资信水平和贷款偿还可能性的估计值转换为潜在损失，并以此计算出监管当局规定的最低资本充足率。《巴塞尔新资本协议》信用风险的内部评级法包括初级法和高级法两个阶段（见图6-3）。

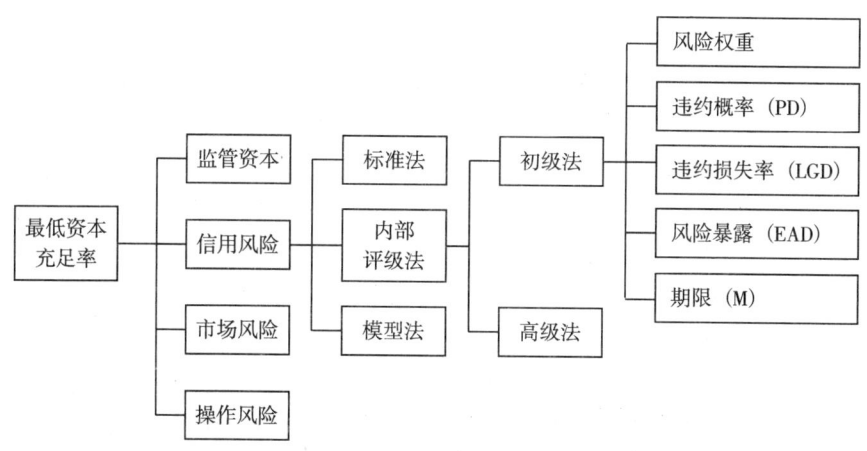

图6-3 最低资本充足率初级法的理论框架

1. 内部评级法的基本思想

内部评级法是建立在银行自身内部评级结果基础之上的,与传统的标准法相对应的信用风险度量模式。其基本思想是由于借款人可能出现违约,银行必须根据已经掌握的定性和定量信息,对损失进行评估并将这种评估与资本充足率挂钩的过程。这个过程从度量单笔授信损失开始,过渡到度量整个银行资产组合损失。对资产组合损失的度量是20世纪90年代以来国际活跃银行在信用风险管理领域取得的卓越成就之一。其主要风险和资本管理问题被《巴塞尔新资本协议》归结为6项重要风险指标,即借款人违约概率(Probability of Default)、违约损失率(Loss Given Default)、违约风险暴露(Exposure at Default)、有效期限(Effective Maturity)、预期损失(Expected Loss)、未预期损失(Unexpected Loss)和4个支撑体系:内外部数据维护体系、评级和验证评级结果准确性体系、保障评级体系准确运转的监控体系、将评级结果转化成内部评级法要求参数的量化体系。

2. 最低资本充足率的新概念

最低资本要求是《巴塞尔新资本协议》三大支柱的第一大支柱,强化银行风险的内在约束(监管当局的监督检查是第二大支柱,从银行风险外部约束的市场约束是第三大支柱)。新资本协议的最低资本充足率计算公式为:

最低资本充足率 = 监管资本/[信用风险 + (市场风险 + 操作风险) × 12.5] × 100% = 8%　　　　　　　　　　　　　　　　　(6-1)

公式(6-1)分母不仅考虑了信用风险,还要考虑市场和操作风险。在信用风险的计算中,对风险权重的计算发生了本质的变化,即引入内部评级法作为计算信用风险权重的基础。在量化和计算信用风险时,信用风险的暴露包括7个风险要素,即风险权重(RW)、违约概率(PD)、违约损失率(LGD)、风险暴露(EAD)、风险相关性、风险集中度和期限(M)。初级法不考虑风险相关性和风险集中度两个因素,高级法不考虑风险相关性一个因素。贷款损失率在初级法阶段由监管当局确定,高级法阶段由银行自主确定。

3. 资本充足率的计算和应用

(1)《巴塞尔新资本协议》资本充足率的计算过程(初级法):

1)风险要素的确定:根据银行内部对借款人信用评级校正整合为违约概率(PD);由监管当局确定违约损失率(LGD);期限(M)为3年。

2）风险权重的计算：风险权重是违约概率（PD）和违约损失率（LGD）的连续函数（见图6-4）。

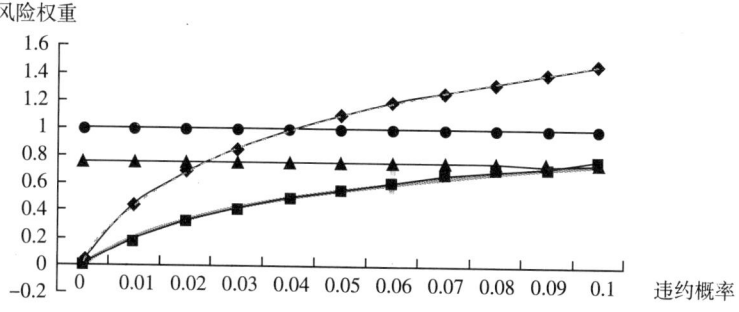

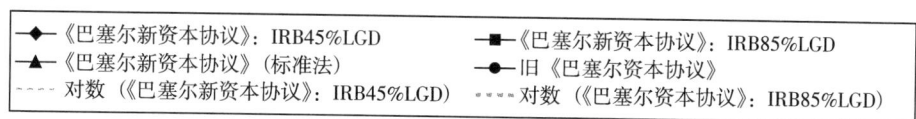

图6-4 新旧协议下合格的循环零售风险敞口的风险权重比较[1]

图6-4中两条曲线分别是内部评级法下，违约损失率为45%、85%的风险权重，可以看出，当违约损失率为45%时，违约概率小于8%，风险权重小于75%，资本要求小于6%；当违约损失率升高为85%时，违约概率小于5%，风险权重小于100%，资本要求小于8%。

3）风险加权资产的计算：

风险加权资产(RWA) = 风险暴露（EAD）× 风险权重（RW）

4）资本充足率的计算：

资本充足率（CAR）= 权益资本（E）/风险加权资产（RWA）

（2）银行资产组合中单笔公司贷款最低资本需求的计算公式：

为了计算银行资产组合中单笔公司贷款最低资本需求，第一步，需要计算资产的相关性，其公式为：

$$R = 0.12 \times \frac{1-e^{-50 \times PD}}{1-e^{-50}} + 0.24 \times \left[1 - \frac{1-e^{-50 \times PD}}{1-e^{-50}}\right]$$

式中，R表示相关性；e^x表示自然指数函数；PD表示违约概率。

第二步，对资产的期限根据违约概率进行调整。调整后的期限是违约

---

[1] 胡清汶：《新巴塞尔资本协议框架下的信用卡风险及资本充足率标准》，http://www.chinaunionpay.com/showcontent.aspx?newsid=1858。

概率的函数。

调整期限(b) = [0.11852−0.05478×ln(PD)]²

第三步，计算资本要求。资本要求是违约概率、违约损失率、违约风险暴露和第一步计算的资产相关性参数的函数。

对没有违约的资产，已知借款人的违约概率、这一类资产的违约损失率、违约风险暴露及与其他资产的相关性，其资本要求为：

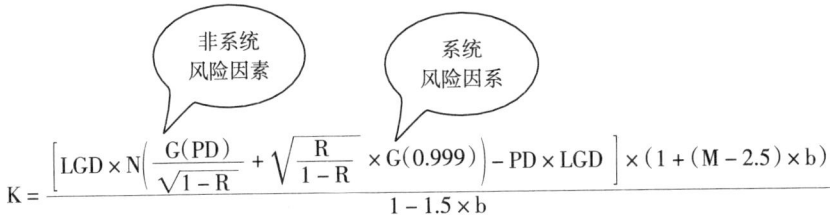

$$K = \frac{\left[LGD \times N\left(\frac{G(PD)}{\sqrt{1-R}} + \sqrt{\frac{R}{1-R}} \times G(0.999)\right) - PD \times LGD\right] \times (1 + (M-2.5) \times b)}{1 - 1.5 \times b}$$

式中，LGD 表示违约损失率；N（X）表示标准正态累积分布函数；R 表示资产相关性；G（X）表示标准正态累积分布函数的反函数；PD 表示违约概率；M 表示有效期限；b 表示调整期限。

对已经违约的资产：

K=max [0, (LGD−EL)]

式中，LGD 是这类资产违约损失率；EL 是这类资产的预期损失。

已知 K、EAD 的情况下，风险加权资产=K×12.5×EAD。

二、我国农村金融资本充足率的现状

20 世纪末以来，随着我国对加入 WTO 的承诺，国家对金融业采取了一系列措施提高资本充足率。1997 年，国家财政调低了国有商业银行的税率，将 55% 的所得税率和 7% 的调节税率并为 33% 的所得税率，从而在一定程度上提高了国有商业银行资本金的自我积累能力。1998 年，国家财政向工、农、中、建 4 家国有商业银行补充了 2700 亿元资本金，使国有商业银行的资本充足率有了显著提高。1999 年，国家先后成立了信达、华融、长城、东方 4 家资产管理公司，共剥离四大国有商业银行 1.4 万亿元不良贷款，使国有商业银行减轻了核销不良贷款的资本负担。同时，开始对农村信用社实行大量的票据转换。2004 年 1 月，国务院决定对中国银行和中国建设银行实施股份制改造，运用外汇储备为中行和建行注资 450

亿美元，相当于人民币 3720 亿元的资本金，将两行分别由国有独资改制为国家控股的股份制银行。2005 年 4 月 21 日，中央汇金公司为中国工商银行注入新的资本金 150 亿美元，折合人民币 1240 亿元，保留财政部原在工行的资本金 1240 亿元，其余作为风险拨备，从而使工行的核心资本达到 2480 亿元，资本充足率超过 8%。2007 年 1 月，国家确定中国农业银行股改方案为"整体改制，择机上市"，但农业银行由于沉重的历史包袱，资本充足率的具体方案仍然悬而未决①②。2008 年 10 月，农行股改方案获国务院通过，国家财政部和中央汇金公司共向农行注资 2600 亿等值美元。2009 年 1 月，中国农业银行由国有独资商业银行整体改制为股份有限公司，2010 年 7 月在上海、香港挂牌上市。截至 2011 年末，农行资本充足率为 11.94%，核心资本充足率为 9.75%，均超出了《巴塞尔资本协议Ⅲ》对核心资本充足率 6% 和总资本充足率 8% 的要求。

尽管国家采取了一系列举措补救，使得我国银行从表象上来看达到了巴塞尔规则要求，但从具体指标和实际经营状况来看，我国商业银行的资本充足率与发达国家相比，仍然存在着实质上的差别。目前，我国农村信贷风险主要体现为国有商业银行的县域分支机构、农村信用社和城市信用社转化的商业银行，由于国有商业银行实行一级法人制，因而县域分支机构的资本充足率无法观察，而县域农村信用社和城市信用社的资本充足率则更显薄弱。

三、农村金融机构提高资本充足率的途径

1. 强化税后利润的自我积累

强化农村金融机构税后利润的自我积累是农村金融机构立足自我、增强自身抗风险能力、实现信贷风险有效化解的保障。只有不断地立足于自我完善、自我发展，强化内因的主要发展因素，才能更好地抓住发展机遇，寻求外部支持的有效途径。这是农村金融提高资本充足率和风险化解能力的基础和前提。

---

① 孔艳杰：《中国商业银行信贷风险全过程控制研究》，中国金融出版社 2006 年版，第 35 页。
② 周萃：《主要商业银行控制不良贷款实现历史突破》，《金融时报》2006 年 1 月 2 日第 3 版。

2. 强化国家财政对农村金融的注资

随着我国财政收入占国民生产总值的比重的上升，国家财政逐步宽裕，应予适当安排预算支出补充特别是农村金融机构的资本金，让其在改革发展中不断壮大实力，增强竞争力，优化信贷资产质量。但这种方法如果运用不当，也会造成农村金融机构对国家的依赖性，产生放松自身积累、放任自流的麻痹思想。

3. 开辟县域中小金融机构上市融资途径

推动县域中小金融机构上市融资是实现资本充足率的现实途径、迫切需要和今后发展的必然选择。国家可以逐步引导农村信用社、城市信用社及村镇银行逐步走向资本市场，通过在国内资本市场和国际资本市场向公众和机构投资者发行股票、长期附属资本债券来提高资本充足率。起步阶段可以选择规范的信用社进行试点，利用市场机制率先从几个点上进行信用社的准现代金融运作。

第七章 农村信贷风险持续管理政策及对策建议

农村信贷风险主要风险点的控制是一个复杂的系统工程，以上论述的方法主要侧重于实际操作部门的具体执行者。此外，还需要财政、税务、保险等诸多经济体系的政策配套支持。本章从财政补贴政策、农地抵押制度、信用担保体系、农业保险创新、农村金融组织体系重塑、信贷分配政策倾斜等方面对信贷利益合理补偿、调配及其保障措施进行研究，提出解决农民贷款、农村中小微企业贷款和农村公共产品贷款等相关信贷风险的配套措施、长效机制和宏观战略，为决策者从根本上解决农村信贷问题提供依据。

第一节 实施财政金融和谐支持政策

实施财政支持和信贷支持的和谐联动，是实现信贷利益和风险管理的有效途径。财政税务配套优惠政策，是解决农村金融逃避农业信贷问题的首要途径。我国财税制度与农村金融发展存在着严重的脱节。近年来，国家财政对农业的投资尽管在总量上增长较大，但相对量呈下降趋势，2003年比1998年下降了3.57个百分点，比1979年下降了6.48个百分点；全国金融机构对农业的投资在总量上扩大了规模，但相对量也呈下降趋势，2003年比1993年下降了6.2个百分点，比1980年下降了1.67个百分点。2003年，全国乡镇企业贷款余额比1997年下降了1.91个百分点，比1986年下降了4.04个百分点，以农产品为原料的全部国有及产品销售收入在500万元以上的非国有工业企业流动负债占金融贷款余额和当年财政总支出之和的8.85%，而包括农产品加工业在内的全国所有乡镇企业流动负债只占到4.44%。可见,国家对发展农业和农业产业化在政策的部署和执行上仍然不足。从西部地区投融资形势来看,2003年西部地区财政农业投资额比1995年下降了19.58个百分点,比1979年下降了9.10个百分点;全国金融机构达108631个,而西部地区拥有量不到1/10[①]。因此,第一,解决农村金融主要风险点问题,从根本上说,必须依靠国家政策的支持,建立财政优惠、税收减免、金融公平的和谐增长机制,使弱势的农业与农村金融互相支撑;第二,要加大对农村金融机构的财政补贴和税收优惠。

一、实施切实可行的财政扶持政策

1. 实施切实可行的财政扶持农业政策

中央财政要实施切实可行的财政扶持政策,扩大县域农村农业和农业产业化支持资金比例,加大转移支付力度,地方财政也要调整投资结构,配合中央财政,解决财政规模和操作实施到位问题。第一,国家财政在对县域投入特别是西部地区县域农业支出的预算上要加大投入比例,要提高相对量的比重。并逐步增大投资力度,在对东中西部的投资规划上向西部倾斜。第二,国家财政应划出一块支持农业产业化发展的专项资金,特别要重视西部农村农业产业化的落后状况,加大扶持力度。第三,要建立农业基金,给农民种粮、发展小型农产品加工业贷款给予担保和贴息。第四,加大对西部地区的财政转移支付力度。第五,西部各级政府在积极争取国家财政扶持的同时,应积极动员地方财政,优化财政投资结构,加大对本地农业产业化发展的配套投入。第六,在财政投资过程中,各级政府要加大监督与制约,首先必须保证将政府对农业产业承诺的投资资金足额地投放出去;其次要严格督察资金的落实到位和经营运作情况。第七,地方政府要杜绝在行政过程中把扶持农业产业化的政策仅仅停留在出台文件上的做法,要切实抓好扶持政策的贯彻,解决扶持资金的具体操作、落实和使用问题,对滞留和挤占挪用专项资金问题要进行严肃处理。第八,西部县乡基层政府要把发展农业产业化作为农村经济主要的增长点,作为转变政府职能的服务平台,做好全方位服务。

---

① 国家统计局:《中国统计年鉴》(1981~2004),中国统计出版社。

2. 实施切实可行的财政扶持农村金融政策

（1）要巩固财政支持农村金融的阶段性成果。目前，农村信用社改革试点专项票据的发行和专项借款的发放工作已基本完成。截至 2006 年末，共发行专项票据 1565 亿元，但已兑付的只有 94.6 亿元，差距较大；财政以保值补贴和税收减免的方式向全国农村信用社提供的资金支持只有 187 亿元，欠发达地区县域的农村信用社有的根本没有享受到。国家对农村信用社、农村合作银行执行低于一般金融机构 1.5~2.5 个百分点的存款准备金率，使得农村金融机构备付率比商业银行等其他金融机构高近 2 个百分点，有充裕的可用资金向"三农"提供金融支持，使农村信用社自身各项指标都有明显改善。2003 年 8 月 1 日以来，邮政储蓄新增转存款利率从 4.131%下调到 1.89%，新增存款由邮政储蓄机构自主运用，截至 2006 年末，自主运用的资金达到 9000 亿元左右，邮政储蓄机构逐步走上市场化经营的道路。这些政策需要进一步巩固和完善，让农村金融机构真正得到实惠和好处，充分调动支持"三农"的积极性，做到可持续发展①。

（2）加强财政支持县域农村金融政策的制度建设。近年来，国家为了消化农村信用社的历史包袱，在资金、财税、利率等多方面给予农村信用社较多的政策扶持，使 29 个省（区、市）农村信用社改革试点工作已经取得了重要进展和阶段性成果。各省级联社、农村合作银行和县一级法人社迅速组建起来，农村信用社真正成为农村金融的主力军和联系广大农民群众的金融纽带。截至 2006 年末，全国农村信用社农户贷款余额达到 9196 亿元，农户数达 7072 万户，占全国农户总数的 31.2%，在总量上有重大突破。但是，由于财政支持的制度还很不完善，在支持的方式上缺乏制度性建设，致使信用社在信贷管理上存在着较为严重的混乱局面，农户不良贷款大量产生，信贷风险难以从根本上遏制，并使个别农村金融机构形成弄虚作假、等待政策的不良恶习。因此，要进一步规范财政、税务等优惠农村金融政策的制度，形成补贴优惠的硬约束，真正做到农村金融机构对"三农"支持的高质量、高效率和对自身发展的硬约束、严要求。

---

① 宋炎：《农村金融改革已取得重要进展》，《金融时报》2007 年 4 月 20 日第 3 版。

二、实施积极稳健的金融支持政策

1. 实现金融资源分配的公平性和合理性

发达国家的实践表明,国家综合国力的提升必须有强大的农业产业化支持,农业产业化的强大必须有强大的金融机构支持。因此,我国金融体制改革不能全盘"商化"或"城市化",要建设强有力的农业政策性银行和强大的农业商业银行以及多种多样的金融补充机构,方能适应现代农村改革的发展。但我国市场经济的发展在金融格局的地域性布局上显得非常不公正和不均衡。首先是城乡的差距,现阶段,我国四大国有商业银行、所有强大的商业银行、中小股份制商业银行和陆续准入的外资银行几乎全部"龟缩"在大中城市,而拥有38028个乡镇、678589个行政村、24793万户农民、93503万乡村人口、48971万农村劳动力、130039千公顷耕地面积、2133万个乡镇企业的广大农村,仅有一家地方性金融机构,即农村信用社,这在社会背景支撑面和市场竞争力上显失公平。其次是东西差距,西部地区拥有土地面积720.23万平方千米,占全国国土面积的70%,总人口3.7亿(截至2004年),占全国人口的27.95%,西部农村地区人口占整个西部地区总人口的77%,但人均国内生产总值只有东部地区的40%,农民人均纯收入只有东部地区的50%左右。全国农村60%以上的贫困人口在西部,约2000万人还没有解决温饱问题,但金融需求与金融支持却成反比[①]。因此,要采取倾斜性货币政策,实行差别性存款准备金政策、扶持性再贷款政策以及灵活的利率政策,扩大西部地区的货币供应,解决金融资源供给不足的约束。大力发展直接融资,在西部培育发展区域性资本市场,积极支持西部农业产业化企业上市融资。在符合上市条件下,优先考虑西部地区农业产业化企业上市,加大资本市场筹资规模。构造东西部融资协调互动的发展机制。实施工业反哺农业、城市支持农村、东部支持西部,统筹城乡发展,扭转城乡区域阻隔局面,实现城乡要素互相流动。

2. 保持金融政策的连续性和稳定性

发展县域经济,解决"三农"问题,建设新农村成为建设和谐社会的

---

① 国家统计局农村社会经济调查司:《中国农村统计年鉴》,中国统计出版社2005年版,第9—27页。

第七章 农村信贷风险持续管理政策及对策建议

时代潮流,更使我国县域经济迎来了新的发展机遇。无疑,对于目前正在不断深化改革的农村金融来说,这是一个新的历史课题。但是,由于主客观因素的制约,我国县域经济发展中许多问题不能得到解决,其中最为突出的就是金融机构对县域经济支持的不足。

县域是新农村建设的主战场,县域经济是我国国民经济的重要组成部分。县域经济的发展离不开农村金融的支持。但目前我国农村金融状况远远不能适应县域经济发展的需要,突出地表现为金融服务不到位、金融体系和金融制度不健全。其根本原因在于农业是弱质产业,并与我国尚处于经济体制转轨时期、市场经济尚不健全有关。金融机构一方面受利润最大化原则的驱使,另一方面受政策上缺乏对农村金融业务保护的影响,从而有意无意地远离县域经济。当前,国有商业银行正在逐步撤出县域经济领域,农村信用社"非农化"倾向越来越浓,农业政策性银行有名无实,扶贫专项贷款变相逃离,农业保险严重不足,而且大量的农村资金被设立在县域的金融机构抽走,这与中央发展县域经济的政策大相径庭,县域经济与农村金融的矛盾非常突出。农村金融服务功能的弱化,不仅束缚了地方经济的发展,而且制约了农村金融的发展。

(1) 保持农村金融政策的连续性。要改变设而复撤、撤而复设的不稳定金融政策,办就办得扎扎实实,不能搞金融资源的浪费,也不能在农村金融市场想来就来,想走就走,从而给农村商品经济的发展带来巨大损害,给农民信誉造成事实上的损伤。过去的农业银行乡镇营业所与农民结下了深厚的感情,实践证明农民也离不开营业所,但由于金融体制改革,一夜之间彻底取消乡镇网点,这无论从国家政策、县域经济发展的连续性上来说,还是从农村金融的健康发展上来说,都是不合理的。1995年,全国建立了34989个乡镇营业所,几乎遍布中国的所有乡镇,与"三农"结下了无法割舍的情结,到2002年底几乎全部撤掉。金融机构的效益重在管理上,如果只从表面上做文章,只会给国家造成更大的损失。因此,保持农村金融政策的连续性和稳定性是非常有必要的。

(2) 保持国家扶持政策的连续性。国家支持农民的政策、支持农村的政策、支持农业的政策、支持农业企业的政策要具有连续性和稳定性。政策一旦放弃支持某一领域,这一领域的经济发展必然要崩溃。20世纪70年代重点支持的国有企业、粮食企业、供销企业,到80年代末,由于政策的变化这些企业全部崩溃;80年代支持的乡镇企业,由于政策的变化,到 90 年代也纷纷倒闭。国家支持经济建设不能一哄而上，要循序渐进，长期发展，既不能揠苗助长，也不能"半路断奶"，要始终保持政策的连续性，可以有小波动、小调整，但不能大起大落。对县域农村金融的扶持优惠政策也要讲求稳定，具有制度性约束，使农村金融机构始终得到国家政策的有力支持，做到可持续发展。

第二节 深化农地金融制度改革

推进农地金融制度改革的目的是从根本上解决农民"贷款难"和银行"难贷款"问题，从外围途径解决农村金融环境风险和信用风险问题，是实现信贷利益公平享用的基础条件。

一、我国农地金融制度的局限性

我国农地金融制度长期以来受到很多局限，得不到认可和有效发展。

1. 土地使用权抵押贷款存在着严重的法律障碍

法律界定范围的狭窄客观限定了贷款业务的发展。

（1）设定抵押权的土地使用权必须同时具备两个条件：一是土地使用权必须是抵押人依法取得并具有法律保障的；二是土地使用权必须是依法可转让的。

（2）农村集体土地只有两类可以设定抵押权：①依据《担保法》第34条第5款："抵押人依法承包并经发包方同意抵押荒山、荒沟、荒丘、荒滩等荒地的土地使用权"，五荒土地使用权可设抵押，但抵押人必须对该荒地拥有承包经营权。②依据《担保法》第36条第3款规定："乡（镇）村企业的土地使用权不得单独抵押。以乡（镇）、村企业的厂房等建筑物抵押的，其占用范围内的土地使用权同时抵押。"乡（镇）、村企业的土地使用权可设抵押，但不得单独抵押。2000年12月13日《担保法》解释又规定，当事人以农作物和与其尚未分离的土地使用权同时抵押的，土地使用权部分的抵押无效。

（3）根据《土地管理法》，农民集体所有的土地由本集体经济组织以外

第七章 农村信贷风险持续管理政策及对策建议

的单位或者个人承包经营的，必须经村民会议 2/3 以上成员或者 2/3 以上村民代表同意①。

2. 抵押程序不规范，产生的经济纠纷难以解决

1997 年国家土地管理局规定，土地使用权抵押权的合法凭证是土地他项权利证明书，而国有土地使用证、集体土地所有证和集体土地使用证不作为抵押权的法律凭证，抵押权人扣押的土地证书无效，土地使用权人可以申请原土地证书作废，并办理补发新证手续。在实际办理土地抵押贷款过程中，个别农村金融机构在"一无农村基层组织认可，二未取得农村基层组织配合"的情况下，单纯根据土地使用证办理抵押，致使出现无地贷款和一地多贷现象，信贷风险较大。

3. 政府部门配合不够，相关责任界定不清

土地抵押办理没有规范的操作流程。国土及林业、草原等部门只是为了收取评估费，出现问题时互相推诿。部分承包地抵押过程中，虽然是用承包合同抵押，但没有土地主管部门出具相应的确权手续，而只是由公证部门公证。有的部门出具的抵押贷款相关证明手续不准确，给抵押贷款业务开展带来不必要的负面影响。对具备有效合法手续的土地纠纷，土地管理部门为了避免承担连带责任，尽量少办或不办对农民土地抵押的评估和登记；土地使用抵押权限审批过程中，国土部门、草原管理部门、林业管理部门收取的评估、保险等相关费用过高，评估频率太多，增加了农民贷款的成本。

二、我国农地金融制度的实践与探索

1. 福建省三明市农村土地抵押信贷模式

土地使用者以自己拥有的土地承包经营权做抵押取得金融机构贷款。如果农户不能按期还贷，所抵押的农村土地由金融机构接管，并进行寻租经营，直至还贷结束。2006 年 7 月 11 日，明溪县农村信用社试办了福建省首笔 5000 元农村土地承包经营权抵押贷款，用于承包户的人工红豆杉药材原料种植，到 9 月底，发放了 6.5 万元农村土地承包经营权抵押贷款，涉及农村土地流转 100 多亩。

---

① 王选庆：《信用制度理论及其应用研究》，广西人民出版社 2005 年版，第 35 页。

土地承包经营权抵押贷款实现了资本和土地的有效结合，是我国农村生产要素的新组合，是信贷支持农村规模经济发展的一项创新尝试。有助于在不触及农村集体所有制土地的前提下，通过使用权与所有权的暂时分离，解决农村"抵押难、担保难"问题。三明市农村土地承包经营权流转模式对如何规范开展民间土地抵押行为，将耕地等农村自然资源转化为担保资源有很好的借鉴作用，有效地解决了农户在生产经营中遇到的资金困难，发挥了农村土地融资作用，是一种信贷创新模式[①]。

2. 黑龙江省佳木斯市农村金融机构土地使用权抵押贷款探索

土地使用权抵押贷款集中在五荒地占比大及农场土地开发较早的富锦市建三江农场、抚远和汤原两县。2005年末，三县（市）农村金融累计发放土地使用权抵押贷款44724万元，占全市历年累计发放的87.08%。贷款普遍用于农业生产，一般为一个农业周期，最短6个月，最长2年，贷款额度较大，均超过2万元，个别达90万元。2000~2005年的6年间，农业银行此项业务整体呈萎缩趋势，农村信用社发展较快，贷款年累放额由2000年的1123万元，增至2005年的18131万元。2004~2005年，个别县市农村信用社此种贷款成为抵押贷款的主体。

土地抵押贷款损失率与业务规范程度密切相关。佳木斯农业银行从一开始就严格要求办理相关业务，农户必须提供规范的土地他权证，到2005年末，3年内累计发放的10846万元抵押贷款全部收回。农村信用社各自为战，无统一操作规程。个别社和农户签订贷款合同时，在农户提供土地使用权属凭证的基础上，要求农户、村委会和信用社签订三方协议，贷款相对安全；个别社贷款手续不合规，既有提供土地他项权利证明书的，也有单纯提供土地使用证的，由于不良贷款增多，该业务处于停滞状态[②]。

3. 福建省永安市林地使用权抵押贷款经验

2004年，永安市在全国率先开办林权证抵押贷款业务，将林权证作为林农或企业向金融机构申请贷款的抵押物，并通过林权登记管理中心实现抵押登记。以林权抵押贷款为核心，试行林农直贷、林户联保、龙头承贷、林业小额授信联保和银团贷款等信贷创新模式。使辖内金融机构都积极介入林业信贷投入，而且还引进大量域外信贷资金。林业龙头企业、林

[①] 杨长岩等：《农村土地承包经营权流转与抵押信贷的实践与探索》，《福建金融》2007年第2期。
[②] 郭立业等：《对佳木斯市农村金融机构土地使用权抵押贷款的调查》，《黑龙江金融》2006年第5期。

业中小微企业均可以以林权证抵押向商业银行申请林权证抵押贷款及小额授信贷款。至2006年6月末，永安市累计发放林权证和提供林业资源抵押贷款7.9亿元。林权抵押贷款使林农手中林木林地变成"活"资金，有效解决了金融机构抵押担保难题①。

三、构建我国农地金融制度的有效途径

1. 规范和发展农村土地市场

农村集体建设用地使用权，在本级集体经济组织范围内进行流转的，可以以转让、租赁、抵押方式与土地所有权人协商确定。在抵押流转的方式中，经集体土地所有权人同意，集体土地使用权者可以将其合法使用的土地连同地面建筑物作为标的，向银行抵押贷款。抵押权人需要变现时，须办理土地征用手续，土地所有权即变为国家所有。集体建设用地使用权需要流转给本集体经济组织以外人员使用的，根据城市化进程和小城镇发展的需要，从有利于向城市建设用地转化和政府垄断土地一级市场实际出发，在政府让利条件下将其集体土地所有权转为国有，并办理国有土地使用权有偿使用手续。集体建设用地使用权在本集体内需要流转时，集体土地所有权人认为要保留集体土地所有权不变的，可以允许其保留土地所有权不变②。

在坚持农民宅基地"一户一宅"原则的前提下，允许农户在向城镇和中心村集中过程中，将原合法使用的宅基地连同地上建筑物转让给本集体经济组织内符合宅基地申请条件的其他农户。需整体转让或部分转让给城镇居民的，在征得集体土地所有权人同意和支付征地费用基础上，土地行政主管部门可变更登记，发给国有土地使用证。通过土地置换、建新拆旧、迁村并点和撤村建居，实行农村多层公寓式住宅建设等方式，规范农村宅基地利用效益。

2. 确立农户土地使用权抵押贷款政策

农户土地使用权抵押贷款是解决农村金融农民贷款信贷风险的主要途径。

---

① 郑杰、余燕星等：《对发展农村土地金融业务的思考》，《福建金融》2007年2期。
② 张树基：《农村合作银行开展农房抵押贷款问题的研究》，《企业经济》2005年第11期。

（1）农户土地使用权抵押贷款的意义。建立农户土地使用权抵押贷款机制，可以达到既满足农户贷款的需求，又降低农村信贷风险的双重效果。在我国农村，一方面，农民盼望得到农业贷款发展农业生产，也希望得到一定的消费贷款用于购买耐用消费品。但由于有限的收入满足不了生产和消费水平的需要，农户受到资金投入不足的严重困扰。另一方面，农村信贷风险的风险源主要是农村贷款的本息损失，存在农户不能按期偿付贷款本息的可能性，因此大家都不愿向农户发放贷款。实行农户土地使用权抵押贷款，用借款人或第三人的财产做抵押，一旦借款人不能归还，贷款人可以处理财产收回贷款，比信用贷款方式安全。然而，土地的固定性和不可磨灭性使得土地成为农户最优的贷款抵押品。贷款不能归还将意味着土地使用权转让时农户要失去一定的土地，这使得土地使用权抵押成为农户归还贷款的硬约束，从而降低农户贷款给农村金融机构带来的风险，增加农户获得贷款的机会。

（2）农户土地使用权抵押贷款的关键。实行土地使用权抵押贷款，关键是农民个人要有土地使用转让权。我国农民的土地使用权就是承包经营权。农民土地使用权转让是指承包户将其土地使用权转让给第三方。实行土地使用权抵押贷款的中心环节是农民将土地抵押给银行，当农民不能归还贷款时，必然发生土地使用权转让。然而，我国农业用地实行集体所有制，农民从集体分得土地，土地在农民之间的配置，没有经过市场。市场不是我国农村土地配置的基础。我国农民不是从市场取得土地使用权，从国家政策、法规上看，目前还没有土地使用转让权，无权将土地使用权转让给银行。如果农民个人没有土地使用转让权，农民土地使用权就不能作为抵押品，土地使用权抵押贷款就没有可行性，农民贷款难问题便难以解决。只有获得农民土地使用转让权的政策支持和法律保障，土地使用权抵押贷款才具有可行性。因此，在保持农村土地集体所有制、土地承包经营制的前提下，国家应尽快从政策上授予农民土地使用转让权，并在法律上加以保护。①国家在制度上规定土地使用权农民私有。由农民承包的土地使用权归农民私有，即实行土地所有权集体所有、土地使用权农民私有的双重结构。随着土地使用权成为农民个人的私有财产，农民的土地使用权就可以抵押或出售。②国家从政策上赋予农民类似于土地所有权的权利。赋予拥有土地长期经营权的农民类似于土地所有权的权利，允许农民转让土地使用权，使农户和银行之间的土地使用权的转让符合国家政策，得到政府支持[①]。③允许土地使用权跨村界转让。农村土地使用权流转形式包括农民土地转包、转让、互换、入股等。允许土地使用权在村之间的买卖，可提高农户土地使用权抵押贷款的效率和银行拍卖土地使用权成交的概率。

（3）农村土地使用权抵押贷款功大于过。①农户土地使用转让权，不会影响土地集体所有的性质。我国农村土地实行集体所有、家庭承包经营。土地承包和"四荒"拍卖地都是农村集体土地的所有权和经营权两权分离的经济形式。"四荒"的购买者较之土地的承包者拥有更为完整的使用权、受益权和让度权。可在有效的时限内对"四荒"实行转让、出租、继承和抵押。"四荒"在拍卖后，并未改变其原来的集体所有的性质。②农户土地使用权的转让，不会改变土地承包制。在统分结合的双层经营体制中，家庭经营是基础，农户土地抵押贷款就是建立在这个基础之上的。农户土地使用权的转让，是在承认农民土地使用权（承包经营权）和他们已经获得的一种财产权利的前提下进行的，在这一大前提下，家庭承包经营仍是主体。③农户土地使用权抵押不会导致农民没饭吃，不会像想象的那样可怕。假如某农户有 10 亩地，他可能最多抵押 5 亩，一旦抵押的 5 亩地使用权不能收回，他会靠另 5 亩地的产出吃饭。生存能力是人的本性，农民的创造性在历史的各个阶段都是很出色的。在建设新农村的新的历史时期，整个经济环境已经发生了翻天覆地的变化，农民应变市场的能力更强。因此，只要土地使用权措施完善，好处多于坏处，对农民、农村和农业的发展就是功大于过。

3. 构造农村房地产抵押贷款模式

城镇居民之所以信贷活跃，就是因为他们比农民多了一个房产证。因此，解决农民信贷问题的基本途径就是给农民办理与城市居民同样的房产证。

（1）农村金融开展农房抵押贷款的必要性。

1）农业产业化改革资金缺口增大。随着国家对农村经济结构实施调整步伐的加快，市场机制在农村的作用逐步发挥，农业生产规模化、科技化、产业化对资金投入的需求日益紧迫。农村资金需求正在随着农业产业化调整的加快而逐步增长，办理农房抵押贷款能较好地解决资金困难。

---

① 郑小兰：《农户土地使用权抵押贷款的探讨》，《中国房地产金融》2000 年第 4 期。

2）小城镇建设对信贷需求增加。农村城镇化建设是对农村现有配置格局进行优化，促进农村经济健康有序发展的主要载体。小城镇建设的主要资金来源靠农村金融机构投入，开展农房按揭贷款、旧村改造批量农房抵押贷款，农民能同城镇居民一样享受住房按揭贷款，改善住房条件。

3）农业基础设施落后，地方政府财力不足。财政支农资金仍是过多地参与生产经营性投资，一些应由政府投资的范围仍未能承担。特别是与农民增收关系密切的小型基础设施的投入更少。不少大型水利设施如提灌站、排水渠早在土地承包到户后就遭到损毁，重新投入一般不少于几万元，必须提供较高价值的农房办理抵押才能从信用社得到借款。

4）开展农房抵押贷款可以降低农村信贷风险。农村金融机构抵押贷款率低、资产风险权重大、资本充足率低、抗风险能力弱。办理农房抵押贷款，全国可提供价值上万亿元的农房资产作为抵押物。农村金融机构的抵押贷款率能大幅度提高，提高抗风险能力。

（2）我国农房抵押贷款的冲突问题。

1）法律的冲突。《担保法》第37条第2款规定："耕地、宅基地、自留地、自留山等集体所有的土地使用权不得抵押。"因此，宅基地不得办理抵押是法律的禁止性条款，同时房屋是土地的不可分割的地上定着物，决定着农房抵押贷款的法律障碍。

2）民生的冲突。《土地管理法》第12条规定："农村农民一户只能拥有一处宅基地，其宅基地的面积不得超过省、自治区、直辖市规定的标准。农村村民出卖、出租住房后，申请宅基地不予批准。"因此，宅基地是农民生活的必需品和赖以生存的所有，如果允许对宅基地设定抵押，一旦实现抵押权，就会出现农民无住所的严重情况，带来社会不安定因素。这是因为失去了住宅，就等于失去了宅基地。如果允许农村住宅可以设定抵押贷款，一旦抵押权人要求实现抵押权时，欠债的农民将失去住宅而无栖身之处。所以国家法律规定农村宅基地及其住宅不得用作抵押贷款。其立法本意是为了保护农民的切身权益。

3）金融的冲突。事实上，我国地方上的不少农村金融机构，无论在《担保法》实施前还是实施后，出于支农和防范信贷风险的考虑，一直在办理农房抵押贷款。但由于法律规定农房不能抵押，因此农房抵押实质上是无效的。当贷款出现事实上的风险时，农村金融机构也无法执行抵债变现。这就使得农村金融机构对农户出现不良资产心有余悸，思想上产生畏

第七章 农村信贷风险持续管理政策及对策建议

难情绪,产生远离农户贷款的现实状况。

4）集体的冲突。农民私有住房的宅基地属于集体所有。依照有关规定,农村村民申请宅基地,使用集体的土地无须支付土地使用费。以私有住房做抵押,虽然使用房子做抵押,但其担保的金额不仅包含了房子本身的价值,也包含了房屋宅基地的价值,在债务人无法偿还贷款的情况下,金融机构在依法取得房屋使用权后,要处理该抵押物,必然要损害集体的利益。

5）资源的冲突。"房随地走,房地统一"。由于住宅是农民生活的必需品和赖以生存之所,又是附着在相应的土地——宅基地上的。法律规定一户只能拥有一处宅基地,禁止村民一户多宅。《土地管理法》第63条还规定:"农民集体所有的土地使用权不得出让、转让或者出租用于非农业建设。"国务院在1999年《加强土地转让管理严禁炒卖土地》第2条第2款规定:"农民的住宅不得向城市居民出售,也不得批准城市居民占用农村集体土地建住宅,有关部门不准为违法建造和购买的住宅发放土地使用证和房产证。"国土资源部也发出通知:严禁城镇居民在农村购置宅基地,严禁为城镇居民在农村购买和违法建造的住宅发放土地使用证。农村宅基地及其住宅不仅不能出售给城镇居民,而且农村村民本身还不能用作抵押贷款。法律这样规定,一方面是使农村村民有地建房,另一方面则是在我国人多地少的情况下,应尽量减少建房用地,切实保护现有耕地。

（3）开展农房抵押贷款,使农房抵押贷款走向正规化和合法化,这是新时期加快农村建设和促进农民增收的必然趋向,也是农民发展的迫切要求和实现信贷融资的基本途径。

1）政府可以为农房抵押贷款制定必要的制度保证。事实上,多数农户贷款的效率是很好的,还款率也是很高的。农民贷款的主要用途虽然多种多样,但根本的目的是为了摆脱贫困,增加收入,过上好日子。但是由于农民所处的生产和生活的特殊环境和特殊地位,客观上决定了收入的有限性和灾害的不确定性。因此,信贷风险的存在是客观的。实行农房抵押贷款对部分困难农户来说也是迫不得已的选择,真正的有钱农民即使用农房抵押贷款,也能还得起贷款,不会等到金融机构来处置农房。无法归还贷款的只是那些生计困难或由于突如其来的灾难使之陷入困顿的农户。因此,对农民来说,农房贷款抵押实际上是一个信用凭证,为农户办理房产证,使农民获得贷款的一种手段,政府这样做的目的是为了实现农户融资的愿望。同时，以农房做抵押，可以增加农户的危机感，增强农户的信用意识，创造良好的信用环境。对于确实无法归还贷款的农户，政府可以规定农村金融机构给予1~2次再贷款机会，使得农民重新获得资金，再现二次生产或创业，获得利润后归还所欠的贷款本息，要回自己的农房。

2）在集镇、中心乡镇及中心村率先实现房地产改革。集镇、中心乡镇及中心村的农房，商品率较高，原则上可办理抵押。一是由集体土地所有权人即村民委员会出具证明同意抵押和同意土地变更为国有土地使用权证明书，从而规避集体土地使用权不能转让的法律规定。二是在本集体范围内提供一个保证人，作为抵押担保的第二担保人，假如贷款逾期不能归还，则保证人可帮助金融机构处置或自己直接购买农房归还贷款，从而避免受农村观念影响房产难以处置和不准处置给非本集体人员的法律规定。因集体土地须经行政审批无偿取得，视同划拨土地办理抵押评估和登记，所以在评估房地产时，应扣除土地价值。

3）修改相关的法律制度，使农房抵押走向合法化、公开化和市场化。开办农房抵押贷款，既可以促进集体建设用地的流转，又可以释放农房资产的效用，同时可以为农村金融提供广阔的房产抵押贷款市场，为促进和繁荣我国广大的农村经济建设做出积极的贡献。

4. 借鉴国外农地金融制度的先进经验

（1）德国土地金融制度。德国是最早发展农地金融的国家。1770年由政府强制组建土地抵押信用合作社。起初是专门服务贵族地主的长期信用，19世纪初实行土地改革运动，开始扶持自耕农，以往大地主所有的农地逐渐被分割转卖给农民，地主和农民都可以成为合作社社员。普通农民成为土地抵押信用合作社的主体，土地抵押贷款成为农民可利用的主要长期信用工具。以土地抵押信用合作社为主体的德国农地金融体系以贷款协助农民购买土地、开垦土地、兴修水利、兴建道路、平整耕地和造林为宗旨。抵押信用合作社还联合起来组成若干联合银行，代各地抵押信用合作社推销债券、付息、买回债券以及协调各合作社之间的资金融通等。德国各地还有许多公营的土地银行及土地改革银行，放款协助农民购买土地及兴建水利等。经过200多年的发展，土地金融制度逐渐形成了以土地抵押信用合作社与公营的土地银行互相配合的土地金融体系，对促进土地改革与农业的发展起到了非常重要的作用。德国土地金融制度的最大特点之一是抵押土地债券化。凡是愿意用自己的土地做抵押而获得长期贷款的农民或地主,可联合组成合作社,将各自的土地交给合作社作为抵押品,合作社以这些土地为保证发放土地债券,在市场上换得资金,供给社员①。

(2)美国农地金融制度。1916年美国国会通过《联邦农地押款法》,设立了联邦农业贷款局,办理全国农地抵押贷款。为了放款便利,把全国划分为12个农业信用区,每一区内设一个联邦土地银行,并在各乡村推动农民组织农地抵押合作社。1933年成立了农业信用管理局,设有土地银行部,统管全国12个联邦土地银行,联邦土地银行又与各地农民所组织的联邦土地银行合作社相联系。美国采取自上而下的政策,先由政府拨款充当联邦土地银行的股金,发行土地债券,同时辅助农民分区组织联邦土地银行合作社。农地金融组织形式采取银行和合作社双重体制。土地银行上层采用银行体制,设立联邦土地银行,基层采用合作社体制,按合作社原则组织信贷合作社。以联邦土地银行为主体的美国农地金融体系是政府农业信贷体系的主要组成部分。联邦土地银行是由政府财政通过购买土地银行股票的形式扶持建立的,目的是利用农户拥有的土地融通资金,为农业生产和与农业生产有关的活动提供长期信贷资金和服务,促进农业持续、健康发展。美国农地金融制度的设立有效解决了农村长期资金来源问题,对正确贯彻政府农业政策起到了积极作用,推动了美国农业生产的大发展②。

(3)法国农地金融制度。1852年,法国政府为改变农业资本不足、农业滞后的局面,颁布了法国不动产金融制度的根本法——《土地银行法》,在全国各地设立了土地银行。1852年,扩大巴黎土地银行为中央机关,改名为法国土地信用银行,并合并了所有已设各地的土地银行。农民也纷纷组织了农业信贷合作社。法国农地金融享受政府从农业预算中拨付的大量贴息资金,从而可以发放大量通过贴息的长期低息贷款。法国农业改小农经济占主导地位的状况,一跃而成为西欧最大的农业生产国。

(4)日本农地金融制度。19世纪末期,日本创建了以劝业银业、农工银行及北海道拓殖银行为代表的长期信用机构。劝业银行规模较大,为农业提供长期巨额贷款,如大型水利工程建设及大规模的垦殖等;农工银行主要对地方性的小规模建设工程,购买农地、牲畜、肥料、机械等所需款项用不动产做抵押的项目提供资金。1953年创立农林渔业金融公库,

---

① 李世平:《国外农地金融制度考察与借鉴》,《甘肃省经济管理干部学院学报》2000年第3期。
② 李延敏、罗剑朝:《国外农地金融制度的比较及启示》,《财经问题研究》2005年第2期。

其所需资金全由日本政府从各方借拨而来,为农、林、渔业的永久性建设提供长期低息贷款。这个特设的金融机构等于一个国家土地银行。另外,日本还创立了发达的合作金融机构,可为会员提供信用担保或贷款,政府给予诸多支持和优惠政策。日本农地金融充分借鉴了欧洲特别是德国经验,结合本国实际大胆创新,为振兴日本农业经济起到了重要作用。

第三节 构建县域中小微企业信用担保体系

强化中小微企业信用担保,是农村金融实现信贷利益和风险管理的重要屏障。

一、我国中小微企业信用担保体系的发展现状

我国中小微企业信用担保体系建设始于1999年6月,经过近15年的发展,中小微企业融资担保体系建设已初见成效。

2009年全国中小微企业信用担保机构5547家,2010年4817家,2011年4439家,2012年4374家。2012年底,国有及控股担保机构1170家,占26.74%;省级532家,地市级3822家,占87.32%;注册资本总额4868亿元,其中,国有及控股担保机构1662亿元,占34.14%,省市县机构3206亿元,占65.86%;注册资本10亿元以上的担保再担保机构64家,1亿~10亿元2315家,占主流,1亿元以下1995家;担保机构中,企业单位4087家,占93.44%,事业单位和社团组织127家,占2.91%,其他160家,占3.65%。2012年度担保业务74万笔,全年新增担保额1.58万亿元,在保企业户数82.6万户,在保余额1.49万亿元。总体上来看,从弱到强,机构数量逐年递减,但资本金总额、户均资本额及担保贷款业务量均增长迅速,担保行业整体结构得到进一步优化[①]。

我国中小微企业信用担保体系的构成体现为"一体两翼三层"。"一体"是指在中小微企业信用担保体系中,信用担保机构是核心,是政府间

---

① 狄娜:《2012年度全国中小企业信用担保行业发展报告》,《中国担保》2014年第1期。

接支持中小微企业发展的政策性扶持机构，具有法人实体资格，实行市场化公开运作，属不以盈利为目的的非金融机构。"两翼"指在城乡社区中以中小微企业为服务对象的互助担保机构和商业担保机构，是信用担保的补充。互助担保机构由中小微企业自发组建，以缓解自身贷款难的问题，以自我出资、自我服务、独立法人、自担风险、不以盈利为目的为特征，商业担保机构具有独立法人、商业化运作、以盈利为目的、兼营其他商业业务等特征。"三层"指担保体系分为国家、省级、地市级3个层面。地市级信用担保机构负责辖区内的直接担保业务，省级担保机构对其进行再担保，国家信用再担保机构以省级担保机构为再担保服务对象。

我国担保机构的法律形式主要有3种：一是事业法人，一般称信用担保中心，由地方政府出资，采取企业化管理与市场化运作；二是企业法人，一般称信用担保公司，按照《公司法》运作；三是社团法人，一般称担保协会，如内蒙古自治区中小微企业信用担保协会等。中小企业担保基金有政府财政资金、企业会员基金、企业互助基金、民间投资以及政府财政资金与其他来源资金的合作基金等。

二、当前中小微企业信用担保体系的主要问题

1. 能力弱小，效益不佳

由于我国担保公司起步晚，大多规模小、担保能力弱。以农业大省湖南省为例，2012年中小微企业信用担保机构的数量只占全国的2.35%，资本金只占全国的2.37%，年末在保户数只占全国的2.4%，在保余额只占全国的1.24%。担保公司近200家，资本金200余亿元，但担保发生额还不到600亿元，1/3的机构没有开展融资性担保业务，1/3的机构开展了业务但业务量不大，1/3的机构能正常开展业务并享受政府担保资金的补贴。据对102家中小企业信用担保公司的统计，2012年营业总收入9.92亿元，年末净利润1.7亿元，资本金利润率仅1.56%，效益很差[1]。

2. 体制不顺，违规运作

国家对担保机构的法律定位不明确，缺乏规范性运作法规，主体资格

---

[1] 湖南省中小企业信用与担保协会：《湖南省中小企业信用担保行业发展报告》，新浪湖南财经2013年8月18日。

也不明确。担保机构的营业范围、投资比例、收费标准等都受到严格的限制，盈利能力很弱，平均资本回报率低于银行存款利率，风险控制得不好的就要蚀本。收益与风险失衡是担保机构面临的最大制度性障碍。这种运营模式不改变，担保机构没有自我发展能力，也难以吸引社会资金投入，行业就难以持续发展，近年来机构不断收缩，说明这一行业举步艰难。有的担保机构资本金虚假、超比例投资、不做主业违规经营、保证金管理不规范等。

3. 信誉度低，市场混乱

目前，由于诸多原因，担保机构与银行机构合作不畅，金融机构准入门槛高，很多担保机构尤其是民营担保机构无法取得授信和开展业务，即便授信，倍数又低，一般在3~5倍，最低的还不到2倍，制约了担保能力的发挥，加之保证金收取多，一般达到10%~20%，不但限制了担保机构的担保能力，也增加了流动性风险，而且风险不能分担，贷款利率上浮幅度过大。由于政策落实不到位，担保机构反担保物抵押登记难，有的登记部门不为担保机构办理反担保物抵押登记，影响担保机构业务开展和风险防范，加之征信系统难进入，担保机构不能查询受保企业的信用信息。有些地方对经国家批准免税的担保机构，实行的是先征后返，征时容易返时难。据了解，湖南省冠有"担保"字样的企业有近千家，2010年在银行系统开户过、年审过的就有564家，而全省2012年真正获得融资性担保经营许可证的机构只有194家，有的甚至借担保之名做投资及放贷之实。

三、县域中小微企业信用担保体系的构建

我国中小微企业信用担保公司作为准公共服务产品，不仅能缓解中小微企业融资困难，促进企业的发展，而且可以分担农村信贷风险，维护金融稳定和社会和谐。

1. 加强中小微企业信用担保法律建设

我国担保机构的法律地位尚不明确，担保组织处于多头管理和放任自流的矛盾之中。由于信用担保行业的国家主管部门还比较模糊，对担保行业并行多个管理部门。原国家经贸委、财政部和中国人民银行都各自出台了一些政策和制度，但这些政策和制度比较分散，尚未形成国家统一的、全面的针对担保行业的宏观管理政策体系，这种状况不利于国家对担保行业的宏观管理和把握。目前担保机构运作的法律依据只是沿用1994年颁

布的《担保法》。由于《担保法》的立法宗旨是保障债权人实现债权,反映的是债权人的利益,缺乏对担保人利益的保障,难以做到平衡保护债权人、债务人、担保人三者的利益,增加了担保人的风险,对专业性担保机构业务开展有一些负面影响。加之信用担保体系的建立在我国相对较晚,从《担保法》中很难找到与之相对应的条款,以至于无章可循,缺少对担保机构的法律规范。

2. 壮大担保机构资金规模,提高担保能力

我国中小微企业信用担保体系的资金来源原则上包括:政府预算拨付、国有土地及资产划拨、民间投资和社会筹集、会员入股或风险保证金、国内外捐赠7种。各地采取"政府为主、社会为辅、多元募集、滚动发展"的方式筹集担保资金,形成了资金来源多元化的发展趋势。但当前担保机构可运用的资金规模不大。全国各担保机构平均资金规模为3000万元,如湖北省各地担保机构资金规模一般在2000万元左右,有的还不足1000万元,难以满足企业的融资担保需求;宁波市现有9家担保机构,总注册仅为4000万元,2000年共办理担保近400笔,金额为1.9亿元,与宁波市金融机构249亿元中小微企业贷款余额相比不到1个百分点,与中小微企业的数量和对担保机构的担保需求极不相称。据统计,2003年1~6月,全国担保机构的资金放大倍率平均为2.53,在保责任余额为可运用资金总额的1.3倍左右,远远低于世界其他国家放大倍数在10倍以上的水平。我国大部分地区的中小微企业担保基金以政府财政资金为主,而且,地方财政担保基金大部分是一次性的,缺乏资金补偿机制,难以持续发展。

3. 建立担保机构与金融机构的风险共担机制

根据国际经验,担保机构承担责任的比例一般为70%~80%,其余20%~30%由协作银行承担。我国由于缺少明确的制度规范,许多银行都将中小微企业的贷款风险转嫁给了担保机构,不少担保机构承担了100%的信贷风险。由于风险不能在担保机构和银行之间合理分担,而使担保机构集中了过多的风险,不仅造成担保机构承担责任与能力的不对等,也弱化了银行对企业的评估,加大了整体风险,不利于担保机构作用的发挥和担保业务的顺利开展。健全再担保机制,再担保是防范和化解信用担保风险的主要方式之一,但目前在我国担保体系试点运作中,只有天津、山东、内蒙古、河南等13个省份初步建立了再担保机构,省级再担保机构

尚未普及，全国性再担保机制尚未组建，国家、省、市三层一体的全国中小微企业融资担保体系不完善。实行风险保证金和反担保制度，在实施担保服务的同时，要求企业提供一定数额的保证金或以动产、不动产做抵押，提供反担保。要建立信用担保公司类客户的评审指标，解决经验不足问题。中小微企业贷款实施细则尚未成熟，全额再担保和比例再担保方式中，农村金融机构要参与单个项目的审查，建立有效的风险分担机制来合理控制风险。农村金融机构要以自身特有的信誉将担保机构、金融机构与中小微企业作为长期合作对象，形成一个信用保证体系和风险共担体系[①]。

4. 加强对信用担保机构的风险防范

建立申保企业资信评估制度，通过对申保企业进行资信风险等级的评价，来决定是否提供担保，有效降低盲目担保带来的风险。在具体操作贷款担保业务时，必须建立风险防范措施。在合作对象上，应选择政府投资的信用担保机构进行合作，建立一套适用于担保机构的客户类评级指标，对担保机构进行资信评估、信用评审。在担保业务合作协议中要求合作银行对中小微企业进行严格的信用评审，要谨防因为有了信用担保而放松对受保企业贷款审查的现象发生。参与对担保机构的监督检查，包括申保企业资信评估制度的建立和执行情况，审、保、偿分离制度的建立和执行情况，要求担保机构按比例逐步提取风险准备金，用于冲抵代偿支出和弥补呆坏账损失。对已承担代偿责任的担保项目，监督担保机构要依法进行追索，加大追债力度，必要时采用让反担保人履行义务，处理抵、质押物，提请法律诉讼等必要手段，将损失降至最低范围。确定担保期限，最长不超过借款合同约定的贷款本金到期之日起6个月。控制担保赔付比率、代偿率（代偿总额占担保债务余额的比重）控制在3%~5%，最终担保赔付损失（即追偿损失率）控制在代偿总额的50%左右。信用担保机构还应定期审查贷款银行的担保贷款业绩，强化中小微企业的风险责任，要求企业主要经营负责人以个人财产提供反担保品，约束主要经营负责人的经营行为。通过业务公开、信用评级、公示和曝光制度、政府部门监管方式，形成社会监督机制，防范道德风险。

---

① 时湘冰：《对我国中小企业信用担保体系建设的探讨》，《融资研究》2006年第7期。

第四节　推进县域农业保险发展

落实农业农村农民保险政策，是实现信贷利益和风险管理的根本保证，是解决农村信贷风险中环境风险的主要途径。农业保险是指与农业相关的各种保险的总称，包括农民保险和农村保险。狭义的农业保险指专门为农业和农业生产者在从事种植业和养殖业生产过程中，对遭受自然灾害和意外事故所造成的经济损失提供保障的一种保险[①]。县域农业保险，是解决农村信贷风险中的环境风险的主要措施，是有效管理农业风险、提高农业生产能力的重要手段，是发展农村金融、完善农村金融体系的重要途径。

一、我国农业保险的发展历程和存在的问题

1. 发展历程

（1）20世纪50年代，我国农业处于以土地改革和农业生产合作化运动为核心的第一次制度变革时期。1950年，成立不久的原中国人民保险公司就在山东、北京、四川等省市试办了牲畜保险，后来又在山东、江苏、陕西等地试办了农作物保险。

（2）20世纪80年代，我国农业处于以家庭联产承包责任制为核心的第二次制度变革时期。1982年，中国人保恢复办理国内保险业务，农业保险成为其最早开办的险种之一。在经营考核上实行全国统一核算，盈亏由保险公司内部险种互补，这实际上隐含了政府对农业保险的隐性补贴，因而保险业务得到快速发展。

（3）20世纪90年代初期以来，农业保险进入了多种模式的试验和探索阶段。此后，随着市场经济体制改革的逐步深化，人保公司按照现代企业制度的要求，在以效益为中心理念的约束下，对风险较大的农业保险业务适时调整优化，整体规模收缩较快。

（4）2003年，中国保监会提出"建立多层次体系、多渠道支持、多主

---

① 张兰：《农业保险：必须厘清政策与商业界限》，《金融时报》2007年3月28日第3版。

体经营的符合我国国情的农业保险制度"的构想。2004年,中国保监会明确了农业保险的开展原则和工作方针。2006年,我国农业保险的发展跃上了一个新台阶。据统计,2006年,我国农业保险保费收入8.5亿元,同比增长16.2%,实现了较快增长,并成为保险业新的业务增长点,为"三农"提供的风险保障达到733亿元。2007年伊始,中共中央、国务院特别指出要"积极发展农业保险,扩大农业政策性保险试点范围"[1][2],我国农业保险进入了一个新的发展阶段。

2. 存在的问题

(1) 农业保险商业化经营存在着市场失灵的现象。由于农业生产的高风险性和低收益性,农业风险的相关性和灾难性,以及农业保险经营过程中的逆向选择和道德风险的不可避免性,农业保险的准公共产品属性成为世界范围的共识,而社会公共品的提供又向来离不开政府的介入。这就使农业保险纯粹的商业化经营存在着"市场失灵"的现象。一方面,以灾害频发、高损失率为基础厘定的费率,将大多数支付能力有限的农户挡在了保险保障门外;另一方面,由于农户农业自给性需要和种植的多样化,以及经营规模分散和对农业收入依赖程度下降的特点,使得农户对农业生产和农业保险的预期降低,加上缺乏风险意识和支付能力有限,农户总体上缺乏参加农业保险的积极性。农业保险的这种低覆盖面,无法支撑保险正常经营赖以依存的大数法则。

(2) 农业保险经营体系面临着制度性缺陷。作为一项长期的政策性制度建设,我国在法律、体制、机制及具体操作环节上还没有形成一整套协调运作的系统,建设合理有效的农业保险经营体系面临着一系列难点问题。一是缺乏立法保障。目前,我国的农业保险立法,尚处于理论探讨和政策推动阶段,缺乏巨灾补偿准备和分散直接保险经营风险的再保险经营机制。还没有建立巨灾补偿准备金制度,也没有必要的再保险安排。二是缺乏支持农业保险的配套政策。农业保险离不开政策的支持,特别是中央财政的支持。没有中央财政的充分支持,地方政府的财政补贴也只是临时性安排。三是缺乏农业风险区域规划及相关基础数据资料,费率厘定和调整没有依据。

---

[1] 王晓欣:《对农业和责任类保险政府应加大支持》,《金融时报》2007年3月16日第3版。
[2] 马晨明:《农业保险:方向明确路难行》,《金融时报》2007年3月24日第3版。

（3）缺乏充足的专业技术人才队伍。农业保险的专业性很强，要求从事保险经营的机构和人员既要掌握娴熟的保险经营技术，又要掌握广泛的农业技术知识。目前，国内保险公司普遍缺乏兼具两个领域知识和技能的专业人才。

二、我国农业保险可持续发展的路径选择

1. 构建新型农业保险组织体系

建立以政府支持、商业化运作为原则，以政策性农业保险公司为引导，以商业保险公司为主体的农业保险体系。政策性农业保险公司是政府财政扶持农业的必要形式，是当前我国农村金融支持农村经济建设和发展的迫切需要。积极创造和发挥商业保险在广大农村的重要地位和作用，则是农业保险的长期战略。政府筹建农业保险的目的在于为农业提供保障，商业保险公司涉足农业保险的目的在于赚取利润。政府的主导作用应在制定制度、提供资金、减免税收等方面体现，商业保险公司由于有从事保险的专业人员和多年的保险精算、承保理赔等方面的经验，应为农业保险提供技术支持①。

2. 尽快制定我国农业保险法规

要从法律体系上明确农业保险的性质、范围、政府职能作用、经营主体资格、会计核算制度、财政补贴、税收优惠等方面的内容。将农业保险的各方责任、覆盖范围、保费厘定、缴费和补贴方式、管理模式等以立法形式确定下来，构建农业保险的有效运作机制。建立起"农业保险基金"，增强抗风险能力。培育农保市场，解决"保险公司赔得起，农民买得起"的问题。农业保险不能以纯盈利为目的，可以考虑"以险养险"，兼顾办理一些与农民有关的效益险种。加强防损减灾，灾害事故处理，提高服务效率。

3. 加大国家对农业保险的扶持力度

财政对农业保险的支持是发达国家的经验之谈，也是我国今后发展农业保险的必由之路。可通过整合现有支农资金，调剂一块支持农业保险；也可通过增量支持，设立支持农业保险的专项资金。充分利用世贸组织"绿箱"的政策，给农业保险公司一定的补贴和税收优惠。对政策性保

---

① 李苏等：《农村经济发展的金融抑制及其解除》，知识产权出版社2005年版，第39-40页。

险公司可以采取政策性业务、市场化招标的方式运作，对符合资质的商业保险公司进行审核、培养，并提供相应的政策补贴和再保险支持，鼓励和引导更多的商业保险公司，包括外资公司开展农业保险业务，积极开展村镇农业保险合作组织试点。

4. 建立农业巨灾保障基金和农业保险再保险机制

建立国家农业巨灾风险保障基金和中央、地方财政支持的农业保险再保险机制。按福利经济学的观点，农业品供给的增加，在其他条件不变的条件下，必然引起价格的下跌，使农产品消费者的福利增加。农民购买保险的最终受益者是农产品的消费者，因此农业保险的消费支出在大部分上应转嫁给农产品消费者，这是农业保险基金合理、有效的积累方式。据专家测算，一年的保费补贴应为81亿元，而近几年国家用于对种粮农民的直接补贴资金每年在150亿元左右，加上2006年新增的120亿元左右的农业生产资料增资补贴，用于农民的直接补贴近270亿元。按照这些数据，依据目前国家可以承受的补贴规模以及农产品消费者对农产品价格的承受能力等可以具体测算出国家每年的具体补贴金额，补贴金额实行全国调剂。另外，涉农企业其他保险净保费收入也可以作为专项基金的来源渠道。为降低道德风险引起的保险资金流失，可以通过历年农副产品收购的资金规模规定最高赔付金额，以保证农业保险基金的合理运作和农业保险的可持续发展[①]。

5. 建立农业保险与农业信贷相结合的制度框架

（1）把农业保险与农业信贷相挂钩，对参加农业保险的农户，在贷款条件和利率等方面给予适当优惠，以体现正向激励，待条件成熟时，可将农户是否参加保险作为向其发放贷款的重要条件之一。建立"保险专业村"为保险村建立完整的保险档案，进行发布保险咨询、提供村民风险记录、提供村民投保意愿调查数据、理赔案件绿色通道等多项服务。保险单中的保险利益是只有出现保险合同中约定的可能发生的事故时才能获得，是一种不确定的利益，虽然不符合抵押物的要求，但部分已经缴费多年的保单可以作为一种经济参照物起到担保的作用。

（2）拓宽农业保险产品的创新设计，多途径降低环境风险。①创新农民最需求的现实保险产品。根据农业收获的季节性和农民收入的不确定性

---

① 杨洋：《农发行在发展农业政策性保险过程中的策略》，《金融时报》2007年1月1日第3版。

等特点及地方农产品特色,分别定做诸如以小麦、玉米、蔬菜、生猪、奶牛、鸡、烟叶为主的农户经济作物保险、粮食作物保险、牲畜养殖保险、瓜果蔬菜保险、苗木保险、农机具保险、财产保险、生产土地保险、基金保险、失地农民养老保险、外出务工农民养老保险和意外伤害保险、新型农村合作医疗保险等。业务范围可涵盖播种期、生长期、收获期以及农产品的加工储运等多个环节,承担火灾、爆炸、洪水、雷击、暴风、暴雨、暴雪、泥石流、建筑物倒塌、疾病等原因造成的灾害理赔①。保证农民生产生活的有效性,为农民贷款和致富增收提供有力的保障和平台。②创新产业化农业、规模化经营农业和商品化程度高的农业保险产品,设计好的"一村一品"保险产品。以农业产业化和规模经营为条件的农民经营者,有着迫切的保险需求和一定的保费支付能力。标准化的果园、标准化的蔬菜大棚、标准化的奶牛场等投入高、产出高、收入高、经营风险大,最需要保险。据不完全统计,2006年,我国农业产业化经营组织总数达11.4万个,各类产业化组织带动农户8454万,占总农户的30%,户均增收1202元。全国已形成了以580多家国家重点龙头企业为骨干、4万多家中小型龙头企业为基础的农业产业化新格局。产业化农业占我国农业比例仅30%,纳入产业化系统的农户也近30%②,农业保险针对这部分产业定做产品,对降低农村信贷风险具有十分重要的意义。

6. 吸收国外农业保险模式的先进经验

美国农业总产值在其国内生产总值中所占的比重虽不足2%,美国农户也只有200万,但美国政府为保护和促进本国农业发展却可以说是不遗余力。在美国政府所采取的各项促进农业生产发展的措施中,开展农业保险业务可以说是最为重要的措施之一。

美国的农作物保险制度经过了多次改革调整,在经营体制上大致经历了3个阶段:1939~1979年为第一阶段。1939年,美国联邦政府开始在试验的基础上实施农作物保险计划,最初只承认保小麦一种作物的保险,后来逐步扩大到棉花和烟草,保险责任为多种风险,经营办法为联邦农作物保险公司直接开展农作物保险业务。1980~1997年为第二阶段。为了降低成本和提高效益,对农作物保险经营体制进行重大改革,通过提供补贴和

---

① 温跃、陈福锋:《农业保险:为新农村建设保驾护航》,《金融时报》2007年4月4日第3版。
② 方华:《试点推广:农业保险须从有效需求切入》,《金融时报》2007年4月11日第3版。

再保险等方式吸引私营商业保险公司参与政府农作物保险的经营，即政府机构和私营保险公司共同经营农作物保险业务的"双轨制"。1998年起为第三阶段，将直接业务全部交给了私营保险公司经营或代理。农作物保险业务主要由14家美国私营保险公司经营，这些保险公司提供约22种农作物保险计划和120万张农作物保险保单。联邦农作物保险公司具有保险政策和规则制定、履行稽核和监督等职能，并且提供再保险。

（1）农作物保险高额补贴及政策支持一直是美国农作物保险业务得以持续稳定发展的重要保证。一是保费补贴。各险种的补贴比例不同。2004年，美国农作物保险保费额为41.9亿美元，而联邦政府当年提供的农作物保险补贴为24.8亿美元，约占保费总额的59%。二是业务费用补贴。目前，美国联邦农作物保险公司向承办政府农作物保险的私营保险公司提供20%~25%的业务费用补贴。与此同时，政府还承担了联邦农作物保险公司的各项费用，以及农作物保险推广和教育费用。

（2）美国可以参加农作物保险的作物已经超过100种。2004年，农作物保险承保面积为2.21亿英亩，农作物保险公司承保的赔偿责任金额为466.2亿美元。农作物保险大致可分为四大类：

1）多种风险农作物保险。这是美国最早开设的农作物保险业务，保险的范围最广，保险作物约为70种，保险责任包括干旱、洪水、火山爆发、山体滑坡、雹灾、火灾和作物病虫害等，保险产量根据农民个人种植作物的历史产量或地区产量来确定。

2）团体风险保险。该险种的保险产量与所在地该农作物的平均产量挂钩。当所在地平均产量因受灾损失而低于保险产量时，保险公司负责提供补偿，而不考虑各个农场实际产量的高低。保险可按当地预期平均产量的90%投保。

3）收入保险。收入保险与多种风险农作物保险的主要区别是：前者以农场的收入为承担和赔偿的依据，而后者则以产量为赔偿依据。

4）冰雹险。在美国农业保险中，大型天灾险种一般都是由政府支持的，但唯一例外的就是冰雹险，这是一个完全由私营保险公司开展的纯商业险种。

（3）美国现行农作物保险体系的运作主要分政府监督、企业经营两大层次。现行运作模式是农业风险管理局主要承担制定农业保险政策及法规、监管、再保险和综合服务四大工作。私营商业保险企业承担农业保险业务，通过农作物保险代理人和查勘核损人来进行保险销售和服务。自1998年以来，美国已经完全经营农业保险业务的公司需要经风险管理局批准，这些保险公司所提供的农作物保单也必须经由风险管理局审核[1]。

三、农户贷款理赔案例

2006年，太平洋财产保险河南驻马店中心支公司将6000元保险赔偿金转入西平县重渠农村信用社账户，替西平县重渠乡敬庄村蘑菇种植户高秀山代偿了在信用社的借款[2]。

2006年4月，西平县农村信用联社与太平洋财险驻马店中心支公司合作，在全县开展《借款人人身意外伤害保险》代理业务。县联社要求全县信用社干部职工立足柜台宣传保险政策，深入贷户讲解投保好处，从而增强了贷户的保险意识和信用意识。至年末，全县信用社已为1700多户借款人代办了人身意外伤害保险。按照合同约定，一旦在保险期间借款人出现人身意外伤害，保险公司将按照保险合同约定，代替借款人偿还信用社贷款。

重渠乡敬庄村委的高秀山是当地的食用菌种植大户，2006年5月27日，高秀山为自己投保了借款人人身意外伤害保险；7月23日，高秀山在自家院中烧锅炉蒸菌种时，锅炉突然爆炸，经医院抢救无效死亡。太平洋保险公司在第二天接到报案通知后，马上派人前往高秀山家中立案调查，指导被保险人的家属搜集、填写索赔材料。8月2~3日，又两次派人前往事故人家中提取索赔材料，在材料齐全后的第二天，即8月4日，以最快速度将理赔款汇往重渠农村信用社账户，替借款人减轻了家属的经济负担，信用社的贷款也得到了保全。

西平县农村信用社通过开展代理保险业务，不仅宣传了保险政策和自身业务，而且增加了农村信用社的知名度和可信度；不仅为每笔贷款系上了安全带，而且也促进了代理业务和存款业务的快速开展。2007年以来，全县信用社代理保险业务发生额达59万元，实现中间业务收入15万元，通过代理保险吸收低成本存款3000万元。太平洋财产保险河南驻马店中心支公司替蘑菇种植户村民代偿信用社借款一例，是农村金融机构开展代

---

[1] 梁丽英：《农业保险在美国》，《中国城乡金融报》2007年4月13日第4版。
[2] 牛缊、刘喜山：《代理借款人意外险为投保人带来实惠》，《金融时报》2006年11月22日第3版。

理借款人意外伤害保险业务，为农民投保人带来实惠的一个缩影，是农村金融机构通过农业保险解决农民贷款、农村中小微企业贷款和农村公共产品贷款等相关信贷风险的有效尝试。

第五节 重塑农村金融体系

重塑农村金融体系，是实现信贷利益和风险管理的根本途径。没有一个完善的农村金融体系，就不可能解决农村金融供求的矛盾。县域经济的发展要求有一个完善健全的金融体系，健全的金融体系要求有一个坚实有效的农村金融体系。农村金融体系必须适应"三农"特点，做到"多层次、广覆盖、可持续、强有力"。20世纪以来所讲的"必须充分发挥商业性金融、政策性金融、合作性金融和其他金融组织的作用"在广袤的农村土地上显得苍白无力，完善农村金融组织体系似乎仅仅是一句口号。培育健全的农村金融市场，提供丰富的农村金融产品，才能有效地管理农村金融的各种信贷风险[①]。过去的10年，是忙于国有商业银行国际化改革而无暇顾及农村金融的10年，在大商业银行改革忙完之后，农村金融应该被提上议事日程。构造分工合理、投资多元、功能完善、服务高效的农村金融组织体系，成为农村经济和农村金融发展的现实要求和信贷风险有效管理的必要前提。

一、塑造实力强大、功能完善、形式多样的农村金融组织体系

由于农村信贷风险具有不同于一般信贷风险的普遍性高风险、静态窒息性风险和动态震荡性风险的基本特征，农业信贷风险源是农村信贷风险的核心，农村金融在支持新农村建设中面临诸多难题。重新整合农村金融资源，达到系统最大化，是构造农村信贷风险管理长效机制的重要战略。

---

① 左小蕾：《"乡村银行"对发展经济学的贡献及对中国的启示》，《金融时报》2006年11月13日第3版。

第七章 农村信贷风险持续管理政策及对策建议

1. 撤销农村信用社，并入中国农业发展银行

举起中国农业发展银行的大旗，统领农村金融大军。实践证明，没有一个大银行作为支撑，发展农村信贷绝无可能。理由如下：

（1）把中国农业发展银行办成我国崭新的强大的专门承担"三农"（而不承担其他业务）业务，集政策性和商业性于一体，由国务院领导的全国农业专业强大的银行，合乎新农村、新时代发展的要求。因为中国农业银行股份有限公司已彻底走向市场，不再专有化，它的"农业"招牌只作为品牌而已，与农业不再有实质性的关系，理当彻底摘除它的"农业户口"。

（2）农村信用社也正在走向市场，似乎也已不再作为农村金融的主力军。从观察来看，农村信用社已经"变心"、"变质"，已不再是农民的朋友，它流淌的已不再是农村信用合作的血，而是最大利润化的商业银行的血，似乎已经没有挽留的必要，但让其像城市信用社一样走向商业化，走股份制地方商业银行的道路，和城市信用社转化的地方城市商业银行机构重复、人员重复、土地废弃那样，会造成极大的浪费，显得没有必要，因此，应以改造为宜。

（3）中国农业发展银行"只有身子没有腿"，而农村信用社又有遍布城乡的网络和已经废弃或闲置的"遗址"，这个"腿"正好可以装在中国农业发展银行的"身上"。

（4）农村合作基金会的兴衰史，乡镇城市信用社的破产，说明农村金融必须用正规金融来支撑，中国必须有一家像过去计划经济时代中国农业银行那样的国有农业专门银行来支持"三农"的发展，为什么农业银行剥离了亿元之巨的不良贷款仍然巍然屹立，而农村基金会和部分城市信用社则消失得无影无踪？原因就在于农业银行是实力强大的专业银行，而农村基金会和城市信用社则是分散的不正规的无法抵御农村风险的势单力薄的"小股部队"，它们当不了"正规军"。

2. 撤销邮政储蓄银行，创建中国土地银行

中国土地银行专门办理农民土地抵押业务，成为专门为农户生产和生活所需大额或小额信贷服务的主心骨。理由如下：

（1）中国邮政储蓄银行股份有限公司"名不正言不顺"，它的功能本来是邮政，储蓄也只是为方便城乡居民汇款的需要而产生的，在现代发达的信息时代已经没有产生的必要。中国邮政储蓄银行有限责任公司成立于2007年3月，是在改革邮政储蓄管理体制的基础上组建的商业银行，是中国邮政集团100%控制的国有独资银行。其股改于2011年12月31日获批，2012年1月21日正式更名为"中国邮政储蓄银行股份有限公司"，但从其工商登记来看，其依然是由中国邮政集团100%控股，尚未引入战略投资者，也没有上市。

（2）2010年末，邮储银行人员总数142788人，仅次于农、工、建、中，居全国第五；机构总数37145个，超出农行13659个，居全国第一；全行资产总规模近4万亿元，仅次于工、中、农、建、交五大行与国开行，居全国第七；存款余额约4.29亿元，仅次于农、建、中三大行，高于工商银行，居全国第四。网点全国第一，存款全国第四，却没有上市，更没有充分发挥作用，这样一个大银行不宜由中国邮政集团控股和领导，因为它没有足够的抗御风险的能力和领导资格，应该由国务院直接领导。

（3）截至2010年末，各项存款余额42887.88亿元，各项贷款余额5390亿元，贷款仅占存款的12.57%，其中银团贷款、小额质押、小额信贷全部加起来也只有3355.93亿元，占7.83%，根本没有发挥其作为大商业银行的作用，而是作为"抽水机"把农村和农户的资金抽走，使得农村发展资金更少。

（4）相比其他商业银行，2010年末，邮储银行没有不良贷款包袱，仅个人储蓄存款就有28471.43亿元，有遍布城乡的全国性结算网络，是全国最大的金融网，3.7万余个网点遍布全国绝大多数县和主要乡镇，70%网点分布在县及县以下农村地区，目前国内城乡覆盖面最广、网点最多，相比于大动干戈成立新型小额贷款公司成本最低、实用性最强、最适宜于改造为农村金融机构，为广大零散的农户提供农地和林地抵押贷款服务，能够使农村金融资源起到更切合实际的效用。

（5）该行近年把小额贷款、小微企业贷款定位为其战略业务，但截至2010年末，小额质押贷款余额只有23.58亿元，比年初负增长14.52亿元，占各项贷款余额的0.43%，占各项存款余额的0.05%；小额信贷余额934.15亿元，比年初增加297.06亿元，占各项贷款余额的17.33%，占各项存款余额的2.17%；银团贷款余额2398.2亿元，比年初负增长158.24亿元，占各项贷款余额的44.49%，占各项存款余额的0.59%，可见一斑。由于其长期以来只存不贷，信贷能力的缺位，存在着明显的短板。

（6）截至2010年末，邮储银行同业融资、债券融资、其他投资等余额高达20362.45亿元，占个人储蓄存款余额的71.52%，占各项存款余额的47.48%,经营极不规范,隐藏着巨大的金融风险。

(7)将县乡邮政储蓄分支机构就地转化为中国土地银行,在中心乡镇和中心村庄设立支行或营业所,可以充分地利用现成的邮政储蓄网络和先进的服务设备,起到邮政储蓄机构无法起到的作用,让邮政储蓄银行的作用达到最大化和最优化[1][2],符合中央对"三农"发展的政策要求。

3. 整合现有金融资源,作为农民贷款的必要补充

对现有县域内的金融机构进行整合,大商业银行继续起到县域整体经济的拉动效应,小银行作为城乡金融信贷资金不足的补充而存在。

(1)大商业银行支行不离开县域。对工、农、中、建等大商业银行支行不整合、不要求,让其自然发挥以工促农、以城带乡的拉动效应。实践证明,由于国有商业银行自成体系以及股份制改革的走向,它的"利润最大化"经营目的,已经使其不能起到有效支持农村经济的作用。县域内的国有商业银行已经失去了以往专业银行的职能和按照行政区划设置分支机构的意义,已经不适应硬性要求支持新农村建设和县域经济的时代背景,但其强大的实力和在县域内的存在,对于支持城市经济,增加信贷投放,城市经济发展带动农村经济发展,甚至把金融市场份额挤向农村等客观作用,能够使农村金融利益分配得到巨大的潜效用。

(2)新兴银行机构走向县乡。新兴小额贷款公司等小型融资载体,作为县域城乡金融市场的灵活必要补充。2006年12月20日,中国银监会发布《关于调整放宽农村地区银行业金融机构准入政策,更好支持社会主义新农村建设的若干意见》,规定社会资本可以新设立三类新型农村银行业金融机构:一是村镇银行,包括设在县及县级市的村镇银行,以及设在乡镇的村镇银行;二是社区性信用合作组织,主要设在村和乡镇一级;三是专营贷款业务的子公司,由商业银行和农村合作银行设立。2007年2月,中国银监会核准四川仪陇惠民村镇银行有限责任公司和四川仪陇惠民贷款有限责任公司两家机构开业,批准吉林东丰诚信村镇银行股份有限责任公司、梨树闫家村百信农村资金互助社和青海乐都雨润镇兴乐农村资金互助社3家机构筹建。经营方针是为当地农民、农业和农村经济提供标准化的

---

[1] 迪帕·纳拉扬(Deepa Narayan):《呼唤变革》,中国人民大学出版社2003年版,第30页。
[2] 丁恒龙、金丽馥:《建立和完善农村社会主义市场经济体制》,中共中央党校出版社2004年版,第37页。

银行产品与服务，充分满足县域内农户、农业和农村经济发展的需要。"村镇银行、小额贷款公司和农村资金互助社的诞生，是我国新型农村金融组织的阶段性成果，将为农村金融机构乡村网点覆盖率低、金融供给不足、竞争不充分的广大乡村客户提供方便、快捷、持久的金融服务，享受同城市居民同等待遇，逐步解决农民贷款难的问题。"[1] 但从现实来看，小额公司无力以支农为目的，它的弱小和生存发展决定了它只能以利润为目的，而且它的成立条件苛刻，注册资金需 3000 万~5000 万元，农民没有实力，商人不会把它组建在农村。以陕西为例，2011 年末，村镇银行成立7 家，小额贷款公司 176 家，基本上都在最发达的县域，而且无一设在农村，从一开始就打上了"嫌贫爱富"的烙印，这和政策的目标相背离。

4. 构建东西部农村金融协调发展的框架体系

在西北、西南地区建立区域金融中心，大力发展西部金融组织体系。实行有差别的金融机构体系，设置管理制度，适当降低西部地区设置区域性商业银行、非银行金融机构的条件，大力促进西部地区各类金融机构的发展。组建西部开发银行等政策性金融机构，增加西部地区开发贷款规模。积极引进国有商业银行、股份制商业银行以及外资银行，扩大其在西部地区分支机构的设立，实现东西部地区金融的均衡发展，促进东西部农村金融的对接交流、互相促动、良性发展的新格局。2007 年 1 月，银监会首批公布了内蒙古、吉林、湖北、四川、青海和甘肃 6 个省区 36 个偏僻的乡镇，作为外资银行准入我国农村的试点地区，汇丰银行、渣打银行和印度格莱珉乡村银行等外资金融机构也表示希望到农村去开拓市场。外资银行"报名下乡"、爱富不嫌贫的目的虽然是占领农村金融市场，但对推动我国农村金融的合理布局可能会起到一定的正面作用[2]。

二、塑造制度合理、信誉良好的基层社会信用体系

我国欠发达地区县域普遍存在着信用观念淡薄、信用基础薄弱、信用体系缺失等问题，建设诚信的农村社会信用体系，成为农村信贷风险管理体系不可或缺的重要组成部分。

---

[1] 张海峰：《农村金融体系建设：任重而道远》，《金融时报》2007 年 3 月 5 日第 3 版。
[2] 袁蓉君：《外资银行"报名下乡"爱富不嫌贫》，《金融时报》2007 年 1 月 26 日第 3 版。

1. 建立地方政府与农村金融机构交流互动、诚信互通的鱼水关系

（1）定期召开金融联席或联谊会议，将地方政府建设成为农村金融机构与农村金融客户沟通与联系的桥梁与纽带，成为建设地方社会讲诚信、守信用的组织者、创建载体与创建媒体。鼓励农村金融增强对地方经济的服务，充分发挥现有机构网点的作用，避免大规模调整机构网点，损伤农民客户的融资利益。

（2）地方政府要充分注重商业银行的经营自主权，加大商业银行支持农村建设的政策引导和利益驱动，引导县域各金融机构新增存款投放农村经济的比例，化解农村融资难的矛盾，增强农村客户潜在的信誉信心。

（3）地方政府要深化政策性金融产品的支农作用，把农村的财政支持，有效地转化为规避政策性金融风险的基础和铺垫，为农村公共产品贷款信贷风险的防范、控制和化解起到基础性和根基性作用。

（4）地方政府要加强对农民贷款、农村中小微企业贷款、农村公共产品贷款等贷款客户的调研、走访和了解，深入实际帮助客户解决生产和生活中存在的问题和困难，讲解信用与增收的辩证关系，培育客户贷款的信用理念和生产的有效性。

2. 建立县域农村社会良好信用环境的制度性保障体系

良好的信用环境必须靠制度来保障。由于我国县域的个人信用制度和企业信用制度还没有健全和完善，个人和企业的信用度很难衡量。一方面，失信行为得不到应有的惩罚，严重扰乱了正常的经济秩序；另一方面，守信行为的社会价值得不到体现，个人和企业的信用难以被社会所承认。这些既不利于鼓励客户树立守信观念，也增加了农村金融的运行成本，加剧了社会财富的分配不公，破坏了农村金融市场的运行规则。广大城乡县域的社会信用破坏，具有较大的示范效应和扩散效应，终将会动摇整个信用的基础，严重影响金融机构、企业、政府的关系，恶化金融生存和发展的环境。因此，信用环境需要政府、金融机构和信用客户共同用行动来推广和倡导①。在农村，只有建立"农民信用档案"、"农村信用工程"等正向激励机制，使信用状况成为农民获得生产资金的重要依据，农民的信用意识才会在正向利益导向机制下，接受"以诚实信用为荣、见利忘义为耻"的观念。对于农村金融机构而言，通过树立"穷可以贷，富可以

---

① 杨小平：《欠发达地区信用体系建设意义重大而深远》，《金融时报》2007年1月29日第3版。

贷，不守信用不能贷"、"不满 18 岁不贷、不讲信用不贷、不孝敬老人不贷、邻里不和不贷、打架赌博不贷"等对农民发放贷款的制度和标准，不同信用等级的贷款户得到不同额度的信贷资金支持，才能把守信者的"信誉"变成可以"变现"的资产①。在农民中建立"个人信用评级制度"，根据村民的经济实力、产业结构布局、村中信誉和在村民中的口碑、收入来源、还贷情况等，通过乡镇、村组、村民共同举行年度评优活动，在农户中广泛开展信用户选拔，颁发星级信用证，个人信用级别高的农民，不用任何担保抵押，仅凭信用贷款证就可以贷到需要的款项，从而促进农民将诚实守信视为莫大的荣誉，贷款到期主动归还。个别农户即使有困难，也会想方设法，树立临时转借也要还款的念头，以免自己的信用等级被降低。通过信贷逐渐培育客户的信用记录，不仅能及时满足农民的信贷需求，而且有利于净化农村信用环境，也有利于支持农村的养殖业、大棚蔬菜、花卉、苗木、农副产品加工等优势产业的发展。只有在农村大力开展以"评定信用户、创建信用村镇、发放农户小额信用贷款"为内容的"信用工程"创建工作，农民的诚信才会被逐渐唤醒，诚信经营、自主创业的理念才能逐渐深入人心。在社会主义新农村建设中，"信用工程"带动的不仅是生产发展、生活宽裕，还有乡风文明。建设"农村信用工程"，必然能进一步缓解农民贷款难问题，净化农村金融信用环境，走出一条农民增收、政府增誉、农村金融增效的"三赢"之路。因此，加强信用制度建设，要从完善金融机构信用制度、客户信用制度和政府信用制度 3 个层面做起，夯实社会信用基础，构建牢固的银政企关系，为农村金融和基层经济的良性发展提供保障。

第六节　推行信贷利益分配向农村倾斜政策

推行信贷利益分配向农村倾斜政策，是实现我国金融市场信贷风险宏观调控的客观要求。

---

① 吴红军：《农民的信用》，《金融时报》2006 年 11 月 30 日第 3 版。

第七章 农村信贷风险持续管理政策及对策建议

一、倾斜农村信贷利益分配，是新时期遏制行业风险源问题的客观需要

2010年末，我国商业银行新增不良贷款余额4336亿元，分布在24个行业中[①]。其中，不良贷款上100亿元的行业有9个（见图7-1）：①制造业；②批发和零售业；③房地产业；④交通运输、仓储和邮政业；⑤电力、燃气及水的生产和供应业；⑥住房按揭贷款；⑦租赁和商务服务业；⑧其他；⑨农林牧渔业。从绝对值来看，制造业不良贷款最多，达1452.88亿元，占33.51%，居于首位；房地产不良贷款达501.23亿元，占11.55%，居第三位；农林牧渔业不良贷款113.54亿元，占2.62%，居第九位。这9个行业不良贷款余额3732.27亿元，占全部不良贷款余额的86.08%，其余15个行业不良贷款余额603.73亿元，占全部不良贷款余额

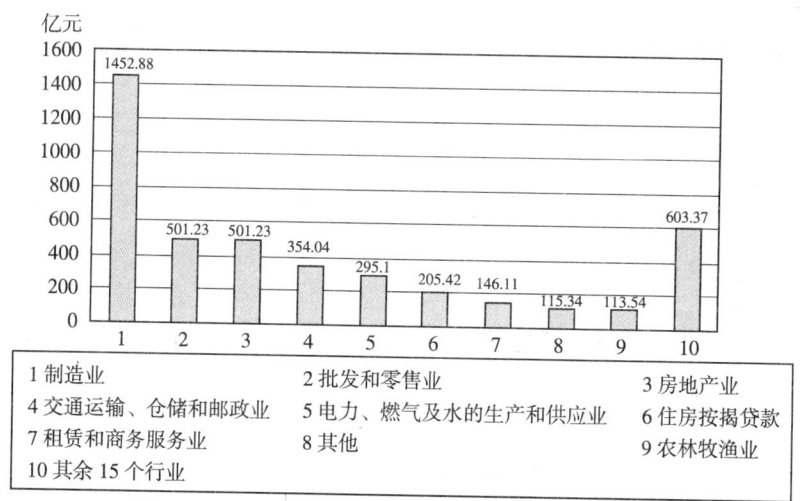

图7-1 2010年全国商业银行不良贷款行业分布情况

注：其余15个行业（及不良贷款余额，亿元）是指：建筑业（99.67）；住宿和餐饮业（93.12）；水利、环境和公共设施管理业（90.20）；信用卡（73.47）；教育（56.45）；居民服务和其他服务业（33.96）；信息传输、计算机服务和软件业（33.76）；汽车（27.62）；采矿业（22.89）；公共管理和社会组织（20.06）；文化、体育和娱乐业（18.24）；卫生、社会保障和社会福利业（15.54）；科学研究、技术服务和地质勘查业（13.46）；金融业（5.29）；国际组织（0）。为了作图方便，在图中一并用10表示。

---

① 中国人民银行：《中国金融年鉴》，中国金融出版社2011年版，第433页。

的13.92%。在9大新行业风险中，农业贷款信贷风险远远低于其他行业，这说明，倾斜农业行业贷款投向，不仅是农村信贷利益公平分配的需要，而且是遏制大型企业、房地产业等行业贷款信贷风险恶性膨胀的重要战略。

二、倾斜农村信贷利益分配，是新时期遏制机构风险源问题的客观需要

从商业银行不良贷款的机构分布来看，不良贷款绝对额分布依次是：①大型商业银行；②股份制商业银行；③城市商业银行；④农村商业银行；⑤外资银行。其中，中国工商银行、中国建设银行、中国农业银行、中国银行、国家开发银行、交通银行、中国邮政储蓄银行等大型商业银行不良贷款余额3125.2亿元，占72.08%，居第一位；中信银行、兴业银行、民生银行、华夏银行、招商银行等股份制商业银行不良贷款余额565.7亿元，占13.05%，居第二位；上海银行、北京银行、长安银行、渤海银行、徽商银行等新兴城市商业银行不良贷款余额325.6亿元，占7.51%，居第三位；由农村信用社改制的农村商业银行（信用社）不良贷款余额270.8亿元，占6.25%，居第四位；外资银行不良贷款余额48.6亿元，占1.12%，居末位。这说明，我国主要信贷风险并不在农村，而在城市；主要信贷风险也并不在农村金融机构，而主要在大型商业银行、股份制商业银行和城市商业银行。2011年，负债80亿元的杭州中江集团濒临破产，浙江建行、中行、工行贷款余额分别为30亿元、10亿元、1.5亿元之巨，很值得思考。因此，信贷分配向农村倾斜，是新时期遏制风险的现实选择（见图7-2）。

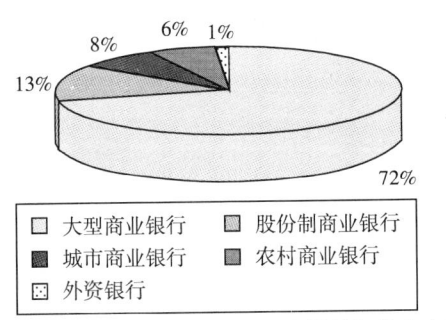

图7-2 2010年全国商业银行不良贷款机构分布情况

资料来源：根据《中国金融年鉴》（2011）第434页数据整理计算所得。

三、倾斜农村信贷利益分配，是新时期遏制地区风险源问题的客观需要

我国商业银行不良贷款按地区划分，东部地区不良贷款余额达 2438.6 亿元，占 61.97%，东部地区 11 个省市平均拥有 221.69 亿元不良贷款；中部地区不良贷款余额 698.1 亿元，占 17.74%，中部地区 8 个省平均拥有 87.26 亿元不良贷款；西部地区不良贷款余额 798.5 亿元，占 20.29.%，西部地区 12 个省市区平均拥有 66.54 亿元不良贷款。无论从绝对值，还是平均值来看，东部发达地区不良贷款都居于最高，中西部地区较低，西部地区地域大，省份多，但不良贷款平均值最低。这说明，我国信贷风险主要集中在东部和沿海经济发达地区，中西部地区相对较少。从具体省份来看，不良贷款最多的前 10 个省市依次是广东、江苏、浙江、山东、四川、上海、北京、辽宁、天津、河南，东部发达地区占了 9 个，中部地区占 1 个，西部地区没有。广东、江苏、浙江居全国前 3 位，分别为 582.4 亿元、326.8 亿元、319.7 亿元，上海、北京居第六、第七位，分别为 209.7 亿元、209.3 亿元，这说明，越是发达的省份，信贷风险越高。不良贷款最少的 10 个省市区依次是宁夏、海南、西藏、青海、甘肃、新疆、内蒙古、贵州、黑龙江、广西，东部占 1 个，中部占 1 个，西部占 8 个。宁夏、海南、西藏、青海、甘肃不良贷款余额分别是 9.1 亿元、10.9 亿元、12 亿元、27.7 亿元、36.8 亿元，这说明，越是落后的地区，信贷投放相对越安全（见图 7-3）。

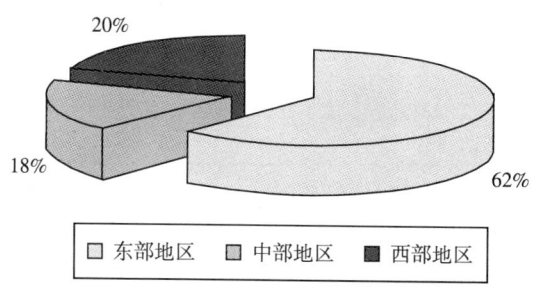

图 7-3　2010 年全国商业银行不良贷款地区分布情况

资料来源：根据《中国金融年鉴》(2011) 第 436 页数据整理计算所得。东部地区、中部地区、西部地区不良贷款余额 3935.2 亿元为剔除总行和境外分行 400.8 亿元后数字。

四、倾斜农村信贷利益分配，是新时期解决信贷利益分配不公平的客观需要

倾斜农村信贷利益分配，是新时期解决信贷利益分配不公平的客观需要。现阶段，我国农村信贷群体利益待遇非常不公平。

1. 存贷利差不公平

降低存款利息，提高贷款利息，拉大存贷利差，是商业银行谋取高额利润的主要手段。据分析，五大国有商业银行年报：收入近八成来自息差。国家规定金融机构存贷款合同利率可以在央行制定的基准利率基础上有一定的浮动，商业银行贷款利率浮动范围为0.9~1.7倍，农村信用社贷款利率浮动范围为0.9~2.0倍，考虑到农村贷款的高风险性质，人民银行允许农村信用合作社的贷款利率拥有较其他商业银行更灵活的浮动范围，目前农村信用合作社的1年期贷款利率的浮动上限不能超过中国人民银行的规定利率50%，但一般最大上浮系数不超过基准利率的2.3倍。根据实地考察，各地信用社贷款利率浮动不等，但月息一般都在10%以上，有的达到15%。而且，每一笔贷款都不同程度地收取评估费、保险费等各种费用，贷款成本更大，但就是这样，在没有抵押物和担保人的情况下，农民很难在信用社贷到款。农民1年期存贷款利差3.31%，上浮后存贷款利差达9.62%，活期储蓄存款存贷款利差高达12.22%。就是说，农民定期1年向银行存1000元，年末可得利息30元；银行给农民贷1000元，年末可得利息126.2元，利差96.2元。如果农民害怕随时用钱，把1000元存成活期，则年末利息只得到4元，而银行仍然得利126.2元，利差122.2元。可见，银行利益和农户利益极不公平（见表7-1、表7-2）。

表7-1　2011年2月9日农村信用社贷款利率分析

单位：%

贷款期限	基准利率	上浮后利率
半年	5.85	11.70
1年	6.31	12.62
1~3年	6.40	12.80
3~5年	6.65	13.30
5年以上	6.80	13.60

资料来源：根据陕西省西安市某区农村信用社2011年2月9日贷款利率计算分析所得。

第七章 农村信贷风险持续管理政策及对策建议

表 7-2　2011 年 2 月 9 日农村信用社存款利率分析

单位：%

存款期限	利率	存贷利差	上浮后存贷利差
活期	0.40	5.45	11.30
3 个月	2.60	3.25	9.10
半年	2.80	3.05	8.90
1 年	3.00	3.31	9.62
2 年	3.90	2.50	8.90
3 年	4.50	2.15	8.80
5 年	5.00	1.80	8.60

资料来源：陕西省西安市雁塔区农村信用社北山门村储蓄所挂牌。

2. 贷存比不公平

贷存比是指银行资产负债表中的贷款资产占存款负债的比例，又称存贷比。通常情况下，贷存比为 50%，即至少有 50% 的存款转化为贷款，这是商业银行的盈亏平衡点，低于 50% 就有可能发生亏损。在其他因素不变的情况下，贷存比越高表明银行资产使用效率和盈利能力越强，更高的利润率来自于增加贷款利息收入或减少存款利息支出。以陕西省兴平市为例（见表 7-3），2011 年末，全市金融机构贷存比为 38.15%，低于盈亏平衡点 11.85 个百分点。比重过低，明显地说明了金融机构的不作为，坐收渔翁之利。其中，邮政储蓄银行贷存比仅为 5.51%，工商银行为 10.6%，建设银行为 14.34%，资产使用效率相当低下，80%~90% 的存款资金被其上级行抽走牟利，造成县域信贷资产紧缺，当地客户群体信贷利益丧失。

表 7-3　2011 年末陕西省兴平市贷存比分析

单位：亿元，%

金融机构	存款余额	贷款余额	贷存比
工商银行	30	3.18	10.6
农业银行	12	6.68	55.66
中国银行	15	11	73.33
建设银行	23	3.3	14.34
农业发展银行	0.11	2.65	2409.09
长安银行	2.4	2.2	91.66
农村信用社	20	13	65

续表

金融机构	存款余额	贷款余额	贷存比
邮政储蓄	8.89	0.49	5.51
合计	111.4	42.5	38.15

资料来源：根据陕西省兴平市金融分析报告整理（2012年2月20日）。

3. 贷款利率不公平

当前，在国有大商业银行脱离农村的复杂形势下，农户贷款主要依赖农村信用社及其小额贷款公司。但国家规定农村信用社贷款利率上浮幅度一般高于商业银行0.3~0.6个百分点，更甚者超过3.3个百分点，基本和民间借贷利息持平，而新兴的服务"三农"的小额贷款公司比信用社利率还要高。通过对西安市信昌小额贷款有限责任公司和西安市大洋汇鑫小额贷款有限责任公司的实地考察，贷款利息高于信用社4.5~5.2个百分点（见表7-4）。国家给予小额贷款公司更加宽松的政策：小额贷款公司按照市场化原则进行经营，贷款利率上限放开，但不得超过司法部门规定的上限。这样高的利率和"改善农村地区金融服务"、"支持新农村建设"的初衷不相称。2010年，中国农民人均纯收入5919元，陕西省农民人均纯收入4105元，假如陕西一个农民贷出10000元，那么年利息得付1770元，纯收入就变为2335元，退到了5年前的水平，形成了对农民事实上的盘剥。

表7-4 陕西省两家小额贷款公司贷款利率调查分析

单位：%

贷款期限	信昌	大洋	大洋上浮后利率	比信用社高
半年	16.20	4.05	16.20	4.50
半年至1年	17.70	4.425	17.70	5.08
1~3年	18.00	4.5	18.00	5.20

注：在基准利率上上浮100%~400%。
资料来源：根据陕西省西安市信昌小额贷款有限责任公司和西安市大洋汇鑫小额贷款有限责任公司挂牌整理（2008年12月24日）。

4. 收入待遇不公平

近年来，随着经济形势的持续发展，我国银行业员工的待遇也愈来愈好。据研究，2011年，招商银行等16家上市银行人均薪酬基本上都在20

万元以上（见表7-5）。实际上，在一个银行系统内部，总行、分行、支行、营业所待遇差别很大，机关层次越高，员工薪酬越高；职务职级越高，本人薪酬越高。而不同的银行，待遇各不相同。因此，员工的待遇差别很大，薪酬不均，但整体水平高于社会平均水平。在国家、银行和客户三角利益关系中，银行获取的利润越高，员工待遇越好，国家获得的税收也越高，垄断企业、集团企业的高层也获取了暴利，而客户中的农户仍然处于信贷利益的弱势地位。信贷利益收入待遇的不公平导致了社会贫富差距的日益加大。

表7-5 2011年部分上市银行员工薪酬排列分析

银行名称	员工人数（人）	员工薪酬（万元）	人均薪酬（万元）	高管年薪（万元）
招商银行	45344	2028500	45	535
浦发银行	31231	1218100	39	150
深圳发展	13778	528700	38	869
民生银行	39885	1346700	34	511
华夏银行	19169	585300	31	280
中信银行	37195	1127400	30	496
宁波银行	4800	142700	30	198
北京银行	7400	213600	29	269
南京银行	4200	116000	28	203
光大银行	28267	753700	27	66
兴业银行	34611	902900	26	331
工商银行	408859	8436700	21	112
建设银行	329438	6727600	20	100
中国银行	289951	5897000	20	106
交通银行	88480	1790500	20	104
农业银行	489555	7593700	16	106

资料来源：① 和讯银行：《2011年度上市银行高管薪酬排行榜》，和讯网，http://bank.hexun.com/2012/ggxcb 2011/，2014年8月13日。② 中国人民银行：《中国金融年鉴》，中国金融出版社2012年版，第518页。

参考文献

本报评论员:《小康不小康,关键看老乡——一论始终把三农工作牢牢抓住紧紧抓好》,《人民日报》2013年12月26日。

保罗·萨缪尔森、威廉·诺德豪斯:《经济学》,萧琛主译,人民邮电出版社2012年版。

陈先达:《马克思主义哲学研究要更上层楼》,《中国社会科学报》2014年1月3日第544期。

陈志武:《金融的逻辑》,五洲传媒出版社2011年版。

陈永跃:《农村金融》,西南交通大学出版社2005年版。

陈宜萍、苏丽霞:《拿什么奉献给你——农民兄弟》,《金融时报》2007年4月24日。

陈蔓生等:《企业竞争力的模糊综合评价探析》,《数量经济技术经济研究》1991年第1期。

陈支农:《美国乡村银行的成功经验》,《金融信息参考》2004年第5期。

陈守煜:《工程模糊集理论与应用》,国防工业出版社1998年版。

陈晓安:《构建广西新型县域金融生态环境的思考》,《广西金融研究》2006年第3期。

程汝鉴:《细分农民工市场》,《金融时报》2006年10月26日。

成思危:《改革与发展:推进中国的农村金融》,经济科学出版社2005年版。

常戈等:《以全新政策视角推进农村金融改革》,《农村金融研究》2006年第8期。

曹和平:《中国农村储蓄行为》,北京大学出版社2002年版。

杜晓山、刘文璞等:《中国公益性小额信贷》,社会科学文献出版社2008年版。

丁恒龙、金丽馥:《建立和完善农村社会主义市场经济体制》,中共中央党校出版社2004年版。

丁巧仁、褚红军:《金融纠纷案件审理实务》,人民法院出版社2000年版。

戴相龙:《商业银行经营管理》,中国金融出版社 1998 年版。

邓国取:《农村信用社改制进程中农户相关行为分析与评价——基于陕西省 214 家农户的调查与思考》,《财经论丛》2007 年第 1 期。

狄娜:《2012 年度全国中小企业信用担保行业发展报告》,《中国担保》2014 年第 1 期。

迪帕·纳拉扬（Deepa Narayan）:《呼唤变革》,中国人民大学出版社 2003 年版。

弗雷德里克·S. 米什金:《货币金融学》,机械工业出版社 2013 年版。

方华:《试点推广：农业保险须从有效需求切入》,《金融时报》2007 年 4 月 11 日。

冯忠铨:《经济预测与决策》,中国财政经济出版社 1999 年版。

冯禄成:《商业银行贷款风险管理技术与实务》,中国金融出版社 2006 年版。

冯宗德:《对广安市中小企业经营风险成因的调查》,《中国城乡金融报》2006 年 11 月 9 日。

傅罡等:《商业银行绩效管理》,清华大学出版社 2006 年版。

傅建华:《上海银行发展之路》,中国金融出版社 2005 年版。

范静:《农村合作金融产权制度创新研究》,中国农业出版社 2006 年版。

郭立业等:《对佳木斯市农村金融机构土地使用权抵押贷款的调查》,《黑龙江金融》2006 年第 5 期。

郭田勇、郭修瑞:《农村合作银行信贷风险管理》,中国金融出版社 2004 年版。

顾京圃:《中国商业银行操作风险管理》,中国金融出版社 2006 年版。

高培勇:《破冰而出的稳健财政政策》,《中国人民大学学报》2005 年第 5 期。

高鸿业:《西方经济学》,中国人民大学出版社 2011 年版。

高雄伟:《我国农业银行信贷风险控制研究》,西北工业大学硕士论文,2002 年 3 月 1 日。

高雄伟:《西部农村教育工程的陷阱及教育性公共产品供需制度的规范化》,《安徽农业科学》2006 年第 5 期。

高雄伟:《金融生态建设与信贷风险控制——一个基于破产金融机构信贷风险的实证分析》,《生态经济》2007 年第 1 期。

高雄伟:《县域金融信贷风险管理研究》,西北农林科技大学博士论文,2007 年 5 月 1 日。

高雄伟：《农村金融信贷风险处置及其利益问题研究》，中国社会科学院博士后论文，2012年7月18日。

国家统计局：《中国统计年鉴》（1981~2006），中国统计出版社。

国家统计局农村社会经济调查司：《中国农村统计年鉴》，中国统计出版社2005年版。

国家统计局农村社会经济调查司：《中国西部农村统计资料》，中国统计出版社2005年版。

韩复龄：《农村合作金融机构员工学习读本》，中国市场出版社2006年版。

韩华平、张绍生：《化被动为主动，提高抵债资产处置的有效性》，《中国城乡金融报》2006年11月2日。

韩婕：《健全企业破产制度维护商业银行权益》，东北农业大学硕士论文，2000年3月1日。

贺仲雄、王伟：《决策科学——从最优到满意》，重庆出版社1987年版。

胡滨：《金融复兴之路》，《当代金融家》2013年第6期。

胡滨等：《非信贷融资监管，平衡多元化融资与风险防范》，《中国证券报》2013年8月12日。

胡清汶：《新巴塞尔资本协议框架下的信用卡风险及资本充足率标准》，http: //www.chinaunionpay.com/ showcontent.aspx? newsid=1858.

湖南省中小企业信用与担保协会：《湖南省中小企业信用担保行业发展报告》，新浪湖南财经2013年8月18日。

何东等：《铿锵玫瑰吐芬芳——记上海宝山吴淞支行赵美芳》，《中国城乡金融报》2006年11月28日。

何独业：《德累斯顿银行不良贷款管理概述》，《中国城乡金融报》2006年3月17日。

何广文等：《中国农村金融发展与制度变迁》，中国财政经济出版社2005年版。

黄玉泉：《福建分行挂牌招标大户清收》，《中国城乡金融报》2004年4月4日。

回增军等：《农村信用社应建立个人信用分析制度》，《华北金融》2000年第11期。

郝际军：《我国资产管理公司发展路径初探》，《新疆石油教育学院学报》2003年第4期。

和讯银行:《2011年度上市银行高管薪酬排行榜》,和讯网,http://bank.hexun.com/2012/ggxcb2011/,2014年8月13日。

江韵:《闲话"新村运动"》,《农村金融研究》2006年第8期。

凯恩斯:《就业、利息和货币通论》,宋韵声译,华夏出版社2003年版。

孔艳杰:《中国商业银行信贷风险全过程控制研究》,中国金融出版社2006年版。

李景源:《毛泽东方法论导论》,当代中国出版社1993年版。

李景源:《建构中国特色社会主义哲学原理》,《光明日报》2004年9月10日。

李景源:《立言需因事 裁断必由己》,中国社会科学网2013年12月27日。

李河君:《中国领先一把》,中信出版社2014年版。

李扬:《资本充足率监管与存款准备金制度》,《现代商业银行》2005年第5期。

李俊:《老百姓身边的经济学》,中央广播电视大学出版社2013年版。

李燕君、阮小莉、唐旭辉:《农村信用社信贷管理》,西南财经大学出版社2000年版。

李晓安、阮俊杰:《信贷申办指南》,北京大学出版社2004年版。

李根长等:《模糊综合评价三亚旅游现状》,《系统工程理论与实践》1999年第5期。

李新章等:《防范商业银行借新还旧贷款风险》,《金融时报》2005年9月19日。

李淑芳、谢春华:《啃硬骨头的排头兵》,《中国城乡金融报》2005年5月27日。

李世平:《国外农地金融制度考察与借鉴》,《甘肃省经济管理干部学院学报》2000年第3期。

李延敏、罗剑朝:《国外农地金融制度的比较及启示》,《财经问题研究》2005年第2期。

李彦斌、王伟华:《关注银行贷款核销制度》,《中国金融》2005年第9期。

李苏等:《农村经济发展的金融抑制及其解除》,知识产权出版社2005年版。

黎世才:《县域金融生态建设存在的问题及对策》,《广西金融研究》2006年第2期。

梁琪:《商业银行信贷风险度量研究》,中国金融出版社2005年版。

刘文璞:《小额信贷管理》,社会科学文献出版社2011年版。

刘世昕:《全国审计查出违规资金 2900 多亿元》,《中国青年报》2005 年 12 月 27 日。

刘志伟:《催收账款》,中国纺织出版社 2006 年版。

郎咸平、杨瑞辉:《资本主义精神和社会主义改革》,东方出版社 2012 年版。

郎咸平:《中国经济到了最危险的边缘》,东方出版社 2012 年版。

卢世春等:《商业银行信用风险跟踪预警监测模型》,《数量经济技术经济研究》1999 年第 1 期。

娄祖勤:《商业银行信贷管理》,广东经济出版社 1999 年版。

罗剑朝:《中国农地金融制度研究》,中国农业出版社 2005 年版。

骆波:《县域金融生态问题探讨——以河南为例》,《金融理论与实践》2006 年第 7 期。

梁丽英:《农业保险在美国》,《中国城乡金融报》2007 年 4 月 13 日。

曼昆:《经济学原理》,梁根等译,北京大学出版社 2012 年版。

马晨明:《农业保险:方向明确路难行》,《金融时报》2007 年 3 月 24 日。

牛蕴、刘喜山:《代理借款人意外险为投保人带来实惠》,《金融时报》2006 年 11 月 22 日。

钮晓鸣:《带置信因子的模糊综合评判》,《系统工程理论方法应用》1997 年第 2 期。

潘金生等:《中国信用制度建设》,经济科学出版社 2003 年版。

潘文波:《中外银行业贷款呆账准备金制度比较探析》,《中国软科学》2001 年第 5 期。

蒲觉敏:《广东分行以风险代理方式清收不良》,《中国城乡金融报》2006 年 5 月 25 日。

蒲朝茂、蓝斌:《加强管理防范风险——农行河池分行强化贷后管理的做法》,《广西农村金融研究》2005 年 3 月 27 日。

蒲朝茂、蓝斌:《量化管理内容,考核责任到人》,《中国城乡金融报》2005 年 4 月 21 日。

孙可娜:《中国金融风险的内生因素和制度创新》,天津人民出版社 2003 年版。

孙若梅:《小额信贷与农民收入》,中国经济出版社 2006 年版。

石述思:《中国各阶层财富报告》,九州出版社 2013 年版。

宋圭武:《农户行为研究若干问题述评》,《农业技术经济》2002 年第 4 期。

宋宏谋:《中国农村金融发展问题研究》,山西经济出版社2003年版。

宋炎:《农村金融改革已取得重要进展》,《金融时报》2007年4月20日。

宋鸿兵:《货币战争》,中信出版社2007年版。

时湘冰:《对我国中小企业信用担保体系建设的探讨》,《融资研究》2006年第7期。

苏道福等:《贷后管理的每一个环节都要细化》,《中国城乡金融报》2006年6月15日。

师占卿等:《强化责任促不良双降》,《中国城乡金融报》2004年12月1日。

陕西省人民政府:《陕西省人民政府关于进一步促进金融业发展改革的意见》(陕政发〔2012〕43号),陕西省人民政府门户网站,http://www.shaanxi.gov.cn,2012年10月8日。

腾耀雄等:《信贷风险管理制度与方法》,企业管理出版社1999年版。

田甜、万江红:《孟加拉乡村银行小额信贷模式及其启示》,《时代经贸(理论版)》2007年第2期。

唐·汤普森:《疯狂经济学》,谭平译,海南出版公司2013年版。

唐志瑜等:《黄金周里忙清收》,《贵州农村金融》2004年第7期。

汤小青:《我国农村农户小额信用贷款制度构造及其意义》,《金融时报》2002年第9期。

王伟光:《经济利益、政治秩序和社会稳定:社会主义社会矛盾的深层反思》,中共中央党校出版社1991年版。

王伟光:《在效率优先的前提下,更好地兼顾公平,构建社会主义和谐社会》,《马克思主义研究论丛》2006年第4期。

王伟光:《效率·公平·和谐——论新时期人民内部矛盾与社会主义和谐社会》,人民出版社2006年版。

王伟光:《建设社会主义新农村的理论与实践》,中共中央党校出版社2006年版。

王伟光:《社会主义和谐社会理论基本问题》,人民出版社2007年版。

王伟光:《王伟光自选集》,学习出版社2007年版。

王伟光:《王伟光讲习录》,中共中央党校出版社2008年版。

王伟光:《运用马克思主义立场、观点和方法,科学认识美国金融危机的本质和原因——重读〈资本论〉和〈帝国主义论〉》,《马克思主义研究》2009年第2期。

王伟光：《国际金融危机与社会主义、马克思主义的历史命运》，《求是》2010年第21期。

王伟光：《王伟光论文辑》，中共中央党校出版社2010年版。

王伟光：《利益论》，中国社会科学出版社2010年版。

王伟光：《社会矛盾论》，中国社会科学出版社2011年版。

王伟光、高雄伟：《用马克思主义哲学研究信贷风险利益问题的有效性》，《价值工程》2012年第1期。

王伟光、高雄伟：《新时期我国基层农村公共产品信贷风险及其防范研究》，《理论导刊》2012年第4期。

王伟光：《建设中国特色的哲学社会科学话语体系》，《中国社会科学报》2013年12月20日。

王伟光：《推进城乡一体化要切实把握好四个关键点》，新华网，2013年12月31日。

王明雪、范海啸：《巧借改制收陈贷》，《中国城乡金融报》2005年1月10日。

王选庆：《信用制度理论及其应用研究》，广西人民出版社2005年版。

王晓欣：《对农业和责任类保险政府应加大支持》，《金融时报》2007年3月16日。

王曙光等：《农村金融与新农村建设》，华夏出版社2006年版。

王宗军：《综合评价的方法、问题及其研究趋势》，《管理科学学报》1998年第1期。

王琼等：《商业银行信贷风险预警系统研究》，《西北工业大学学报》(社会科学版) 2009年第8期。

王志刚：《转型期非银行金融机构风险及其防范研究》，西南财经大学博士论文，1999年12月1日。

汪建峰：《商业银行操作风险管理实务》，中国金融出版社2009年版。

魏巍贤：《人民币汇率的稳定机制及其动态过程——目标区域模型》，《系统工程理论与实践》1999年第10期。

魏秉全等：《创新：满足新农村的新金融需求》，《农村金融研究》2006年第8期。

吴红军：《农民的信用》，《金融时报》2006年11月30日。

温跃、陈福锋：《农业保险：为新农村建设保驾护航》，《金融时报》2007年4月4日。

习近平:《习近平在十二届全国人大一次会议闭幕会上的讲话》,《人民日报》2013年3月17日。

习近平:《关于〈中共中央关于全面深化改革若干重大问题的决定〉的说明》,《人民日报》2013年11月16日。

新华社:《人民对美好生活的向往,就是我们的奋斗目标——习近平在十八届中央政治局常委同中外记者见面时的讲话》,《人民日报》2012年11月16日。

新华社:《坚定不移沿着中国特色社会主义道路前进,为全面建成小康社会而奋斗——胡锦涛在中国共产党第十八次全国人民代表大会上的报告》,《人民日报》2012年11月18日。

新华社:《中共中央、国务院关于加快发展现代农业进一步增强农村发展活力的若干意见》,《人民日报》2013年1月31日。

新华社:《中共十八届三中全会在京举行》,《人民日报》2013年11月13日。

新华社:《中共中央关于全面深化改革若干重大问题的决定》,《人民日报》2013年11月16日。

新华社:《中央农村工作会议在北京举行》,《人民日报》2013年12月25日。

谢庆健:《不良资产问题的辩证思考》,《中国金融》2001年第10期。

肖清华:《加强管理是解决中小企业贷款难的根本途径》,《中国城乡金融报》2006年11月9日。

夏斌:《中国经济如何化险为夷》,东方出版社2013年版。

袁蓉君:《外资银行"报名下乡"爱富不嫌贫》,《金融时报》2007年1月26日。

杨力:《商业银行风险管理》,上海财经大学出版社1998年版。

杨力:《适应性货币供给:全球化和微观视角的研究》,上海财经大学出版社2005年版。

杨长岩等:《农村土地承包经营权流转与抵押信贷的实践与探索》,《福建金融》2007年第2期。

杨洋:《贷款风险分类原理与实务》,中国金融出版社2000年版。

杨洋:《农发行在发展农业政策性保险过程中的策略》,《金融时报》2007年1月1日。

杨庆珠、范小刚:《五载清收路,盘活一千万》,《中国城乡金融报》2006年11月21日。

杨小平:《欠发达地区信用体系建设意义重大而深远》,《金融时报》2007年1月29日。

杨凯生:《银行风险防范和危机化解国际比较研究》,中国金融出版社2000年版。

杨青等:《借新还旧贷款质量堪忧》,《中国城乡金融报》2006年3月23日。

阳国新:《荷兰银行风险控制机制的分析与借鉴》,《中国城乡金融报》2005年2月7日。

于祥彪等:《清收战线一块钢》,《中国城乡金融报》2006年2月8日。

于研:《信用风险的测定与管理》,上海财经大学出版社2003年版。

周闯等:《借新还旧贷款链为何一直在循环》,《金融时报》2006年1月26日。

周忠明:《地方融资模式的现状、问题和改革》,《金融时报》2007年4月23日。

周天芸:《中国农村二元金融结构》,中山大学出版社2004年版。

周战地:《金融信息参考》,中国金融出版社2001年版。

周萃:《主要商业银行控制不良贷款实现历史突破》,《金融时报》2006年1月2日。

郑杰、余燕星等:《对发展农村土地金融业务的思考》,《福建金融》2007年第2期。

郑小兰:《农户土地使用权抵押贷款的探讨》,《中国房地产金融》2000年第4期。

郑先炳:《解读花旗银行》,中国工商出版社2005年版。

赵倩等:《从两种典型模式看金融如何支持新农村建设》,《金融时报》2007年1月25日。

赵建东:《当前贷后管理的难点及对策》,《中国城乡金融报》2005年4月21日。

赵晓菊:《银行风险管理理论与实践》,上海财经大学出版社1999年版。

赵晓菊:《信息不对称与金融风险的控制管理》,《国际金融研究》1999年第5期。

张海峰:《农村金融体系建设:任重而道远》,《金融时报》2007年3月5日。

张兰:《农业保险:必须厘清政策与商业界限》,《金融时报》2007年3月28日。

张树基:《农村合作银行开展农房抵押贷款问题的研究》,《企业经济》2005

年第 11 期。

张士明:《批量处置不良贷款的成功与实践》,中国金融出版社 2005 年版。

张立华:《不良资产打包处置应规范运作》,《中国城乡金融报》2004 年 11 月 25 日。

张东升、邱航舟:《舒筋活血化沉疴》,《中国城乡金融报》2004 年 9 月 9 日。

张光军:《化解抵债资产风险的关键是加强监管》,《中国城乡金融报》2006 年 11 月 2 日。

张海波:《企业经济效益舍弃等级论域的模糊综合评价》,《中南财经大学学报》1998 年第 6 期。

张颖:《新技术在信贷风险管理中的应用》,《国际金融研究》1998 年第 2 期。

张灵莹:《定性指标评价的定量化研究》,《系统工程理论与实践》1998 年第 7 期。

张杰:《中国农村金融制度结构变迁与政策》,中国人民大学出版社 2003 年版。

张文成:《新农村建设要有计划有目的地进行试点》,《城乡建设》2005 年第 7 期。

张世明:《农业银行的性质和任务》,《中国城乡金融报》2005 年 3 月 18 日。

张东江:《商业银行安全运营法律问题研究》,中国社会科学院博士论文,2000 年 9 月 10 日。

张世英:《站在哲学巨人的肩膀上远望》,《人民日报》2013 年 12 月 22 日。

章彰:《解读巴塞尔新资本协议》,中国经济出版社 2005 年版。

朱·弗登伯格、让·梯若尔:《博弈论》,黄涛等译,中国人民大学出版社 2012 年版。

朱科帮:《有效的风险防范体系之启迪与借鉴》,《中国城乡金融报》2004 年 11 月 29 日。

朱隽:《中国农业银行将商业化经营目标与扶贫社会效益有机统一——大银行的"扶贫经"》,人民网—《人民日报》2012 年 3 月 25 日。

左小蕾:《"乡村银行"对发展经济学的贡献及对中国的启示》,《金融时报》2006 年 11 月 13 日。

中国人民银行:《中国金融年鉴》(1990~2013),中国金融出版社。

中国银行业监督管理委员会、中国人民银行:《关于小额贷款公司试点的指导意见》(银监发〔2008〕23号),2008年5月4日。

中国银行业监督管理委员会办公厅:《中国银行业监督管理委员会2012年报》,中国银行业监督管理委员会网站—《银监会年报》2013年6月14日。

中国银行业监督管理委员会:《银监会贯彻落实中央经济工作会议精神》,陕西信合网—《监管之窗》2013年12月18日。

中国金融界网,http://www.zgjrjw.com。

Altman,C.C. Haldeman, P. Narayanan:《Zeta分析——鉴别企业破产风险的新模型》,1977。

Jeffry M. Netter and Annette B. Poulsen, Operational Risk in Financial Service Providers and the Proposed Basel Capital Accord: An Overview, http://www.fs-xchange. Org.

Reed, Edward W., Edward K.Cill, etc.(1989), *Commecial Banking*, Prentice-Hall Inc.

Buck, Walter H. (1979), "Risk-Management Approach to Pricing Loans and Leases", *Journal of Commercial Banking Lending*, April.

Marais, M. L., J. M. Pattell, and M. A. Wolfson (1984), "The Experimental Design of Classification Models: An Application of Recursive Partitioning and Bootstrapping to Commercial Bank Loan Classification", *Journal of Accounting Research* No. 22.

Turken B., Nillson I.A. (1994), "A Fuzzy Set Preference Model for Consumer Choice", *Fuzzy Set and Systems*.

Flannery, Mark J. (1985), *A Portfolio View of Loan Selection and Pricing*, in Handbook for Banking Strategy, R.C.Aspinwall and R.A.Eisenbeis, New York: John Wiley.

Sinkey, Joseph F., Jr. (1989), *Commercial Bank Financial Management in the Financial Service Industry*, 3rd, Macmillan Publishing Company.

索 引

C

财政补贴 35,163,241,242,262,263

操作风险 16,27,30,34,85,89,90,91,92,94,95,103,104,106,110,117,127,139,140,195,200,210,216,234,235,236,289

D

道德风险 21,23,94,110,111,113,139,140,216,229,234,235,260,262,264

E

二次分配 34,71,72,73,74,75

F

法律风险 34,85,90,91,92,95,195,224

法人治理 46,200,201,234

G

国家利益 10,11,68,70,71,161

个人利益 11,121,161

国外利益 11

H

环境风险 34,92,93,99,100,101,159,190,195,246,261,264

J

金融危机 1,10,15,16,22,23,24,26,27,30,45,288,289

金融风暴 1,2,7,8,202,228

金融生态 34,55,56,57,58,59,60,68,92,93,114,116,118,119,151,200,283,284,286,287

金融文化 200,207

集体利益 11,121,161

L

利益 2,7,8,9,10,11,23,25,31,32,34,35,37,39,41,43,

49，53，55，56，57，58，59，61，63，65，67，68，69，70，71，72，73，74，75，77，81，83，94，95，98，99，100，104，114，120，121，125，140，143，161，168，171，195，198，218，221，224，241，246，253，256，259，261，264，268，271，273，274，275，276，277，278，279，281，285，288，289

利益群体　32，34，68，120，140，143

利益分配　9，32，224，271，274，275，276，277，278

利益矛盾　10，32，34，70，71

两重支付　34，62，164

两重归流　34，62，164

M

民族利益　11

N

农村金融　2，3，4，5，6，7，8，9，10，24，27，29，30，31，32，33，34，35，37，38，39，40，41，42，43，46，47，48，51，52，53，54，56，58，59，60，61，62，63，64，65，66，67，68，69，75，78，79，80，81，82，84，92，93，94，95，96，97，98，99，100，101，102，103，104，105，106，109，111，118，119，126，127，128，131，133，138，139，140，143，147，148，150，151，152，155，156，158，159，160，161，163，169，175，179，180，181，182，183，188，189，190，191，192，193，195，196，197，198，199，200，201，202，203，204，207，208，209，210，211，212，214，215，216，218，219，220，222，223，224，227，228，231，232，233，234，235，238，239，240，241，242，243，245，246，247，248，250，251，252，254，256，260，261，263，267，268，269，270，271，272，273，274，276，283，284，285，286，287，288，289，291，292

农村金融体系　34，39，47，268，272，291

农村信贷　5，7，9，10，11，20，25，30，31，32，33，34，35，36，37，39，41，42，43，45，47，49，51，53，55，57，59，60，61，62，63，64，65，66，67，68，69，70，71，73，75，77，78，79，81，82，83，84，85，87，91，92，93，94，95，96，97，98，99，103，105，107，109，110，111，113，114，115，116，117，119，120，121，123，125，127，129，131，133，135，136，137，139，140，141，143，145，147，149，151，152，153，155，157，158，159，161，163，165，167，169，171，173，175，177，179，181，186，183，184，185，187，189，190，191，193，195，197，198，199，200，201，203，205，207，209，211，213，214，215，217，218，219，221，223，225，227，229，231，233，235，237，239，241，243，247，249，250，251，252，253，255，257，258，259，261，263，265，267，268，269，271，272，273，275，276，277，

278，279，281
农村信贷风险　9，10，11，25，30，31，32，33，34，35，37，39，41，43，45，47，49，51，53，55，57，59，60，61，63，65，66，67，68，69，71，73，75，77，78，79，81，82，83，84，85，89，91，92，93，95，96，97，98，99，101，103，105，107，109，110，111，113，114，115，116，117，119，120，121，123，125，127，129，131，133，135，136，137，139，140，141，143，145，147，151，152，153，157，158，159，161，163，165，167，169，171，173，175，177，179，181，183，184，185，187，189，190，191，193，195，197，198，199，200，201，203，205，207，209，211，213，217，219，223，225，227，229，231，233，237，239，241，243，245，247，249，250，251，252，253，255，257，258，259，261，263，265，267，268，269，271，272，273，275，277，279，281
农村信贷利益　7，9，10，11，32，34，58，59，70，71，195，275，276，277，278
农村信贷资金　34，62，63，64，65，68，161
农村信贷资金运动　62，63，64，65
农村信贷风险源　75，195
农民贷款　34，35，46，84，95，101，102，136，137，140，141，143，144，146，147，148，149，152，153，155，156，157，182，183，241，249，250，253，265，268，271，272，274

农民工贷款　141
农民企业家贷款　141，143，156
农村中小微企业贷款　34，84，123，158，159，160，181，182，183，241，268，273
农村公共产品贷款　34，84，123，160，164，171，172，185，188，241，268，273
农村信贷风险生成机理　96，114，120
农村信贷利益群体　68
农村信贷利益矛盾　70
农户利益　278
农地抵押　35，241，255

S

市场风险　16，27，30，34，85，88，89，91，92，94，195，196，235，236
三重支付　34，63
三重归流　34，63

W

物质利益　35，120

X

信贷资金循环　62，63
信用风险　2，11，12，13，16，20，21，22，24，25，27，29，30，34，58，66，67，85，86，87，88，90，91，92，93，94，101，119，136，139，181，191，192，195，235，236，246，287，291
信贷利益　7，8，9，10，11，31，32，

34，35，68，69，69，70，71，72，74，75，120，121，195，241，246，256，261，268，274，275，276，277，278，279，281
信贷利益公平　69，195，246，276
信贷利益矛盾　32，70
信贷利益分配　9，274，275，276，277，278
信贷利益风险　7，8，9，10，11，35
信贷制度　116，117
县域金融　11，43，56，57，58，59，62，63，162，167，171，172，173，283，284，286，287

Y

银行利益　11，25，69，70，71，278

银行家精神　207，208
一次分配　34，71，75

Z

中央一号文件　5，6，7，53，55，160，170
政策风险　34，91，92，93，96，97，98，117，158，195
主要风险点　31，35，83，241，242

后 记

研究信贷风险，主要得益于我在农村基层银行工作的实践，在以后的深造中，有机会对这些体会加以认真、系统、深入的思考。现在要付诸出版，却倍感研究的不足，新的疑虑、新的思维和新的见解时时在头脑中涌现出来。这本书稿，一方面是自己的一点儿思考，更主要的是"站在巨人的肩膀上"研究的成果，凝聚着诸多专家、学者、同仁的智慧和心血。

深深地感谢我的博士后导师王伟光教授！恩师渊博的知识、深邃的思想、高度的敬业精神、高深的学术造诣、前瞻性的敏锐洞察力、严谨的治学态度以及严于律己、宽以待人的高尚品格使我刻骨铭心、永生难忘！尤其是他诲人不倦的精神、宽广的胸怀、平易近人的态度，是我学习的楷模！师从恩师，受益匪浅，在此谨向我敬爱的导师及其家人致以崇高的敬意和衷心的感谢！

深深地感谢副导师李景源教授、刘文璞教授！李景源导师和刘文璞导师为本书的研究和出版付出了心血。两位老师虽已年长，仍然对我的书稿仔细阅读并提出观点，让我的内心深受感动，老师坦荡的胸怀和高风亮节的风范，对我为学、做人启发颇深，他们不仅是我的良师，而且是我的益友！

深深地感谢中国社会科学院教授孙伟平、谢地坤、吴尚民、余涌、魏小萍、崔唯航和国家行政学院教授丁文锋、中央党校教授邱耕田，他们在我博士后进出站及答辩中提出了真知灼见。他们的敬业精神、学术智慧和负责态度，使我在感激、受益的同时，看到了中国社会科学院智慧的春天和作为一名学生的无上光荣！

深深地感谢中国社会科学院王卫东、周业兵、宋娜、妮莎、高颖和天津市委党校哲学部主任张健等老师和同学，他们在我学习生活期间给予了许多帮助和关爱！

这里还要特别感谢在我前期调研、资料收集及学习生活中给予我大力支持、热情帮助和辛勤关照的各地各界人士、领导和朋友：深深地感谢陕西省政协主席马中平，民盟中央秘书长高拴平，河南省高院院长张立勇，陕西省发改委主任方玮峰，陕西省财政厅厅长张社年，陕西省林业厅厅长李三原，陕西省信用联社主任赵永军，陕西省长安银行董事长孙宗宽，陕西省残联理事长高合元，陕西省贸促会会长赵润民，陕西省人民政府口岸办主任陶晓峰，陕西省人民银行副行长高波，陕西省咸阳市常务副市长惠进才，陕西省兴平市委书记杜润民，陕西省渭城区委书记杨美乐，陕西省秦都区委书记陈肖坪，陕西省府谷县委副书记黄志宏，陕西省清涧县常务副县长苗玉祥，陕西省洛南县人民政府常务副县长王宇鹏，陕西省府谷县碛塄乡副乡长王明清，陕西省榆林市委副秘书长冯光宏，陕西省榆林市政府副秘书长李怀珠，陕西省定边县委书记崔博，陕西省横山县委副书记王振华，中国农业银行运营中心总经理瞿建耀，中国农业银行"三农"政策规划部总经理刘健，中国农业银行信贷一处处长佘运久，中国农业银行安全保卫部处长张武耀，中国银监会国际部处长刘鹏、办公厅处长应惟任、银行四部处长郑建库，中国工商银行风险部处长计军恒，中央直属机关工委处长王瑞芹，中国长城资产管理公司资产经营管理部处长姜保军，上海大学教授董银果，上海市房地产公司经理马向海，上海市人民银行处长朱海明，江苏省盱眙县县长贺保祥，内蒙古石拐区旅游局局长王旭东，东北电力大学教授李伟，青海大学教授李双元，河南科技大学教授邓国取，河南百瑞信托公司研发中心总经理高志杰，韩亚银行（中国）有限公司西安分行副行长王立文，陕西省银监局非银处处长康江，陕西省金融办干部高禄贵，陕西省西安市委宣传部调研处处长曹敏杰，陕西省农行信贷部总经理刘卫峰，陕西省农行风险部总经理王青锋，陕西省佳县文化局研究员刘亚莲，陕西省佳县政府办公室副主任张德馨，陕西省佳县农行办公室主任刘向春、副主任李春雨，陕西省绥德县计划局副局长姬绪斌，陕西省宝鸡市银监局局长马军炜，陕西省榆林市农行行长卫伟，陕西省榆林市农行零售部总经理车照宏，陕西省米脂县农行行长薛亚林，陕西省咸阳市信用联社理事长段平祥，陕西省延安市农行副行长雷洪田，陕西省三原县联社副主任郭栋，陕西省兴平市人民银行办公室主任刘俊辉，陕西省绥德县农商行行长高长勇，陕西省子洲县农商行副行长黑胜华，陕西师范大学教授眭党臣，延安大学管理学院院长姬雄华，陕西省银行学校教授王忠义，西安石油大学管理学院院长王君萍，西安电子科技大学教授王益锋，西安电子科技大学图书馆馆长黄晓强，西北工业大学经法学院院长李建中，西北工业大学管理学院副院长郭鹏，西北工业大学研究生院教授杨宏，西安交通大学教授孙兆康、任远、钱祝均，陕西省委党校副校长高峰，陕西省委党校编辑部主任常黎峰，陕西省团校办公室主任刘延民，陕西省榆林市人民政府监察局主任张峰，陕西中医学院教授赵炜，西安交通大学博士王卫华，西安财经学院教授殷红霞，陕西省咸阳职业技术学院教授韩娜，陕西省人民银行办公室副主任何剑伟，陕西省人民银行银管部办公室主任杨俊凯，陕西省兴平市保险公司总经理张建锋，陕西省森林资源管理局局长王心，陕西省绿化办主任王俊波，陕西省林业厅计财处处长贺长翔，西北农林科技大学博士王佳、徐怀同、米芳、满明俊、尚宗元、徐兰，延安大学恩师惠延德、常青、韩平、张璞，及高中恩师李天富、孙佩莲、康锦宏等！

衷心感谢金融研究的前辈和学长杨力、赵晓菊、孔艳杰、章彰、贺仲雄、卢世春、蒋树基等，以及其他本书参考过但没能具名的学界同仁，我对他们的研究成果进行了学习、借鉴和参考！

深深地感谢我的博士导师罗剑朝、副导师贾金荣和王忠贤教授！

深情地爱着我的父母、妻子和孩子！

衷心感谢所有在学业上、工作上帮助过我的老师、同学、领导、同事和朋友！

衷心感谢经济管理出版社的全体同志！

高雄伟
2014 年 8 月